U0089516

古代歷史文化研究輯刊

初編

王明蓀 主編

第 9 冊

大唐世界與「皇帝‧天可汗」之研究

朱振宏 著

國家圖書館出版品預行編目資料

大唐世界與「皇帝‧天可汗」之研究／朱振宏 著 — 初版 —
台北縣永和市：花木蘭文化出版社，2009〔民 98〕
目 2+304 面；19×26 公分
（古代歷史文化研究輯刊 初編：第 9 冊）
ISBN：978-986-6449-37-6（精裝）
1. 皇帝制度 2. 君主政治 3. 唐史
573.511 98002297

ISBN - 978-986-6449-37-6

9 789866 449376

古代歷史文化研究輯刊
初 編 第 九 冊
ISBN：978-986-6449-37-6

大唐世界與「皇帝‧天可汗」之研究

作　　者 朱振宏
主　　編 王明蓀
總 編 輯 杜潔祥
出　　版 花木蘭文化出版社
發 行 所 花木蘭文化出版社
發 行 人 高小娟
聯絡地址 台北縣永和市中正路五九五號七樓之三
　　　　 電話：02-2923-1455／傳眞：02-2923-1452
網　　址 http://www.huamulan.tw 信箱 sut81518@ms59.hinet.net
印　　刷 普羅文化出版廣告事業
初　　版 2009 年 3 月
定　　價 初編 20 冊（精裝）新台幣 31,000 元
版權所有‧請勿翻印

大唐世界與「皇帝・天可汗」之研究

朱振宏　著

作者簡介

朱振宏，1974 年出生於台北，國立中正大學歷史學博士，現為國立中正大學歷史系助理教授兼《中國中古史研究》執行主編。主要從事隋唐史、北亞遊牧民族史、中國史學史等研究與教學，著作有《大唐世界與「皇帝・天可汗」之研究》（碩士論文）、《隋唐與東突厥互動關係之研究（581-630）》（博士論文）以及學術論文二十餘篇。

提　要

　　唐代國勢強盛，文化光被四表。唐太宗被外族尊為「天可汗」，更是令史家稱羨之事。本文旨在探討大唐帝國的天下秩序觀、唐朝的民族政策、「皇帝・天可汗」的內涵、性質與運作情形，以及唐朝涉外管理機構及其職能。透過這些議題，瞭解「皇帝・天可汗」的意義和特殊性，從而闡發唐朝兼容並蓄、海納百川的立國精神。

目

次

第一章　緒　論

一、研究動機

> 執契靜三邊，持衡臨萬姓。玉彩輝關燭，金華流日鏡。無爲宇宙清，
> 有美璇璣正。皎佩星連景，飄衣雲作慶。戢武耀七德，昇文輝九功。
> 煙波澄舊碧，塵火息前紅。霜野蹠蓮劍，關城罷弓月。錢綴榆天合，
> 新城柳塞空。花銷蔥嶺雪，穀盡流沙霧。秋駕轉競懷，春冰彌軫慮。
> 書絕龍庭羽，烽休鳳穴戍。衣宵寢二難，食旰餐三懼。剪暴興先廢，
> 除兇存昔亡。圓蓋歸天壤，方輿入地荒。孔海池京邑，雙河詔帝鄉。
> 循躬思勵己，撫俗愧時康。元首佇鹽梅，股肱惟輔弼。羽賢崆嶺西，
> 翼聖襄城七。澆俗庶反淳，替文聊就質。已知隆至道，共歡區宇一。
>
> 〔註1〕

太宗所作〈執契靜三邊〉一詩，正足以表現大唐帝國立國的精神。漢、唐盛世是吾國史冊上最爲光輝燦爛的一頁。有唐一代，太宗被上尊爲「天可汗」，更是令史家稱羨之事。然而，以往研究唐代歷史時，對於唐帝被尊爲「天可汗」以及在此一尊號下，所擁有的職能、對唐代處理外交關係時的作用與影響，似甚少學者著墨、討論。筆者長期以來對此一問題甚爲好奇，與師長間也時有論辯，又觀今日之國際世界發展趨勢，區域性的國際聯盟乃是廿一世紀世界潮流走向。鑑古知今，筆者想針對這個論題詳加探討在七、八世紀期間，以唐廷爲領導中心的「皇帝・天可汗」，並以此一論題，做爲研究唐史之起點。

〔註 1〕　《全唐詩》卷1，太宗〈執契靜三邊〉，頁3。

二、問題意識

在撰寫本文前，筆者就所欲討論的主題，產生下列的問題意識：其一，不同的觀念思想，會產生出不一樣的思維模式與行為表現，中國的天下觀念形成，構成日後中國歷朝處理對外關係上的理論依據。傳統中國的天下觀包含了兩種思考方向：一是「夷夏之防」、「華夷之辨」；一是「王者無外」、欲做「天下王」，中國王朝對異族的態度與政策，始終是環繞在這兩種思想下進行。追本溯源，中國的天下觀念，形成於什麼樣的背景？又帶來什麼樣的影響？其二，「可汗」是遊牧民族對自己君長的稱呼，而「天」在遊牧民族心目中是主宰著世間一切事物者，「天可汗」是外族上給唐太宗的尊銜，為何外族要將對自己君主的稱號上尊中原農業王朝皇帝？而唐太宗既已是中國皇帝又如何要接受外族「天可汗」的稱號？其三，一般論述唐史者均認為，大唐文化光被四表，對於異族文化採以兼容並蓄、海納百川的態度。然而，唐朝在處理外族問題時，卻表現出不同的處理方式，如同樣是對外族戰爭，但是戰後的安置卻不一致，有的仍維持其自主地位，有的則堅持納入內地治理，其原因為何？上述這些問題，從唐朝「皇帝‧天可汗」觀點來看，又應該如何解釋？

三、相關研究概況

針對「皇帝‧天可汗」這一論題，至今尚無專書論著。近人研究中，僅有單篇論文或是隋唐史一類的書籍，以其中一部分討論這個問題，討論者多訂名為「天可汗制度」，而非筆者的「皇帝‧天可汗」，兩者之間命題不一，自是有所差別，筆者將在正文中，詳加闡述。前人的研究成果，以羅一之〈唐代天可汗考〉首先對「天可汗」的內涵及其享有職權進行研究，其認為天可汗是國際上所由和綏之聯合首領，用以平抑各侵略國家之壓迫，並解釋後代外族稱中國皇帝，仍是沿用天可汗的稱號。[註2] 羅香林〈唐代天可汗制度考〉是在羅一之研究的基礎下，更進一步擴充，並討論出天可汗的興衰變化及職權功能。[註3] 是文為今日討論天可汗制度中最完整的單篇論文研究，也是今人討論這方面問題時，最常徵引的文章。谷霽光〈唐代"皇帝天可汗"溯源〉、〈唐代"皇帝天可汗"溯源後記〉，谷氏兩文重點是在考證唐太宗被尊為「皇

〔註2〕羅一之〈唐代天可汗考〉，載《東方雜誌》第41卷第16號，頁44～46。
〔註3〕羅香林〈唐代天可汗制度考〉，收入氏著《唐代文化史》，頁54～87。

帝・天可汗」的確切時間，以及中國君主兼任外夷君主的發展。〔註4〕李樹桐
〈唐太宗怎樣被尊爲天可汗〉，本文是敘述唐朝初創局勢以及唐太宗被尊爲天
可汗的過程。〔註5〕劉義棠〈天可汗探原〉，本文從漢文史料有關天可汗的記
載、突回文獻有關 Tengri 及 Tengri Qaghan、突回文獻中對中國皇帝的稱呼、
天可汗的涵義等幾個方面，討論「天可汗」的字義所在及眞正意義。〔註6〕林
天蔚《隋唐史新論》第四章第五節列有「天可汗制度」一項，是文亦是在羅
香林的架構下，做較有系統化的整理，其所得出結論不出羅香林的範圍。〔註
7〕章群《唐代蕃將研究》第九章「評天可汗制度說」，章氏主要是針對羅香林
一文而發，討論焦點是從唐代對外關係及軍事聯防問題，對羅文多所質疑，
認爲羅文所述商榷之處甚多，羅文所提出的理論有太多的特例情形，有些職
權與功能亦與天可汗無關。〔註8〕姚大中《中國世界的全盛》，其中有「天可
汗國際秩序軸心」一項，主要是討論天可汗建立的過程以及在天可汗所建立
出的國際秩序軸心下，運作情形。〔註9〕綜觀上述所列的相關研究概況，其中
以羅香林、劉義棠以及章群三人的論述最具代表性，也最足資參考。但是前
人所研究的成果，不是單就天可汗其中的一個項目作討論，則是做一個綜合
性的陳述，尚未有人做出整體而通盤性的研究，筆者希望藉由本文，能夠塡
補這方面的空缺。

四、研究方法與各章節主題

「天可汗」既是外族所上稱唐太宗之尊號，是故在討論上，必涉及唐代
與外族之間的關係。因此，在研究方法上，筆者除了運用歷史學的考證方法
外，配合本文相關主題的研究，並佐以國際關係、語言學、文化人類學等觀
點，企望能得出較爲適宜的解釋。其中，由於筆者對少數民族社會結構認識
有限以及對少數民族語言掌握能力之不足，實乃研究此一論題時所面臨最大
之挑戰及困難。有鑑於此，筆者在本文凡涉及少數民族議題時，盡可能蒐集

〔註4〕谷霽光〈唐代"皇帝天可汗"溯源〉、〈唐代"皇帝天可汗"溯源後記〉，收入
　　　氏著《谷霽光史學文集》第4卷，頁170～176、177～179。
〔註5〕李樹桐〈唐太宗怎樣被尊爲天可汗〉，載《李氏文獻季刊》1卷4期，頁11～
　　　15。
〔註6〕劉義棠〈天可汗探原〉，收入氏著《中國西域史研究》，頁71～109。
〔註7〕林天蔚《隋唐史新論》，頁239～251。
〔註8〕章群《唐代蕃將研究》，頁341～366。
〔註9〕姚大中《中國世界的全盛》，頁24～56。

現今學界的研究概況並引用相關領域研究代表者之見解與研究成果，希冀不致發生嚴重謬誤。此外，在探討大唐世界時，由於筆者的研究重心是放在唐廷與域外民族所建立的「皇帝‧天可汗」，著眼於唐朝與外族間的政治關係。因此，對於經濟上、軍事上等問題，筆者不擬在本文中詳細討論。在撰寫步驟上，首先蒐集史料並參考近人對此一問題相關論文著作，擇成資料庫並製作相關表格，再從中分析史料內容、性質，比較近人研究的異同點並予以歸納分類，再綜合討論並做解釋，最後得出適宜的結論。附帶說明的是，為了行文上的簡便，筆者在正文中所徵引的基本史料及近人著作，都不在正文註釋中注明出處、出版地、出版年月、版次等，待到文末的「徵引資料」一項時，再一並詳列。

本文分成七章，除了緒論與結論外，正文共五章，所欲探討的主題如下：第二章〈中國天下觀念的形成〉討論中國的天下秩序形成，重點有二：中國歷代對外族的決策過程與處理態度，均依循著中國天下秩序理論。因此，在討論中國對外關係時，必先對傳統中國天下觀念的形成背景做一清楚的理解，如此才能確切掌握歷朝在與外族的交往過程中，主事者的思考角度為何，以及如何定訂對外決策。故而，本章分別從中國的天下秩序理論以及與此有密切關係的「服制」思想兩方面探討。

第三章〈遊牧民族「可汗」的起源與「天可汗」的形成〉討論遊牧民族「可汗」的起源以及「天可汗」一詞的內涵，重點有二：其一，遊牧民族君長稱之為「可汗」是在什麼時期？那些民族？可汗制度的形成與發展的過程為何？其二，探討「天可汗」一詞內涵，這包括了農業與遊牧民族對於「天」的概念及其所代表的意識型態、唐太宗被尊為「天可汗」的時間、「天可汗」的對象以及「天可汗」所代表的意義。

第四章〈唐朝的民族管理政策〉討論唐代的民族管理政策。唐代「皇帝‧天可汗」既涉及與四周民族往來關係，故研究唐代的民族統治原理是瞭解「皇帝‧天可汗」運作情形首要前提。本章探索的主題有二：其一，中國人的「夷夏觀」為何？從先秦以來夷夏觀念的形成到魏晉以來發展，其內涵有無變化？唐代在中國傳統夷夏觀念下，在制定民族政策時，做了那些調整改變？其二，大唐帝國的統轄範圍遼闊，其接觸的地域包括了農業民族、遊牧民族以及綠洲商業民族，三者間的自然地理環境與人文活動迥異。面對三者截然不同的民族特性，唐廷所具體施行的民族政策為何？是否會有不同？其背後所代表

的意義又是如何？

　　第五章〈大唐帝國的世界性──「皇帝‧天可汗」的運作情形〉討論以唐廷爲領導中心的「皇帝‧天可汗」運作形情，其內容的重點有四：其一，魏晉以降，中國陷入長期的分裂割據局勢，邊疆民族相繼入侵中原，紛紛建立以胡人爲統治階層的政權，各政權爲了適應統治境內包含著胡、漢等多個種族，因此，在政體上產生出「胡漢體制」的變革以及由此演生出的多種治體，五胡十六國的「胡漢體制」對後來唐太宗接授「天可汗」此一尊號，有著密切的關聯性；其二，「皇帝‧天可汗」的意涵爲何？與傳統中國「皇帝」制度概念差別何在？「皇帝‧天可汗」與「天可汗」有何不同？「皇帝‧天可汗」運作方式是如何進行？其三，近人討論唐朝「皇帝‧天可汗」時咸認爲，唐帝所擁有的職權，是國史上獨一無二，僅爲唐帝所專有，是否果眞如此？若是，則「皇帝‧天可汗」的功能爲何？若否，則「皇帝‧天可汗」究竟有何特色？其四，「皇帝‧天可汗」是屬於什麼性質？有否類似於今日某些國際組織？而「皇帝‧天可汗」又是如何原因導致衰亡瓦解？

　　第六章〈唐代的對外管理機構〉討論的是唐代涉外的行政組織，論述的要點有三：第一，唐代專職外交機構，包括尚書省的禮部主客司以及九卿系統的鴻臚寺，這兩個機構處理那些外交事務？兩者之間在職權區分上，是否爲從屬關係？其二，除了專職外交機構外，中央與地方政府在處理對外事務上，又有那些關涉機構？其職權爲何？相互之間如何協調？最後，唐朝與歷代對外管理制度中，最特殊的地方莫過於羈縻府州體制的建立。唐代的羈縻府州不僅是唐廷對於外族的另類統治形式，也最能展現出唐代理想的天下秩序思想。是以，唐代羈縻府州的建置沿革爲何？唐廷對於羈縻府州如何管理？羈縻府州有什麼特色？若就「皇帝‧天可汗」角度言之，則唐設羈縻府州代表著什麼樣的歷史意義？

五、研究目的與預期成果

　　本著歷史研究求眞求實的精神，本文研究目的是希望經由審密的研究過程，對大唐世界與「皇帝‧天可汗」這一個論題能有客觀而持平的瞭解，透過本文的論述，筆者預期能對上述各章節所提出的疑問，能得到令人滿意的答案，也能對於唐代「皇帝‧天可汗」這一問題，有通盤而全面性的認識。

第二章　中國天下觀念的形成

　　所謂的「天下觀」乃是指人們對於這個世界政治秩序的概念。〔註1〕傳統中國對世界秩序的認識，係受上古的方位、層次、倫理思想及夷夏觀念的影響，從而建構出一套以中國為世界中心的天下觀。據《史記》記載可知，早自五帝時期，人們對於天下秩序的看法，已儼然雛具，〔註2〕而這種天下秩序的形成與傳統「服制」所代表的內外層次觀念有著密不可分關聯性。洎自三代以降，中國傳統的天下概念已逐漸完成定型。自此，中國

〔註1〕「天下觀」一詞包含地理學上與政治學上兩個意義。就地理學上而言，中國人並不認為中國是世界中心，其中鄒衍的「大九洲說」可為代表。按照鄒衍的理論，世界有幾塊大陸（大九洲），而每一塊又分成九個地區。中國僅僅是一個洲中的九區之一，被稱赤縣神州。鄒衍的理論影響甚巨，後世著作如《尚書‧禹貢》、《山海經》、《呂氏春秋‧有始》、《淮南子‧墜形訓》等均按照這種說法，認為中國是全部世界一個小的組成部分；就政治學上而言，中國人則認為中國是世界的中心，作為上天代表的「天子」，理論上是統治整個天下，其責任是建立與維護政治上的天下秩序。傳統中國所關心的「天下」主要是針對政治學上的意義，也是本節所要討論的範圍。關於中國的「天下」觀念，可參看安部健夫《中國人の天下觀》，頁83～89；崔瑞德、魯惟一編《劍橋中國秦漢史》，頁406～408；傅斯年〈致吳景超書〉，收入氏著《傅斯年選集書信》，頁118～123。

〔註2〕安部健夫認為中國「天下觀念」的形成當在春秋末、戰國初期。然筆者以為早在黃帝時代，已有東西南北「四至」的天下觀念，《史記》卷1〈五帝本紀〉有載：「軒轅乃修德振兵，治五氣、藝五種、撫萬民、度四方，教熊羆貔貅貙虎。……東至於海登九山及岱宗，西至於空桐登雞頭，南至於江登熊湘，北逐葷粥合符釜山而邑於涿鹿之阿。」（頁4～5上）。《史記》所記五帝歷史，或有想像臆測成分，但從殷商古墓及商周文字也可看出，中國「天下觀念」的形成，必早於安部氏所說的春秋、戰國時期。參看安部健夫《中國人の天下觀念》，頁40。

將整個世界「秩序化」、「理想化」；而歷代王朝均以這個天下秩序內涵做為其處理對外關係上的理論基礎。因此，在討論中國對外關係時，有必要先對傳統中國天下觀念做一清楚的理解。於此，本章將分別從中國的天下秩序理論以及於此一理論有密切關係的「服制」思想兩個方向，探討中國天下觀念的形成背景。

第一節　中國的天下秩序理論

史前時代，史料不備，不足爲憑。及至五帝時代，已經有了「四方」的概念。據《史記》所記，五帝俱爲「天下」諸侯所推尊的共主。〔註3〕而這個「天下」是「日月所照，風雨所至」的普天之下，亦是聲教所及的四海之內。〔註4〕從《史記‧夏本紀》我們得知，禹把天下分爲九州，並將夏四周地區的民族，稱之爲蠻夷戎狄，此已初步具備政治秩序的意識；殷商繼承此一觀念，發展出以其宗廟所在的「商」（今河南商邱）爲中心的「四土」方位世界，〔註5〕並認爲商王是此四方之統治者。我們從殷商明堂宗廟制度及殷王墓葬的建造結構亦可看出商人天下的縮影：商王墓室呈現「亞字形」，其特點爲一方面墓穴皆南北向；再者各墓皆有東、南、西、北方向之墓道通向墓室中心的底部。而明堂宗廟也不脫東、南、西、北四方之基本結構，〔註6〕這些都象徵四方匯聚於中央的組合，含有君王居中，上通天帝，下撫四方的權威意義。五方（東、西、南、北、中）之觀念以及其相對的用法，再再體現出殷商自我意識的天下秩序內涵。

〔註3〕《史記》卷1〈五帝本紀〉載：「諸侯咸尊軒轅爲天子伐神農氏，是爲黃帝……（帝嚳）普施利物，不於其身，聰以知遠，明以察微。順天之義，知民之急，仁而威惠、而信修身、而天下服。」（頁4下、7上）

〔註4〕《史記》卷1〈五帝本紀〉載：「顓頊……北至於幽陵，南至於交阯，東至於蟠木。……帝嚳溉執中而天下，日月所照，風雨所至，莫不從服。」（頁7上）；卷2〈夏本紀〉載有：「東漸於海，西被於流沙，朔、南暨聲教，訖於四海。」（頁27上）

〔註5〕殷卜辭帝乙、帝辛卜問年成的卜辭即有將「四土」與「商」並舉：「己巳王卜貞□歲商受□，王□曰吉：東土受年，南土受年，西土受年，北土受年。」參看胡厚宣《甲骨學商史論叢（初集）》第2冊，頁2～3。此外，殷卜辭中又見東西南北、方、多方、四方、中、國、天、下、中商等字，亦可得知殷商時期已有四土方位觀。參看李孝定《甲骨文字集釋》第1冊，頁13、頁35、頁163；第6冊，頁2111。

〔註6〕高去尋〈殷代大墓的木室及其涵義之推測〉，文刊《中央研究院歷史語言研究所集刊》第39本下，頁180～184。

〔註7〕商人的中央與四方之方位觀，成爲以後中國人天下觀的一個基本要素。

　　中國天下觀念在夏、商之際已初具雛型，到了周代有了更進一步的發展。殷周鼎革之際，周朝因襲了夏、商以來的層次與方位觀念，並加以系統化發展。《詩經・小雅》篇有記：「溥天之下，莫非王土；率土之濱，莫非王臣」。〔註8〕這「王土」、「王臣」的概念代表著周天子不但享有天下四方的統治權，而日月所照、人跡所至的普天之下也均爲周天子之臣民。〔註9〕周人的天下觀不僅承續夏、商的觀念，更重要的是周人孕育出一種以文化作爲價值標準的天下觀思想。由於地理條件的限制，周人不能意識到其他異質文化與自己的文化同時並存這一客觀現實，因此，周人祇能將自身的文化以及與這種文化包含的價值規範，作爲普天之下文明的唯一標準，而相對於周人文化形態的其他民族，則給予含有低賤意味的名稱。周人對自己的文化相當自豪，周公制禮作樂的故事與周人尚文的精神，反映出中國文化在周朝時發展更加燦爛輝煌。在這種「內諸夏外夷狄」的思想偏見下，強調事物的共性而抹殺不同地域、不同種族之間的殊性，以周人的禮義標準，作爲衡量不同民族文明形態的尺度，產生出中原周人禮義中心論而貶斥其他地方生活習性的偏見。因此，尚文采的周人形容自己高尚華美的文化時，造出了「華夏」一詞，〔註10〕而對於周遭文化遲滯不前的邦國，周人則呼之爲蠻、夷、戎、狄。在周人的觀念中，天下即由文化較高的「九州分野」以內的華夏諸國與這一分野之外的落後蠻夷所共同構成，而周朝又是唯一具有文明形態的價值規

〔註7〕邢義田〈天下一家——中國人的天下觀〉，收入劉岱主編《中國文化新論　根源篇》，頁434～440；王明蓀《中國民族與北疆史論——漢晉篇》，頁26。

〔註8〕《詩經・小雅・北山》篇全文共分六段，其中的第二段爲「溥天之下，莫非王土；率土之濱，莫非王臣。大夫不均，我從事獨賢。」其旨原爲周代等級制度下，士大夫階層一方面役使人民；但另一方面他們又受上層天子、諸侯等階級指揮，負擔著繁重徭役。這裏的「王土」、「王臣」觀念既反映出周王享有四方之統治權，而全天下均爲周王之臣民。參看高亨注《詩經今注》，頁315～316。

〔註9〕周人的天下觀念中以爲，「天下」是周天子所管轄的所有土地，各諸侯國則無非是構成「天下」的一部分而已。參看吳錫澤〈中國古代的國家觀〉，載《文史雜誌》1卷12期，頁1。

〔註10〕李宗侗註譯《春秋左傳今註今譯》定公十年（前498）孔穎達疏解云：「中國有禮儀之大，故稱夏；有服章之美，故謂之華。」（頁1374）「華夏」并稱，含有偉大文明的意思。另可參看田倩君〈「中國」與「華夏」稱謂之尋源〉，載《大陸雜誌》第31卷第1期，頁17～24。

範，那麼，他們自然就處於天下的中心，〔註11〕相對於蠻夷來說，他們便是「中國」。〔註12〕西周末，周太史史伯曾說：

> 當成周者，南有荊、申、呂、應、鄧、陳、蔡、隨、唐；北有衛、燕、狄、鮮、虞、潞、洛、泉、徐、蒲；西有虞、虢、晉、隗、霍、楊、魏、芮；東有齊、魯、曹、宋、滕、薛、鄒、莒；是非王之支子母弟甥舅也，則皆蠻、荊、戎、狄之人也。非親則頑，不可入也。〔註13〕

此「非親則頑」說明把天下分為二類，並將戎狄蠻荊斥為文化低落的「頑」。周人將天下區分為親、頑，一方面可視為華夏諸邦與周圍的戎狄諸國在經濟生產方式上差距的增加，一方面則出於華夏文化（種族）優越意識始然，故中國與四夷區分的關鍵顯然是在文化上。殷商、西周雖有四方的觀念與戎狄蠻夷等名稱，但將四夷與四方搭配成固定的北狄、西戎、南蠻、東夷則為戰國時代人們根據當時的實態，將天下秩序加以概念化及規則化的結果，〔註14〕其區分的標準不僅在於種族或地域上的差別，而是以文化上的不同作為最主要的根據。這種文化上的優越意識以及「王土」、「王臣」的思想，使華夏君主開始有一種強烈的文化使命感，認為一個承接天命，有德的王者，有責任

〔註11〕 蕭功秦《儒家文化的困境：中國近代士大夫與西方挑戰》，頁7～8。

〔註12〕 石介〈中國論〉：「天處乎上，地處乎下，居天地之中者曰中國，居天地之偏者曰四夷。四夷外也，中國內也。天地為內外，所以限也。」值得注意的是，周代末期「天下」與「中國」之間有所區別：「中國」是把將遠的國家，如秦、楚、吳、越排除在外。參看楊聯陞〈從歷史看中國的世界秩序〉，收入氏著《國史探微》，頁2～3。

〔註13〕 《國語》卷16〈鄭語〉，頁355。

〔註14〕 蠻夷戎狄本非指四方民族之稱。崔述《豐鎬考信別錄》卷3〈辨夷蠻戎狄〉謂：「蓋蠻夷乃四方之總稱，而戎狄則蠻夷種類部落之號，非以四者分四方也」。將蠻夷戎狄分配東南西北之記載，似為《墨子》。《墨子‧節葬下》曾稱：「堯北教乎八狄，……舜教乎七戎，……禹東教乎九夷。」；及至漢代，這種觀念根深底固，故而《禮記》卷5〈王制〉有載：「中國戎夷，五方之民，皆有其性也，不可推移。東方曰夷，被髮文身，有不火食者矣。南方曰蠻，雕題交趾，有不火食者矣。西方曰戎，被髮衣皮，有不粒食者矣。北方曰狄，衣羽毛穴居，有不粒食者矣。中國、夷、蠻、戎、狄，皆有安居、和味、宜服、利用、備器，五方之民，言語不通，嗜欲不同。」（頁230～231）；卷14〈明堂位〉載：「九夷之國，東門之外，西面北上。八蠻之國，南門之外，北面東上。六戎之國，西門之外，東面南上。五狄之國，北門之外，南面東上。」（頁523）關於四夷與四方關係，可參看童疑〈夷蠻戎狄與東南西北〉，載《禹貢半月刊》7卷10期，頁11～16。

將自身文化推廣至四方，去同化、統領四周的夷狄之國，使華夷融爲一體。天下雖有內外層次之分，然而一位有爲理想的君王應該由內而外，達到「一乎天下」、「王者無外」的境界。〔註15〕自殷商至戰國，中原華夏民族的天下觀逐漸發展成熟，將「天下」以不同的方位、層次、文化、地域等概念加以區劃，天下是由諸夏與蠻夷戎狄共同組成，中國即諸夏，文化優越，位居天下中心；蠻夷戎狄分佈於諸夏四周，文化低落，位居四裔。一位有德的君王其統治疆界，是以中國爲中心，無限地延伸擴大，其理想的目標是王者無外，合華夷爲一家，進而達到世界大同。〔註16〕

　　秦、漢一統華夏諸國，將中國天下秩序的原理，推向另一個新的局面。自周人提出「王土」、「王臣」的說法，使得「王天下」這一理想始終是中國政治發展上一股強大的動力，也是歷代君王所欲達到的目標。秦始皇一統六國，自認其武功遠勝三皇、五帝，故極欲完成此一理想，琅邪台石刻即反映出始皇的想法：

> 維二十六年，皇帝作始。……普天之下，搏心揖志。器械一量，同書文字。日月所照，舟輿所載，皆終其命，莫不得意。……皇帝之明，臨察四方，……皇帝之德，存定四極。……六合之內，皇帝之土。西涉流沙、南盡北戶、東有東海、北過大夏。人跡所至，無不臣者。功蓋五帝，澤及牛馬，莫不受德，各安其宇。〔註17〕

我們從「皇帝之明，臨察四方」、「皇帝之德，存定四極」、「六合之內，皇帝之土」、「人跡所至，無不臣者」等句，可知始皇帝無非是想要達到「普天之下，莫非王土；率土之濱，莫非王臣」的周人理想。無奈乎，歷朝君王所欲達到的「理想」，常與「現實」相違。始皇雖一統中國，然強大的匈奴帝國不得不使始皇修築長城，將長城以北做爲「皇帝之土」以外之地；漢高帝歷「白登之圍」後，文帝亦承認自己的天下是有所限度的；〔註18〕但即使如此，中

〔註15〕中國人無論是個體或是國君，其生命目標均是由內而外發展。就個體而言，即如《大學》所謂：格物、致知、誠意、正心、修身、齊家、治國、平天下；就國君而言，治國理想亦是由內向外，化四夷之陋俗，達到天下一家。

〔註16〕邢義田〈天下一家──中國人的天下觀〉，收入劉岱主編《中國文化新論　根源篇》，頁446～453。本田成之〈「天下」の意義に就いて〉，載《支那學》，頁96。

〔註17〕《史記》卷6〈秦始皇本紀〉，頁86下～87上。

〔註18〕《史記》卷110〈匈奴列傳〉載：「孝文帝後二年使使遺匈奴書曰：『皇帝敬問匈奴大單于無恙：……先帝制：長城以北，引弓之國，受命單于；長城以內，

國君主自始至終認為自身有統合八方六合之使命。〔註19〕這種「王者無外」、願作「天下王」的目標，固然是歷代帝王一項永恒的挑戰，亦是秦漢以來傳統儒者的理想。漢儒司馬相如曾言：

> 《詩》不云乎？「普天之下，莫非王土；率土之濱，莫非王臣。」是以六合之內、八方之外，浸淫衍溢，懷生之物有不浸潤於澤者，賢君恥之。今封疆之內，冠帶之倫，咸獲嘉祉，靡有闕遺矣。而夷狄殊俗之國，遼絕異黨之地，舟輿不通，人跡罕至，政教未加。……故乃……創道德之塗，垂仁義之統，將博恩廣施，遠撫長駕，使疏逖不閉。……遐邇一體，中外禔福，不亦康乎？〔註20〕

這種「六合之內，八方之外，浸淫衍溢，懷生之物有不浸潤於澤者，賢君恥之」正是「王者無外」的體現，也是儒者對一位有德君王的期許。

漢代的天下觀，又將商、周封建制度中政治上的君臣關係與宗法倫理上的父子關係相結合，構成其天下秩序理論。商、周所實行的是以宗法血親為主的封建制度，其統治集團是以血緣關係作為紐帶，政治秩序與宗法倫理有著緊密關係；漢代將宗法倫理中所強調的「資於事父以事君則敬同」這種「家無二尊」的觀念，類移至政治上形成「天無二日，土無二王」的觀念，將宗法倫理與政治秩序相連繫起來。〔註21〕漢代這種由君臣結合原理加上父子結合原理的天下秩序，從制度而言，是郡縣制（君主專制）加上封建制（宗法血緣）的關係。秦代在法家思想主導的政治下，其天下秩序理論只有政治上的上下關係維繫，即四民「無不臣者」，並不具有宗法上的意義；漢代初期，宗法封建制度復活，實行封建與郡縣並行的郡國制度。在此前提下，漢代除沿續秦代的君臣上下關係之外，再加上宗法上血緣關係，欲達到「以天下為一家」目的。〔註22〕所謂的「以天下為一家」意味著從「家」的角度來建構天下秩序，此乃承襲周人封建制度中，各封建諸侯國多與宗主國有著姻親關

冠帶之室，朕亦制之。……』。」（頁1040下～1041上）

〔註19〕《史記》卷10〈文帝本紀〉記：「朕既不明，不能遠德。是以使方外之國，或不寧息。夫四荒之外不安其生，封畿之內勤勞不處，二者之咎，皆自於朕之德薄而不能遠達也。」（頁159下）

〔註20〕《史記》卷117〈司馬相如列傳〉，頁1098下～1099上。

〔註21〕王明珂〈慎終追遠——歷代的喪禮〉，收入劉岱主編《中國文化新論　宗教禮俗篇》，頁322。

〔註22〕「以天下為一家」見於《禮記》卷9〈禮運〉（頁375）。漢代天下秩序乃欲以「家」概念，涵蓋整個天下。

係。漢代以「家」的關係擴大到「四海之內皆兄弟」的理想特別表現在對異族的冊封、通婚上。漢朝即以「家」的理念加上宗法血緣制建立與匈奴的關係。漢高帝在「白登之圍」後與匈奴約爲兄弟，並採婁敬和親政策，希望藉由子婿、外孫與大父的關係與匈奴「合爲一家」。〔註23〕漢代以和親的方式，是想藉著與異族建立姻親血緣的舅甥關係，使外族如同周代的外諸侯一般，納入封建王朝中的天下秩序裏，完成「天下一家」的組織理想。〔註24〕漢以後，中國天下秩序的原理，結合了政治上的君臣關係與宗法上血緣關係，這樣中國與四方之間自然就有了親疏之別。中國以親疏原理結合了蠻夷，創造出一個以親疏、內外層次爲關係的同心圓天下觀。〔註25〕自是，中國的天下觀念中，所有地區均在天下範圍之內，所有的人均應服從中國天子。天下秩序的維持，是繫於兩條繩索：其一是政治上的君臣關係；其二是宗法（倫常）上的父子關係，而兩者其實是一致，即君是父，臣是子。〔註26〕這種以君臣、父子關係所結合的天下觀，成爲日後各王朝天下秩序中，處理對外關係上一個重要原理依據，雖中國王朝國力時有盛衰更迭，然一旦恢復強盛國力，便立刻重整成此一天下秩序。〔註27〕

在執行天下秩序時，「德化原理」是中國天下秩序中最高的境界。《尚書‧

〔註23〕 《史記》卷99〈劉敬傳〉載：「冒頓在，固爲子婿；死，則外孫爲單于。豈嘗聞外孫敢與大父抗禮哉？」（頁965下）；《史記》卷110〈匈奴列傳〉曾載漢文帝寫信給單于，表示「萬民熙熙，朕與單于爲之父母。朕追念前事，薄物細故，謀臣計失，皆不足以離兄弟之驩。……朕與單于皆捐往細故，……以圖長久，使兩國之民若一家子」（頁1041上）；《漢書》卷94〈匈奴傳下〉也曾記有漢與匈奴共飲血盟，誓曰「自今以來，漢與匈奴合爲一家，世世毋得相詐相攻。」（頁1151下）可看出漢朝欲以和親方式，從血親上與匈奴「合爲一家」。

〔註24〕 邢義田〈天下一家——中國人的天下觀〉，收入劉岱主編《中國文化新論 根源篇》，頁459～460；高明士〈從天下秩序看古代的中韓關係〉，收入中華民國韓國研究學會編《中韓關係史論文集》，頁4～7、18。

〔註25〕 自漢以後，以天下爲一家成爲中國國君治國的理念，如《三國志》卷47〈吳志‧孫權傳〉有：「普天之下，莫非王土，王者以天下爲家。」（頁556上）；高明士認爲中國以親疏原理結合了蠻夷，實際以親疏原理區分了蠻夷，由此而創造一個同心圓。天下秩序就是同心圓的原理。參看氏著〈從天下秩序看古代的中韓關係〉，收入中華民國韓國研究學會編《中韓關係史論文集》，頁7～9。

〔註26〕 高明士〈光被四表——中國文化與東亞世界〉，收入劉岱主編《中國文化新論 根源篇》，頁484。

〔註27〕 同上，頁486。

旅獒》說：「明王慎德，四夷咸賓。無有遠邇，畢獻方物。」是以，以禮樂來對四夷，使四夷接受中國之德化乃儒家的理想境界。雖法家也講德治，但此德是與刑並用，〔註28〕與儒家所倡議的禮樂教化自有不同。但中國君主在施行德治原理，落實於天下秩序時，常將儒家與法家中的德治原理，兼而並用。當四夷順服中國，接受中國天下秩序原理時，則君王常以儒家王道德治中的禮樂來撫育四海，將藉由自身的文化由內向外輻射傳播至四夷，當四夷接受華夏的禮樂教化後，則原來的夷狄也就變成了華夏的共同體的成員，華夏文化圈的範圍也隨之擴大；〔註29〕然若四夷違背中國的天下秩序，則君王乃改用法家側重兵刑的武德出兵征討。是故，中國的德化原理，實際上是包含兩個層面：一是儒家禮樂的「教化」，一是法家兵刑的「王化」，天下秩序便是以王化、教化為主軸而展開。〔註30〕在維繫天下秩序上，中國君王對同心圓中，內、外臣的統治原理自是有別：對內臣（國內的官僚）的統治，採「個別人身支配」，藉著賦役、禮、刑等方式，控制每一個個體；對外臣（四夷的君長）的統治，則採「君長人身支配」，藉著政、刑等方式約束四夷君長個人。中國君主對國內官僚的陟黜賞罰，是「個別人身支配」的具體表現；而中國君主對四夷君長的冊封，四夷君長對中國天子的定期朝貢、臣服，便是「君長人身支配」的重要的內涵。〔註31〕中國的天下秩序即是藉由這種政治關係的表現，完成我自運行的歷史世界觀。〔註32〕

第二節　中國的「服制」思想

中國「服制」思想起源甚早。古文中「服」字皆用為職事之義，當作「臣服」，若就國際關係而言，尤指職貢。〔註33〕而臣服者，即各諸侯邦國奉其

〔註28〕《韓非子・二柄》載：「明主之所導制其臣者，二柄而已矣。二柄者，刑、德也。曰：殺戮之謂刑，慶賞之謂德。為人臣者，畏誅罰而利慶賞，故人主自用其刑、德，則群臣畏其威而歸其利矣。」（頁16）

〔註29〕蕭功秦《儒家文化的困境：中國近代士大夫與西方挑戰》，頁8～9。

〔註30〕參看高明士〈從天下秩序看古代的中韓關係〉一文，收入中華民國韓國研究學會編《中韓關係史論文集》，頁9～14。

〔註31〕同上，頁7～8、110。

〔註32〕高明士〈隋唐貢舉制度對日本、新羅的影響——兼論唐賓貢科的成立〉，收入林天蔚、黃約瑟主編《古代中韓日關研究——中古史研討會論文集之一》，頁65。

〔註33〕服乃臣服之意，而臣服表現之方式則為「服事」。《爾雅》卷1〈釋詁〉解「服」

共主作不同層次的職貢與待遇，其等級差別則端視各邦國與宗主國間「服」的不同而異。朝廷的百官執行各種政務，稱爲「內服」，在外的大小方國稱爲「外服」。就統治者而言，服是統治與剝削的手段，財力與貢賦均出乎於此；對被統治者而言，因相對的各種關係而提供相對的服務。〔註34〕統治者藉由「服制」統合各邦國間關係，並以此來維繫天下秩序。服制的觀念起源甚早，〔註35〕殷商時代，商王並以「服」名大小諸侯。〔註36〕殷商將服制分爲內服與外服。周公在告誡康叔的訓詞中，曾追述殷商的服制：「越在外服，侯、甸、男、衛、邦伯。越在內服，百僚、庶尹、惟亞、惟服、宗工、越百姓里居。」〔註37〕由是可知，殷商時代「服制」分爲「內服」與「外服」：「內服」指的是百僚、庶尹等在商王左右的行政組織官僚，「外服」指的是侯、甸、男、衛、邦伯等商王任命在邦畿之內或邊地上，以「治田」或「防衛」爲職事的諸侯國，他們對商王提供經濟、軍事或行政上不同的職貢與服務。〔註38〕商朝這種內、外兩種服制，在卜辭中也可以找到線索：在外服方面，有「多田」、「多白」、「方白」、「邦白」、「□田」、「多君」等；在內服方面則爲百官臣僚之流亞。〔註39〕內、外服原來是以商王爲中心，一種內、外臣僚職事的劃分，及至周代，承襲殷商內、外兩層服制思想（即邦內與邦外），

〔註33〕 爲「事」；韋昭注之爲「服其職業也」；《國語》卷5〈魯語下〉也載孔子言：「昔武王克商，通道於九夷、百蠻，使各以其方賄來貢，使無忘職業。……分異姓以遠方之職貢，使無忘服也。」（頁133～134）；又可參看楊樹達《積微居小學述林》，頁78。

〔註34〕 杜正勝《古代社會與國家》，頁501。

〔註35〕 《史記》卷1〈五帝本紀〉認爲在虞舜時代，禹已奠定服制基礎：「唯禹之功爲大，披九山、通九澤、決九河、定九州，各以其職來貢，不失厥宜，方五千里至於荒服。」（頁16下）並在〈夏本紀〉將《尚書・虞夏書・禹貢》中「五服」之制，全部羅列（頁92）。此雖非爲實際情形，然服制思想，可由上述得知，起源甚早。

〔註36〕 《尚書・周書・君奭》載周公對召公追述殷先哲王之德曰：「天惟純佑命，則商實百姓王人，周不秉德明恤；小臣屏侯甸，矧咸奔走。」（頁371）

〔註37〕 《尚書・周書・酒誥》，頁312。

〔註38〕 陳夢家《殷墟卜辭綜述》，頁325～328、503～522。

〔註39〕 陳夢家在〈邦伯與侯伯〉言：以諸侯代表外服，分成三類，在邦境外的爲方白或邦白，在邦境邊的爲□田或多田，在邦境內的爲多白與多君等；內服之制則從安陽出土中「宰」字官名以及殷商銅器銘文所見官名可知，內服之制則以百官，可分成臣正、武官、史官三類。參看氏著《殷墟卜辭綜述》，頁325～332、503～522；丁山在《甲骨文所見氏族及其制度》一書則謂：「多田」爲內服，「多伯」爲外服。

擴大成更加精細的「五服」，來總括整個天下。《國語・周語》曾載西周穆王時期，祭公謀父在告誡穆公不要征犬戎時說：

> 夫先王之制：邦內甸服，邦外侯服，侯、衛賓服，蠻、夷要服，戎、
> 狄荒服。甸服者祭，侯服者祀，賓服者享，要服者貢，荒服者王。
> 日祭、月祀、時享、歲貢、終王，先王之訓也。〔註40〕

不同於殷商的內、外服制，由於周人在其立國擴張的過程中，與被征服者諸侯國關係不同，因此，在其「五服」中對各「服」的需索程度也隨之而異。各諸侯國依其對周王負擔輕重可分為甸、侯、賓、要、荒五類。「甸服」為王畿內直轄之地，可能包括采邑；「侯服」其地漸遠王畿，大概為圍繞在畿外的「華夏國家」；「賓服」是被統治王朝征服的中國人國家；「要服」與「荒服」是距王畿已遠，其文法略於中國的蠻夷戎狄之屬，因其荒野，特羈縻之。而受中國管制的地區，稱為「要服」，管制以外則是「荒服」，而以中國為中心天下秩序在荒服到達它的自然終點。〔註41〕「五服」當中，以「甸服」負擔最重，須日日從祭，「侯服」按月而祀，「賓服」按季而享，「要服」按歲而貢，「荒服」則祗嗣王即位來朝。各服之職貢依其與周王間關係之不同而有差異；而周王也需注意如何維持與不同等第服制諸侯間的關係。《國語・周語》載：

> 有不祭則修意，有不祀則修言，有不享則修文，有不貢則修名，有
> 不王則修德，序成而有不至則修刑。於是乎有刑不祭、伐不祀、征
> 不享、讓不貢、告不王。於是乎有刑罰之辟、有攻伐之兵、有征伐
> 之備、有威讓之令、有文告之辭。布令陳辭而又不至，則增修於德
> 而無勤民於遠，是以近無不聽，遠無不服。〔註42〕

是以，周代服制中，周王是將封建體系中與周王間關係之親疏為標幟，作為區劃不同服制等第的依據，而不是以里程計。如果諸侯國有「不服」，脫離封建體制的軌跡者，則周天子先會修意、言、文、明、德，若無功則修刑，給予懲罰。〔註43〕商、周服制思想包涵內、外層次觀念，配合上述「中央」與

〔註40〕《國語》卷1〈周語上〉，頁2～3。
〔註41〕由此可知，五服實際上包含了中原地區的諸侯、邊疆地區的四裔及外國，這三類均要服從中央天子並有相關職貢。參看劉義棠《中國邊疆民族史（修訂本）》上冊，頁3；黎虎《漢唐外交制度史》，頁573；崔瑞德、魯惟一編《劍橋中國秦漢史》，頁408～409。
〔註42〕《國語》卷1〈周語上〉，頁3。
〔註43〕杜正勝《古代社會與國家》，頁467～468。

「四方」的方位，形成此後中國天下秩序最基本的結構。〔註44〕

　　服制思想到了戰國時代有了轉變。《尚書·禹貢》將商、周以來的服制思想轉變成為以距離決定各服的職貢性質和大小的層次：

　　　　五百里甸服：百里賦納總，二百里納銍，三百里納秸服，四百里粟，

　　　　五百里米；五百里侯服：百里采，二百里男邦，三百里諸侯；百里

　　　　綏服：三百里揆文教，二百里奮武衛；五百里要服：三百里夷，二

　　　　百里蔡；五百里荒服：三百里蠻，二百里流。〔註45〕

〈禹貢〉這種以距離劃分五服各職事，並非真實寫照，而是以此來勾勒出一個天下理想的結構。這個結構是以天子居中，諸侯環繞於外，各諸侯依其距離等差，對天子提供不同等級的職貢：天子的貢賦主要來自王畿（甸服），侯服與綏服乃諸侯之地，其作用主要是「奮武衛」，屏障天子，外圍的要服和荒服是夷、蠻之地，作為流放罪犯之用，意義在於軍事。這樣一種層次結構的建立乃是東周末年的產物，結合周代封建制度中宗法倫理親疏等差觀念的天下秩序而來。〔註46〕周室東遷後，中央王室衰微，號令不行，除了周王室本身有王位之爭、內亂頻仍之外，各諸侯國勢盛，紛有問鼎中原之舉，再加上春秋時代，四夷民族相互交逼諸夏，於是有心之人把周代封建中「親親」、「內外」思想結合起來，將服制觀念排列更加整齊，以周天子為中心，各諸侯依其親疏，由內而外，層層服事，構成所謂「內其國而外諸夏，內諸夏而外夷狄」〔註47〕的天下秩序觀。諸夏以王室為中心，對夷狄而言是內，對王室而言則為外。這種相對的內外關係可以無限制的加以擴大，分出無數層次。〔註48〕又至後代，將商、周以來的服制匯集大成，加以損益，將「五服」增為「六服」、「九服」，〔註49〕並以王畿為同心圓的核心，由內而外推，

〔註44〕邢義田〈天下一家——中國人的天下觀〉，收入劉岱主編《中國文化新論　根源篇》，頁440～441。

〔註45〕《尚書·虞夏書·禹貢》，頁92。

〔註46〕費孝通在《鄉土中國》一書說：「倫」乃是從自己推出去的和自己發生社會關係的那一群人裏所發生的一輪輪波紋的差序。《釋名》於淪字下解「倫也，文文相次有倫理也」。倫重在分別，倫是有差等的次序（地緣關係）不是一個固定的團體，而是一個範圍。範圍的大小要依著中心的勢力厚薄而定（頁28～29）。

〔註47〕李宗侗註譯《春秋公羊傳今註今譯》卷18，成公十五年，頁468。

〔註48〕王明蓀《中國民族與北疆史論——漢晉篇》，頁30～31；邢義田〈天下一家——中國人的天下觀〉，收入劉岱主編《中國文化新論　根源篇》，頁444～445。

〔註49〕《周禮》所言六服，語見〈大行人〉篇，六服為侯服、甸服、男服、采服、

每隔五百里爲一服，將整個中國規劃爲大圈套小圈，秩序井然的「九服圖」。
〔註50〕服制的思想對中國歷史上的意義在於：其一，就周朝而言，五服構成
了周代理想的帝國層次觀，層次的區分加上地理上的遠近，使五服具有層層
防禦的意涵，四夷位居五服外圍，由他們構成諸夏的防衛線；其二，殷人本
有「中商」、「四方」一套方位觀，加上周人五服所代表的層次觀，使得傳統
中國天下秩序觀在結構上趨於成熟，成爲日後秦漢帝國以降有關帝國層次構
造建立的天下秩序觀，奠定了基本架構。〔註51〕

衛服、要服等，又言及「九州之外謂之藩國」；九服之說見於〈職方氏〉，王
畿千里之外有侯服、甸服、男服、采服、衛服、蠻服、夷服、鎮服、藩服等。
在〈大司馬〉中，各服又以「畿」爲名，是爲「九畿」。關於五服之演變，參
看胡厚宣《甲骨商史初集》，頁 102；顧頡剛《史林雜識（初編）》，頁 1～19；
徐炳昶《中國古史的傳說時代》，頁 38～39。

〔註50〕有學者主張九服論主要是虛構的，是由一些漢代注疏家闡述；而五服論確有
歷史事實爲依據，不純粹是一種理想的政治模式。參看顧頡剛《史林雜識（初
編）》，頁 1～19；杜正勝《古代社會與國家》，頁 500～501。

〔註51〕邢義田〈漢代的以夷制夷論〉，收入中華文化復興推委會編《中國史學論文選
集》第 2 輯，頁 233～234；栗原朋信《秦漢史の研究》，頁 264；崔瑞德、魯
惟一編《劍橋中國秦漢史》，頁 410。

第三章　遊牧民族「可汗」的起源與
「天可汗」的形成

　　「天可汗」位號既係外族上尊予唐太宗，是以吾人必先對遊牧民族君長
「可汗」一名的起源及其所具有的職權做一說明，再論述「天可汗」一詞的
概念以及所代表的意義。本章共分二節，所欲討論的問題有：其一，遊牧民
族「可汗」的起源與發展過程如何？其二，外族既上尊唐太宗爲「天可汗」，
則農業民族與遊牧民族對「天」的概念有無特殊的涵義？其三，唐太宗被尊
爲「天可汗」的正確時間？「天可汗」一名所稱的對象究竟是專指太宗，抑
或是泛指唐帝？外族君長有無稱「天可汗」者？最後探討「天可汗」的意涵
以及其與中國史書中「桃花石」一詞的關係。

第一節　遊牧民族「可汗」的起源與發展

　　「可汗」（Qakhan）一詞，語形眾多，〔註1〕乃爲東胡遊牧民族對其君長
之尊稱。「可汗」名稱之源起，據杜佑《通典》言：「社崙，自號邱豆伐可汗。」
並註曰：「可汗之號始於此」。〔註2〕又據《魏書・蠕蠕傳》載：

　　　登國九年（394），曷多汗與社崙率部眾棄其父西走，……社崙遠遁

〔註1〕　「可汗」的語形約有Kakhan、Khakan、Kakan、Kaan、Khaan、Khakhan、Ghahan、
　　　　Qaan、Kaγan、Qaγan、Xagan、Qaghan、Xaγan、Gagan、Xaghan、Kaghan、
　　　　Qaqan、Xaqan、Qagan、Xaqaan、Kagan、Hakan、Xakhan、Kahan、Kakan
　　　　等十數種。參看劉義棠〈漠北回鶻可汗世系、名號考〉，收入氏著《維吾爾研
　　　　究（修訂本）》，頁108。
〔註2〕　杜佑《通典》卷196〈邊防十二・蠕蠕〉，頁5378。

-19-

漠北，侵高車，深入其地，遂並諸部，凶勢益振，北徙弱水，始立
軍法；……於是自號丘豆伐可汗。丘豆伐，猶魏言駕馭開張也；可
汗，猶魏言皇帝也。〔註3〕

由此觀之，則「可汗」一號的出現當在柔然社崙時期。然日人白鳥庫吉氏指
出，「可汗」一詞在《宋書・鮮卑吐谷渾傳》即有，時當在鮮卑酋長慕容廆統
治時期，約為西元四世紀左右。〔註4〕《宋書・鮮卑吐谷渾傳》云：

阿柴虜吐谷渾，遼東鮮卑也。父弈洛韓，有二子，長曰吐谷渾，少曰
若洛廆。若洛廆別為慕容氏。渾庶長，廆正嫡。……渾曰：「我乃祖
以來，樹德遼右，又卜筮之言，先公有二子，福胙並流子孫。我是卑
庶，理無並大，今以馬致別，殆天所啓。諸君試擁馬令東，馬若還東，
我當相隨去。」樓喜拜曰：「處可寒。」虜言「處可寒」，宋言「爾官
家」也。……樓力屈，又跪曰：「可寒，此非復人事。」〔註5〕

這裏所說的「可寒」即是「可汗」之異譯名。可見「可汗」之名，在慕容廆
時已通行於鮮卑諸部間。又有學者謂鮮卑「可汗」一號淵於西元三世紀的
「汗」，此蓋據《魏書・序紀》記聖武皇帝於魏景元二年（261）遣子文帝如
魏，「文皇帝，諱沙漠汗。」〔註6〕 E.H.Parker 以為：拓跋氏之祖沙漠汗之「汗」
乃是尊稱，「沙漠」當作實名。〔註7〕 故若依 Parker 之言，則「汗」之名號在
三國末年時已通行於北方諸民族間。「可汗」一稱，在突厥語中有「血」和「血
統」的意思，引申為「氏族長」或是「管理者」、「封建主」。〔註8〕 屬「東胡」
的鮮卑族，於秦漢間被匈奴所破，遠遁至今大興安嶺、遼河上游之間，原無
統一國家，是以亦無所謂國家元首，大小部落長皆稱為「可汗」，故「可汗」
其最初之意義乃指一個部落的「首長」，並沒有「最高首領」之義涵。〔註9〕
北魏道武帝遷都平城後，於天興元年（398）十二月「追尊成帝已下及后號諡」，

〔註3〕 《魏書》卷103〈蠕蠕傳〉，頁1356上、《北史》卷98〈蠕蠕傳〉大體與《魏
書》同，惟記社崙自號「豆代可汗」，頁1329上。

〔註4〕 白鳥庫吉著，方壯猷譯《東胡民族考》，頁64～65。

〔註5〕 《宋書》卷96〈鮮卑吐谷渾傳〉，頁1360。

〔註6〕 《魏書》卷1〈序紀〉，頁19下。

〔註7〕 E. H. Parker 著，向達、黃靜淵譯《韃靼千年史》，頁104。

〔註8〕 項英杰等《中亞：馬背上的文化》，頁156；A・伯恩什達姆著，楊訥譯《鄂
爾渾葉尼塞突厥社會經濟制度——東突厥汗國和點戛斯》，頁136。

〔註9〕 蓋此一時期，鮮卑族尚無統一，各部族皆有可汗，而可汗之間亦無大小之分，
因此在這個階段可汗祇有部落首領的意思，並沒有最高首領的涵意。

在這些先帝、先后中,皆稱爲「可寒」(可汗)、「可敦」,及降至太武帝太平眞君四年(433),遣使回大鮮卑山祝祭祖先,仍稱「皇祖先可寒」、「皇妣先可敦」,而未以帝、后稱之,這表示北魏在此前未以「可汗」之位號等同於「皇帝」,而《通鑑》中所書曹魏時期拓跋氏之祖先,稱成帝毛爲「可汗毛」、宣帝推寅爲「可汗推寅」、獻帝鄰爲「可汗鄰」等,蓋均指其爲一個部落酋帥。〔註10〕及至柔然首領郁久閭社崙建立政權,自號「丘豆伐可汗」,「可汗」一詞始表最高首領,等同於中原民族「皇帝」之義。〔註11〕總之,「可汗」之名始自鮮卑族系對其大小部落酋長之稱,至社崙稱「丘豆伐可汗」後,乃將「可汗」位號提昇至與「皇帝」相等地位,殆突厥興起後,沿襲鮮卑「可汗」名號,來尊其首領,後繼之回紇、蒙古等北方遊牧民族亦以「可汗」尊稱其君長。〔註12〕

　　「可汗」與「汗」之稱,其涵義有無尊卑區分?韓儒林以爲「汗」與「可汗」有大小之別,其在〈蒙古之突厥碑文導言〉則言:

> (突厥)帝國實不過若干遊牧民族之一種鬆懈的、不定的結合而已,其結合之者,號稱可汗(Qaghan),約與「皇帝」之號相當……其次復有若干汗(Qan)——此種徽號,在《暾欲谷碑》及葉尼塞河諸碑中尤爲明顯——汗者,乃某一部落或某一種族之首領,此種部落或種族卻非一獨立國家。〔註13〕

韓氏又主張突厥文的"qaɣan"與"qan"分別代表漢文中的「大可汗」與「小可汗」。在其所著〈突厥官號研究〉一文中稱:

> 突厥「可汗」有大小之別。最高元首曰「可汗」(Qaghan),又稱「大可汗」。「可汗」可分封其子弟爲若干「小可汗」。突厥文《暾欲谷碑》第一碑西面第二行、第三行之「汗」(Qan),當吾國史籍中之「小可汗」也。該碑西面所言之「汗」,依《通典》考之,當指唐高宗調露元年突厥首領阿史德溫、奉職二部叛立之泥熟匐,及永隆元年突厥迎立之阿史那伏念。其人乃統一部落或數部落之首領,非雄長突厥全境之「可汗」也。……《舊唐書·西突厥傳》:「莫賀咄侯屈利

〔註10〕雷師家驥〈慕容燕的漢化統治與適應〉,載《東吳歷史學報》第 1 期,頁 19〜21、《《木蘭詩》箋證》(未刊本),頁 54〜55。

〔註11〕雷師家驥《《木蘭詩》箋證》(未刊本),頁 55;林幹《東胡史》,頁 163。

〔註12〕《元史》亦有將「可汗」寫作「可罕」、「合罕」、「哈罕」或「合」、「寒」等。

〔註13〕韓儒林〈蒙古之突厥碑文導言〉,收入氏著《韓儒林文集》,頁 217。

　　俟毗可汗先分統突厥種類，爲小可汗（Qan），及此自稱大可汗。）
　　同卷：「沙缽羅咥利失可汗……阿悉吉・闕・俟斤與統吐屯等召國人，
　　將立欲谷設爲大可汗，以咥利失爲小可汗。」是「大可汗」與「小
　　可汗」之分別甚爲明顯。〔註14〕

是以，韓儒林認爲「汗」與「可汗」具有明顯的差異。日人白鳥庫吉氏則持
否定的觀點，認爲就突厥碑文而言「可汗」與「汗」之間實際上並無尊卑上
的區別；若按蒙古時期的語言，則更覺所謂差異之說，純屬謬誤。「汗」與「可
汗」無疑是具有同一涵義，日本學者早已提出的「汗」乃是「可汗」讀音之
轉訛。〔註15〕這種讀音上的演變是"qaɣan"一詞中的喉音〔ɣ〕在假借過程
中失去，使之變成爲"qa'an"；而"qa'an"中兩個同樣的元音合而爲一，遂
演變成爲"qan"。是故「可汗」與「汗」理應視作同一詞的異名。〔註16〕至
於說「汗」乃爲小部落酋長之稱號，「可汗」是一國至高之君王，〔註17〕從突
厥碑文中發現，從未有以「大可汗」（Uluɣ Qaghan）之名來稱突厥民族君主，
換言之，在突厥文獻中，並無可汗大小之識別；而中國史籍中，在沙缽羅可
汗（Išbara Qaghan）時代，另有達頭可汗、第二可汗、阿波可汗、貪汗可汗、
褥但可汗、步離可汗等名，均不以「汗」之稱來與其君主沙缽羅可汗區分尊
卑；〔註18〕又《暾欲谷碑》第一碑點戛斯人稱其君主爲「汗」，〔註19〕但在另
一面卻又將自己的君主稱爲「可汗」。〔註20〕同一情形又可在《翁金碑》中突
厥人民對其祖先稱呼中看到。〔註21〕由是觀之，則「可汗」與「汗」在名稱

〔註14〕韓儒林〈突厥官號考釋〉，收入氏著《穹廬集》，頁365～366。
〔註15〕白鳥庫吉〈可汗可敦名號考〉，載《東洋學報》11期，頁352。
〔註16〕芮傳明《古突厥碑銘研究》，頁201～202；A・伯恩什達姆著，楊訥譯《鄂爾
　　　　渾葉尼塞突厥社會經濟制度──東突厥汗國和點戛斯》，頁136。
〔註17〕如俄國學者Redloff認爲《暾欲谷碑》碑文兩面中，Kan見於碑文之首部，並
　　　　非大國，乃小部落酋長之稱號，不能與一國至高之君主（Kagan）相混同。參
　　　　看劉義棠〈漠北回鶻可汗世系、名號考〉，收入氏著《維吾爾研究（修訂本）》，
　　　　頁111。
〔註18〕劉義棠〈Ughuz Khan殘傳釋論〉，收入氏著《突回研究》，頁88。
〔註19〕《暾欲谷碑》第1碑北4行記：「我們與之交戰，並打敗了他們。我們殺死了
　　　　他們的汗。點戛斯人屈服了，順從於（我們的）可汗。」引自芮傳明《古突
　　　　厥碑銘研究》，頁281。
〔註20〕《暾欲谷碑》東25行及東36行記：「我（爲他）設立殲敵石，以點戛斯可汗
　　　　石列其首……我們殺死了點戛斯可汗，征服了其國土。」引自芮傳明《古突
　　　　厥碑銘研究》，頁284。
〔註21〕如《翁金碑》正面第1行載：「我們的祖先射摩可汗鎭壓、恐嚇、擊潰和征服

上，並無尊卑大小差別，小部落酋長可以稱為「汗」，即大國君主亦可稱為「汗」。〔註22〕

可汗與汗既在本字上無甚區別，然在用法上仍有些許不同：即在尊稱之涵義上，「汗」較「可汗」廣泛使用，且「汗」多用作名詞字尾或字詞之前；「可汗」則多單獨使用。〔註23〕此外，遊牧民族中，諸「可汗」在名義上其權力、職務仍有大小之分：以突厥為例，在突厥的封建政治結構中，將全國分為左、右兩大部份，而可汗也常不祇一位，其中治於領土中央的一位稱為「大可汗」，由阿史那氏（Ašina）一族獨佔擔任，位居極尊，控制其左右，亦可收左擁右戴之功，是在形式上、名義上唯一最高的主權者、君主；其他諸可汗則稱為「小可汗」，而小可汗是受大可汗的徵發、徵兵，即受大可汗的權力統治下治理、收諸面部落。小可汗多數是淵於突厥勃興之初，隨阿史那氏向各地區進行經略，以後就地駐屯，脫自大可汗而獨立，成為當地的可汗。小可汗在自己封建領地內，是唯一最高的主權者，對於自己所屬封建領地有統治、收奪諸族稅收權力，與大可汗共同分割統治。〔註24〕因此，我們可以說，在名義上，大可汗是包括直轄領地及居於高原各地諸可汗的封建領地內唯一最高的主權者，但是在本質內容上，兩者之間毫無不同，所謂的「大」、「小」僅係一種形式上的形容，一個是代表國家首領的可汗，一個是代表地方區域性之可汗。〔註25〕

第二節　「天可汗」（Tängri Qaghan）一詞辨析

在論及天可汗的歷史意義前，吾人必須先處理幾個問題：首先需瞭解農業定居人民與草原遊牧部落對「天」的概念及其所代表的意識型態；其次，唐太宗被尊為「天可汗」（Tängri Qaghan）的時間，這關係到唐廷與周圍民族與國家間的互動關係；再者，「天可汗」（Tängri Qaghan）一詞是否是遊牧民

了天下四方。在那位汗去世後，帝國顯然毀滅了⋯⋯」（引自芮傳明《古突厥碑銘研究》，頁295）突厥對同一位祖先，先稱「可汗」又稱「汗」，即可知兩者事實上並無差異之處。

〔註22〕芮傳明《古突厥碑銘研究》，頁203；劉義棠《維吾爾研究（修訂本）》，頁111～112。

〔註23〕劉義棠〈Ughuz Khan 殘傳釋論〉，收入氏著《突回研究》，頁91。

〔註24〕護雅夫《古代トルコ民族史研究》I，頁272～273。

〔註25〕林恩顯《突厥研究》，頁57～58；林幹《突厥史》，頁46～50。

族對唐太宗之專稱？抑或是對唐朝諸皇帝之泛稱？而遊牧部落君長是否也有類似之稱號？最後探討「天可汗」所代表的意涵以及「天可汗」與中國史書中「桃花石」一詞間的關係。

一、農業與遊牧民族對「天」的概念

農業民族初民社會的歷史型態，民智未開，人們對於周遭自然界所產生的一切現象，均處於一種憂惑、畏懼之狀態，於是產生出泛神思想。這種思想伴隨著社會演進，人類理智的重塑、合理化下，逐漸孕育出「至上神」的概念。這種至上神的觀念，即為殷商時，人們所崇拜的「上帝」及周人的「天」。我們從出土的殷商卜辭中的記載，可知殷人所崇拜的「上帝」是具有無上的權威，其所管轄的領域，包涵著自然界與人事間一切的事物。〔註 26〕及至武王伐紂，周朝建立，周人的「天」取代了殷人的「上帝」。周人的「天」本為「大人」的形象，指身份高貴的人。後來以「天」作為代表祖先、大神的總體。由於周朝的人文精神發揚，使其將「敬天」的觀念從殷商原先具有濃郁宗教性格的「至上神」轉變為「人格天」，這個「天」不僅是宗教性的神，也是道德性的神，人世間王朝政權的興衰輪替，天地間一切事物，均由公平正義的「天」所主宰、決定，非人力所及，〔註 27〕故有「天命無常」的看法。因此，周人將「天」與現實政治相結合，產生出「王者父天，母地」〔註 28〕的觀念以及「天人相應」、「天人合一」的政治理論。周人的「天」既為人格化的神，主宰著王朝的興衰，是故「天」是人世君主的父親，周王則被尊稱為「天之子」，〔註 29〕具有神聖性，代表著其一切的權力，均是來源於「天」，是接受了「天命」。〔註 30〕也由於「天」象徵著神聖不可侵犯性，因此，只有

〔註 26〕陳夢家《殷墟卜辭綜述》，頁 562。

〔註 27〕《孟子‧萬章上》即有：萬章曰：「堯以天下與舜，有諸？」孟子曰：「否；天子不能以天下與人。」「然則舜有天下也，孰與之？」曰：「天與之。」（《四書‧孟子》，頁 564～565）；又可參看林載爵〈人的自覺──人文思想的興起〉，收入劉岱主編《中國文化新論　根源篇》，頁 385～387。

〔註 28〕陳立《白虎通疏證》卷 1〈爵〉，頁 6。

〔註 29〕《禮記》卷 2〈曲禮下〉：「君天下曰天子。疏：四海難伏，宜尊名以威臨之也；不言王者，以父天母地是上天之子，又為天所命子養下民，此尊名也。」（頁 62）。

〔註 30〕陳立《白虎通疏證》卷 1〈爵〉載「帝王之德有優劣，所以俱稱天子者何？以其俱命於天。」（頁 6～7）；杜佑《通典》卷 42〈禮二‧吉禮一〉「夫聖人之運，莫大乎承天。」（頁 1161）；又可參看薛愛華（Edware H. Schafer）《古代

接受過「天命」的「天子」才可擁有祭祀天地的特權。〔註31〕這種天命論的思想，為以後中國歷代王朝所接受，作為其政權來源的合法性。而歷朝對「天」的崇敬信仰，也可由王室祭祀中「天」的排名地位看出。〔註32〕

　　草原遊牧民族有一種共同之原始宗教信仰，此種信仰之最高境界為上天，亦即天神，上天被看作是諸神之父，這種天神信仰源自於自然崇拜。古代突厥人的天神崇拜，可分為兩種：一為季節性的祭天；一為常年性的拜天。前者有明確的時間、地點和供品，即中國文獻所記的「五月中旬集他人水拜祭天神」、「五月中多殺羊馬以祭天」；〔註33〕後者則因事而行，旨在求天降福、消災弭難，不受固定節期的限制。〔註34〕至於遊牧民族對「天」的稱呼，據《漢書・匈奴傳上》載：

> 單于姓攣鞮氏，其國稱之曰：撐犁孤塗單于。匈奴謂天曰：「撐犁」，
>
> 謂子曰：「孤塗」，單于者，廣大之貌也，言其象天單于然也。〔註35〕

匈奴單于「撐犁孤塗」意思是「上天之子」。唐代譯突厥語「天」為「登里（利）」或「騰里」，蒙古語為「騰格里」（tängere, tängri）；〔註36〕《韃靼譯語》中的「天」也作「騰吉里」。「登里」或「騰吉里」是源於匈奴語之撐犁。案古突厥語之「登里」，即 "täŋri" 或 "teŋiri"。該詞詞根 "teŋ" 源出動詞「上升」、「飛翔」之意，在鳥類名稱中也有反映，如鷹科的小鷂，古突厥語稱為

中國》，頁79；費正清、賴肖爾《中國：傳統與變革》，頁33。

〔註31〕陳立《白虎通疏證》卷2〈五祀〉載「獨大夫已上得祭之何，士者位卑祿薄，但祭其先祖耳。《禮》曰：『天子祭天地，諸侯祭山川……』。」（頁95）；《禮記》第五〈王制〉載「天子祭天地，諸侯祭社稷，大夫祭五祀。」（頁227）

〔註32〕如《唐六典》卷4〈祠部郎中員外郎〉載「凡祭祀之名有四：一曰祀天神，二曰祭地祇，三曰享人鬼，四曰釋奠於先聖先師。其差有三：若昊天上帝、五方帝、皇地祇、神州、宗廟為大祀……」（頁144）。從中可知「天」不僅是祭祀中的第一位，也是大祀中的第一位。

〔註33〕《隋書》卷84〈突厥傳〉，頁846下。突厥人民選擇以五月祭天，原因在於五月的北方正是樹木草卉返青的時節，在此時，牲畜有了新鮮食物，也是繁殖增膘的季節，於是拜天又具有祈禱豐收的涵義。參看劉錫淦《突厥汗國史》，頁9。

〔註34〕如《資治通鑑》卷206，則天后神功元年（697）載「突厥默啜可汗殺所護涼州都督，許欽明以祭天」（頁6521）。

〔註35〕《漢書》卷94〈匈奴傳上〉，頁1132上；杜佑《通典》卷194〈邊防十・匈奴條〉，頁5304。

〔註36〕俞正燮《癸巳類稿》卷7〈天字音說〉條載「天者，國語曰阿卜喀，蒙古語曰騰格里，古作撐里，亦曰祁連，亦曰統格落。」（頁254）；劉義棠《中國邊疆民族史（修訂本）》上冊，頁63。

"teŋälgün"，其與"teŋiri"同根。本義爲上升的這個突厥詞，可轉義爲「獻牲」、「崇奉」、「尊敬」。因此，「天」就不單只「上天」，而且被賦予神靈的意義，代表著「天神」。〔註37〕這種被賦予神化的「天」，在遊牧民族社會中，富有深厚的內涵。其一，在遊牧民族心目中，智慧與勇武被視爲美德，如遊牧民族可汗稱號中常帶有「毗伽（苾伽）」（Bilgä，意爲「智慧」）、「闕」（köl，意爲強壯、強悍、強健之意）或是「沙缽略（始波羅）」（Ïšbara，意爲勇敢）可看出，而智慧與勇武則是由上天所賦予，如〈闕特勤碑〉、〈毗伽可汗碑〉有記「上天予以勇力，吾父可汗之軍士勇猛如狼，敵人怯如羊」，〔註38〕〈暾欲谷碑〉有記「由于上天賜予我智慧，我親自促其即位爲可汗」；〔註39〕其二，作爲遊牧民族首領「汗權神授」的觀念。遊牧民族政治及社會深植著可汗是受命自天，由天所成的觀念，這種可汗權威得自上天的思想，似與原始信仰有關，突、回族系的原始信仰爲「甘昏」（Qan, Kam），係源於北亞原始薩滿（Shaman）信仰。〔註40〕突厥酋領，登大汗位須舉行一種拜天授權的特殊儀式。據《周書・突厥傳》載：

> 其王初立，近侍重臣等與之以氈，隨日轉九回。每一回，臣下皆拜，拜訖，乃扶令乘馬，以帛絞其頸，使才不至絕。然後釋，而急問曰：「你能作幾年可汗？」其主既神情瞀亂，不能詳定多少。臣下等隨其所言，以驗修短之數。〔註41〕

此一記載值得注意者有二：（1）其主初立須「隨日轉九回」，此乃將突厥「天」與塞種人崇拜最高神祇「太陽神」相結合，日神與天神合爲一體，拜日即拜天也；〔註42〕（2）立君須「以帛絞其頸」，至其「神情瞀亂」之際，問其可

〔註37〕 蔡鴻生《唐代九姓胡與突厥文化》，頁136；項英杰等《中亞：馬背上的文化》，頁186。威廉・巴托爾德（W. Barthold）認爲突厥"tängri"一字，既是指物質意義的"天"，也作爲神的"天"，參看氏著《中亞突厥史十二講》，頁11～12。

〔註38〕 芮傳明〈闕特勤碑譯注〉東12行，收入氏著《古突厥碑銘研究》，頁221；岑仲勉〈突厥文毗伽可汗碑〉東第11行，收入氏著《突厥集史》，頁912。

〔註39〕 芮傳明〈暾欲谷碑〉西I～6，收入氏著《古突厥碑銘研究》，頁277；岑仲勉〈突厥文暾欲谷紀功碑〉第1碑西面第6行，收入氏著《突厥集史》，頁857。

〔註40〕 林恩顯《突厥研究》，頁94。

〔註41〕 《周書》卷50〈突厥傳〉，頁437下。

〔註42〕 古突厥人尚東，所謂「尚東」即是以東方爲前方，爲第一方位，如《史記》卷110〈匈奴列傳〉記「其坐長左而北鄉」（頁1037上），其他方位則以東爲基準而或右或左。突厥人形成這樣的方位觀，因與該民族太陽崇拜有關。太

在位年數。此言即表明可汗之即位及生死皆爲天神所決定，而「神情瞀亂」亦表示神已附身，是故突厥可汗每自稱「天所立」，〔註43〕這個可汗即位典禮的完成，代表著神已授權給可汗，可汗合「天命」（tängri yarlir）、「天力」（tängri kuq）、「天智」（tängri bilgä）於一身，具有神性，擁有至高無上的能力。〔註44〕不唯如此，「汗權神授」也是遊牧民族強化統治的要求所致。講求實力的騎馬民族，如果沒有特別的限制，很容易陷入群雄爭霸的無統治狀態，因此，做爲國家首領的第一要件即是他們必須具有神格，並且也唯有神格的氏族後代才有繼承權。〔註45〕其三，「兵事天佑」的觀念。遊牧民族對外爭戰，常視「天」爲其守護神。從〈闕特勤碑〉碑文中「承蒙上天的恩寵，我父可汗奪取了曾經有國之人的國土，俘獲了曾經有可汗之人的可汗，他征服了敵人」、〔註46〕〈暾欲谷碑〉碑文「上天的保佑，我們毫不恐懼于敵人人數眾多」、「蒙天之佑，我未讓任何敵軍在突厥民眾中馳騁」，〔註47〕突厥把戰爭的勝利，歸因於上天的庇佑。其四，「畏懼天譴」的觀念。突厥人將意外的自然災害，看作是上天的懲罰，如《周書·武帝阿史那皇后傳》有載：「會大雷風起，飄壞其穹廬等，旬日不止。俟斤大懼，以爲天譴」，〔註48〕又如〈暾欲谷碑〉載：「上天說道：我曾賜予你們一位汗，但是你們卻遺棄了你們的汗，歸降了漢人，作爲對于這一歸降的懲罰，上天使得突厥人被殺」，〔註49〕說明了遊牧民族堅信遵奉天意，就會國強民盛；反之，就注定

陽最初升起的東方，是最賦生機之處，是故最爲最尊貴之方位也。可參看芮傳明〈闕特勤碑譯注〉一文註4，收入氏著《古突厥碑銘研究》，頁234；謝劍〈匈奴政治制度的研究〉，載《中央研究院歷史語言研究所集刊》第41本第2份，頁264。

〔註43〕如突厥沙鉢略可汗稱「從天生大突厥天下賢聖天子伊利俱盧設莫何始波羅可汗」、毗伽可汗爲「同天及天授突厥毗伽可汗」等皆是。突厥民族這種君權神授的觀念在匈奴人中早有反映，匈奴單于有的自稱爲「天所立」或是「天地所生、日月所置」，參看《史記》卷110〈匈奴列傳〉，頁1038上、1039下。

〔註44〕薛宗正《突厥史》，頁109～110；劉義棠〈回紇可汗汗位繼襲之研究〉，收入氏著《突回研究》，頁110。

〔註45〕江上波夫著，張承志譯《騎馬民族國家》，頁27、54～57。

〔註46〕芮傳明〈闕特勤碑譯注〉東15行，收入氏著《古突厥碑欽研究》，頁221～222。

〔註47〕芮傳明〈暾欲谷碑〉西II～5、東II～3，收入氏著《古突厥碑欽研究》，頁283～284；岑仲勉〈突厥文暾欲谷紀功碑〉40～41、53～54行，收入氏著《突厥集史》，頁862～863。

〔註48〕《周書》卷9〈武帝阿史那皇后傳〉，頁72下。

〔註49〕芮傳明〈暾欲谷碑〉西I～2、3，收入氏著《古突厥碑銘研究》，頁277；岑

走向衰亡。敬天與畏天是遊牧民族拜天觀念中，兩個相反相成的面向，在遊牧民族的世界中，無論是勇武、智慧的取得、君主汗位之長短、兵事之成敗、國家之盛衰、世間之吉凶禍福等皆歸諸於天。〔註50〕因此，遊牧民族對「天」之崇敬，可說是十分明顯的。

二、唐太宗被尊為「天可汗」的時間

　　史籍中有關唐太宗被尊為「天可汗」的載記，說法不一。茲先整理製成表一〈唐太宗被尊為天可汗時間一覽表〉，再析論之。從表一中，吾人對太宗尊為「天可汗」的時間產生兩個問題：其一，《舊唐書》與《新唐書》均認為太宗被尊為「天可汗」在貞觀四年（630）四月，一說丁酉（初二），一說戊戌（初三）；《唐會要》在〈安北都護府〉條則稱貞觀五年（631），但在〈雜錄〉條卻改為貞觀四年三月；《資治通鑑》認為是在貞觀四年三月戊辰（初三）；李德裕《會昌一品集》僅書貞觀四年；而成書於唐德宗貞元十七年（801）的《通典》僅以「貞觀中」一語帶過，語焉不詳。考諸蕃尊太宗為「天可汗」應為太宗平定東突厥後，然從史料中得知，張寶相擒東突厥頡利可汗（Ilig Qaghan）是在貞觀四年三月庚辰（十五日），〔註51〕獻頡利於太廟在三月甲午（二十九日），〔註52〕太宗登順天門見頡利，《舊唐書》記為四月丁酉（初二），《資治通鑑》記為四月戊戌（初三）。〔註53〕據此得知，《唐會要・雜錄》與

仲勉〈突厥文暾欲谷紀功碑〉第一碑西面第2、3行，收入氏著《突厥集史》，頁857。

〔註50〕蔡鴻生《唐代九姓胡與突厥文化》，頁136～138；護雅夫著、朱悦梅、白牛譯〈突厥之君主觀〉，載《西北民族研究》1995年2期，頁243～254。

〔註51〕《舊唐書》卷3〈太宗紀下〉載：「（貞觀）四年春正月乙亥（初九），定襄道行軍總管李靖大破突厥……三月庚辰（十五日），大同道行軍副總管張寶相生擒頡利汗獻於京師。」（頁35上）；《資治通鑑》卷193，太宗貞觀四年（630）三月庚辰條載：「初，始畢可汗以啟民母弟蘇尼失為沙缽羅設，督部落五萬家，牙直靈州西北……庚辰（十五日），行軍副總管張寶相帥眾奄至沙缽羅營，俘頡利送京師，蘇尼失舉眾來降，漠南之地遂空。」（頁6074）

〔註52〕《舊唐書》卷3〈太宗紀下〉載：「（貞觀四年三月）甲午（二十九日），以俘頡利告於太廟。」（頁35上）；《新唐書》卷2〈太宗紀〉載：「（貞觀四年）三月甲午（二十九日），李靖俘突厥頡利可汗以獻。」（頁28上）；《唐會要》卷14〈獻俘〉條載：「貞觀四年三月二十九日，張寶相俘頡利可汗，獻俘於太廟。」（頁320）。

〔註53〕《資治通鑑》卷193，太宗貞觀四年（630）四月戊戌條記：「突厥頡利可汗至長安。夏，四月戊戌（初三），上御順天樓，盛陳文物，引見頡利……」（頁6074）

《資治通鑑》所記西北諸蕃上「天可汗」尊號是在擒頡利之前，顯然有誤。而《唐會要‧安北都護府》所謂貞觀五年，更不知所據爲何？綜上論之，則關於天可汗成立的時間，當爲貞觀四年四月戊戌（初三），太宗登順天門見頡利，西北諸蕃酋長見此盛況，遂上此一尊號。〔註54〕

　　其二，貞觀二十年（646）九月，屬鐵勒之十一個部落曾於太宗平定薛延陀後，遣使入唐，願太宗爲「天可汗」（唯《舊唐書‧太宗紀》、《新唐書‧太宗紀》、《唐會要‧鐵勒》均作「可汗」）。初視之，似乎太宗曾有兩次受「天可汗」之尊號，於是乎薛宗正在其所著《突厥史》一書中聲稱：史料所記貞觀四年諸蕃上號「天可汗」實皆無據，認爲貞觀四年東突厥雖滅，然西突厥尚強，薛延陀猶主宰漠北，雖其對唐稱蕃，然來往國書僅稱「天子」或「至尊」，未見「天可汗」之號，對西北君長更不曾以此號令。是故「天可汗」此一尊號，乃唐平薛延陀的歷史產物，出現於貞觀二十年九月。〔註55〕薛宗正此一論斷，似有商榷之處：貞觀四年四月，史書僅言諸蕃（或書「西北」、或稱「四夷」）君長上號「天可汗」，實未指明是那些部落，而貞觀二十年九月，尊太宗爲「天可汗」者則爲鐵勒十一部落。換言之，或許此乃兩批不同之部落，分別於貞觀四年四月三日及貞觀二十年九月上尊太宗爲「天可汗」。或者是貞觀四年，太宗被上尊「天可汗」，及至貞觀二十年，平定薛延陀後，鐵勒十一個部落，請唐置官，願意內屬，加入「天可汗」體系。兩者並無相互矛盾之處。薛宗正僅以此據，則謂史書所載貞觀四年諸蕃上號「天可汗」皆無據，吾人難表贊同，並非正論。

三、「天可汗」一詞對象

　　經由上述，吾人考定貞觀四年四月初三，太宗被尊爲「天可汗」。自是，各國紛紛遣使入唐，唐朝國威光披四表。柳宗元曾有〈唐鐃歌鼓吹曲‧高昌〉一詩，稱羨此一盛世：

　　　麴氏雄西北，別絕臣外區。既恃遠且險，縱傲不我虞。烈烈王者師，

───────────

〔註54〕雖《舊唐書》與《資治通鑑》所記太宗登順天門時間不一，然從《新唐書‧太宗紀》所記「四月戊戌（初三），西北君長請上號爲天可汗。」一語則可判定，太宗登順天門見頡利，應爲《通鑑》所記的戊戌（初三），而非《舊唐書》所記的丁酉（初二）。關於太宗尊爲「天可汗」的時間，可參看拙文〈吳玉貴《資治通鑑疑年錄》補遺〉，載《大陸雜誌》第100卷第5期，頁40～41。

〔註55〕薛宗正《突厥史》，頁405～406。

熊螭以爲徒。龍旗翻海浪，駟騎弥坤隅。賁育搏嬰兒，一掃不復余。

平沙際天極，但見黃雲驅。臣靖執長纓，智勇伏凶拘。文皇南面坐，

夷狄千群趨。咸稱天子神，往古不得俱。獻號天可汗，以覆我國都。

兵戎不交害，各保性與軀。〔註56〕

然「天可汗」此一尊稱，是否爲太宗所獨據？抑或是「天可汗」泛指唐廷諸帝？而遊牧民族君長，有否類似之稱號？此爲研究「天可汗」制度時，所應探求的問題。茲先將史料中有關唐朝皇帝被稱爲「天可汗」者製成表二〈唐朝皇帝稱爲天可汗一覽表〉，從中再詳加分析。

從表二中，吾人可看出，自太宗至代宗，唐朝皇帝均有被上稱爲「天可汗」的記載，絕非只有太宗一人所獨有之，〔註57〕而其中以玄宗一朝爲最，高達七次之多。再看尊稱唐帝爲「天可汗」的民族，可知是北方的突厥、回紇（鶻）以及西域諸國，從未有東方（如日本、朝鮮三國）與南方（如南詔、天竺）民族稱唐帝爲「天可汗」。論究其原因可能是東方及南方諸國，其君長並非稱作「可汗」（或稱王、皇帝、贊普），是故其上書稱唐帝時，也就不用「天可汗」此一稱號，而採用皇帝、天子、陛下等尊稱。〔註58〕因此，吾人可提出一假設：蓋貞觀四年，上尊太宗爲「天可汗」者，當爲西域、北方諸君長，而非《通典》及《資治通鑑》所謂的「四夷」君長。〔註59〕

學者多認爲「天可汗」係遊牧民族專對唐朝皇帝之特稱，〔註60〕然考遊牧民族歷史，可發現「天可汗」一名，並非是唐朝皇帝所專有，在漢文史料中，即可找到兩人：其一，突厥登利可汗（Tängri Qaghan）。據《舊唐書・突厥傳上》載：

〔註56〕《全唐詩》卷350，柳宗元〈唐鐃歌鼓吹曲・高昌〉，頁3920～3921。

〔註57〕李樹桐在〈唐太宗怎樣被尊爲天可汗〉一文中有言：「唐太宗是文治武功兼而有之，而且實質上等於東亞盟主的『天可汗』特殊尊榮，只爲唐太宗一人所獨有。這就是唐太宗特別受人尊敬的原因。」（頁11）由表二中即可發現李氏所言並非確論。是文載於《李氏文獻季刊》第1卷第4期，頁11～15。

〔註58〕章群認爲蕃國稱唐帝可分爲「可汗稱謂系統」與「非可汗稱謂系統」。前者如東、西突厥以及鐵勒諸部；後者如吐蕃、奚、契丹、渤海、新羅、百濟等。參看氏著《唐代蕃將研究》，頁365～366。

〔註59〕有些學者也認爲，上號太宗爲「天可汗」者爲四夷，如羅一之〈唐代天可汗考〉一文即是。然經吾人分析得知，應當爲「西域、北荒」地區，而非四夷。

〔註60〕如羅香林〈唐代天可汗制度考〉，收入氏著《唐代文化史》；林天蔚《隋唐史新論》等，均認爲「天可汗」爲唐帝所獨有之美稱。

伊燃病卒，又立其弟爲登利可汗。〔註61〕

《新唐書・突厥傳下》載：

> 其弟嗣立，是苾伽咄祿可汗，使右金吾衛將軍李質持用爲登利可汗。
> 明年（開元二十九年）遣使伊難如朝，正月獻方物，曰：「禮天可汗
> 如禮天，今新歲獻月，願以萬壽獻天子」云。〔註62〕

其二，回紇登里可汗（Tängri Qaghan）。據《舊唐書・迴紇傳》載：

> 乾元二年夏四月，迴紇毘伽闕可汗死，長子葉護先被殺，乃立其少
> 子登里可汗，其妻爲可敦。〔註63〕

《冊府元龜・外臣部》載：

> 乾元三年（案：當爲二年之訛誤），葛勒卒，長子葉護先被殺，乃立
> 其少子移地健，是爲登里可汗。〔註64〕

由此以觀，則在同一時期，突、回民族既稱唐朝皇帝爲「天可汗」（Tängri Qaghan），遊牧君長亦自稱爲 Tängri Qaghan，〔註65〕顯示其偉大、神聖。惟在漢文史料中，將前者譯作「天」可汗，而後者則譯爲「登利」可汗或「登里」可汗。〔註66〕其或因於天朝自我觀念之深植人心，故不將突厥與迴紇之「登利」、「登里」逕譯爲「天」。於是乎「天可汗」之稱就成爲自唐太宗以來，對中原皇帝獨一無二之專稱。不唯如此，漢人在稱「登利可汗」時，將「登利」釋爲「果報」，如《舊唐書・突厥傳上》載：

> 登利者，猶華言果報也。〔註67〕

〔註61〕《舊唐書》卷144〈突厥傳上〉，頁1491下。

〔註62〕《新唐書》卷215〈突厥傳下〉，頁1569下。

〔註63〕《舊唐書》卷194〈迴紇傳〉，頁1500上；《資治通鑑》卷221，肅宗乾元二年（757）四月條，頁7076。

〔註64〕《冊府元龜》卷967〈外臣部・繼襲二〉，頁11373上。

〔註65〕遊牧民族首領名字上之贊美辭，乃是其君長本人在世之時之自稱，非爲國人所尊奉。

〔註66〕除上述兩人，在歷史上明見於突回文獻，稱「天可汗」者又有兩人：一見於〈翁金碑〉之 Tängri Qaghan（天毘伽可汗，右方10行），其又作 Bilgä Qaghan（第11行）、Tängri Qaghan（天汗，第12行）：二見於〈苾伽可汗碑〉（東21行）、〈闕特勤碑〉（東25～26行）、〈九姓回鶻可汗碑〉（第10、13～16行）之 Tängri Qaghan（即苾伽可汗本人），可參看劉義棠〈天可汗探原〉，收入氏著《中國西域史研究》，頁81～83、101；程溯洛〈釋漢文《九姓回鶻毗伽可汗碑》中有關回鶻和唐朝的關係〉，收入氏著《唐宋回鶻史論集》，頁102～114；安部健夫著，宋肅瀛等譯《西回鶻國史的研究》，頁134～144。

〔註67〕《舊唐書》卷194〈突厥傳上〉，頁1491下；又見於《資治通鑑》卷214，玄

此亦是天朝自我觀念使然，要維持唐朝皇帝稱「天可汗」之唯我獨尊形象。
及至近代，法國漢學家伯希和（Pelliot）予以指正，以爲「登利（tängri）突厥
語訓爲天或神，與果報之意甚遠」。〔註68〕事實上，「果報」本身就涵有天、
神之意，因爲唯有天及神才有權力決定世間的果報，祇因爲撰史者欲避唐皇
帝「天可汗」之唯一性，故將「登利」隱譯成爲「果報」。而突厥、迴紇君長
自稱爲「天可汗」原因在於是時兩國國勢均十分強盛，其君長欲與唐朝皇帝
相抗衡。貞觀四年，東突厥雖已敗亡，其餘眾尚有十幾萬部落降唐，後因貞
觀十三（639）年發生「九成宮之變」，〔註69〕太宗於貞觀十五年（641）命悉
徙突厥還故地，突厥民族遂又逐漸壯大。傳至默啜（Batur）時〈暾欲谷碑〉
稱其國勢逐漸強盛。其子毗伽可汗（Bilgä Qaghan）在祖先餘蔭之下，國勢如
日中天，被稱爲 Elteris（Ilteris）Qaghan 即國家復興可汗之意。至毗伽可汗之
子則不可一世，自號爲登利可汗（Tängri Qaghan）。

　　迴紇自時健（Sukun）脫離突厥而獨立後，至闕毗伽可汗（Köl Bilgä
Qaghan）已經強盛，其子葛勒可汗（Tägr idä Bolmiš Il Itmis Bilgä Qaghan）
更使國勢達到高峰，由碑文中之著錄，知其武功極爲顯赫，創造了回紇汗國
強盛時代，是具有承先啓後之重要人物。其又協助唐廷討伐安史之亂，對唐
立有大功，〔註70〕肅宗封其幼女爲寧國公主嫁給葛勒可汗，以謝其兩次爲唐
助平安史亂之功勳，當寧國公主至回紇牙帳，殿中監漢中王李瑀見葛勒不拜
而立，葛勒可汗曰：「我與天可汗兩國之君，君臣有禮，何得不拜？」〔註71〕
是時葛勒已欲與唐朝相抗，以求平等關係。待葛勒死後，其子移地健（Idiken）

宗開元二十二年（734）十二月條，頁 6809、《冊府元龜》卷 964 等。
〔註68〕伯希和（Pelliot）著，馮承鈞譯《史地叢考》，頁 25。
〔註69〕《資治通鑑》卷 195，太宗貞觀十三年（639）四月戊寅條載：「夏，四月，戊
　　　　寅，上幸九成宮。初，突厥突利可汗之弟結社率從突利入朝，歷位中郎將。
　　　　居家無賴，怨突利斥之，乃誣告其謀反，上由是薄之，久不進秩。結社率陰
　　　　結故部落，得四十餘人，謀因晉王治四鼓出宮，開門辟仗，馳入宮門，直指
　　　　御帳，可有大功。甲申，擁突利之子賀邏鶻夜伏於宮外，會大風，晉王未出，
　　　　結社率恐曉，遂犯行宮，踰四重幕，弓矢亂發，衛士死者數十人。折衝孫武
　　　　開等帥眾奮擊，久之，乃退，馳入御廄，盜馬二十餘匹，北走，渡渭，欲奔
　　　　其部落，追獲，斬之。原賀邏鶻，投于嶺表。」（頁 6147）；吳兢《貞觀政要》
　　　　記「九成宮之變」爲貞觀十二年（638）。參看《貞觀政要》卷 9〈議安邊〉，
　　　　頁 729。
〔註70〕參看劉義棠〈回紇葛勒可汗研究〉，收入氏著《突回研究》，頁 127～172。
〔註71〕《資治通鑑》卷 220，肅宗乾元元年（758）六月條，頁 7059。

立，自號登里可汗（Tängri Qaghan），《通鑑》記曰：「初回紇風俗朴厚，君臣之等不甚異，故眾志專一，勁健無敵，及有功於唐，唐賜遺甚厚，登里可汗，始自尊大……中國為之虛耗」。〔註72〕移地健雖仍執行其父出兵助唐之政策，然其人倔強驕傲，又仗回紇國勢強盛，故嘗有語辱德宗之舉。〔註73〕移地健自號登里可汗，無非是欲藉此達到與唐廷對等並立之目的。〔註74〕

除了北方遊牧民族之外，吐蕃對其君長（贊普）亦有類似「天可汗」之稱號，如〈第穆薩摩崖刻石〉即有「天贊普」（lha btsan po）、〈諧拉康碑甲〉有「聖神贊普」（'phrul gyi lha btsan po），〔註75〕表現出吐蕃人民視其君為天神之子或是神的化身。

經由上述討論，我們可以說，「天可汗」之名絕非是唐代皇帝所特有之專稱，大凡遊牧民族君王強盛、武功傲世者，均以此號之，一如法王路易十四（Louis XIV）自稱是「太陽王」（King Sun）一般。

四、「天可汗」的意涵及其與「桃花石」的關係

「可汗」是突、回民族對其君長之稱呼，代表一個種族部落的首領，而Tängri 一詞，在突、回語中既可釋作：天、神、天神等，加之以遊牧民族崇拜「天」的傳統。因此，把「天」用作對一國君之稱呼，正視其崇高，代表著是一位至高無上蓋世群雄之君主，欲顯示其偉大。是故「天可汗」（Tängri Qaghan）一詞，其義乃為「汗中汗」、「王中王」也。〔註76〕

從上文之論述可知，西域、北荒及鐵勒諸部落，曾上號太宗「天可汗」，而漢文史料中，也不乏遊牧民族稱唐帝為「天可汗」之記載。然而在突回文

〔註72〕《資治通鑑》卷226，德宗建中元年（780）六月條，頁7282。

〔註73〕《資治通鑑》卷222，肅宗寶應元年（762）十月丙寅云：「雍王适（即德宗）至陝州，回紇可汗屯於河北，适與僚屬從數十騎往見之。可汗責适不拜禮舞，藥子昂對以禮不當然。回紇將軍車鼻曰：『唐天子與可汗約為兄弟，可汗於雍王，叔公也，何得不拜？』子昂曰：『雍王，天子長子，今為元帥。安有中國儲君向外國可汗拜舞乎？且兩宮在殯，不應舞蹈。』力爭久之，車鼻遂引子昂、魏琚、韋少華、李進各鞭一百，以适年少未諳事，遣歸營。少華一夕而死。」（頁7133）；《舊唐書》卷195〈迴紇傳〉，頁1500下。

〔註74〕參看劉義棠〈天可汗探原〉，收入氏著《中國西域史研究》，頁107；〈回紇葛勒可汗之研究〉，收入氏著《突回研究》，頁130～131、〈漠北回鶻可汗世系、名號考〉，收入氏著《維吾爾研究（修訂本）》，頁122～126。

〔註75〕〈第穆薩摩崖刻石〉、〈諧拉康碑甲〉分別見於王堯、陳踐譯注《敦煌本吐蕃歷史文書（增訂本）》，頁95、107。

〔註76〕劉義棠〈天可汗探原〉，收入氏著《中國西域史研究》，頁96。

獻中，吾人卻未曾發現該民族以「天可汗」稱呼唐朝皇帝。從〈毗伽可汗碑〉、〈闕特勤碑〉、〈暾欲谷碑〉、〈葛勒可汗碑〉等諸碑文中，均看出其稱「中國」為 Tabgac，〔註77〕稱「中原皇帝」為 Tabgac Qagan。〔註78〕上述突回碑銘均為西元八世紀之物，是故 Tabgac 一名的出現，僅能暫時上溯到八世紀上半葉。從文獻上看，與 Tabgac 讀音相仿的另一名為 Taugast，經學者們的考證，此名是遊牧民族對中原地區或是中原政權的稱號。〔註79〕漢文史料中，將 Taugast譯稱「桃花石」，其最先出現於元人李志常的《長春眞人西遊記》一書。其書記長春眞人邱處機行至阿里馬城（Alcmalik，今新疆霍城縣境內）時謂：

> 農者亦決渠灌田，士人惟以瓶取水，載而歸。及見中原汲器，喜曰：
> 「桃花石諸事皆巧。」桃花石，謂漢人也。〔註80〕

事實上早在唐代，突厥民族即已稱中國為「桃花石」。〔註81〕將 Taugast 漢譯成「桃花石」，其語源為何，學者說法不一。今先將各方說法綜述於下，比較其異同。張星烺在〈古代中國與歐洲之交通〉一文言：

> 陶格司（案：即 Taugast）為大漢二字之轉音，今代日本人讀大漢二字
> 為大伊干（Daigan）；日人之漢字讀音，多學自隋唐時代；漢朝雖亡，
> 而以後之人仍稱本國為漢土，法顯、玄奘之紀行書可覆視也。〔註82〕

芮傳明亦主張「大漢」說，其理由為：1. 自秦一統中原後，漢王朝持續的時

〔註77〕 如〈毗伽可汗碑〉東 5、12、23、25、35、36、38 行，北 3、4、行；〈闕特勤碑〉南 4 行，東 4、6、7、14、28、31 行；〈暾欲谷碑〉第 1 碑西 1、2、7 行，南 2、3、4、5、7 行，北 6 行，第 2 碑南 5 行；〈葛勒可汗碑〉南 8 行等。

〔註78〕 如〈毗伽可汗碑〉東 7、8、9、39 行，南 1 行；〈闕特勤碑〉南 11、12 行，東 7、8、9 行北 11 行；〈葛勒可汗碑〉南 8 行等。

〔註79〕 如西元七世紀上半葉拜占庭史家席摩喀塔（Theophylactus Simocatta）在其《史記》一書中談及：Taugast 國的君主名為 Taissan，義為「上天之子」。其國的王位世襲，國君的權威極高，不容冒犯。國內物產豐足，人民富裕。Taugast 境內的中央有條大河，此前曾以該河為界而分成兩國……Taugast 國內產蠶，絲由其吐出。蠶種很多，形形色色。國人以擅長養蠶而聞名。」此 Taugast 十八世紀中葉的法國學者德經（Deguignes）考訂當為中國。參看芮傳明《古突厥碑銘研究》，頁 134。

〔註80〕 李志常《長春眞人西遊記》卷上，頁 12。

〔註81〕 《新發現的牟羽可汗入教記殘本》即有：「當此神聖的四僧從桃花石來的時候，他們抱著四願，……（文缺）……但為了人民，為了學理，卻遭遇到大危險，大壓迫。……」參見班格、葛瑪麗編譯《突厥文吐魯番卷子》第 2，頁 7~9。

〔註82〕 張星烺〈古代中國與歐洲之交通〉，收入氏著《中西交通史料匯篇》第 1 冊，頁 154。

間長於任何其他王朝，長達四百幾十年，因此，域外人至少在這四百幾十年中始終將「漢」與「中國」視爲同一；2. 漢代人以自稱「大漢」爲榮，尤其是在與域外的「夷狄」之流打交道時，更因「大漢」而產生自豪，以爲是一種至高無上，尊貴無比的美稱，乃至有居高臨下之感。因此，「大漢」成爲遊牧人對中原王朝的一般性代稱；3. 域外人亦以稱「大漢」爲榮，如西晉亡後，匈奴人劉淵自稱「漢王」，表明自己乃是繼兩漢的皇統。此反映出「大漢」的影響深入域外人，尤其是中亞遊牧人心中。〔註83〕章巽先生主張「大汗」說，其理由是：「汗」爲遊牧民族首領之稱號，北魏拓跋氏的先祖已有可汗的稱號，後柔然、突厥、回紇諸族，也沿用可汗這個稱號來尊稱其君主。他們經常和南方的中原皇朝相接觸，就把中原的皇帝也稱爲可汗或汗，又見中原皇朝之大，乃以大汗稱之。貞觀四年西北諸族請唐太宗上尊號爲天可汗，也基於此因。〔註84〕

　　日人白鳥庫吉與法人伯希和主張「拓拔（跋）氏」說。此沿襲十八世紀中葉法人得基涅（J.De Guignez）認爲 Taugast 係「大魏」的音譯。理由是七世紀初拜占庭史家席摩喀塔《史記》一書所記 Taugast 一國的年代，正值拓拔氏所建的北魏，而北魏在五世紀間甚強，前後歷時一百餘年，勢力括及西域，當時各外族或即以魏代表中國，故呼爲大魏。白鳥庫吉與伯希和不以「大魏」而探「拓拔氏」，係因拓拔氏字音與突厥碑文中 Taugast 字音相近，且中國史書多以拓拔氏稱北魏，較「大魏」爲普遍。〔註85〕；吳志根指出突厥興起，首先接觸的正是拓跋魏政權，因此，突厥人以「拓跋」稱中國是很自然的；〔註86〕劉義棠也以爲從字、音、義來看，「拓拔氏」與 Taugast 多相吻合，較爲接近。〔註87〕是以，英國牛津大學 1972 年所出版的《十三世紀以前突厥語詞源學詞典》、前蘇聯科學院語言研究所《古代突厥語詞典》均認爲「桃花石」乃「拓跋」之義，是當時的中國或中國人的代稱。〔註88〕

　　洪均於《元史譯文證補・西域補傳上》則謂「桃花石」爲契丹之「大賀

〔註83〕芮傳明《古突厥碑銘研究》，頁 137～140。

〔註84〕章巽〈桃花石和回紇國〉，收入氏著《章巽文集》，頁 246～248。

〔註85〕白鳥庫吉著，方壯猷譯《東胡民族考》上編，頁 130～132；伯希和《史地叢考》，頁 27。

〔註86〕吳志根〈關於「桃花石」〉，載《江漢論壇》1979 年第 2 期，頁 25。

〔註87〕劉義棠〈天可汗探原〉，收入氏著《中國西域史研究》，頁 91、100。

〔註88〕蔣其祥〈試論"桃花石"一詞在喀喇汗朝時期使用的特點和意義〉，載《新疆大學學報》1986 年第 3 期，頁 18。

氏」之轉音：

> 多桑書，字音如曰唐喀氏（案：即 Taugast），義不可解。其所謂唐，
> 必非唐宋之唐。及注西遊記，有謂漢人爲桃花石一語，循是以求，
> 乃悟即契丹之大賀氏也。蒙古稱中國爲契丹，今俄羅斯人尚然。唐、
> 大音近，法文於花、哈等音，每訛爲喀，西人譯波斯史，誌帖木兒
> 事，爲唐喀氏汗，即契丹……西人考古錢之書，有契丹錢，鑄於宋
> 仁宗慶曆三、四年間，云錢上有唐喀氏字音，是知契丹盛時，仍沿
> 大賀氏之舊稱，故鄰國亦以氏稱之。〔註89〕

然張星烺、劉義棠以爲 Taugast 一語出現於契丹未興之前，且契丹之音讀作
xitay、khitay、cathay，無法轉音爲 Taugast，故反對其說。〔註90〕

又有日人桑原騭藏氏主張「桃花石」乃「唐家子」三字之音義。其理由
有五：1.中國歷朝史實，尤以唐之國威廣被四方。唐代國勢既如此強大，則其
稱號之普傳於各國人民間，終成爲代表中國之國號，是極自然之事；2. 從漢
文史料中得知，新羅、靺鞨、突厥、回紇、高昌等夷對於中國屢用「唐家」
之稱呼；3. 古來中國人爲表示彼此有好，常使用「子」之稱呼，是以唐時之
中國人必自稱爲「唐家子」或「唐子」；4.「唐家子」的古音爲 Tang kia-tsi
與「堂格資」（Tamghaj）之發音頗相一致；5. 由席摩喀塔《史記》一書則知，
至少在六百三十年左右，其尚存在，此時唐朝也早已創建，故將「堂格資」
解作「唐家子」當可。〔註91〕桑原氏之說法，韓儒林、向達亦表贊同。〔註92〕
但劉義棠反對其說，以爲 Tabgac 與「唐家子」的音譯並不一致，〔註93〕而梁
園東從年代上反對桑原氏之說，以爲 Taugast 此名稱見於席摩喀塔之書，而其
所記係莫理斯皇帝（Maurice）西元五八二至六〇二年間事，其時尚無唐代，
自不能有唐家名稱；即使席摩喀塔卒於六三〇年左右，然唐代勢力播及西域，
實爲貞觀四年以後，唐家一名的被普遍應用，絕不可能在貞觀四年之前，故

〔註89〕洪均《元史譯文證補》卷22〈西域補傳上〉，頁 253。

〔註90〕張星烺〈古代中國與歐洲之交通〉，收入氏著《中西交通史料匯篇》第 1 冊，
　　　　頁 155；劉義棠〈天可汗探原〉，收入氏著《中國西域史研究》，頁 91。

〔註91〕最早提出「桃花石」爲「唐家」者，乃德人夏德（F. Hirth），參看桑原騭藏著，
　　　　馮攸譯《中國阿剌伯海上交通史》，頁 135～142。

〔註92〕岑仲勉在《突厥集史》記：「暾欲谷碑第一碑南四行以下 Tabγac 韓儒林均譯
　　　　作『唐家』。」（頁 890）；向達《唐代長安與西域文明》，頁 4、27。

〔註93〕劉義棠〈天可汗探原〉，收入氏著《中國西域史研究》，頁 95。

桑原氏說法欠允當。〔註94〕

　　岑仲勉起初認爲「桃花石」相當於「敦煌」，〔註95〕後又認爲「桃花石」一詞當成立於秦以前，可能傳自上古，岑氏詳考「桃花石」在古典文獻中可能相當於「太岳」、「檮杌」、「焦穫」等語源，後爲突厥人所承襲使用。〔註96〕此外，尙有梁園東提出「桃花石」意爲中國之「天子」說：稱 Tabgac 一字乃突厥語「天」（Tängri）之變體，意表「天子」，而 Tabgas 由突厥文 Tabgac 一字變來，當爲桃花石一名之本字。「天可汗」一稱，顯係北族語言，Tabgac-qaganga 一名必有如天可汗原文的可能。是見於漢語的天可汗，必爲見於西域語的桃花石汗無疑。梁氏以爲突厥本字以「天子」即 Tabgac 一字稱呼中國皇帝，及貞觀四年以後，西北各族視中國皇帝不止是中國的「天子」，而且是他們共同的「可汗」，故將「桃花石」與「可汗」兩稱號合稱，此即上唐太宗尊號爲天可汗的由來。〔註97〕梁氏此一說法獲得羅一之、羅香林採用，皆認爲「天可汗」一詞係 Tabgac Qaganqa 之對音。〔註98〕岑仲勉則指梁氏所說 Tabgac 乃「天子」音譯爲非，理由是：1. 從語言學觀點看古突厥文稱「天」與 Tabgac 全不相類；2. 梁氏以爲 Tabgac qaganqa 這個名稱產生於魏晉朝代，然魏晉時期中國統治者並未從外蕃中受過「天可汗」之尊銜；3. Tabgas 並非突厥「天」之變體，突厥文自有相當於天可汗的字句，故其推論，益無根據之處。〔註99〕劉義棠再從突厥文中對「天可汗」寫法當爲 Tängri Qaghan 而非 Tabgac Qaganqa 反對梁氏說法。〔註100〕

　　以上所述，乃前人對「桃花石」一詞之解釋。現將上述各家說法製成表三〈桃花石（陶格斯）一詞各家解釋一覽表〉，以清眉目。綜合前述，可知無論是從字音（義）、出現年代與其代表性等方面看，「拓拔」說與「大漢」說較爲學者所接受。然兩者說法，孰說較優？朱彧《萍洲可談》有一條重要史

〔註94〕梁園東〈“桃花石”爲“天子”“桃花石汗”爲“天可汗”說〉，載《邊政公論》第 3 卷第 4 期，頁 50。

〔註95〕岑仲勉〈釋桃花石〉，載《東方雜誌》第 33 卷第 21 號，頁 35。

〔註96〕岑仲勉〈桃花石之新釋〉，收入氏著《突厥集史》，頁 1046～1057。

〔註97〕梁園東〈“桃花石”爲“天子”“桃花石汗”爲“天可汗”說〉，載《邊政公論》第 3 卷第 4 期，頁 48～53。

〔註98〕羅一之〈唐代天可汗考〉，載《東方雜誌》第 41 卷第 16 號，頁 45；羅香林〈唐代天可汗制度考〉，收入氏著《唐代文化史》，頁 80。

〔註99〕岑仲勉〈桃花石之新釋〉，收入氏著《突厥集史》，頁 1046～1047。

〔註100〕劉義棠〈天可汗探原〉，收入氏著《中國西域史研究》，頁 96～97。

料，透露出「大漢」說似較「拓拔」說更佳。《萍洲可談》有記：

> 漢威令行於西北，故西北呼中國爲漢；唐威令行於東南，故蠻夷呼
> 中國爲唐。崇寧間臣僚上言：邊俗指中國爲漢、唐，形於文書，乞
> 並改爲宋……詔從之。〔註101〕

《萍洲可談》爲宋人朱彧所撰，從上引文中得知，及至宋代，西北地區民族仍襲稱中國爲「漢」，可知「大漢」在西北地區之影響力已深植於域外人心。而「桃花石」一詞乃北方遊牧民族對中原王朝之稱呼，是故「桃花石」義指「大漢」，或較合宜。

　　突回文獻中，爲何未曾發現以「天可汗」來稱唐帝之記載？吾人以爲其原因可能有四：其一，「大漢」（Tabgac，「桃花石」）一詞，即已在西北地區流長甚久，早爲遊牧民族所習稱，故未加改變；其二，「大漢」一詞既已具有崇有偉大、至高無上之義涵，亦可以表現出大唐帝國國威之強盛；其三，突厥與回紇部落，其酋長均曾有稱爲 Tängri Qaghan 者，是故欲以 Tabgac Qagan（「大漢」）一詞稱唐帝，加以視區分之；其四，以「漢」一詞用於稱人者，始於五胡列國時期，若是以「漢人」、「漢子」此二詞稱，則起於南北朝北魏時期。〔註102〕及至隋唐，唐人稱自己爲「漢人」，〔註103〕而外族也以「漢人（子）」一詞稱呼中原民族。〔註104〕外族既在隋、唐期間稱中原民族爲「漢人（子）」，故對唐朝皇帝亦以「大漢」相稱，而不作「天可汗」（Tängri Qaghan）。〔註105〕

〔註101〕朱彧《萍洲可談》卷2，頁25。

〔註102〕劉學銚《北亞游牧民族雙軌政制》，頁67～69、149。

〔註103〕如《舊唐書》卷67〈李勣傳〉載有：「勣諸子孫坐敬業誅殺，靡有遺胤，偶脫禍者，皆竄跡胡越。……至鹽州西橫槽烽，蕃將號徐舍人者，環集漢俘於呼延州，謂僧延素曰：『師勿甚懼，予本漢人，司空、英國公五代孫也。……』。」（頁686下）。此語又見《舊唐書》卷196〈吐蕃傳下〉，頁1519上。

〔註104〕如《舊唐書》卷196〈吐蕃傳上〉記載：「惟明、（張）元方等至吐蕃，既見贊普及公主，具宣上意。……令其重臣名悉獵隨惟明等入朝，上表曰：……外甥蕃中已處分邊將，不許抄掠，若有漢人來投，便令卻送。」（頁1509下）。

〔註105〕有關 tabrac（桃花石）一詞，筆者已另撰寫專文討論，對於上述說法，有新的解釋與補充。參看拙文〈「桃花石」與「天可汗」〉，載《中國中古史研究》第八期，頁135～170。

第四章　唐朝的民族管理政策

　　歷代王朝在與外族接觸時，隨著王朝國勢盛衰、君主治國理念以及外族與中原王朝的互動等多重因素，制定出符合本身利益的民族政策。自古中國的夷夏觀念中，始終環繞於「夷夏之防」與「王者無外」兩種原理進行，在這思維下，發展出多元的外交政策。本章共分二節，探索的主題有：其一，傳統中國夷夏觀念如何形成？在這種夷夏觀念下，中原王朝如何因應維持與外族間的關係？其二，唐朝的民族政策形成的主、客觀條件爲何？在民族政策形成的過程中，是否有其他因素的考量？其三，大唐帝國影響範圍涵蓋了農業地區與遊牧地區，兩者之間在自然與人文條件上差異頗巨，唐朝對於不同地域的民族統治政策有哪些措施？此種措施與其統治原理的關聯性又是如何？

第一節　唐朝的民族統治原理

　　唐代「皇帝・天可汗」既涉及與四周民族往來關係，故研究唐代的民族統治原理是瞭解「皇帝・天可汗」運作情形首要前提。從第二章所言得知，由於自然地理的限制以及生活條件的差異，自三代以來，中國既產生出以自我爲中心的世界秩序與民族本位意識型態，對於如何與身處四境、異於農業地區的民族相處來往，出現不同的思想觀念。這種觀念，隨著歷朝國勢的強弱消漲、統治者的心態以及與周圍民族互動的情形，制定出不同的民族政策。本節即從傳統中國的夷夏觀、唐朝的民族政策、國防戰略思考等幾個方向，探討唐代的民族統治原理。

一、中國的夷夏觀

夷、夏兩字，從字源與上古歷史來看，起初並無表示高下區別，僅是代表著東西兩系的民族部落或方國，全無日後文化軒輊的夷夏觀。殷商卜辭中已見有戎、狄、夷等字，戎指兵器，狄為人名，夷指方國。〔註1〕傅斯年在〈夷夏東西說〉一文指出，以今河南為中心，東至海、北至濟水或及渤海灣至遼東朝鮮兩岸、南在蘇北及安徽東北等，在商與西周以前或同時，分布於此東南的部族皆稱為夷人，如《論語》中所說的九夷，即是包括了太皞、少皞、淮、濟、徐、舒等族及方國；相對於這些部族方國，位於偏西部族為諸夏者，兩者形成相互對峙之局，即所謂夷夏東西之交爭與融合。「夷」代表東方之主與西方之「夏」競爭，其中重要者有：夷益與夏啟之爭統，夷羿與夏太康、少康之爭，商湯放桀等。商雖非夷人，但仍屬東方族系，統有諸夷為東方之主，其西進取夏而代之。〔註2〕是以，商代之前所謂的夷夏之別，主要只是區分部落、部族、氏族、圖騰等政治集團所屬地域而言，並無後來本質意義上文化高低意涵。〔註3〕

夷夏觀念中，將戎狄蠻夷等分佈於中國四周的民族變成含有文化輕蔑的意義，形成於西周，定形於東周。周代商興，西部民族再度取代東方民族，正統史觀成為西系民族所造，武王革命，周公輔成王為政，推行封建制度，分封的意義在於，通過封建「天子之尊，非復諸侯之長，而為諸侯立國」，〔註4〕以求得「封建親戚，以藩屏周」。〔註5〕這一措施擴大了周王朝的統治區域，凡是封建諸侯立國所達的地方，都成為華夏之區，儘管該地區內仍包含著蠻夷戎狄等多種種族，但由於推行周朝的禮樂制度，漸漸地同化於華夏，而成為西周的「外服」區域。「外服」是相較於「畿內」而來，周代的外服制是承繼於殷商外服制度發展。周代封建過程中，「內外服」制的確立，對於「夷夏之分」觀念的形成起了催化作用──畿內、外服是華夏族政治統治區域，而「荒服」、「要服」才

〔註1〕 李孝定《中骨文字集釋》，「戎」字見頁3759，「狄」字見頁3109，「夷」字見頁3207。

〔註2〕 傅斯年〈夷夏東西說〉，收入氏著《傅斯年全集》第3冊，頁86～157。

〔註3〕 王充《論衡》亦有費昌問馮夷：「何者為殷？何者為夏？」馮夷答以「西，夏也；東，夷也。」（頁17）說明漢人認為當時夏是起源於西方民族，東方則是夷人。

〔註4〕 王國維《觀堂集林》卷10〈殷周制度論〉，頁467。

〔註5〕 李宗侗註譯《春秋左傳今註今譯》卷7，僖公二十四年，頁344。

成爲較嚴格意義上的「化外之民」。〔註6〕夷、夏觀念的定型是在春秋戰國時期，周王室衰微和各諸侯國的「尊王攘夷」過程中完成。周王室東遷後，王室衰微，除了內亂頻仍，周王室本身有王位之爭，地方上諸侯大國之間紛紛掀起爭霸鬥爭，使中央號令不行；當此之時，圍繞於華夏四周的戎狄也相繼交侵諸夏，因而諸夏引起嚴重的文化意識，他們認爲在夷狄的交侵之下，使得三代以來，華夏所因革下來的文化價值，會因此而爲之淪喪，所以產生「德以柔中國，刑以威四夷」、〔註7〕「吾聞用夏變夷者，未聞變於夷者也」〔註8〕的說法。故而有倡議「內其國而外諸夏，內諸夏而外夷狄」的政治指導原則，〔註9〕「尊王攘夷」成便成了當時共同的目標。《春秋》中「裔不謀夏，夷不亂華」成爲普遍一致的民族主義信念，這種信念經《公羊傳》大加發揮，衍生成「內諸侯，外夷狄」之總綱，〔註10〕夷狄既不能接受諸夏，則必需攘迫於諸夏之外。政治上的夷狄交侵、文化上的親頑之別，產生出夷、夏對立的觀念，「夷夏之防」與「華夷之辨」的思想也在此形成。

綜上所論則知，夷、夏本無高下之分，祇有地域之別。在中國上古史中，「夷」佔有很重要的地位，但最後卻被摒除於夏商周相沿的正統之外，視爲文化低落、非我族類的名稱，其因一方面在於東西夷夏交爭的結果，最終是由代表西系的周人得勝，取得正統史觀的地位；再者，春秋、戰國之際，四夷相繼入侵諸夏，使得諸夏間產生出強烈的危機意識，形成夷、夏對立的觀念。〔註11〕

區別夷、夏的方法在夷、夏對立思想形成後產生，從史籍的記載中，我們可以歸納出幾個區分方法：

（一）血　統

《左傳》記載戎子駒支與范宣子的對話：「我諸戎飲食衣服不與華同，贄幣不通，言語不達」，〔註12〕春秋時期，莊武王、熊渠自言：「我蠻夷也」，〔註13〕

〔註6〕張鴻雁、傅兆君〈論傳統夷夏觀的演變及其對近代社會民族觀的影響〉，載《民族研究》1993 年第 2 期，頁 53～55。

〔註7〕李宗侗註釋《春秋左傳今註今譯》卷7，僖公二十五年，頁354。

〔註8〕《四書·孟子》卷5〈滕文公上〉，頁469。

〔註9〕李宗侗註釋《春秋公羊傳今註今譯》卷18，成公十五年，頁463。

〔註10〕蔡學海〈萬民歸宗——民族的構成與融合〉，收入劉岱編《中國文化新論　根源篇》，頁144。

〔註11〕王明蓀《中國民族與北疆史論——漢晉篇》，頁19～40。

〔註12〕李宗侗註譯《春秋左傳今註今譯》卷16，襄公十四年，頁843。

〔註13〕《史記》卷40〈楚世家〉，頁546上。

越人范蠡亦說:「余雖靦然而人面哉,吾猶禽獸也」,〔註14〕《詩經‧小雅》在敘述周宣王時期大臣方叔領兵征伐楚國時曾言:「蠢爾蠻荊,大邦爲讎」。〔註15〕

(二)文化生活

《禮記‧王制》對四夷文化有清楚的記載:

> 中國戎夷五方之民,皆有性也。不可推移。東方曰夷,被髮文身,有不火食者矣;南方曰蠻,雕題交阯,有不火食者矣;西方曰戎,被髮衣皮,有不粒食者矣;北方曰狄,衣羽毛穴居,有不粒食者矣。〔註16〕

趙武靈王變法圖強,欲習胡服騎射之際,公子成即勸告武靈王:

> 中國者,聰明叡知之所居也,萬物財用之所聚也,賢聖之所教也,仁義之所施也,詩書禮樂之所用也,異敏技藝之所試也,遠方之所觀赴也,蠻夷之所義行也。〔註17〕

武靈王在辯白公子成時,亦提到吳越文化:「被髮文身,錯臂左衽,甌越之民也。黑齒雕題,鯷冠秫縫,大吳之國也」。〔註18〕《史記‧商君列傳》記載到:「始秦戎翟之教,父子無別,同室而居,今我更制其教,而爲其男女之別」,〔註19〕孔子亦說夷狄風俗是「披髮左衽」。〔註20〕

(三)意　識

由於四夷與諸夏民族在生活飲食、文化習俗上均有甚大差異,這種區別也延伸到主觀意識上產生夷、夏之分。史籍記載中,描述四夷時,常以禽獸、豺狼、貪厭來形容,在意識上認爲夷狄心性可異,如周襄王十七年,狄人助王師伐鄭國有功,周王欲娶狄女爲后作爲回報,大夫富辰勸諫周王,認爲狄是「狄,豺狼之德也……封豕豺狼,不可厭也」,〔註21〕「夫戎狄,……若禽獸焉」,〔註22〕襄公四年,魏絳與晉悼公討論與諸戎和盟問題,悼公說:「戎狄無親而貪,不如伐之。」魏絳反對,認爲「戎,禽獸也,獲戎失華無乃不

〔註14〕王連生等《國語譯注》卷21〈越語下〉,頁471。
〔註15〕高亨注《詩經今注‧小雅‧采芑》,頁247。
〔註16〕《禮記》卷12〈王制〉,頁246～247。
〔註17〕《戰國策》卷19〈趙二〉,頁369。
〔註18〕同上,頁370。
〔註19〕《史記》卷68〈商君列傳〉,頁760上。
〔註20〕《四書‧論語》卷14〈憲問〉,頁264。
〔註21〕王連生等《國語譯注》卷2〈周語中〉,襄王十七年條,頁32。
〔註22〕同上,頁31。

可乎？」；〔註23〕成公四年，季文子反對聯楚叛晉，「史佚之志有之，曰：非我族類，其心必異，楚雖大，非吾族也，其肯字我乎？」；〔註24〕又隱公九年，北戎侵鄭，鄭人討論戎之心性以爲：「戎輕而不整，貪而無親，勝不相讓，敗不相救，先者見必務進，而遇覆必速奔，後者不救，則無繼矣，乃可以逞」。〔註25〕這些以禽獸、貪婪來形容四夷，影響歷代對異族的看法。

　　三代之夷夏觀念大祇如上所述。秦漢以降，華夏中原一統，形成中央集權的國家；與此同時，塞北草原最早的遊牧帝國——匈奴帝國，也正式形成，歷史發展進入到另一個新的階段。是而，中原農業民族的夷夏觀念也有所轉變。漢、晉之際，大量的胡族長期入居的情形，爲此時期之特色與歷史上的重要問題。這段期間的夷夏思想有承繼三代的觀念，存在民族歧視的觀點，但隨著與遊牧民族的互動增加，同時也賦予新意，夷夏之間的區別已不僅表現在生活方式、文化傳統，也表現爲一種地域界線，乃至區域界線的分明劃分。賈誼在〈陳政事疏〉一文中，仍持三代夷夏觀念，「凡天子者，天下之首，何也？上也；蠻夷者，天下之足，何也？下也」，〔註26〕因而認爲匈奴的嫚侮侵掠，是「足反居上，首顧居下」的行爲，爲天地所不容。此外，因文化習俗上的差異，中原農業民族以自身的文化，看待西漢初年匈奴冒頓單于致書呂后請婚一事，認爲其言辭倨傲不遜，乃是一種禽獸行爲。〔註27〕即使漢代先後有張騫、班超等人開通西域，引起中西文化交流，但此非出於初衷，而是政治考量之下的額外收獲；〔註28〕但在另一方面，由於長時期接觸結果，中國在看待四夷時，也有新的見解。《淮南子‧墜形訓》有謂：

　　　　土地各以其生人，是故山氣多男，澤氣多女。障氣多暗，風氣多聾，林氣多癃，木氣多傴，岸下氣多腫，石氣多力，險阻氣多癭，暑氣多夭，寒氣多壽，谷氣多痹，邱氣多狂，衍氣多仁，陵氣多貪。輕

〔註23〕李宗侗註譯《春秋左傳今註今譯》卷15，襄公四年，頁777。
〔註24〕李宗侗註譯《春秋左傳今註今譯》卷13，成公四年，頁650。
〔註25〕李宗侗註譯《春秋左傳今註今譯》卷1，隱公九年，頁45。
〔註26〕《漢書》卷48〈賈誼傳〉，頁613下。
〔註27〕此匈奴冒頓單于致書呂后一事，即是後世習稱的「嫚書之辱」，因中原農業民族不瞭解遊牧民族婚俗乃採「收繼婚制」，而認爲匈奴此舉乃禽獸行爲，侮辱漢朝皇后。有關「嫚書之辱」可參看拙文〈從遊牧民族婚俗看漢代初期「嫚書之辱」〉，載《大陸雜誌》97卷第5期，頁47～48。
〔註28〕胡如雷〈唐代中日文化交流高度發展的社會政治條件〉，載林天蔚、黃約瑟主編《古代中韓日關係研究——中古史研討會論文集之一》，頁40。

> 土多利，重土多遲。……凡人民禽獸萬物負蟲，各有以生。或奇或
> 偶，或飛或走，莫知其情。唯知通道者，能原本之。〔註29〕

雖然《淮南子》所記，多以《禹貢》、《山海經》等地理書籍為據，帶有很大
的猜測性，有些幾近於神話，然值得注重的是，它已不從單一的文化角度審
識一民族，而是由自然地理、人文地理、經濟地理等因素，看待不同民族。
這種由地理環境來解釋異民族的文化生活，司馬遷、班固有進一步的發揮。《史
記‧匈奴列傳》即由匈奴生存環境談匈奴民族特性：

> 匈奴……居于北蠻，隨畜牧而轉移。……逐水草遷徙，毋城郭常處
> 耕田之業，然亦有分地。……其俗，寬則隨畜，因射獵禽獸為生業。
> 急則人習戰攻以侵伐，其天性也。……利則進，不利則退，不羞遁
> 走。苟利所在，不知禮義。自君王以下，咸食畜肉、衣其皮革，被
> 旃裘。〔註30〕

司馬遷從匈奴的生活環境談起，來解釋其道德風俗。《漢書‧地理志》亦言：

> 凡民函五常之性，而其剛柔緩急音聲不同，系水土風氣，故謂之風。
> 好惡取捨，動靜無常。隨君上之情欲，故謂之俗。聖王在上，治理
> 人倫，必移其本而其末，混同天下，壹之乎中和，然后王教成也。
>
> 〔註31〕

班固亦是認為，人民的生活習性是受自於所處自然環境所制約，因此，聖人
施行政教，必以當地風俗為據，在不同地域、不同民族，施以不同的教化。
這在一定的程度上，跳脫出傳統夷夏大防的觀念。〔註32〕南北朝時期，「五胡
亂華」，北方緣邊各族紛紛內遷，引起民族關係錯綜複雜，因各自政治立場不
同，北方各國稱南朝為「島夷」，南方政權則斥北族為「索虜」，各民族間都
存在有民族意識與民族觀念。南朝因受北方夷狄的侵逼，退守偏居江南，產
生強烈主觀的民族情緒，表現狹義的夷夏之見，歷代君主特別強調夷夏之辨、
華戎之別的觀念，目的在激起民族意識；北朝胡人入主中原，為了統治之便
及受漢文化的影響，亟力做到「用夏變夷」，成為華夏一員，其夷夏觀的表現，
則多用在泯沒胡漢界線，致力化解夷夏差異對立的觀念上。〔註33〕

〔註29〕《淮南子》卷4〈墬形訓〉，頁118～119。
〔註30〕《史記》卷110〈匈奴列傳〉，頁1032。
〔註31〕《漢書》卷28〈地理志下〉，頁415下～416上。
〔註32〕袁濟喜〈論兩漢時代的域外觀〉，載《人文雜志》1998年第1期，頁97～100。
〔註33〕黃瑩珏〈南北朝夷夏觀之研究〉，頁9～10、152～162。

　　以上是自上古三代迄至南北朝時期，中國傳統的夷夏觀。那麼，針對這種夷、夏對立觀念，中原政權如何因應維持與四夷間的關係？傳統以來，對於處理異族的態度始終環繞著兩種原理：「夷夏之防」與「王者無外」，前者又可分成綏靖及征討。〔註34〕夷、夏差別既如此迥異，是以在對待外族時，明辨「夷夏之防」實屬必要。《左傳》記載沈戌子說：「古者天子守在四夷；天子卑，守在諸侯，諸侯守在四鄰；諸侯卑，守在四境」。〔註35〕這是結合傳統服制思想，以天子為中心，層層守衛，形成一套理想的防衛體系。西漢元帝時期，珠崖反叛，賈捐之指出南蠻之人與禽獸無異，「非冠帶之國，禹貢所及，春秋所治，皆可以無為」，〔註36〕棄之不足惜，不擊不損威。東漢和帝時，竇憲議征北匈奴，魯恭反對擾動天下以事夷狄，「夫夷狄者，四方之異氣也，蹲夷踞肆，與鳥獸無別」，〔註37〕聖王應是羈縻不絕，修仁義以來之。到了西晉，江統〈徙戎論〉的主張更是總合了「夷夏之防」思想的大成。〈徙戎論〉的主要論點是：第一，在「非我族類，其心必異，不與華同」的前提之下，只有「內諸夏而外夷狄」才符合《春秋》之義，「是以有道之君牧夷狄也，惟以待之有備，御之有常」方可使境內安寧，疆場不侵；第二，夷狄之禍，起因於內，故國家及地方對夷狄處置不當，則夷狄必然會「以貪悍之性，挾憤怒之情，候隙乘便，輒為橫逆」；第三，實施徙戎之法，「令足自致，各附本種，反其舊土」，使得「戎晉不雜，並得其所」。如此他們「縱有猾夏之心，風塵之警，則絕遠中國，隔閡山河，雖為寇暴，所害不廣」。〔註38〕在「夷夏之防」觀念下，遂有「以夷制夷」的觀點，〔註39〕這種觀點，基本上也成為隋唐以前面對外夷時，認為是比較有利於中國的作法。〔註40〕但是春秋以來，另一個傳統思想是強調「王者無外」，《公羊傳》

〔註34〕楊聯陞〈從歷史看中國的世界秩序〉，收入氏著《國史探微》，頁7。

〔註35〕李宗侗註譯《春秋左傳今註今譯》卷26，昭公二十三年，頁1248。

〔註36〕《漢書》卷64下〈賈捐之傳〉，頁811上。

〔註37〕《後漢書》卷25〈魯恭傳〉，頁390下。

〔註38〕《晉書》卷56〈江統傳〉，頁407～408。

〔註39〕邢義田認為以夷制夷的形成在思想上，夷夏之辨，守在四夷與五服的觀念為最主要的線索，而以夷制夷政策在運用上可分為五種類型：以夷伐夷、聯夷以制夷、以夷治夷、分化夷狄以制夷、師夷長技以制夷。參看氏著〈漢代的以夷制夷論〉，載《中國史學論文選集》第2輯，頁228～231。

〔註40〕如《漢書》卷49〈晁錯傳〉有言：「夫卑身以事疆，小國之形也；合小以攻大，敵國之形也；以蠻夷攻蠻夷，中國之利也」（頁627下）、《後漢書》卷41〈宋意傳〉記：「今鮮卑奉順，斬獲萬數，中國坐享大功，而百姓不知其勞，漢興功烈，於斯為盛。所以然者，夷虜相攻，無損漢兵者也」（頁634下）、《後漢

有言：「王者欲一乎天下，曷爲以外內之辭言之？言自近者始也」，〔註41〕荀悅亦倡言：「春秋之義，王者無外，欲一於天下也，……王者必則天地，天無不覆，地無不載，故盛德之主則亦如之」，〔註42〕班固在其長詩〈兩都賦〉其中有一段寫道：「子徒習秦阿房之造天而不知京洛之有制也，識函谷之可關而不知王者之無外也」，〔註43〕說明現今天子的威德普及於世界各角落，正名實俱符地實踐「王者無外」的古訓。上述這些說法，加上中國自古天下觀中「王土」、「王臣」的概念，認爲一位理想的國君，應做爲一個「天下王」（universal king），而無國之內外區別。是故，「王天下」的觀念亦是中國政治發展處理對外關係中另一股強大的動力。

二、唐朝的民族政策

一朝民族政策的制定，除了傳統民族觀念思想外，也受到所處自然環境以及當朝人文因素所決定。在自然環境方面，有氣候上的暖寒、乾濕，地形上的地勢良窳；在人文因素方面，國勢的強弱、國君的意志、朝臣的態度、民族間互動關係，都影響到民族政策上的決定。中國的民族思想（夷夏觀）已如上所述，在這一部份中，筆者欲就自然環境與人文要素兩方面，討論唐朝的民族政策。

在現代科技發展之前，一民族的居住地是受到氣候、地形、地質等自然條件以及民族特質、文化新舊、實業差異等人文條件所制約，由於自然環境的本質是長久不變（變化速度緩慢），而人文活動的發展根柢，在古代科技條件的限制之下，多依據當地自然環境而建立，如地形、氣候上的差異，使地球表面分成各種不同的區域，影響著人類經濟生活以及文化價值。是故，自然條件的限制，對人類影響力極大，〔註44〕人類學家幾一致認爲生活空間決定生機類型，換言之，即任一民族之生機類型（小至生活方式，大至典章制度乃至思維模式皆屬之）取決於其生活空間之客觀條件。〔註45〕一般而

書》卷89〈南匈奴傳〉載：「今幸遭天授，北虜分爭，以夷伐夷，國家之利，宜可聽許」（頁 1356 下）

〔註41〕 李宗侗註譯《春秋公羊傳今註今譯》卷 18，成公十五年，頁 463。

〔註42〕 荀悅《前漢紀》卷 20〈孝宣皇帝紀四〉甘露三年（51B.C.），第 156 冊，頁196。

〔註43〕 《後漢書》卷 40〈班固傳下〉，頁 614 下。

〔註44〕 野口保市郎著，陳湜譯《人文地理學概論》，頁 16～24。

〔註45〕 劉學銚《北亞游牧民族雙軌政制》，頁 4、8。

言，人類的分佈疏密、人口的出生、死亡高低，與氣候環境有很大關聯性，整個世界溫度、降雨與人口密度的分佈存在一定規則，通覽世界各地的人口密度在一百五十人以上的地區，幾乎都是在氣候溫潤、地勢低平的平原區。〔註46〕

　　中國北方遊牧世界，東起大興安嶺，西至西伯利亞、中亞等地，南止陰山、賀蘭山、天山（俗稱長城以北）。在這廣大地區，自古以來，其自然環境大致可以分爲三帶：其南而北爲草原、漠地、草原。南部的草原地區，與漠南草原相連，在氣候上雨量不足，僅宜放牧；漠地是廣而淺的盆地，盆底是岩石，其上爲沙或石礫、石塊，土壤極少，舉目四望，浩瀚無涯，故謂之瀚海；瀚海以北地區，又爲草原，由克魯倫河流域、色楞格河流域、西蒙湖泊區、準噶爾盆地等，共同組成。上述三帶中，以北部草原中的色楞格河流域最爲重要。色楞格河流域，東西爲肯特山及杭愛山，南屛大漠，中間地勢低平，水草豐美，此區草原有沙漠及左右山地之保護，故相當安全。在這個地區中，有河流及牧草之便利，牧者群趨，在天然上，成爲蒙古高原之中樞區域；色楞格河上游支流鄂爾渾河沿岸，平原多草，山有森林，尤爲重要。漢代匈奴單于的北庭、唐代突厥苾伽可汗之遺宮、回紇牙帳喀拉巴剌哈孫、以至後來遼朝鎮州治所可敦城、蒙古之和林等，均設在此地區，是遊牧民族政治中心，〔註47〕由此再向外擴展，成爲遊牧民族統一的根據地。古代的北方民族在蒙古高原到中亞內地的乾燥地區，因處高緯度，氣候嚴寒、乾燥，雨量稀少，冬季時間長，無法利用土地從事定居農耕，其生產方式受到極大之限圍，祇能隨著季節爲覓求良好的牧場，從事遊牧和狩獵的方式，延續生命。這種逐水草而遷徙、隨季節而遊牧的生方式決定了他們的人口和牲畜都經常處於游離狀態，也由於受制於生產方式和生活環境的限制，在此一生活環境下，若將一個民族孤立隔絕在一塊固定的地域之內，是不可能得到充份的生存與發展的。因此，在遊牧人中間，對牧地草場的爭奪（狩獵人對獵區爭用）和躲避天災，都可能構成氏族間或部族間戰爭的因素，也因爲遊牧民族視家畜爲其生命所依，土地則是爲了家畜繁殖而需要，故在遊牧社會中，人是要隨著家畜逐水草而移動的。在他們的觀念中，財產是「動」的，沒有「不動

〔註46〕石橋五郎著，沐良譯《人口地理學》，頁85～165。
〔註47〕劉超驊〈山河歲月——疆域開拓與文化的地理環境〉，收入劉岱編《中國文化新論　根源篇》，頁91～92；陸寶千《中國史地綜論》，頁377～379。

產」的概念，更沒有土地的私有，這和農業地區因定居在一塊固定的場所，又因人與地直接生產的緣故，漸漸的與土地有不可分的關係，對土地產生私有與不動產等觀念。因此，從客觀上來說，古代遊牧民族對於「地界」的觀念和戰爭的認識與農耕社會的定居民族截然不同。〔註48〕在自然環境方面，上述三帶均不理想，其地氣溫甚低，生長季短，草木不茂盛，加上漠北年雨量變率達百分之十五至二十，常會出現週期性的乾旱，使水草欠缺，牲畜無食，輒多餓死，促使牧民經濟困頓。這些自然要件，構成了遊牧民族入侵中原農業社會的原因之一，目的是藉以獲取其所缺乏的生活物資，〔註49〕若條件允許，則會進一步在中原地區建立政權，對中原地區產生影響。〔註50〕

　　西域地區，位處歐亞大陸中心，有「亞洲心臟」之稱。這個地區可分為東西兩部，以帕米爾高原為界，以東是今日新疆地區；以西是今日中亞，中間天山山脈橫亙其中，北為準噶爾盆地，盆地中有古爾班通古特沙漠，西以塔爾巴哈臺山脈與中亞隔絕。東部的天山南北路在地理景觀上可分為草原、綠洲兩大區域。天山以北的準噶爾盆地、伊犁河谷等有大片開闊的草原，牧草肥美，而其南北兩方山脈夾峙，東西開敞的形勢，構成歐亞草原中重要部分；天山以南的塔里木盆地，景象迥異於天山以北，此地區大部分皆為荒涼無涯的塔克拉馬干大沙漠，只有沙漠邊緣地區，形成綠洲。由於四周有高山以屏阻寒風，氣候溫暖，綠洲居民利用高山雪水，開渠灌田，發展農業，但也因為水量稀少，故限制了綠洲的面積。〔註51〕在經濟上，受限於自然環境，

〔註48〕札奇斯欽《北亞游牧民族與中原農業民族間的和平戰爭與貿易之關係》，頁1～2；盧明輝〈試論我國古代北方諸遊牧民族之間及與中原漢族的關係〉，載《西北史地》1986年第4期，頁54。

〔註49〕美國學者亨庭頓（E. Huntington）認為中國歷史上遊牧民族入侵，都與氣候變化有關，例如東晉時的五胡亂華，北宋時的契丹、女眞，明末流民以致滿清入關均是。參看氏著 The Pulse of Asia。當然，遊牧民族入侵中原農業社會，其原因甚為複雜，自然環境絕非是唯一要素，但不可否認的是，每當氣候突變，以致遊牧民族牲畜大量死亡，使牧民無以維生，不得不轉而入侵農業社會，以獲取生活所需資源。有關遊牧民族入侵農業社會的原因，可參看蕭啓慶〈北亞遊牧民族南侵各種原因的檢討〉，載韓復智編《中國通史集論》，頁399～411；劉學銚《北亞游牧民族雙軌政制》，頁140～143。

〔註50〕W. Eberharb 在其所著 Conquerors and Rulers 一書認為，中國歷來朝代的建立者主要出於三種人：紳士、暴動的農民或盜匪和外來的征服者。雖然外來的統治者採取中國文化，但是他們對中國人也有相當程度的影響。參看是書，p.p. 52～53、122～123。

〔註51〕康樂《唐代前期的邊防》，頁33。

故綠洲居民對四周山地礦業的開發與配合農礦發展所出現的工業，成爲綠洲地區經濟的特色之一，但因本區位處歐亞中心，在交通上，成爲絲路必經之道，是東西貿易之通衢，商業經濟十分繁盛。西域綠洲地區對草原遊牧民族經濟上的意義在於，它是一個提供遊牧帝國鉅大動力的後勤物資供應站，當遊牧民族無法從中原農業民族地區掠取生活物資時，綠洲即成爲其掠奪的對象。此地區政治地理特徵是政治分裂，小邦林立，由於各綠洲分散於沙漠之中，漠地無水，面積遼闊，成爲極大之阻塞，故各綠洲之間，相隔甚遠，聯繫困難，孤立而封閉，不能集合發展成爲一個強大的政治力量，而氣候的冷熱，影響到這些內流的長短，也影響到各綠洲國國力盛衰。又西域地區位居南北遊牧與農業之間，無法閃避兵鋒，故在政治表現上，爲孱弱、分裂，容易受到周圍強鄰的支配。〔註 52〕

　　隋唐時期，在自然環境方面，氣候較爲暖濕，是中國歷史上第三個暖期。〔註 53〕據《舊唐書》各帝王本紀所紀，有唐一代近三百年中，冬天無冰雪的年數有二十次，居中國歷史上各朝代之冠，〔註 54〕是以唐代之氣候必暖於今日。隋唐時期氣候溫濕亦可從當時動、植物上佈情形可看出：如《新唐書・地理志》記：「嶺南道，……厥貢蕉、紵、落麻；厥貢金、銀、翡翠、犀、象、綵、藤、竹、布」，〔註 55〕劉恂《嶺表錄異》有記：「象肉有十二種，……廣

〔註 52〕劉超驊〈山河歲月──疆域開拓與文化的地理環境〉，收入劉岱編《中國文化新論　根源篇》，頁 95～96；陸寶千《中國史地綜論》，頁 388～403。

〔註 53〕竺可楨研究指出，中國近五千年氣候上的變化，大致上是寒暖交替，先後歷經四個溫暖期以及四個寒冷期。四個溫暖期是：仰韶文化期到商代（西元前3000 年至西元前 1100 年）、春秋戰國至西漢末年（西元前 770 年至西元初年）、隋至北宋初年（西元 600 年至 1000 年）、南宋中期至元代中期（西元 1200 年至 1300 年），參看氏著〈中國歷史上氣候之變遷〉，載《東方雜誌》第 22 卷第 3 號，頁 247～282。劉昭民則認爲中國歷史上的溫暖期爲五個，與竺可楨相比，劉氏多出清光緒六年到現今（西元 1880～），參看氏著《中國歷史上氣候之變遷》，頁 27。

〔註 54〕這二十次分別爲太宗貞觀二十三年（649）、高宗永徽二年（651）、高宗麟德元年（664）、高宗總章二年（669）、高宗儀鳳二年（677）、中宗嗣聖二年（710）、玄宗開元三年（715）、玄宗開元九年（721）、玄宗開元十七年（729）、玄宗天寶元年（742）、玄宗天寶二年（743）、代宗大曆八年（773）、代宗大曆十二年（777）、德宗建中元年（780）、德宗眞元七年（791）、德宗眞元十四年（798）、穆宗長慶二年（822）、僖宗廣明元年（880）等。參看《舊唐書》上述各帝本紀。又據劉昭民統計，中國歷朝冬春無雪無冰年數，以唐代爲最，參看氏著《中國歷史上氣候之變遷》表五，頁 30。

〔註 55〕《新唐書》卷 43〈地理志上〉，頁 302 上。

之屬郡潮循州，多野象，潮循州人或捕得象，爭食象鼻，云肥脆尤堪作炙」，
〔註56〕可見當時嶺南道及潮、循等州（今粵東），熱帶氣候的象、犀等動物極
為普遍；不唯南部地方，唐代長江中游、漢江下游的荊州也有象的記載，《酉
陽雜俎‧毛篇》有謂：「舊說象性久識，見其子皮必泣，一枚重子勦。……今
荊地象色黑，兩牙江豬也」。〔註57〕在植物方面，唐代關中地區有生產副熱帶
水果柑橘，如《酉陽雜俎‧木篇》有記：「天寶十年，上謂宰臣曰：近日於宮
內種甘子數株，今秋結實一百五十顆，與江南、蜀道所進不異」，〔註58〕若與
今日西安、洛陽之年平均溫和淮河秦嶺一帶之年平均溫相比較，則可知唐時
關中地區之年均溫比現世暖濕，適宜亞熱帶植物生長。〔註59〕唐代的氣候情
形，也可從當時文人所記看出，如杜甫〈詠雨詩〉云：

> 南京犀浦道，四月熟黃梅。
>
> 湛湛長江水，冥冥細雨來。
>
> 芳茨疏易濕，雲霧密難開。
>
> 竟日蛟龍喜，盤渦與岸回。〔註60〕

從〈詠雨詩〉可見成都在唐代四月（陽曆五月）時有梅雨型的天氣，極似吳中
之梅雨，但是現今成都地區在春夏之交已不再有梅雨，只有在秋冬之季，積陰
氣之蒸溽，方有連綿雨，此又是唐代氣候必較今日溫暖濕潤之一證。〔註61〕唐
代國勢強盛，民生富庶，國內變亂甚少（安史之亂有其特殊政治因素），開創貞
觀、開元、天寶之大唐盛世逾百年，論究其因，唐帝之雄才大略，善於治國，
良臣將相輩出，政治清明，當是主因；然唐代的自然環境穩定，氣候溫暖濕潤，
天然災害較少，也是促成唐朝繁盛的原因之一。〔註62〕

　　在就人文方面論述。陳寅恪在《唐代政治史述論稿》一書引《朱子語類‧
歷代類參》「唐源流出於夷狄，故閨門失禮之事不以為異」一語而論，若以
女系母統言之，唐代創業及初期君主，皆是胡種，而非漢族，李唐皇室之女

〔註56〕劉恂《嶺表錄異》卷上，頁6。
〔註57〕段成式《酉陽雜俎》前集，卷16〈毛篇‧象〉，頁158。
〔註58〕段成式《酉陽雜俎》前集，卷18〈木篇〉，頁173。
〔註59〕劉昭民《中國歷史上氣候之變遷》，頁108。
〔註60〕陸游之《老學庵筆記》卷6，頁148。
〔註61〕劉昭民《中國歷史上氣候之變遷》，頁109。
〔註62〕有唐一代，自然災害較少，可由當時氣候中大旱、霜災、水災出現頻率不高
　　　看出。參看宋正海總主編《中國古代重大自然災害和異常年表總集》，各項目
　　　中唐代部分。

系母統雜有胡族血胤；而男系父統初本華夏，其後則與胡夷混雜。〔註63〕隋唐的統治集核心是北周以來形成的所謂「關隴集團」，而關隴集團又是以北魏六鎮之一的武川鎮軍人爲中心，吸收關隴郡姓、漢化之鮮卑貴族及其它地區的士人而形成。隋唐統治者均出身於武川軍事集團，與北方逐漸漢化的胡族有密切的姻親關係，即是說，他們本身就含有胡漢兩族的血統。〔註64〕唐皇室血液既混合流淌著漢胡兩民族的血液，其思想必然具有超越單一胡漢民族藩籬有胡漢兩族特點，因而形成嶄新的民族觀念及民族思想，凝聚成爲一種超脫出狹隘偏見的大唐意識。是則，歷經魏晉南北朝近四百年來的民族衝突與融合之下，兼有胡漢混血的唐代帝王，對於中國文化中「貴華賤夷」的傳統思想，不以爲是，統治者視漢胡無別，而治下的漢胡各族也沒有民族偏見。〔註65〕因此，唐帝在制定民族政策及處理中國與四夷關係時，「王者無外」的原理取代了傳統「夷夏之防」觀念，唐帝欲做「天下王」，這種思想在太宗被尊爲「天可汗」以後更加明顯，太宗曾謂：「王者視四海如一家」、「朕以天下爲家」，〔註66〕高宗以「萬國之主」自居，〔註67〕武則天也自況「恭臨四海」，〔註68〕這種以天下君主自詡，願做「天下王」的思想，終唐一代不絕。〔註69〕唐帝以天下爲一家的精神，在《全唐詩》中也可窺見：

太宗〈正日臨朝〉曰：

> 條風開獻節，灰律動初陽。百蠻奉遐賮，萬國朝未央。雖無舜跡，
> 幸欣天地康。車軌同八表，書文混四方。赫奕儼冠蓋，紛綸盛服章。
> 羽旄飛馳道，鏟鼓震巖廊。組練輝霞色，霜戟耀朝光。晨宵懷至理，

〔註63〕陳寅恪《唐代政治史述論稿》上篇〈統治階級之民族及其升降〉，頁153～164。

〔註64〕李唐皇室雜有胡、漢血胤，又可從帝王外觀看出，如段成式《酉陽雜俎》卷1〈忠志〉記：「太宗虬鬚」（頁1）；陶穀《清異錄》卷3〈髭聖〉記：「唐文皇虬鬚，壯冠，人號髭聖」（頁188）。

〔註65〕傅永聚〈唐代民族觀念新論〉，載《齊魯學刊》1993年第4期，頁81～82。

〔註66〕吳兢《貞觀政要》卷5〈論公平〉，頁437。

〔註67〕《舊唐書》卷4〈高宗紀上〉，頁41下。

〔註68〕《舊唐書》卷6〈則天皇后〉，頁54上。

〔註69〕唐帝欲爲「天下王」的思想，不因安史之亂後而消失，如德宗曾下詔說自己是「君臨萬邦」（《舊唐書》卷12，〈德宗紀上〉，頁110下），順宗也說自己「荷萬邦之重」（《舊唐書》卷14〈順宗紀〉，頁133上），穆宗稱「丕宅四海」（《舊唐書》卷16〈穆宗紀〉，頁155上），文宗自言「君天下」、「臨四海」（《舊唐書》卷17下〈文宗紀〉，頁174下），武宗也欲「正萬邦」、「使六合黔黎，同歸皇化」（《舊唐書》卷18〈武宗紀〉，頁187上）。

終愧撫遐荒。〔註70〕

太宗〈幸武功慶善宮〉曰：

> 壽丘惟舊跡，酆邑乃前基。粵予承累聖，懸弧亦在茲。弱齡逢運改，
> 提劍鬱匡時。指麾八荒定，懷柔萬國夷。梯山咸入款，駕海亦來思。
> 單于陪武帳，日逐衛文楯。端扆朝四岳，無爲任百司。霜節明秋景，
> 輕冰結水湄。芸黃遍原隰，禾穎積京畿。共樂還鄉宴，歡比大風時。
>
> 〔註71〕

太宗〈元日〉曰：

> 高軒曖春色，邃閣媚朝光。彤庭飛綵眊，翠幌曜明璫。恭己臨四極，
> 垂衣馭八荒。霜戟列丹陛，絲竹韻長廊。穆矣薰風茂，康哉帝道昌。
> 繼文遵後軌，循古鑑前王。草秀故春色，梅豔抵年妝。巨用思欲濟，
> 終以寄舟航。〔註72〕

中宗〈景龍四年正月五日移仗蓬萊宮御大明殿會吐蕃騎馬之戲因重爲柏梁體
聯句〉曰：

> 大明御宇臨萬方，顧慚內政翊陶唐。鸞鳴鳳舞向平陽，秦樓魯館沐
> 恩光。無心爲子輒求郎，雄才七步謝陳王。當熊讓輦愧前芳，再司
> 銓筦恩可忘。文江學海思濟航，萬邦考績臣所詳。著作不休出中，
> 權豪屏跡肅嚴霜。鑄鼎開岳造明堂，王醴由來獻壽觴。〔註73〕

玄宗〈春中興慶宮酺宴〉曰：

> 九達長安道，三陽別館春。還將聽朝暇，回作豫遊晨，不戰要荒服。
> 無刑禮樂新，合酺覃土宇。歡宴接群臣，玉嚴飛千日。瓊筵薦八珍，
> 舞衣雲曳影。歌扇月開輪，伐鼓魚龍雜。曲終酣興晚，須有醉歸人。
>
> 〔註74〕

德宗〈麟德殿宴百僚〉曰：

> 憂勤承聖緒，開泰喜時康。恭己臨群后，垂衣御八荒。務閒春向暮，
> 朝罷日猶長。紫殿初筵列，彤庭廣樂張。成功歸輔弼，致理賴忠良。

〔註70〕《全唐詩》卷1，太宗〈正日臨朝〉，頁3～4。
〔註71〕《全唐詩》卷1，太宗〈幸武功慶善宮〉，頁4。
〔註72〕《全唐詩》卷1，太宗〈元日〉，頁7～8。
〔註73〕《全唐詩》卷2，中宗〈景龍四年正月五日移仗蓬萊宮御大明殿會吐蕃騎馬之
　　　戲因重爲柏梁體聯句〉，頁24～25。
〔註74〕《全唐詩》卷3，明皇〈春中興慶宮酺宴〉，頁37。

共此歡娛事，千秋樂未央。〔註75〕

李唐初創建國，高祖李淵在訂立開國外交政策時，就主張對外族「義在羈縻，無取臣屬。……要荒蕃服，宜與和親」。〔註76〕及至太宗，秉持儒家的「仁義」及「仁政」思想爲基礎，把這種一貫在漢族內部堅持的原則，擴展到四裔處理民族關係，貞觀時期立國方針是魏徵所提出「偃武修文，中國既安，自夷自服」的主張，太宗曾下詔欲以「恭己臨四極，垂衣馭八荒」〔註77〕的無爲而治方法，治理國家，撫育戎夷，其曾謂「己所不欲，勿施於人。朕今每事由己，誠能自節，豈獨百姓不欲而必順其情，但夷狄不欲，亦能從其章耳」，〔註78〕進一步落實民族平等政策，視外族如子民，兼愛如一。〔註79〕如《通鑑》曾記載太宗尋問侍臣自古帝王不能服四夷，而其卻能成功的原因，其中的一項即是「自古皆貴中華，賤夷、狄，朕獨愛之如一，故其種落皆依朕如父母」，〔註80〕「夷狄亦人耳，……不必猜忌異類，蓋德澤洽，則四夷可使如一家；猜忌多，則骨肉不免爲仇敵」；〔註81〕太宗也曾在賜給薛延陀璽書時稱「我略其舊過，嘉其從善，並受官爵，同我百僚，所有部落，愛之如子，與我百姓不異」，〔註82〕這種不分海內，將四裔視如一家的精神，成爲太宗以後各帝所共同遵守的政策。唐帝將外族視如己出，故在用人上，自始至終採全方位地向各民族開放，量才施用，不分民族畛域，著名的蕃將如史大奈（突厥）、阿史那社爾（突厥）、執失思力（突厥）、豆盧欽望（鮮卑）、契苾何力（鐵勒）、李楷洛（契丹）、黑齒常之（百濟）、李大酺（奚）、李多祚（靺鞨）、泉男生（高麗）等不一而足，《唐律疏議》中，不見任何對蕃人任官的制約，而有唐一代，任用蕃人爲將相者，更是國史之最（參看表八〈唐代冊封蕃將表〉）。既以任用外族，則給予完全信任，毫不猜防，如太宗貞觀五年（631）大蒐於昆明池，蕃夷君長咸從；〔註83〕高宗上元元年（674）校

〔註75〕　《全唐詩》卷4，德宗〈麟德殿宴百僚〉，頁45。
〔註76〕　《冊府元龜》卷174〈帝王部・修廢〉，頁2102。
〔註77〕　《全唐文》卷4，太宗〈令道士在僧前詔〉，頁73上。
〔註78〕　《冊府元龜》卷18〈帝王部・帝德〉，頁200下。
〔註79〕　胡如雷〈論唐太宗〉，載《中國史研究》1982年第2期，頁26；沈世培〈唐太宗政治思想探源〉，載《中國史研究》1995年第2期，頁104～109。
〔註80〕　《資治通鑑》卷198，太宗貞觀二十一年（647）五月庚辰條，頁6247。
〔註81〕　《資治通鑑》卷197，太宗貞觀十八年（644）十二月條，頁6215～6216。
〔註82〕　《舊唐書》卷194〈突厥傳上〉，頁1487下。
〔註83〕　《舊唐書》卷3〈太宗紀下〉，頁35下。

獵溫泉，諸蕃君長持弓矢從；〔註84〕玄宗開元十三年（725）嘉會校獵，引諸蕃酋長入仗，並與之弓箭，使供奉左右。〔註85〕唐軍中的蕃兵蕃將，人數甚多，從太宗至玄宗，天子身邊的宿衛，大部分是蕃人酋長的子弟組成。此外，唐代的民族政策又表現在對於受降者極大的優遇，如太宗貞觀四年（630）唐敗東突厥，張寶相擒東突厥頡利可汗、阿史那思摩回朝，太宗赦頡利曾侵至渭水之罪，不加殺戮，反封其為右衛大將軍，封思摩為右武候大將軍‧懷化郡王，而突厥酋長至者皆拜為將軍、中郎將，布列朝廷。五品已上百餘人，殆與朝士相半，因而入居長安者，近萬家。〔註86〕又如太宗俘擒薛延陀酋長咄摩支，拜為右武衛大將軍、〔註87〕擒龜茲王布里失畢至京師，拜為左武衛中郎將；〔註88〕高宗擒獲突厥車鼻可汗，拜為左武衛將軍。〔註89〕尤有甚者，唐王朝賜周邊胡族以李姓，或允許其歸宗係房的就有突厥、奚、回鶻、霫、党項、羌、吐蕃、鐵勒、黠戛斯、沙陀、契丹、黑水靺鞨、護密和堅昆等十三個民族酋領及將士。〔註90〕唐代國勢強盛，歸究其因，對外族寬宏政策，應是重要的原動力量。國力既強，國內政治清明安定，對外復持寬宏政策，廣泛吸收四裔各族中有才能的蕃將，優待俘虜，共同集於一個政府，其力量自然增加，〔註91〕也因唐代這種視內外如一的民族政策，使外族誠至樂意擁護唐帝為天可汗，咸認同唐朝是宗主國的地位。大唐帝國的基礎，遂更形穩固。〔註92〕

　　綜上所述，唐代的民族政策，可以用「懷柔」二字加以概括，換言之，

〔註84〕《新唐書》卷98〈薛攸傳〉，頁957上。

〔註85〕《新唐書》卷215〈突厥傳下〉，頁1569下；《唐會要》卷27〈行幸〉，頁521。

〔註86〕《資治通鑑》卷193，太宗貞觀四年（630）四月條，頁6077～6078。

〔註87〕《資治通鑑》卷198，太宗貞觀二十年（646）七月條，頁6238。

〔註88〕《唐會要》卷14〈獻俘〉，頁320。

〔註89〕《資治通鑑》卷199，高宗永徽元年（650）九月庚子條，頁6271。

〔註90〕傅永聚〈論唐代胡漢民族之間的混融互補〉，載《山東大學學報》1992年第3期，頁59。

〔註91〕李樹桐〈唐代四裔賓服的文化因素〉，收入氏著《唐史研究》，頁343～347；傅樂成〈唐代夷夏觀念之演變〉，收入氏著《漢唐史論集》，頁212～213。

〔註92〕如《新唐書》卷217〈回鶻傳上〉記太宗貞觀四年（630），宴請回紇、突厥的首領數千人，「渠領共言，生荒陋地，歸身聖化，天至尊賜官爵，與為百姓，依唐若父母然。」（頁1586下）；又如《舊唐書》卷196〈吐蕃傳〉記太宗伐遼東還，吐蕃贊普遣祿東贊來賀，奉表曰：「聖天子平定四方，日月所照之國，並為臣妾。」（頁1506下）

這種民族政策觀念的形成是奠基在對胡族人格的重視和把胡族作為同類看待，沒有傳統民族歧視和偏見，〔註93〕提高了華夷融合化的成果。探論其因，一方面是歷經魏晉南北朝胡漢長期互動交流下，漢胡血統融合，對彼此的瞭解有深一層的認知，形成一個嶄新的民族；再者，李唐皇室起源於北朝胡化之漢人，世系且具胡人血胤，承異族累葉之政權，缺少國族觀念，國民身心更加健全，對於中國傳統夷夏之防觀念，本甚淡薄，秉持漢胡一家的寬宏國策，得到國內外諸國的共同擁戴，其雖對外屢次征伐，但等到外族降服後，便視如一國，不加猜防。〔註94〕在這種華夷一家大同精神之觀念影響下，外族內附入居中國的為數極多，據筆者統計，唐代外族內屬者，涵蓋四裔各族，人數竟超過二百萬人以上，其首領酋長，多受到唐廷重受，而入屬時間，多集中在盛唐時期（參看表四〈外族入唐內屬表〉）；及至安史之亂後，唐室對於武人，雖深懷顧忌，然真正促使唐人夷夏之辨漸趨轉嚴，對外來的文化開始採取敵對的態度，有其更深層的因素，並非與唐朝民族政策有關。〔註95〕既使如此，但因一種具悠久傳統之觀念，往往不易在短時間內完全改變，故有唐後期國人之夷夏觀念，仍不若宋人之嚴格。

三、民族政策與國防戰略思考關係

唐代的民族政策，大抵已如上述。值得注意的是，一般學者在討論唐朝的民族政策時，多忽略一個事實：唐廷的民族政策之制定，與當時國防戰略有著密切的關係性。儘管在民族政策上，唐廷對外有和親、羈縻、封貢、互市等和平方式，然軍事上的征伐及守邊，唐廷也相當注意經營，推究其運用方式，端視當時國防需要，一般而言，唐朝在民族政策上使用武力征討，其原因多出於國防安全上的考量。在唐帝國草創初期，唐帝反省到當時的國力，實無法與東突厥相抗衡，且其目標在尋求國家的統一，當時的國防策略

〔註93〕 熊德基〈唐代民族政策初探〉，載《歷史研究》1982 年第 6 期，頁 34～54；孫祚民〈論唐太宗的民族政策和民族關係史研究中的幾點意見分歧——與熊德基同志商榷〉，載《社會科學評論》1986 年第 9 期，頁 4～5。
〔註94〕 李樹桐《隋唐史別裁》，頁 166～167；傅樂成〈唐型文化與宋型文化〉，收入氏著《漢唐史論集》，頁 357。
〔註95〕 傅樂成指出，安史亂後，唐人夷夏觀念漸趨轉嚴，對外族的尚武精神及其文化，開始輕視卑棄，外族叛亂及侵凌的刺激雖是原因之一，但科舉制度的發展，整個社會形成重文輕武的風氣，才是主要因素。參看氏著〈唐型文化與宋型文化〉，收入氏著《漢唐史論集》，頁 395～398。

是「聯突厥以制群雄」，〔註96〕因此，在民族政策上，對突厥始終採取隱忍態度，避免與突厥引起正面衝突。〔註97〕太宗貞觀四年（630），唐廷擊敗宿敵東突厥後，其國防策略與對外經營的目標，充滿著積極進取的精神。當時的對外經營戰略有二：一是控制重要的戰略地區，以尋求國防安全疆界；二是恢復漢疆，拓展版圖。〔註98〕因此，在民族政策上，也配合著這個國防戰略制定。對於處理戰敗後的東突厥問題，唐朝官吏對此大體分為兩派意見，一是由文化立場及較長遠的考慮為出發點，主張徙置同化政策；一由民族主義及現實國防為出發點，主張留置分化。兩派意見雖有歧異，不過大體說來，兩派爭論點在文化上的寬容含育精神問題，是否能使「百萬強胡，可得而化為百姓，則中國有加戶之利」的民族同化問題。太宗綜合兩派看法，一方面將東突厥收居內地，教以禮法；另一方面則隨其本部，署其君長，不相臣屬。析東突厥於十個羈縻府州，散處塞下，受唐廷控制，而其酋長則入居長安為官，使之宿衛以示無猜，兼有質押遙控之精神。〔註99〕唐廷在處理東突厥民族政策上，受制於塞北特殊的地理條件限制，無法將其依內地正州方式統治，於是把降附的東突厥依各部落型制，劃分力量相當的小集團，分而治之，其目的在於如此則使突厥永遠無法壯大威脅唐朝，達到「權弱勢分」的分化制衡效果，使國家處於最理想的安全狀態。〔註100〕東突厥消亡後，取代其地位的是薛延陀。唐在薛延陀崛起之初，太宗正忙於整頓東突厥降附問題，故一時尚無意以武力解決，僅延續對東突厥方式，採用離間等外交政策，太宗在處理薛延陀問題時，採以「以夷制夷」手段，於貞觀十二年（638）遣使冊立薛延陀真珠可汗夷男二子為小可汗，分主南、北，以削弱薛延陀的勢力，用意在「外示優崇，實欲分其勢也」，〔註101〕並企圖使夷男二子互相牽

〔註96〕溫大雅《大唐創業起居注》卷1，頁2。

〔註97〕唐帝國在草創初期，高祖李淵對突厥態度十分恭敬，如溫大雅《大唐創業起居注》卷1有云：「帝（李淵）引康鞘利等禮見於晉陽宮東門之側舍，受始畢所送書信。帝偽貌恭，厚加饗賄，鞘利等大悅，退相謂曰：唐公見我蕃人，尚能屈意。……」（頁8）。

〔註98〕康樂《唐代前期的邊防》，頁30。

〔註99〕雷師家驥〈從戰略發展看唐朝節度體制的創建〉，載中國唐史學會編《唐代研究論集》第4輯，頁279～280。

〔註100〕關於唐朝處理東突厥的降附問題，及各派論辯看法，詳見第六章第三節羈縻府州的設置及其意義。

〔註101〕《舊唐書》卷199〈鐵勒傳下〉，頁1544下。

制，使薛延陀能歸附於唐。〔註102〕直到貞觀十八年（644），薛延陀眞珠可汗滅唐所冊立的突厥李思摩政權，並欲與高昌、靺鞨結成同盟抗唐，使唐廷警覺到漠北地區對唐邊防有嚴重威脅下，於貞觀二十年（646）親至靈州督師進擊薛延陀，徹底滅亡薛延陀。太宗並以處理東突厥模式，將漠北鐵勒諸部分爲十三個羈縻州，置燕然都護府監領之，直接受唐號令，並自漠南開道通抵漠北，置驛六十八所，號「參天可汗道」。〔註103〕由東突厥與薛延陀的例子可看出，唐朝在處理民族政策上，有相當大的程度是爲國防著想，其方法是開始時先分化一個民族，使之從內部分裂，產生矛盾，達到抵消其力量，再聯合弱小，打擊威脅唐廷的強權。在強權打倒後，扶植弱小（有時化分爲若干部落），使域外永無可與唐朝相抗衡的勢力，唐朝則可成爲東亞、北亞政治秩序的維護者。〔註104〕

有時唐朝出兵對象本身並不是強權，也無法與唐朝抗衡，然一旦其與其他勢力結盟後，將會影響唐朝的國防，爲此，唐朝也將這些地區納入自己控制手中，造成可以攻擊而不受制的有利形勢，如唐朝出兵征服吐谷渾及朝鮮即是如此。唐與吐谷渾間的戰爭，導因不一，〔註105〕筆者以爲其最重要的原因就在於吐谷渾位於西域沃洲，爲了有效阻隔遊牧民族經濟上的供應、防堵其軍事上的結盟，故必伐吐谷渾。唐討吐谷渾始於太宗貞觀八年（634）六月，命左驍衛大將軍段志玄爲西海道行軍總管，左驍衛將軍樊興爲赤水道行軍總管，將邊兵及契苾、党項之眾，然無功而返，吐谷渾並寇掠涼州。貞觀八年十二月，唐廷再次出兵，以李靖爲西海道行軍大總管，節度諸軍。兵部尚書侯君集爲積石道、刑部尚書任城王道宗爲鄯善道、州都督李大亮爲且末道、岷州都督李道彥爲赤水道、利州刺史高甑生爲鹽澤道行軍總管，並突厥、契

〔註102〕崔明德〈論隋唐時期的“以夷攻夷”、“以夷制夷”、“以夷治夷”〉，載《中央民族大學學報》1994年第3期，頁31。

〔註103〕參看《新唐書》卷217〈回鶻傳下〉，頁1586下。

〔註104〕胡如雷〈唐太宗民族政策的局限性〉，載《歷史研究》1982年第6期，頁56～57。

〔註105〕王吉林認爲唐朝與吐谷渾間的戰爭導因有三：一是當頡利敗走時，將投吐谷渾，可見吐谷渾能成爲逋逃藪，有能力與抗衡；二是吐谷渾一直入侵，先寇鄯州，又掠岷州，再寇涼州；三是唐伐吐谷渾，頗似漢武帝之伐大宛，吐谷渾之「青海驄」是一重要誘因。參看氏著〈唐太宗的對外經略及其困境〉，載《史學彙刊》第16期，頁35。胡如雷則認爲太宗伐吐谷渾主要是欲掠奪耕畜，補充唐朝在長期戰爭下，嚴重缺乏耕牛情形。參看氏著〈唐太宗民族政策的局限性〉，載《歷史研究》1982年第6期，頁55～56。

芯之眾，進討吐谷渾。貞觀九年（635）五月，唐滅吐谷渾，操縱其廢立，唐以李大亮將精兵數千人，以武力支持唐所立的吐谷渾可汗。〔註106〕就唐而言，吐谷渾若獨立於唐的控制之外，則唐之鄯、廓、涼、岷等州將隨時受到威脅，對唐國防造成相當大的壓力，唐廷征討吐谷渾，進而控制吐谷渾，其原因在此。〔註107〕太宗出兵朝鮮亦是出於國防上的考量。〔註108〕當時高麗佔有今遼寧、安東等地區，遼河以東、冀州以北盡屬高麗，其欲南入冀州、西侵營州，可謂近在咫尺，是故唐朝乃藉泉蓋蘇文弒主高武及百濟侵新羅四十餘城，又與高麗交惡之因，東征朝鮮，直至高宗總章元年（668）李勣、薛仁貴才平定之。唐朝分高麗五部，四十餘州，置安東都護府於平壤以統之，並收復遼東，鞏固了國防，確保了唐朝在東方的安全。

第二節　唐朝對農業與遊牧地區民族統治政策

在第一節中，我們論述了唐朝民族政策形成的原因以及實行原則。當然，這些民族政策，只能說是綜合了唐朝一代，對待外族的大方向及總指標，若是細究唐朝歷代各帝之間的民族政策，則其中仍會有異差，而唐朝二百九十餘年間，在對外民族互動關係上，也並非全部都是正面和平，〔註109〕但是就整個中國歷史來看，唐朝在處理對外民族問題上，是比較成功的。大唐帝國既是一個世界帝國，唐帝又被尊為「皇帝‧天可汗」，因此，唐朝所統轄、影響的範圍是包含於農業與遊牧兩種民族，範圍十分遼闊。然而，由於農業與遊牧地區，在先天自然條件上既有差距，民族思想也有不同，所以唐朝在制定及推行具體的民族政策時，會隨著民族與地域間的差異，有各別的

〔註106〕《資治通鑑》卷194，太宗貞觀八年（634）六月條，頁6106、十二月辛丑條，頁6108；《舊唐書》卷198〈吐谷渾傳〉，頁1530下；《新唐書》卷221〈吐谷渾傳〉，頁1618下。
〔註107〕王吉林〈唐太宗的對外經略及其困境〉，載《史學彙刊》第16期，頁35～37。
〔註108〕以往論及太宗出兵朝鮮原因，多歸於太宗欲恢復漢代舊有疆土，如金毓黻《東北通史》分析太宗伐高的四個動機，其中一個即是「恢復漢疆」（頁296～298）；康樂《唐代前期的邊防》亦採其說法（頁40）。
〔註109〕如在唐高宗及武則天時期，由於缺乏完整系統的民族政策，使唐朝對外民族關係不斷惡化，唐朝與外族發生多次戰爭。參看崔明德〈論唐高宗和武則天時期的民族關係思想〉，載《煙台大學學報（哲學社會科學版）》1994年第1期，頁49～59；馬馳〈蕃將與武則天政權〉，載《許昌師專學報（社科版）》1991年第4期，頁33～35。

表現方式。本節即分別就農業與遊牧地區兩個方面，討論唐朝的民族統治政策。

一、農業地區民族統治政策

唐朝對於農業地區的政策，是將中國文化傳播出去，形成一個以漢文化為中心的「東亞文化圈」。唐朝欲藉由「文化」方式，將中國的天下觀念以及維繫天下秩序的思想——政治上的君臣關係、宗法倫理上的父子關係，散播到同屬於農耕地區的諸民族，使之凝結起來，完成一個自成獨立體系的東亞世界，〔註110〕這個東亞世界的建立，是以中華文化為主幹，而被影響的農耕地區，形成圍繞在主體文化間的若干衛星文化。〔註111〕東亞世界的形成，不僅是將中國文化深入農耕地域諸民族各個階層，同時也象徵著唐王朝在整個東亞世界中，扮演著領導的地位。

在這裏首先要界定「東亞世界」的範圍。關於「東亞世界」所指的地域為何？傳統以來，有不同的說法，有些學者主張，東亞世界的範圍是指今日的朝鮮半島、日本以及中南半島的越南、泰國等地，〔註112〕其中亦含琉球；〔註113〕有的學者則認為除上述地區外，應還包括蒙古高原與西藏高原間的河

〔註110〕西嶋定生認為這個獨立體系的東亞世界，具有共通的諸文化，受到中國起源的文化影響，同時諸文化又具有獨自的和相互關聯的歷史結構。參看氏著〈東亞世界的形成〉，收入劉俊文主編《日本學者研究中國史論著選譯》第 2 卷「專論」，頁 88。

〔註111〕湯恩比認為，文化與文化之間以關係而分，有先輩的與後輩的文化，亦有衛星文化。遠東型的文化（此即「東亞文化」）是以中華文化為主體，而其散佈的地區則是衛星文化。參看閻沁恒〈史班格勒和湯恩比的文化史觀之解析〉、〈湯恩比論中華文化〉，收入氏著《湯恩比的歷史研究與文化史觀》，頁 61～72、151～154。

〔註112〕如高明士在〈光被四表——中國文化與東亞世界〉一文則認為東亞世界在地理上是指以中國本土為中心，包括今日的韓國、日本、越南等地，是文收入劉岱編《中國文化新論　根源篇》，頁 482；費正清、賴肖爾主張東亞文化只包括日本、朝鮮、越南，參看費、賴兩氏所著《中國：傳統與變革》，頁 3；湯恩比認為遠東型文化範圍含蓋朝鮮、日本、越南、泰國等，參看閻沁恒〈湯恩比論中華文化〉，收入氏著《湯恩比的歷史研究與文化史觀》，頁 61；陳伯海〈東亞文化與文化東亞〉一文認為黃河流域以華夏族代表的中原文化以中國本土為基地，向越南、朝鮮（包括韓國）、日本乃至東南亞其他地區幅射，演變成為東亞地區的主導性文化，是文收入上海社科院東亞文化中心編《東亞文化論譚》，頁 2～3。

〔註113〕楊鴻烈、楊廷福等人，將東亞範圍界定在朝鮮、日本、越南（安南）外，加

西走廊地區東部諸地域，〔註114〕或是以帕米爾、西藏高原爲中心，去除印度、
中央亞細亞、西伯利亞等三方而展開的四方世界之內。〔註115〕筆者以爲，蒙
古高原已屬遊牧地區，不屬討論範圍，而西藏高原以及河西走廊地區的東部
綠洲地區，是兼行農耕以及遊牧，並非是純粹農業地區，且其文化受到印度
與中亞影響的成分較中國文化來的更加深遠，也不適用在「東亞文化圈」範
圍之內，因此，本文所界定的「東亞文化」指的是今日朝鮮半島、日本以及
中南半島的越南等地區。再者，「東亞世界」的形成因素是由那些條件構成？
除了中國文化本身具有先進的優勢之外，中國要有維繫天下秩序的決心與東
亞諸民族完成國家型態，其社會需求能足以承受中國文化也是不可或缺的兩
項重要因素。〔註116〕以前者而言，中國天下秩序觀念雖在三代已經出現，秦
漢定型，但是，中國歷代的國勢，並非一直都能夠維繫這個天下秩序的決心，
如魏晉南北朝時期，中國本身即處於分裂割據局勢，天下秩序當然無法完成；
就後者而言，接受中國文化的農業地區民族，其社會環境發展還處於歷史蒙
昧時期，沒有到達足以承受中國文化的條件，須等到七、八世紀隋唐統一以
後才有可能。所以隋唐的統一，在中國史上不但是劃時代的，在東亞史上也
是劃時代的。這個劃時代的意義，就是上述諸條件都已具備，「中國文化圈」
的形成與一元化的「東亞世界」就此出現。

　　探討了「東亞文化圈」的地域以及形成要素後，唐代將那些文化因子傳
播到上述的文化圈？易言之，「東亞文化圈」的共同文化要素爲何？學者也

上琉球一地。參看楊鴻烈《中國法律對東亞諸國之影響》；楊廷福〈《唐律》
對亞洲古代各國封建法典的影響〉，載《社會科學戰線》1978 年第 1 期，頁
132。

〔註114〕如西嶋定生在〈東亞世界的形成〉一文即如是說，是文收入劉俊文主編《日
本學者研究中國史論著選譯》第 2 卷「專論」，頁 88～89；林其錟也認爲「東
亞」這一個地理上的空間單位，指的是亞洲東部，通常包括中國、日本、朝
鮮、韓國和蒙古，所謂的「東亞文化」實際上也就是指上述空間單位的區域
文化，參看氏著〈東亞文化與海外華人經濟的發展〉，收入上海社科院東亞文
化中心編《東亞文化論譚》，頁 35。

〔註115〕此爲内藤湖南在《支那上古史》所界定「東亞」範圍。參看谷川道雄〈世界
帝國的形成〉，收入伊藤道治、谷川道雄、竺沙雅章、岩見宏、谷口規矩雄合
著，吳密察、耿立群、劉靜貞合譯《中國通史》，頁 170。

〔註116〕高明士〈光被四表——中國文化與東亞世界〉，收入劉岱編《中國文化新論
根源篇》，頁 489；西嶋定生〈東亞世界的形成〉，收入劉俊文主編《日本學
者研究中國史論著選譯》第 2 卷「專論」，頁 91～93。

有不同的看法：有人說是漢字、儒教、律令、佛教等四項；〔註117〕有人說是政治上的支配與服從關係、軍事上的支配與從屬關係、經濟上的支配與依存關係、依唐律而對東亞諸國的支配、由佛教而產生的權威及秩序的形成等；〔註118〕有的人主張是儒學、科學、典制、技術、宗教等五項；〔註119〕有的人則認為是漢字、儒教、律令、中國的科技（特指天文、曆法、算學、醫學、陰陽學）、中國化的佛教等五項，〔註120〕也有的人認為東亞文明核心是由農業自然經濟、以家庭和家族為基礎的社會結構、國家政治對經濟及其社會生活的組織與調控所構成。〔註121〕上述各說，均有其獨到之處。若從文化圈內共同文化之普遍性、恒久性、明確性等考量，則筆者以為，做為唐代世界帝國，將中國文化傳播至東亞世界，並且最具代表性者，要屬於儒學、漢字、律令、政治制度等四要素。〔註122〕筆者現將這四項要素，分別加以討論，從中看出在大唐帝國輸出下，東亞世界的文化內涵。〔註123〕

〔註117〕 西嶋定生〈東亞世界的形成〉，收入劉俊文主編《日本學者研究中國史論著選譯》第 2 卷「專論」，頁 88～89。

〔註118〕 旗田巍〈十～十二世紀の東アジアと日本〉，收入岩波講座《日本歷史》第 4 卷，頁 341。

〔註119〕 朱雲影〈從歷史上看中國文化對日韓越的影響〉上、下，載《中華雜誌》160、161 期；朱雲影在《中國文化對日韓越的影響》一書中，又主張中國文化傳播到東亞世界的要素為思想、政治、產業、風俗、宗教（儒、釋、道）等。

〔註120〕 高明士〈光被四表——中國文化與東亞世界〉，收入劉岱編《中國文化新論根源篇》，頁 481～522。

〔註121〕 陳伯海〈東亞文化與文化東亞〉，文收入上海社科院東亞文化中心編《東亞文化論譚》，頁 4。

〔註122〕 筆者將「儒教」改稱「儒學」，因儒家所論者，多側重在政治與倫理思想層面，若稱之「宗教」有違事實，似不妥。在上述各說中的諸項目中，筆者也不將科技與宗教（尤其指佛教）因素納入討論範圍之列，蓋科技者，所包含範疇過廣，若論述則不免失之籠統，「明確性」不高；而宗教者，東亞文化圈誠然均信奉佛教，然各民族之間，在輸入佛教後，則或若干改變，且輸入後的佛教又結合了當地民族境域內傳統的宗教，因此，佛教雖具有文化圈內的「普遍性」但也含有相當大的「特殊性」，故不討論。

〔註123〕 必須說明的是，任何一個文化圈的形成與傳播，事實上是由各個文化圈內各子體間相互交融影響。中國文明的發展成長，誠然包攝外來文化的眾多因子。然而，就東亞文化圈的形成與主導而言，中國華夏文明是東亞文化圈傳播的基本原動力，這種傳播會因時、因地不同，傳播影響方式也不一，如朝鮮和越南是經由華夏文明直接哺育形成，中國文化是它們的母體；日本在廣泛吸收華夏文化之前，已經有了自己的文化傳統，其吸收過去的華夏文明，也常根據實際需求加以變換調整，是以日本文明是自具一格的東亞文化，它與華

（一）儒　學

　　此處的儒學，是指以孔、孟的學說爲中心的儒家思想，包括國家的政治與社會的倫理思想，這與後世宋、明儒者參雜著佛教思想所建立的「新儒學」，並不相同。唐朝藉由散佈儒家經典，將儒學思想傳播到東亞世界，而東亞諸國則以設置太學等官學機構，吸收儒學。儒家學說與思想在相互的影響下，成爲東亞諸國統治者的政治指導原理方針及人民社會生活準則。

　　朝鮮半島在四世紀漢朝勢力退出之後，成爲三國鼎立之局。高句麗、百濟於四世紀下半葉分別設立太學，新羅興起較晚，於七世紀中也設立國學。新羅在統一朝鮮半島後（735），歷代君王，如武烈王（金春秋）、文武王（金法敏）等，醉心於儒家思想，新羅君臣在討論國事時，每以儒家經傳爲指引。如新羅眞興王〈磨雲嶺碑文〉即說：「帝王建號，莫不修己以安百姓。然朕……競身自愼，恐違乾道」，這是儒家政治原理中，德治思想最具體的表現。〔註124〕又如高麗成宗時崔承老上時務二十八條時，有云：「華夏之制，不可不遵，然四方習俗，各隨土性，似難盡變。其禮樂詩書之教，君臣父子之道，宜法中華，以革卑陋」，以儒家政治中強調倫理綱常，作爲施政方針。〔註125〕及至八世紀末，新羅設立讀書出身科（788），以儒家思想中的《論語》、《孝經》、《禮記》以及《曲禮》、《春秋左傳》等書做爲考試的範圍，促使儒學思想更加普及一般社會。〔註126〕

　　日本方面，五世紀初，百濟博士王仁攜《論語》、《千字文》抵日，儒學思想自始傳到日本，六世紀中葉，五經博士段揚爾、漢安茂、王柳貴等人先後東渡，儒學漸受日本貴族重視，及至七、八世紀之交，遣隋、遣唐使的派遣，日本直接赴中國攝取文物典制，又引發「大化革新」，展開全面習唐運動。文武天皇頒佈《大寶令》，規定設立太學，教授儒家經典，使日本吸收中國儒

　　　　夏文明的關係是屬過繼而非嫡出的血胤，但總體觀之，東亞世界是在中國文
　　　　化輸出下主導完成。
〔註124〕高明士〈光被四表——中國文化與東亞世界〉，收入劉岱編《中國文化新論
　　　　根源篇》，頁495。
〔註125〕朱雲影《中國文化對日韓越的影響》，頁143。
〔註126〕《三國史記》卷10〈新羅本紀〉載：「元聖四年（788）春，始定讀書三品以
　　　　出身，讀《春秋左氏傳》若《禮記》、若《文選》，而能通其義，兼明《論語》、
　　　　《孝經》者爲上，讀《曲禮》、《論語》、《孝經》者爲中，讀《曲禮》、《孝經》
　　　　者爲下。若博通五經、三史、諸子、百家書者，超握用之。前祗以弓箭選人，
　　　　至是改之。」（頁207）

家文化達到高峰。在政治方面，日本天皇爲政多本儒家理念爲準繩，如聖德太子發佈的十七條憲法，除了第二條與佛教有關外，其餘皆談政治要旨與如何安民等事，其中往往用經傳中的語句，如「以和爲貴」的社會倫理（《論語‧學而》）、「其治民之本，要在乎禮……百姓有禮，國家自治」（《禮記‧祭統》）。〔註127〕由於受到儒家政治思想的影響，日本天皇強調爲政者應從正身做起，且每以行仁政爲念，如在元正天皇養老六年（722）四月的詔書，有「遐思千載，旁覽九流，詳思布政之方，莫先仁恕之典」之語，〔註128〕光仁天皇天應元年（781）正月的詔書有「以天爲大，則之者聖人；以民爲心，育之者仁后」，〔註129〕桓武天皇延曆九年（790）閏三月詔書有「轉禍爲福，德政居先，思布仁恩，用致安穩」。〔註130〕到了武家政治時代（1185～1868），儒學依然是日本社會的的主流思想，尤其是在德川幕府時代，大崇儒學，可說是儒學在日本最興盛的時期了。〔註131〕

越南方面，自秦漢至晚唐，越南屬於北屬時期，爲中國郡縣一千餘年，地方長官均有漢廷所派任，至錫光出任交阯太守，任延出任九眞太守時，開始設立學校，傳入儒家思想，教導禮義，推行禮樂教化。〔註132〕到了西元十世紀前半，越南獨立後，其吸收儒家思想文化較北屬時期更加積極，歷代王朝仍獎勵儒學不遺餘力，故儒學思想給予越南很大的影響。在政治主張上，儒家的爲政者應正心誠意，實行仁政，越南歷代君臣多採其說，如阮世祖在統一越南之前，爲了以仁政收攬人心，曾諭令緩征廣南、廣義錢粟，並曰：「賑窮恤乏，仁政所先，昔帝堯不廢困窮，文王哀此煢獨，皆愛民之至者也」，統一後的越南，名臣如登上疏有「今人心望治，有如飢渴，當及此際，廣推仁政，使天下得蒙其澤」等語，並建議十二事，其中第一是開經筵以進講，「自古帝王爲治之道，備載於，伏望萬機之暇，六日一御經筵，命儒臣更直進講，以知求治之本」。〔註133〕此種以仁本的儒家政治，一直深受越南獨尊的地位，沿續到後黎朝（1072～1789）而不墜。

〔註127〕同上，頁135。
〔註128〕《續日本紀》卷9，元正天皇養老六年（722）四月，頁148。
〔註129〕《續日本紀》卷36，光仁天皇天元年（978）正月，頁513。
〔註130〕《續日本紀》卷40，桓武天皇延曆九年（790）閏三月，頁607。
〔註131〕丸山眞男《日本政治思想史研究》，頁8。
〔註132〕高明士〈光被四表──中國文化與東亞世界〉，收入劉岱編《中國文化新論根源篇》，頁494、497。
〔註133〕此皆轉引朱雲影《中國文化對中韓越的影響》，頁158。

（二）漢　字

　　文化的傳播，文字所占的功能是具絕對關鍵因素。中國文化能在整個東亞世界盛行而不墜，東亞文化圈得以長久維繫而不消亡，其中漢字是構成當時東亞世界中唯一共通的文字、漢語是當時國際通溝的語言，是重要的原因，對漢字的熱愛與尊重，使東亞世界不同國家之間，有著牢固的聯繫。〔註134〕就考古及文獻記載，漢字傳入東亞諸國的時間甚早，傳入朝鮮半島的時間，最遲當在西元前三世紀；傳入越南北部，至遲不晚於西元前三世紀；傳入日本，也在西元紀年前後。〔註135〕到了東亞諸國成立之後，漢字不但是東亞世界間相互通溝的文字，到後來也成為其國內唯一公用的文字。

　　漢字在東亞世界流傳的結果，出現了幾個現象：其一，東亞諸國紛紛成立教育文化機構，起初是私人傳授，繼之則為公立學校的成立，而學校的教授，均是以漢字為教育的工具，是故漢字便成為當時各國間國內外唯一的通行文字；其二，中國的諸子經典及典章制度，隨著漢字的流通、各國遣使求取，而流入諸國各地，普級到各個階層，加速凝具東亞文化圈的形成，也由於漢字是當時東亞國際性的文字，因此，漢字是東亞諸國撰寫外交國書的傳遞工具；其三，各國為了便於解讀漢字，後來各自發展出適合其社會的解讀法，如在日本有所謂的萬葉假名的出現，新羅也創造了吏讀來標記朝鮮語，越南也有字喃，以形聲、會意、假借等方式，表達越南的語言，之後各國更進一步發展出本國文字。

　　附帶說明的是，漢字的傳播發展祇限於東亞世界，並未影響到遊牧地區，一般的看法是漢字及其文獻代表著農耕文化，並不適合於遊牧社會；而契丹、西夏、女眞等民族均創有文字，其文字的結構原理是受到漢字的影響，是因為在於這些地區除遊牧外，亦兼行農耕。漢字文化能在朝鮮、日本、越南等地區展開，就是因為這些地區屬於農耕社會有關的緣故。〔註136〕筆者以為，這種說法雖具有相當的代表性，但我們也不可忽略漢字未能在遊牧地區生根、發展，是由於遊牧社會本身已經具備自己的文字，並不需要假藉漢字。如在本世紀初，考古學家在匈奴的古墓中，發現了一些匈奴文字符號，

〔註134〕費正清、賴肖爾《中國：傳統與變革》，頁 27。
〔註135〕高明士〈光被四表──中國文化與東亞世界〉，收入劉岱編《中國文化新論
　　　　根源篇》，頁 490。
〔註136〕同上，頁 492。

而突厥民族在五世紀時也輸入來自阿拉美文（Aramaic），通過中亞伊蘭（Iranic）系民族使用的文字，並加以改造完成「魯尼文字」（Runic），據西方學者之記載，西突厥通使東羅馬時，曾經呈遞粟特（Scythe or Sogd）文之國書，而且由近世鄂爾渾及葉尼塞河所發現之突厥碑文，即是用突厥文撰寫，到了八世紀時，突厥文字結構已相當完整，普遍使用，並廣泛的應用於西伯利亞、蒙古、葉尼塞河流域、新疆以及中亞一帶。〔註 137〕至於契丹、西夏、女眞等民族文字結構受到漢字的影響，不僅在於其社會是農、牧兼營，遼、金、夏諸朝在建制國家制度、創造文字的過程中，由於長期與中原王朝接觸，又得到漢人的輔佐與幫助，亦是一項重要因素。〔註 138〕

（三）律　令

律令者，是古代中國成文法典的總稱，其包括律、令、格、式四個種類。據《唐六典‧刑部郎中員外郎》載：

> 凡律以正刑定罪，令以設範立制，格以禁違止邪，式以軌物程事。
> 〔註 139〕

《新唐書‧刑法志》序亦解釋：

> 令者，尊卑貴賤之等數，國家之制度也。格者，百官有司之常行之
> 事也。式者，其所常守之法也。凡邦國之政，必從事於此三者。其
> 有所違，及人之爲惡而入于罪戾者，一斷以律。〔註 140〕

由上可知，所謂律者，就是刑法，令者爲行政法，規定國家的制度，格者是詔敕集，是對律令的臨時增補規定，式爲法規程式，即推行律令所制定的實施細則及其程式。格、式是經整理成系統化後，可變成爲令。因此，所謂律令制，實以律及令爲主體，它包含整個「邦國之政」，是國家體制的具體表徵。〔註 141〕中國的律令制到了隋唐時代達於完備，這一體制亦被東亞諸國採用，

〔註 137〕項英杰等《中亞：馬背上的文化》，頁 61～62、194～196；林幹《突厥史》，頁 159～160；劉義棠《中國邊疆民族史（修訂本）》上冊，頁 305。。

〔註 138〕契丹、女眞民族的文字又可分爲大字與小字，就契丹而言，其大字是受到漢人的影響，小字則是受回紇的影響；女眞的大字是受到漢人與契丹人的影響，小字的發展則至今不明。此點謹承王明蓀教授賜教於筆者。

〔註 139〕《唐六典》卷 6〈刑部郎中員外郎〉，頁 204。

〔註 140〕《新唐書》卷 56〈刑法志〉，頁 386 上。

〔註 141〕高明士〈光被四表——中國文化與東亞世界〉，收入劉岱編《中國文化新論根源篇》，頁 498。

使東亞世界的政治體制有其共同特徵。

朝鮮三國時代的高句麗在小獸林王三年（373）頒布律令，百濟在古爾王二十七年（260）「置朝廷佐平掌刑獄事」，新羅在法興王七年（520）也頒布律令，〔註 142〕然這些律令或已亡佚，或內容不明，直到王建建立高麗王朝（918）後，朝鮮法制才漸可詳考。在高麗王朝統治期間（918～1392），其律令篇名及條文基本上是沿襲唐朝。據《高麗史・刑法志》云：「高麗一代之制，大抵皆仿于唐。至于刑法，亦採唐律，參酌時宜而用之」。〔註 143〕考查高麗王朝的法律共七十一條，其實是《唐律》的五百條中擷取其中六十九條、以及從唐《獄官令》中摘錄二條而來，而有關罪名、刑名等，皆同唐律。若將這七十一條與《唐律》作一比較，則不論其司法組織、訴訟手續、刑名及其執行與刑罰的適用，都是承受於《唐律》的。〔註 144〕

日本方面，考日本成文法是天智天皇七年（668）所制訂的《近江令》二十二卷，其編纂者就是隨同遣隋使小野妹子來華，留學中國達三十二年的高向玄理和留學二十五年的僧旻等人。《近江令》雖已亡佚，但就後人輯佚的篇目看來，多與唐《貞觀令》相同，考其主要的依據，是以《貞觀令》為藍本，參考唐之《貞觀格式》、《道僧格》等。隨後在天武天皇十一年（686），頒布《天武律令》，編纂者伊吉博德是留唐學生，就其內容而言，仍是以唐武德、貞觀、永徽的律令為藍本。文武天皇大寶元年（701）完成《大寶律令》，共有律六卷，令十一卷，《大寶律令》在日本律令制度上非常重要，原因在於《大寶律令》是至今日本所存留最早的文獻。此外，在養老二年（718），又編纂《養老律令》，計有律十卷十二篇，令十卷三十篇，《養老律令》是針對《大寶律令》修訂而成。據《日本史・刑法志》載：「《大寶》所撰，謂之古律古令，……律之為書，分篇十有二，一曰名例，二曰衛禁，三曰職制，四曰戶婚，五曰廄庫，六曰擅興，七曰賊盜，八曰鬥頌，九曰詐偽，十曰雜律，十一曰補亡，十二曰斷獄。」在名稱、次序上，《大寶律令》與《唐律》一模一樣。〔註 145〕據學者研究指出，認為當出自《近江令》其所本的武德、貞觀、

〔註 142〕新羅的律令法制雖已亡佚，然從後來高麗王朝所示，其律令則直接行用唐律而來。參看楊廷福〈《唐律》對亞洲古代各國封建法典的影響〉，載《社會科學戰線》1978 年第 1 期，頁 135。
〔註 143〕轉引錢大群、錢元凱《唐律論析》，頁 362。
〔註 144〕楊廷福《唐律初探》，頁 186。
〔註 145〕錢大群、錢元凱《唐律論析》，頁 366。

永徽及開元前期律令而來，其中尤以永徽律令（含永徽律疏）爲多；〔註146〕
就其律文來看，也是擷取《唐律》，甚至連文句也相同，不過在有些方面加以
簡化省併，如《唐律》的「八議」，《大寶令》則去掉「議勤」、「議賓」，省爲
「六議」；又如《唐律》中的「十惡」，《大寶令》略去「不睦」、「內亂」，改
爲「八虐」等。〔註147〕至於其他如司法組織、訴訟制度、刑罰適用和執行等，
也大體抄自《唐律》加以省併，量刑有所減輕。〔註148〕綜合上述，日本律令
制時代的法典，都是脫胎於唐代，〔註149〕因此，日本學者鳩山和夫、阪本三
郎在其所著《日本法制一班》將日本的法律發展史分爲四期，其中第二時期
的《大寶律令》宣行的時代，就逕稱爲是「模仿唐時代」，〔註150〕島田正郎《東
洋法史》將大化革新到平安時代這段時期稱爲「律令法時代」（646～1185），
律令法時代的日本稱作「律令國家」，此時是繼受中國法，尤以唐法，試圖建
設以天皇爲中心的國家體制；〔註151〕桑原騭藏也認爲「自奈良至平安時期，
吾國王朝時代之法律，無論形式上與精神上，皆依據《唐律》」。〔註152〕

　　越南方面，在北屬中國時期，當然直接使用中國的律令。獨立之後，李
朝太宗明道元年（1042）頒布《刑書》三卷，陳朝太宗建中六年（1230）制
訂《國朝通制》二十卷中的《國朝刑律》，與《唐律》對比，內容很少出入。
是故潘輝注《歷朝憲章類志・刑律志》有云：「按李、陳刑法，其條貫緯悉，
不可復詳。當初校定律格，想亦尊用唐、宋之制，但其寬嚴之間，時加斟酌」。
到了後黎氏王朝前期，律法上的《洪德律》，雖是折衷唐、宋、元、明的法律，

〔註146〕王金林《奈良文化と唐文化》，頁 265～268；高明士〈中國律令與日本律令〉，
　　　　載《臺大歷史學報》21 期，頁 114。
〔註147〕桑原騭藏《支那法制史論叢》第五章〈大寶令と唐制〉，收入《桑原騭藏全集》
　　　　第 3 卷，頁 247～250。仁井田陞在《唐令拾遺》後附錄〈日唐兩令對照表〉，
　　　　可看出日本中世紀律令制時代的「令」，基本上是沿襲唐令。
〔註148〕楊鴻烈《中國法律對東亞諸國之影響》，頁 181～252。
〔註149〕小河滋次郎、留岡幸助《監獄誌》曾言：「古之定律令者，參酌唐制，如『枷』
　　　　上世所未有聞，後世亦不用之，蓋仿唐之《囚獄法》耳。」轉引自楊鴻烈《中
　　　　國法律發達史》，頁 345。
〔註150〕楊鴻烈《中國法律發達史》，頁 344。
〔註151〕島田正郎將日本法制分爲「氏族法時代」、「律令法時代」、「武家法時代」、「歐
　　　　美法繼受時代」四期，其中「律令法時代」就是模仿唐律而將日本建立成爲
　　　　「律令國家」。參看氏著《東洋法史》，頁 172～187。
〔註152〕桑原騭藏《支那法制史論叢》第四章〈王朝の律令と唐の律令〉，收入《桑原
　　　　騭全集》第 3 卷，頁 228。

但是主要仍是以《唐律》為依循對象。〔註153〕

　　由上觀之，則七、八世際之交，隨著「東亞文化圈」的形成，「中華法系」也隨之出現，適用在整個「東亞世界」，東亞諸國在吸納唐律時，會順應自身國性，做若干調整，其律所規定的刑幅，一般而言則較唐律輕一至二等；其令所規定的編，也較唐朝縮小，但大體上皆以「刑律」為編纂範疇，以刑律為主軸的律令體制是構成「中華法系」的主要內涵。〔註154〕

（四）政治制度

　　隨著儒學、漢字、律令的傳播，在政治體制上，東亞各國也相繼模仿唐朝先進的政治制度。就朝鮮半島而言，《三國志‧魏志‧高句麗傳》載：

> 其官有相加、對盧、沛者、古雛加、主簿、優台、丞、使者、皁衣、
> 先人，尊卑各有等級。〔註155〕

高句麗的官制，漢名和土名互相混雜，反應出兩種文化接觸糅合之痕跡。其中主簿、丞、使者、皁衣、先人等官名，都是採自中國。至於百濟，相傳在三世紀中葉已經有相當完備的官制，然百濟至近肖古王時（346～374）才略具國家規模，因此，所謂三世紀的官制，學者認為或係偽制。新羅在三國中興起較晚，至六世紀初智證王時，才積極輸入中國文化，眞德王三年（649），改章服從中國制，四年（650）開始行中國年號。殆新羅聯唐滅百濟和高句麗，統一朝鮮半島，更加積極仿行唐朝官制。至景德王時（742～765），各種制度大備，中央仿唐的尙書省設執事省，綜理國政，為中央最高行政機構，首長稱侍中，其下仿唐設位和府（掌人事）、倉郡（掌租稅）、禮部（掌教育禮樂）、兵部（掌兵馬）、左右理方府（掌律令）、例作府（掌工事），一如唐朝尙書省的六部。此外，又仿唐的內侍省置內省，管理大宮、梁宮、沙梁宮三宮的事務，即管理皇族王宮的事務；又仿唐的御史台置司正府。〔註156〕王氏高麗興起後，積極模仿唐朝的制度，高麗朝的中央官制，初設三省（內議、廣評、內奉）、六尙書（選官、兵官、民官、刑官、禮官、工官）、九寺，至成宗時，參酌唐宋制度，重定官制，中央設內史門下省（掌百僚庶務）、尙書都省（統

〔註153〕楊鴻烈在分析《洪德律令》時，認為它的大部分係仿《唐律》而來。參看氏著《中國法律對東亞諸國之影響》，頁425～458；楊廷福《唐律初探》，頁189。
〔註154〕高明士〈中國律令與日本律令〉，載《臺大歷史學報》21期，頁121。
〔註155〕《三國志‧魏志》卷30〈高句麗傳〉，頁417上。
〔註156〕王周昆〈唐代新羅留學生在中朝文化交流中的作用〉，載《西北大學學報（哲社版）》1994年第2期，頁112～113。

率百官）、三司省（總管財政出納），其下六官改成六部（吏部、兵部、戶部、刑部、禮部、工部），並設中樞院（掌宿衛軍機）、御史台（掌糾察彈劾）、國子監（掌儒學教育）以及禮賓司、大理寺、典醫寺、藝文館等機構。由此可以看出，朝鮮在中央體制上，是依中國的政治體制建置。

　　在日本方面，日本在我國漢魏時期還處於部落林立，未形成統一國家，到了四世紀晚期，才進入全國一統，不過一直到七、八世紀，受到隋唐文化的影響，日本才具備相當的國家規模。推古天皇十一年（603），日本仿中國制定冠位，分十二階，依功勳大小，賜以冠位，開人才登庸之路，冠位制的實施，是抑制當時世襲貴族大權，體現日本天皇權威。冠位名稱，依次爲德、仁、禮、信、義、智，其中以德爲最高階，這充分反映出當時日本的建國是以儒家的德治爲最高理想。皇極天皇四年（644）六月，中大兄皇子和中臣鎌足發動政變，擁立孝德天皇，以高向玄理、僧旻爲國博士，開始仿唐實行革新，是爲「大化革新」。日本大化革新中，中央體制上確立了以天皇爲首的中央集權制，設立太政官與神祇官，太政官中太政大臣的職責是「師範一人，儀形四海，經邦論道，燮理陰陽」，總理朝政萬機。太政官的長官爲太政大臣，係比擬中國之三公而設，太政大臣下，有左大臣、右大臣。左大臣下有大納言，下有少納言、左辨官、右辨官。左辨官管中務、式部、治部、民部四省，右辨官管兵部、刑部、大藏、宮內四省。若比照唐朝中央官制，則兩者名稱雖不盡相同，但實質內容則可說完全一樣，如太政臣相當於唐的尚書令，左右辨官相當於唐的左右僕射，式部、治部、民部三省，相當於唐的吏、禮、戶三部，兵部、刑部、大藏三省，相當於唐的兵部、刑部、工部。至於中書省相當於唐的中書省，宮內省相當於唐的殿中省和內侍省。此外，日本又仿唐的御史台設彈正台，司糾察劾之職。〔註157〕

　　越南方面，在獨立建國後，其朝政體制多仿照中國政體。潘輝注《歷朝憲章·職官志》有云：

> 按李朝官制，大略文武各有九品，以三太（太師、太傅、太保）、三少（少師、少傅、少保）與太尉、少尉及內外行殿都知事、檢校平章事，並爲文武大臣重職。其文班則有部尚書、左右參知、左右諫議、中書侍郎、尚書省員外郎、翰林學士、承直承信諸郎，均是內

〔註157〕王金林《奈良文化と唐文化》，頁 168～183。

職。又有知府、判府、知州，均爲外職。〔註158〕

到了陳朝，太宗參考中國歷朝典章，並考前代諸例，編纂《國朝通制》二十卷，《國朝常禮》十卷，陳憲宗又命陳漢超等人編定《皇朝大典》。其所定官制，據《歷朝憲章‧職官志》曰：

> 陳官制大要，以三公、三少、太尉、司徒、司空爲文武大臣，其宰
> 相則加左右相國平章事，次相則加參知政事入內行遣，或加左輔右
> 弼，參預朝政。文階內職，則有六部尚書、侍郎、郎中、員外郎、
> 中書侍郎、中書令、尚書、左右僕射、御史台侍御史、監察御史、
> 侍經筵大學士、太史令、大宗正、京師大尹；其外職則有安撫使、
> 知府、通判、主簿。〔註159〕

由上觀之，越南中央政體大抵以唐宋爲依歸，這種政體一直沿續到越南史上最後一個王朝——阮朝爲止。

二、遊牧地區民族統治政策

在自然與文化方面，自古以來亞洲大陸就分成兩種不同的世界，而長城線正可以說是建築在這兩者間的分水嶺上。《長春眞人西遊記》記載：

> 北度野狐嶺，登高南望，俯視太行諸山，晴嵐可愛；北顧但寒煙衰
> 草，中原之風，自此隔絕矣！〔註160〕

從這幾個簡單的字句，深刻描寫出蒙古草原或瀚海的乾旱現象與長城以南適於農耕濕潤地帶的風光。在第一節中，我們已論析草原遊牧地區與中原農耕社會的自然條件差異，在這種截然不同的環境下，也會影響到人民的生活方式與思想行爲。做爲一個身兼「皇帝‧天可汗」的大唐君主，在制定胡、漢兩種民族政策時，其做法上自會有所不同。對於農業民族的社會，唐朝主要是用傳播「文化」方式，使之形成一個共同的文化圈，在這個文化圈範圍內，彼此擁有共通的文化因子；但在遊牧民族社會裏，這些農業文化要素並不適用，因此，唐朝君主改以其他方式，處理與遊牧民族之間的關係，而「和親政策」是最具意義。

在第二章論述中國的天下觀念內涵時，筆者認爲天下秩序主要是依靠兩

〔註158〕《越史通鑑綱目》卷3，李仁宗廣佑五年（1089），頁35。
〔註159〕《越史通鑑綱目》卷6，陳太宗天應政平五年（1236），頁74。
〔註160〕李志常《長春眞人西遊記》卷上，頁5～6。

種繩索維繫，一種是政治上的君臣關係，一種是宗法倫理上的父子關係，兩者間相輔相成，即君就是父，臣就是子。對於同屬於農耕世界的東亞諸國中，在儒學、律令與政治體制的影響下，東亞諸國很能夠接受中國與其在政治上是屬於一種君臣宗屬關係，故無需依靠宗法倫常上的血親，做為維繫雙方臍帶，因此，在制定東亞農耕諸國外交政策時，中國從未採取以「和親」方式，來處理彼此的關係；但對於邊疆遊牧民族，政治上的君臣關係無法靠農業文化傳播建立，但由於邊疆遊牧民族是一個以氏族為中心的社會組織，特別強調繼位者血緣的正統性與合法性，如匈奴的攣鞮（虛連題）氏、突厥的阿史那氏（Ašina）、回紇的藥羅葛氏（Yaghlakns）、蒙古的黃金氏族（Altun Urukh）等，〔註161〕只有該氏族才能享有統治的權力，加上遊牧民族君位之繼立與其母族是否地位最貴有關，接近中國立嫡觀念，〔註162〕所以中原王朝採用宗法倫理理論，希望經由血緣上的交融，建立出婚姻關係（kinship），以姻親關係中的子婿（或甥舅）達成政治上彼此間宗屬地位，完成中國的天下秩序。漢初婁（劉）敬即以此做為提出和親政策的理論基礎。《史記‧劉敬傳》載：

> 陛下（指漢高帝）誠能以適長公主妻單于，厚奉遺之，彼知漢女送厚，蠻夷必慕為閼氏，生子必為太子代單于，何者貪漢重幣，陛下以歲時所餘彼所鮮，數問遺，使辯士風諭以禮節，冒頓在固為子婿，死，外孫為單于，豈曾聞孫敢與大父禮哉！可毋戰以漸臣也。〔註163〕

希望藉由倫常中的父子關係，轉而變為政治上的君臣關係。事實上，這種和親理論確能收到一定成效，遊牧民族氏族間有一定範圍的世系群（lineage group），故血緣觀念極嚴，〔註164〕其在與中原王朝通婚後，因婚姻關係，諸部酋長嘗以舅甥、父子相稱，事唐天子如父母。〔註165〕《隋書‧突厥傳》有記：

> 皇帝是婦父，即是翁；此是女夫，即是兒例，兩境雖殊，情義是一，今重疊親舊，子子孫孫萬世不斷，上天為證，終不違負。此國所有羊馬，都是皇帝畜生，彼有繒綵，都是此物，彼此有何異也。高祖

〔註161〕林恩顯《突厥研究》，頁78。

〔註162〕雷師家驥〈漢趙國策及其一國兩制下的單于體制〉，載《國立中正大學學報》第3卷第1期，頁67～68。

〔註163〕《史記》卷99〈劉敬傳〉，頁965下。

〔註164〕謝劍〈匈奴政治制度的研究〉，載《中央研究院歷史語言研究所集刊》第41本第2份，頁263。

〔註165〕劉義棠〈回鶻與唐朝婚姻關係及其影響之研究〉，收入氏著《維吾爾研究（修訂本）》，頁416。

（隋文帝）報書曰：「……得書知大有好心向此也。既是沙缽略婦翁，今日看沙缽略，共兒子不異，既以親舊厚意，常使之外，今特別遣大臣虞慶則往看女，復看沙缽略也。」〔註166〕

《貞觀政要‧議征伐》記：

太宗謂侍臣曰：「……北狄風俗，多由內政，亦既生子，則我外孫，不侵中國，斷可知矣。以此而言，邊境足得三十年來無事。」〔註167〕

《唐會要‧和蕃公主雜錄》亦載：

（咸安公主出降）時回紇可汗喜於和親，其禮甚恭，乃上言曰：「昔為兄弟，今即子婿，子婿半子也。彼猶父，此猶子，父若患於西戎，子當遣兵除之。」〔註168〕

可見，和親政策的理論，在一定的程度上，是被遊牧民族所接受，中國則藉用和親政策，與外蕃建立血親關係，從而羈縻統治，達成天下秩序的目標。

「和親」，又稱為「和蕃」或「和戎」。中國古代和親的基本觀念是淵於中國社會的家庭親屬制度。中國古代社會，家庭是構成整個社會最基本的核心單位，國家是家庭的擴大，而古代家庭制度中又是建立在「子嗣」觀念上，子嗣來自於婚姻。中國社會親屬中，素有「舅甥」、「姑姪」等「特權親暱」（joking relationship）的習慣及隆重婚禮習俗，可見「婚姻關係」在農業社會是非常重要；在遊牧民族方面，聯姻對於古代部族聯合式遊牧國家的構成尤其重要，他們政治組織維繫的基本力量之一便是婚姻，氏族與氏族部落間嫁女或娶妻，附有政治上協力作用，代表著彼此間相互信任，建立婚姻關係，象徵著敵對時代的過去，攜手言和的階段已經來臨。〔註169〕因此，藉由婚姻關係建立出雙方的政治關係，是古代遊牧社會組成部落聯盟的一種主要的媒介。〔註170〕

「和親」一詞起源於先秦時期，然其本身沒有後世聯親之義涵。《左傳‧襄公二十三年》載：

中行氏以伐秦之役怨欒氏，而固與范氏和親。〔註171〕

〔註166〕《隋書》卷84〈突厥傳〉，頁848下。
〔註167〕吳兢《貞觀政要》卷9〈議征伐〉，頁694。
〔註168〕《唐會要》卷6〈和蕃公主雜錄〉，頁76。
〔註169〕姚大中《古代北西中國》，頁93。
〔註170〕Marshall D. Sahlins, Tribesman, p.56.
〔註171〕李宗侗注譯《春秋左傳今註今譯》卷18，襄公二十三年，頁913。

這裏所指的「和親」，是晉國的中行氏與范氏兩個貴族家族關聯合對付欒氏所進行的條好行爲，其意義是「和睦相親愛」，並無聯姻關係。《周禮‧秋官‧象胥》記載：

> 掌蠻、夷、閩、貉、戎、狄之國使，掌傳王之言而諭說焉，以和親之。〔註172〕

此「和親」是指華夷與蠻夷戎狄之間修好的行爲，也沒有姻親關係的意思。然而，先秦時期，並非沒有民族間的聯姻活動，祇是未使用「和親」這一名詞，如春秋時代，晉獻公就娶了四個戎女爲妻，開啓華夷間的聯姻。《左傳‧莊公二十八年》載：

> 晉獻公……又娶二女於戎，大戎狐姬生重耳，小戎子生夷吾。……
> 晉伐驪戎，驪戎男女以驪姬，歸，生奚齊，其娣生卓子。〔註173〕

齊靈公也娶過戎姬，據《史記‧齊太公世家》載：

> （靈公）二十八年，初靈公取魯女，生子光以爲太子。仲姬、戎姬、
> 戎姬嬖，仲姬生子牙，屬之戎姬，戎姬請以爲太子，公許之。〔註174〕

到了戰國時期，七國爭霸稱雄，外交婚姻愈來愈受重視，其性質包括：以取人之國、小國借大國以圖存、以結交軍事同盟、以結束敵對狀態等各種不同的聯姻關係，並且戰國時期不僅聯姻於中原諸侯，也包含對異族的聯姻。〔註175〕由上觀知，早在先秦時期，已經有「和親」之名及許多政治聯姻活動，但兩者並沒有通用。至於將兩者合一並制度化成爲一種政策，則一直要等到漢代，漢初婁（劉）敬建議高祖與匈奴和親，並爲漢帝延用，「和親」一詞才結合了「聯姻」與「修好」兩種意義，形成一種政策。〔註176〕一般而言，所謂和親可分爲廣狹兩義：狹義的和親僅指中原王朝（包括漢族及漢化邊族）與邊疆民族君長的和好同盟關係；而廣義的和親還包括少數民族君長間、政權間的異族政治婚姻關係。和親在我國起源於上古先秦時代，然其多屬個案性、隨意性的，唯將此做爲一種政治性聯姻並加以制度化而成爲一種政策、戰略，是在漢高祖採婁（劉）

〔註172〕《周禮》卷73〈秋官司寇五‧象胥〉，頁559。
〔註173〕李宗侗註譯《春秋左傳今註今譯》卷4，莊公二十八年，頁107。
〔註174〕《史記》卷32〈齊太公世家第二〉，頁475下。
〔註175〕崔明德、林恩顯〈論中國古代和親的類型、特點及其它〉，載《民族研究》1995年第5期，頁46～47。
〔註176〕林恩顯〈論中國古代和親的功能及影響〉，載《人文學報》第3卷第20期，頁3。

敬建議開始。因此，嚴謹說來，在漢代之前的政治聯姻，及非中原皇朝與少數族君長間的政治聯姻，均未列入所謂「和親政策」的範圍，應視之是「和親」或「聯姻」。〔註177〕

　　和親背景及通婚背景與意義，按和親雙方均能遵重對方為對等團體的「人」來對待為基礎，且兩者間要有最小的社會距離，最大程度的社會接受才可成立，並係雙方同化或融合的一個面向表現。就歷代和親的背景，學者各有不同說法：蕭金松分析指出，和親包括了自然、文化及歷史背景等多種因素。〔註178〕張正明認為和親的歷史條件在於以經濟的分散和民族的分隔為基礎，不同民族之間的政治分裂狀態，而在和親時期，彼此之間的民族偏見較為淡薄。〔註179〕札奇斯欽認為和親的形成，在中國歷史上通常是中原農業朝廷對於強大的遊牧民族君長，以尚公主或降宗女，賜嫁奩的形式來完成的。此種情形大部分是遊牧民族的勢力已經強大到足以威脅到中原農業朝廷，因此用和親的方法來改變與「馬上行國」間的敵對關係，而代之以皇帝與可汗間的婚姻和睦關係，以減低戰爭的爆發，並以賜送大量嫁奩和不斷賞賜的方式，來滿足遊牧君長們對農業物資上的需要，以防止掠邊或侵寇的發生。〔註180〕張春樹綜合漢朝和親歷史，歸結出在軍事上，匈奴因其特殊之地理位置與生活習慣而舉國皆騎兵，故漢朝不能以軍力勝之；在文化上，中國當以教化懷服遠人，不應以武力征服之；在政治經濟上，匈奴亦不可擊，如強擊之，則必至動員並耗盡全國人力物力，最後亦必引起內部騷動與叛亂；和親政策為漢高帝所立之傳統，故後人不可輕易更改。〔註181〕馮藝超認為中原人對和親的觀念比較重視政治名分的關係，其希望藉公主為橋樑以建立姻親關係，從而產生左右遊牧民族可汗、監視可汗的政治作用，進而達成避戰求和的目的。是故，和親是一種羈縻手段，藉以保持雙方的和好關係，使強者不為害，進而助我；弱者聽命於我，不依附強敵而為亂。〔註182〕林恩顯則從北亞遊牧民族與中原農業民族間歷史互動關係因素分析，認為北亞遊牧民族由於自然環境關係，經濟上難於自給自足，需要與鄰近的中原農業民

〔註177〕林恩顯〈中國古代和親理論初探〉，載《民族學報》第23期，頁15～16。
〔註178〕蕭金松〈漢朝對匈奴和親政策的檢討〉，載《中國邊政》第33期，頁17～23。
〔註179〕張正明〈和親通論〉，收入《民族史論叢》第1輯，頁6～15。
〔註180〕札奇斯欽《北亞游牧民族與中原農業民族間的和平戰爭與貿易之關係》，頁183。
〔註181〕張春樹《漢代邊疆史論集》，頁2。
〔註182〕馮藝超《唐詩中和親主題研究》，頁11。

族互市，以獲得各種物品維生；中原農業民族物產文明豐富，具強烈的吸引性，且在文化上雙方各擅農、牧不同體系的互補性，農業民族在軍事上常居弱勢，在政治上常居優勢，造成北亞遊牧民族重經濟利益，而中原農業民族重政治名分，雙方各取所需；中原華夏民族與邊疆少數民族在長期接觸通婚融合下，和親已是不可斷的歷史事實需要。〔註183〕

　　綜合上述，形成和親政策的背景是多重因素的，但最根本的在於自然地理條件的限制，中原農業民族與北亞遊牧民族這兩個區域是無法隔絕開來，在彼此的長期互動之下，遊牧民族透過和親方式，滿足經濟上所需的財富，而中原農業民族長期處於「馬上行國」軍事威脅下，藉由和親，希望建立姻親關係，逐漸達成避戰求和的境地。必需說明的是，歷代和親的成立，無論是中原農業民族，抑或是邊疆遊牧民族，都有其客觀的內、外因素。就中原農業朝廷言之，其內在因素多係王朝初創之際，或是內亂發生之時，在「攘外必先安內」的情勢之下，不得不對外採取和緩、妥協的政策，以培養國力，期待於將來；其對外因素是逢強大的外敵壓境，或是為了減少戰爭之犧牲，藉「以夷制夷」、「離間分化」、「遠交近攻」等原則，採取和親政策，以期「聯弱敵強」、「孤立主敵」以達「各個擊破」的最終目的。就遊牧民族方面，其內在因素由於自然環境、生產方式等限制，常發生食物不足、必需品缺乏的現象，所以在生活與經濟的立場而言，是歡迎和親，特別是在天然災害發生之際；對外在因素，若遊牧民族處於兩敵對峙，希望藉由與中國和親機會，抬高自己的聲威，以率北方遊牧諸部族。〔註184〕

　　中國歷代和親政策，自漢代以降與北方遊牧民族接壤的強大王朝中，未採取和親政策者，僅有宋、明二代，而積極推行此項政策，則是國勢最為強盛的漢、唐二代，也就是說，和親政策始於漢代，盛行於唐代。唐代不但是下嫁公主人數最多，且下嫁的對象範圍也最廣（參看表五〈唐代對外和親表〉），可見唐代在制定遊牧民族政策時，和親政策是扮演著多麼重要的角色。

　　由表五中我們可以看到，唐代對外族的和親是相當普遍，計有突厥五次、回紇十次、吐谷渾五次、吐蕃二次、契丹五次、奚三次、寧遠國（拔汗那）一次、于闐一次、突騎斯一次、南詔二次，其中除了南詔國之外，其餘對象

〔註183〕林恩顯〈中國古代和親理論初探〉，載《民族學報》第23期，頁17～18。
〔註184〕林恩顯〈中國歷朝與邊疆民族的和親政策研討〉，收入中研院史語所《國際漢學會議論文集——民俗文化組》，頁328～329。

皆是對遊牧民族。〔註185〕分析唐代對外族和親背景,則唐朝同意將公主下嫁
給西突厥,蓋因唐朝初得天下,國內急需息戰安民,故在外交上,採取「遠
交近攻」以及「以夷制夷」的方法,利用與西突厥和親,牽制東突厥;而西
突厥也希望在與東突厥競爭中,能聯合大唐以孤立東突厥,統一漠北。因此,
雙方是一種互利關係。唐朝與吐谷渾和親,因吐谷渾地處於交通要道的青海
地區,介於唐朝與吐蕃之間,唐朝意在拉攏吐谷渾以牽制吐蕃,並控制西域
要衝,目的偏重在政治性與軍事性。奚與契丹,屬東胡族系,介於唐與突厥
兩大勢力之間的小部落,故對唐與突厥,奚與契丹都是時降時時叛,唐朝為
孤立、削弱突厥勢力,採用了討伐及下嫁公主和親兩種方式,希冀兩者臣屬
於唐。吐蕃位於西藏高原,地理形勢特殊,居高臨下,易守難攻,且悉補野
氏(spu rgyal)在統一各地方勢力(rgyal phran)後,將吐蕃原先的鬆散部落
聯盟體制,推向君主集權政體,並把整個社會組織,整合成一個軍事體,迸
發出強大的軍事力量,〔註186〕加上青海地理位置優越,是進出吐蕃的門戶,
使吐蕃不得不向青海地區擴張,〔註187〕唐朝以吐蕃勢盛,唯恐武力難以綏服,
故而採以和親羈縻政策以制約。唐朝對回紇的和親是唐朝中期對邊疆民族和
親政策的重點,安史亂後,肅宗向回紇借兵以平亂,是以嫁唐公主提高其政
治地位為條件,因而下嫁公主,隨後又因吐蕃勢盛,占領河湟一地,唐廷乃
採「聯回抗蕃」政策,繼續與回紇保持和親關係。

　　上述略論唐朝與邊疆民族和親的背景。由表五所列以及各次和親過程,
我們可以歸納出唐朝對外和親幾個特點:其一,就時間上,唐代和親前期主
要的對象是突厥(集中在太宗貞觀到玄宗開元期間)或是為牽制突厥而與他
族和親(如對契丹與奚),唐朝後期主要的對象是回紇,唯綜觀全唐和親政

〔註185〕吐蕃與吐谷渾較為特殊,兩者兼行農、牧,不過就廣義而言,仍歸屬於遊牧民
　　　　族。
〔註186〕林師冠群〈由地理環境論析唐代吐蕃向外發展與對外關係〉,收入《唐代文化
　　　　研討會論文集》,頁 252~253。
〔註187〕青藏高原除了青海地區的牧場以外,其餘高原牧區,由於氣溫極低,限制了
　　　　牧草生長無法與內蒙草原、中亞草原相埒;在農業上,農耕主要分佈在雅魯
　　　　藏布江兩側支流的河谷地區,多屬小塊、零散、狹窄,缺乏寬廣的農耕地,
　　　　加上青藏高原自然災害極多,因此限制了蕃人的生存發展。有關唐代吐蕃對
　　　　外擴張的原因,可參看林師冠群《論唐代吐蕃之對外擴張》,頁 2~10、〈唐
　　　　代前期唐蕃競逐青海地區之研究〉,收入蒙藏委員會主編《西藏與中原關係國
　　　　際學術研討會論文集》,頁 1~26。

策的提出與執行，其共通點都是從政治上的分化羈縻、軍事上的援兵結盟爲考量點。其二，唐代和親公主下嫁有一定原則，原則的基礎是以雙方的力量（政治或軍事）對比決定，而且和親是否能成功，也決定於雙方的力量強弱。大凡對於強大的國家部族並與唐有特別利害關係者，如回紇，唐代多以帝女或帝妹下嫁；對於大國而與唐無特別關係者，如突厥、吐蕃、南詔，則多以親王女或宗室女下嫁；對於小國，如奚、契丹，則以宗室甥女下嫁。此外，和親公主地位常配合著國勢有所轉變，唐朝依國勢由強而弱，出降的和親公主也從地位較低的宗室女逐漸升高爲帝女。〔註 188〕其三，不同於以往各朝中和親對象均集中在北方（或西北方）的遊牧民族，如漢之匈奴、烏孫，拓拔魏、北齊、北周、隋之突厥，唐代和親對象並不囿於一個特定區域，而是遍及各邊疆民族，〔註 189〕如東北（奚、契丹）、北方（突厥、回紇、突騎施）、西部（吐蕃、吐谷渾、寧遠國、于闐）、南方（南詔），這與唐代民族觀念較爲淡薄，唐帝乃「天可汗」，是一個世界性的領袖，故能容納各民族於大唐帝國之中有著密切關係。其四，唐代和親並不祇是單向性的，少數民族公主也有入唐，如回紇的毗伽公主嫁給唐敦煌郡王李承寀，〔註 190〕不唯如此，唐代也有冊封少數民族女爲公主或是以外族女妻外族，如封阿史那昕妻爲交河公主，〔註 191〕封火拔頡利發石失畢妻爲金山公主，〔註 192〕封回紇骨咄祿毗伽可汗之女爲毗伽公主等。除了與少數民族首領和親外，唐帝也將公主嫁給入唐居中央要職的蕃將，如唐高祖女衡陽公主嫁給突厥族阿史那社爾、九江公主嫁給突厥族執失思力，太宗女普安公主嫁給突厥族史仁表，德宗女義陽公主嫁給契丹族王武俊、義章公主嫁給奚族張茂宗，憲宗孫女壽安公主嫁給回紇族王元逵等。〔註 193〕其五，唐代對外族和親，多是由外族主動要求

〔註 188〕林恩顯〈中國歷朝與邊疆民的和親政策研討〉，收入中研院史語所《國際漢學會議論文集——民俗文化組》，頁 339、〈中國古代和親理論初探〉，載《民族學報》第 23 期，頁 21。

〔註 189〕王壽南在〈唐代公主與和親政策〉一文認爲突厥曾向唐提出多次和親，然而唐朝竟無一公主下嫁突厥。此說恐不確，從「唐代對外和親表」可看到唐朝是有對突厥和親之實。是文收入氏著《唐代人物與政治》，頁 293～294。

〔註 190〕崔明德〈論隋唐和親的特點〉，載《天府新論》1995 年第 2 期，頁 77。

〔註 191〕《唐大詔令集》卷 42〈和蕃冊文‧冊交河公主文〉，頁 186。

〔註 192〕《舊唐書》卷 194〈突厥傳上〉，頁 1486 上。

〔註 193〕周桂榮〈唐代「和親」考略〉，載《陝西師範大學學報（哲社版）》第 29 卷第 1 期，頁 119。

提出請婚，且雙方均處於和平友好之下進行，而外族請婚，唐廷並非有求必允，〔註194〕因此，不同於漢代和親在脅迫下完成，代表著一種屈辱；〔註195〕唐代前期的對外和親，在民族意識上並沒有產生屈辱感，而是一種對外蕃的恩施。如高宗皇帝在〈太子納妃太平公主出降〉一詩有云：

> 龍樓光曙景，魯館啓朝扉。豔日濃妝影，低星降婺輝。玉庭浮瑞色，
> 銀旁祥徵。雲轉花縈蓋，霞飄葉綴飾。雕軒回翠陌，寶駕歸丹殿。
> 明珠佩曉衣，鏤璧輪開扇。華冠列綺筵，蘭醑申芳宴。環階鳳樂陳，
> 玳席珍羞薦。蝶舞袖香新，歌分落素塵。歡凝歡懿戚，慶葉慶初姻。
> 暑蘭炎氣息，涼早吹疏頻。方期六合泰，共賞萬年春。〔註196〕

此充分表現出唐朝已擺脫出一個狹隘漢民族主義之農業王朝思想，實已具世界帝國的性格。

最後探討唐朝對外和親的目的及其成效。從上述討論唐代的對外和親，我們可以歸納出唐朝和親的目的（參看表六〈唐代對外和親理論表〉）：在政治上，和親政策的提出無外乎是希望和親可以「安夷俗」、「撫戎臣」，藉以懷柔，〔註197〕並能離間分化敵國、削弱強大的威脅勢力，以達培養國力之效。如太宗貞觀十六年（642）契苾何力建議唐許婚於薛延陀，但應詔毗伽可汗親迎公主，其謂：「彼畏我，必不來，則姻不成，而憂憤不知所出，下必攜貳，不及一年，交相疑沮，毗伽素恨戾，必死，死則二子爭國，內叛外攜，不戰而禽矣。」結果毗伽果不敢迎，郁邑不得志，恚而死，少子拔酌殺其庶兄突利失自立，國中亂，〔註198〕解除了唐朝北方威脅。並寄望遊牧民族在與唐婚媾後，能偃兵息武，〔註199〕作漢家親，透過和親手段，建立出彼此的血親關

〔註194〕有關唐代拒絕外族請婚事例，參看王壽南〈唐代公主與和親政策〉所製的表，收入氏著《唐代人物與政治》，頁292。

〔註195〕漢代和親始於高帝，於「平城之圍」後，從劉敬之議與匈奴冒頓單于和親，歷經惠、文、景三代，先後與匈奴老上單于、軍臣單于結為姻親。因此，就漢而言，和親政策是在敵（匈奴）強我（漢朝）弱的情形下，不得以的做法，代表著一種屈辱。

〔註196〕《全唐詩》卷2，高宗〈太子納妃太平公主出降〉，頁21。

〔註197〕《唐大詔令集》卷42〈和蕃冊文‧冊和回紇公主文〉，載：「（公主和親）實資輔佐之功，廣我懷柔之道。」（頁186）

〔註198〕《新唐書》卷110〈契苾何力傳〉，頁1023上。

〔註199〕《唐大詔令集》卷42〈和蕃‧金城公主降吐蕃制〉載：「（和親之義）蓋御寓長策，經邦茂範，……朕為人父母，志恤黎元，若允誠祈，更敦和好，則邊方寧晏，兵役休息。」（頁184）

係，使之由「敵對」進入「翁婿」、「父子」，再由「冊封」進而達到政治上君臣關係。在軍事上，和親政策的積極意義在於雙方能建構出軍事同盟。唐高祖在太原起兵建唐時，曾欲以和親方式，向突厥借兵，以增加自己的軍事實力；〔註200〕安史亂後，唐中央無力敉平亂事，唐藉由與回紇和親，回紇則出兵助唐平亂。唐廷並自代宗起，制定出「聯回抗蕃」的外交策略，藉由和親方式與回紇建立軍事同盟關係，防止吐蕃侵唐寇邊。當然，外族向唐請婚也有其目的，由表六可看出，外族的和親目的有二：其一，獲取經濟上的利益（互市、貿易），由於邊疆少數民族地處邊荒，受限於自然環境，經濟物資單調，故遊牧民族常利用和親關係，在經濟貿易上確保中原王朝豐厚的市場及賜與，以補救遊牧民族在食糧與日用物品上的不足；其二，政治上提升其地位，也就是欲在政治外交上，娶唐之公主，藉大唐威靈，以傲視諸蕃，統率北方遊牧民族。因此，就唐代而言和親政策，實以達到國家外交與軍事兩方面的策略；而遊牧民族則達到政治與經濟上的利益，〔註201〕而綜觀有唐一代的和親政策，這些目的多已達成，所以，唐代的和親基本上是成功的。

〔註200〕《資治通鑑》卷184，恭帝義寧元年（617）六月條，頁5737。
〔註201〕林恩顯〈中國古代和親理論初探〉，載《民族學報》第23期，頁16、〈中國歷朝與邊疆民族的和親政策研討〉，收入中研院史語所《國際漢學會議論文集——民俗文化組》，頁326；戴國瑞〈《全唐詩》中「胡」、「漢」關係之探討〉，頁52。

第五章　大唐帝國的世界性──「皇帝・天可汗」運作情形

　　自唐太宗貞觀四年四月初三，西域、北荒君長上尊爲「天可汗」後，逐漸發展出以唐帝國爲中心的「皇帝・天可汗」。在唐帝國的主導下，唐朝皇帝在政治上、軍事上、律令上分別具有若干職權。本章共分四節，欲說明「皇帝・天可汗」的實際運作情形，所討論的主題有：其一，「皇帝・天可汗」是一種「胡漢體制」的性質，故首先探討「胡漢體制」的形成與發展演進；其二，「皇帝・天可汗」的意涵及其在政治上、軍事上、律令上的特色及運作情形；其三，「皇帝・天可汗」是屬於何種性質？又是如何導致衰亡？

第一節　「胡漢體制」的形成與發展

　　唐太宗被尊爲「皇帝・天可汗」是一種一身兼二職的特殊位號，不同於以往中原王朝歷代帝君，專以「皇帝」行事，不兼任其他位號，太宗其所以會接受此一特殊位號，必有所本。論其根源，應溯及南北朝時期，北方各族建立政權後，在政治制度上，採用「胡漢分治」的辦法。本節主在說明南北朝時期「胡漢分治」下，所產生「胡漢體制」的形成背景及其演變過程，由此再推論唐太宗爲何會接受「皇帝・天可汗」此一特殊尊號。

　　「胡漢分治」也稱爲民族分治，意即統治者對於胡人和漢人採取不同的統治辦法，分而治之，此爲五胡十六國時期各民族政權統治政策的重要組成部分。〔註1〕在胡漢分治之下，其政策主要集中表現在兩方面：在政體上，中

〔註 1〕谷川道雄認爲胡、漢分治始於漢朝。漢朝的對外擴張，是將本來性質不同的種族皆納入同一政體內，於是漢帝國已不再是單單漢族的世界，它包括含遊

原農業王朝「皇帝」與草原遊牧民族「單于」兩個名號同時存在；在治體上，從中央到地方設置了專門管理胡人的行政系統和原有的漢魏舊制兩個系統同時存在。〔註2〕雷師家驥曾針對此一問題，撰寫過多篇論文，闡述五胡治華時期，各族政體建制的思想背景及發展，茲先整理略述於下，使吾人明瞭「胡漢體制」的各種類型及其演變過程。

胡、漢兩制，日人內田吟風稱之爲「胡、漢二重體制」，〔註3〕谷川道雄定爲「胡、漢二元體制」，〔註4〕陳寅恪稱爲「胡、漢分治」，〔註5〕劉學銚稱爲「雙軌政制」，〔註6〕雷師家驥謂之「一國兩制」。〔註7〕筆者以爲「一國兩制」在現今海峽兩岸關係中，有專指的特定政治意涵，因此，本文在討論胡漢分治政體時，以「胡漢體制」代替「一國兩制」，避免名詞界定上的混淆。所謂「胡漢體制」，即指一國之內同時實行胡、漢兩種（或多種）政治體制，因應不同部族、不同社會型態，可能包括兩種（或多種）統治政策而言。〔註8〕在此狀態下，兩種政制各自有其最高之君位和君權，如以漢王、大單于分爲漢制和胡制之君，各自獨立行使統治特定土地人民之權。「胡漢體制」不僅衹是單純指狹義的政治體制或制度，同時也包含胡漢民族在同一地區及統治體制內共存，並形成一個文化體制，由衝突、反目以至融合的過

牧民族在內，可謂已是一多種族國家。漢朝皇帝具有統合胡、漢兩世界主權的人，衹是由於漢族佔壓倒性的優勢，於是使得五胡的地位低下，殆到五胡各國，是以胡族爲中心來統合胡、漢兩世界，完成了與從前完全相反的政權結構。參看氏著〈世界帝國的形成〉，收入伊藤道治、谷川道雄、竺沙雅章、岩見宏、谷口規矩雄合著，吳密察、耿立群、劉靜貞合譯《中國通史》，頁181、252～253。

〔註 2〕中國文明史編纂工作委會編《中國文明史‧魏晉南北朝》上冊，頁149。

〔註 3〕內田吟風《匈奴史研究》。

〔註 4〕谷川道雄〈世界帝國的形成〉，收入伊藤道治、谷川道雄、竺沙雅章、岩見宏、谷口規矩雄合著，吳密察、耿立群、劉靜貞合譯《中國通史》，頁252。

〔註 5〕萬繩楠整理《陳寅恪魏晉南北朝史講演錄》，頁124～130。

〔註 6〕劉學銚言所謂「雙軌」乃是對單一而言，「雙軌政制」其一爲秦漢以來主體民族所建立王朝採行之政治制度，其另一軌則爲諸胡族政權所採行之政制，以及兩者綜合後新型態之政制。參看氏著《北亞游牧民族雙軌政制》，頁5。

〔註 7〕雷師家驥在〈從漢匈關係的演變略論劉淵屠各集團復國的問題——兼論其一國兩制的構想〉，載《東吳文史學報》第8號，首用「一國兩制」這一名稱，並在日後相關論文均以「一國兩制」之名稱，討論胡漢分治問題。

〔註 8〕張博泉〈試論歷史上的"一家兩國"與"一國兩制"〉，載《史學集刊》1987年第4期，頁2。

程。〔註9〕而「胡漢體制」又可分爲幾種類型：當位居元首的兩制君主，由一人兼爲之，如漢王兼大單于者，此即稱爲「雙兼君主型胡漢體制」；當此國只有一位元首，而下設兩種治體，如在皇帝之下分設丞相府或尚書台（漢制）和單于台（胡制），以遂行漢、胡分治，此即謂之「一君兩制型胡漢體制」。〔註10〕

　　胡漢體制之形成，源於劉淵集團建國背景。〔註11〕晉惠帝永安元年（304），劉淵先拜爲北單于參丞相軍事，後起兵建國，被匈奴貴族加上大單于的尊號，接著自稱漢王。晉懷帝永嘉二年（漢元熙五年，308），改稱皇帝，仍稱大單于，一身而兼二任，是爲雙兼君主型胡漢體制。屠各劉淵雖身爲胡夷，然其志在作中國帝王，其建國本欲除復興邦國之外，並作中國帝王，其高標準爲漢高帝（統一天下），低標準爲魏武帝（割據一方），復國兼復漢朝，不似其元謀集團成員，如劉宣等人祇以「興我邦族，復呼韓邪之業」（復興匈奴國家民族志業）爲目的。劉淵曾說：「夫帝王豈有常哉，大禹出於西戎，文王生於東夷，願惟德所授耳」，〔註12〕強調「胡人」也可當中國皇帝。當劉淵即漢王位時，「追尊劉禪爲孝懷皇帝，立漢高祖以下三祖五宗神主而祭之」，藉由漢匈和親故約爲基礎，以匈奴兄終弟及習俗爲根據，以收晉、匈人心。劉淵首先稱大單于，無疑是要先安撫劉宣等元謀集團復興邦族的意志，事實上，在志欲爲中國帝王的心裏下，於是乃以「紹修三祖（漢高帝、光武帝、昭烈帝）之業」，並祠漢帝，建立漢式政府爲方針，包含華夷，兼領漢胡，一國之內遂行兩制，而自己又雙兼君主，下開五胡政權雙兼君主的胡漢體制先例。〔註13〕胡漢政體之形成，有其主、客觀背景，除了上述匈奴貴族復國意

〔註9〕　朴漢濟〈西魏北周時代胡姓再行與胡漢體制〉，載《文史哲》1993年第3期，頁17。

〔註10〕　雷師家驥原稱「雙兼君主型一國兩制」及「一君兩制型一國兩制」，筆者則將「一國兩制」改爲「胡漢體制」（以下同），參看師著〈漢趙國策及其一國兩制下的單于體制〉，載《國立中正大學學報》第3卷第1期，註文51，頁74～75，。

〔註11〕　陳寅恪則謂胡族統治者實行「胡、漢分治」最早出現於匈奴族所建立漢國（前趙）的劉聰（見萬繩楠整理《陳寅恪魏晉南北朝史講演錄》，頁126），但雷師家驥認爲早於劉淵時期即已產生「胡、漢分治」的思想（見雷師家驥〈漢趙國策及其一國兩制下的單于體制〉，載《國立中正大學學報》第3卷第1期，頁67～73）。

〔註12〕　《晉書》卷101〈劉元海載記〉，頁730上。

〔註13〕　雷師家驥〈漢趙國策及其一國兩制下的單于體制〉，載《國立中正大學學報》

識、劉淵主觀意志以及屠各劉氏利用先世與漢朝的史緣關係，即漢王位，以號召晉人，吸收漢族的力量等主觀因素之外，在客觀地理環境上，劉淵集團活動統治範圍屬於農畜牧咸宜地區，爲了兼治農耕城居之漢人和漢化的胡夷，以及仍然處於遊牧的胡夷，因此劉淵勢必不能不採胡漢雙重政體。因此，屠各劉氏行胡漢體制的出發點是爲了方便不同民族文化之分治及號召，是一種爲適應政治環境的嘗試。〔註 14〕晉懷帝永嘉四年（漢河瑞二年，308），劉淵在政體上做了重大改變，《晉書‧劉元海載記》載：

> 以其大將軍劉和爲大司馬，封梁王；尚書令劉歡樂爲大司徒，封陳留王；御史大夫呼延翼爲大司空，封雁門公。宗室以親疏爲等，悉封郡縣王，異姓以勳謀爲差，皆封郡縣公侯。……元海寢疾，將爲顧托之計，以……（劉）聰爲大司馬大單于並錄尚書事，置單于臺於平陽以西。〔註 15〕

劉淵建立單于臺於平陽西，以其子楚王聰爲大司馬兼領大單于並錄尙書事，劉曜、喬智明各以軍職兼爲單于左、右輔，這造成了單于體制的變革：元首不再自兼大單于而由臣子任之，使原先的「雙兼君主型胡漢體制」變成了「一君兩制型胡漢體制」。在一君兩制胡漢體制下，皇帝之下以尙書臺漢式制度處理中國事務，以單于臺胡式制度管理胡夷，亦即將單于臺政廳化，不再作爲胡夷的元首位號。〔註 16〕劉淵此舉，尤可注意者有四：其一，劉淵政府的建制是直接將晉人的官制套在匈奴五部的現行架構上，其朝廷大員結構與運作，仍依原先匈奴五部氏族關係下形成的諸王貴臣結構來充任與議事，而非借用官僚體系培養出來的行政官員所組成與運作，而其單于臺的設置，主要是在管理非匈奴五部的其他夷族；〔註 17〕其二，劉淵保留皇帝之號而將大單于授予其子劉聰，說明了大單于之位低於皇帝；其三，皇帝名號與大單于名號分開，客觀上反映了當時胡漢制度離異的現實，而兩個名號由集於一身到將大單于之號授予太子，部分原因是國務繁重，皇帝無力兼作遊牧酋領之事；

第 3 卷第 1 期，頁 67～78。

〔註 14〕雷師家驥〈從漢匈關係的演變略論劉淵屠各集團復國的問題 —— 兼論其一國兩制的構想〉，載《東吳文史學報》第 8 號，頁 82～87。

〔註 15〕《晉書》卷 101〈劉元海載記〉，頁 730 上。

〔註 16〕雷師家驥〈漢趙時期氐羌的東遷與返還建國〉，載《國立中正大學學報》第 7卷第 1 期，頁 194。

〔註 17〕張哲誠〈匈奴劉趙統治中原之政府建構 —— 北族政權二元統治之濫觴〉，載《歷史月刊》1999 年 10 月號，頁 122～123。

其四，將大單于授予子嗣，有助於提高嗣君地位，大單于是皇帝之下專掌非匈奴之其他夷族事務，鎮撫百蠻的最高行政官，其實就是副王。〔註18〕劉聰即皇帝位後，不再重新兼任大單于，而是改由君位第一繼承者（太弟或太子）兼任之，劉聰分由弟、子任胡、漢二系軍事統帥，行一君兩制型胡漢體制（部落統治體制羈勒直隸六夷由單于台按其原有部落組織為基本單位統治負責；地方州、郡、縣由尚書台負責），單于台官僚機關化（政廳化），機關地位相當於漢制的台省，其長官稱為大單于，原有的留庭輔政官轉化為單于左、右輔；大單于不再是胡式國家統治體制元首之尊稱，其位階祇相當於漢制的親王三公，地位大為下降。〔註19〕

後趙石氏政體亦採胡、漢分治，然石氏對其民族文化尚有保持，民族情感上也承認其源出邊裔小胡，故對漢文化頗採學習和吸收，日後統治中國，雖採胡漢體制方式統治，然以漢制運作為主，胡制為隱。石勒在創建後趙體制前期，自稱大將軍・大單于・領冀州牧・趙王，採行胡、漢分治的政體，是受制於漢人民族正統觀，其國體雖為雙兼君主，然在政體上則祇有一個中央政府，用以分治胡、漢二系事務，易言之，石勒以變相的幕府組織處理漢人中央事務，州郡守宰制度，皆循魏晉現制運用，甚至胡系部司的官稱，也逕用都督將軍諸名，亦即胡系官職的名稱也傾向漢化；到了後趙正式體制的形成，石勒自稱天王・行皇帝事。石勒捨皇帝位號不用而以趙天王・行皇帝事，其因在於石勒受制於漢族民族正統觀念，認為其沒有顯赫的歷史文化和大帝國統治經驗，所以不會偽託中華先聖之後，頗有民族自卑感，其後滅劉曜而獲傳璽，群臣以符瑞並出，水承晉金為言，猶不敢稱皇帝，僅進號為大趙天王・行皇帝事，其自貶為天王，乃缺乏當中國正統天子，建立正統王朝自信。〔註20〕石勒在稱趙天王時，以世子弘為太子，而以另一兒子宏為使持節・散騎常侍・都督中外諸軍事・驃騎大將軍・大單于・秦王，也就是不以

〔註18〕中國文明史編纂工作委員會編《中國文明史・魏晉南北朝》上冊，頁149～150。
〔註19〕雷師家驥〈漢趙國策及其一國兩制下的單于體制〉，載《國立中正大學學報》第3卷第1期，頁74～93。
〔註20〕石勒既已公開宣佈「行皇帝事」，即是充分實行皇帝權，然其捨「皇帝」之號而不取，反稱「趙天王」定有其因。蓋石勒重殷周制度，殷周天子稱王，而周亦以天王自居，「皇帝」之名至秦漢以降始為至尊位號，是則不論天王或皇帝皆可為元首之稱號。石勒稱趙天王行皇帝事，乃是援引靳準遜稱天王而稱藩於晉先例，將天王自貶一級，使天王一號低於皇帝，此乃出於石氏受制漢族民族正統觀念影響，而產生民族自卑心態，不敢即皇帝位。

儲君領大單于，改以全國軍隊總指揮兼爲之，這表示繼承漢趙的單于制度行政機關化，不再視之爲全國元首的位號。〔註21〕

　　苻健是創建前秦統治體制之奠基者，其志乃在實現其父苻洪獨立建國以取天下國策，故依循石勒、石虎先例，號爲大秦天王‧大單于，以因應關隴初定、民族複雜局勢。然不同於二石的雙兼君主是以尚書台治漢，單于台治胡的政體，苻健體制是以尚書台爲單一政府，未見有大單于以下之胡制組織，是故苻健體制在國體上一如二石採雙兼君主型，而治體上則是單一漢式之體制。苻健開國之始，即朝向單一漢式體制發，雖復行一君兩制的行式，但只是表面形式，無實質作用，苻氏集團一直有擺脫及矯正後趙體制與政治之影響意圖，朝向作中國正統皇帝、建立中國正統王朝方向邁進的國策。〔註22〕及至苻堅即位，沒有變更開國以來的漢式體制，沒有兼稱大單于，顯示其決意建立中國王朝的決心。他去皇帝之號而降稱大秦天王‧行皇帝事，是在兵變道德上內慚之下，效法後趙石勒以「大趙天王‧行皇帝事」，欲待建立功德，始正名號。苻堅始終稱大秦天王而行皇帝事、廢棄單于體制，這在五胡國體上是值得注意的一件事，代表了胡漢體制歷經漢趙、後趙、前燕，至此已漸趨消亡，單一漢式王朝在北方已漸形成。苻堅實質上採行的是秦漢以來的皇帝制度，而政府組織則是採用魏晉形式，他廢除了胡系的單于體制，建立中國式的單一法制，頗有朝胡漢合一、士人政府的方向推展，欲建立一個普遍王朝，這在五胡史上是一種創舉。〔註23〕

　　胡漢體制的另一種型態是鮮卑慕容氏。鮮卑原以狩獵爲主的生活文化，慕容部落是以慕容氏族爲核心，統有其他小型部落，及至西遷遼河流域後，已成獨立自主的部落狀態。慕容廆時代，不斷征服及兼併遼河流域的其他諸部鮮卑以及東方的高句麗和夫餘等國部，壯大成一個種族複雜的集團，在此期間，慕容氏仰慕華風，開始推行「教以農桑，法制同於上國」的國策，大量吸收中原因八王之亂及稍後胡羯之亂北來的流民，協助其改革統治，朝定居農耕化、文教儒家化、制度魏晉化的方向發展。由建立府朝、霸府以至王

〔註21〕雷師家驥〈後趙文化適應及其兩制統治〉，載《國立中正大學學報》第5卷第1期，頁203～226。

〔註22〕雷師家驥〈漢趙時期氐羌的東遷與返還建國〉，載《國立中正大學學報》第7卷第1期，頁206～210。

〔註23〕雷師家驥〈前後秦的文化、國體、政策與其興亡的關係〉，載《國立中正大學學報》第7卷第1期，頁226～263。

朝，從中央到地方，由文職至武官，朝全面漢化方向推進，並突破民族自卑感與漢族民族正統觀，對原有的胡部組織，除了極少數者外，餘皆納入中國的法制及官僚系統。是以，隨著慕容氏帝國的日益擴張，其首領由原先的可汗變成鮮卑大單于、燕王及燕皇帝。「燕王」代表向君權普遍性的追求，「大單于」代表胡系各部族權力的緊密結合，直到稱「皇帝」後，在政體上將兩者合一，皇帝與皇太子不再兼爲大單于，這是一種在漢化後，全面中國法制化的結果。在人事結構上，都督州牧等方面大員多由慕容鮮卑貴族擔任，其他附屬部落領袖及漢人仕之者不多，王爵更主要授予慕容氏王室子弟。在中央三公、尚書、中書官多由漢人充任，大司馬、侍中、重號將軍，多由慕容氏子弟充任。分析慕容氏政府組織則可看出，地方守宰由漢人出任，以充親民官，而大員則以慕容貴族控制。中央則行政權付與漢人，軍權則由子弟當之，是一種制度而胡漢共治之局面，這與兩趙的二元體制、胡漢分治頗不相同，是另一種型式的胡漢體制，〔註24〕也是下開日後所謂「征服王朝」（Conquest Dynasties）的祖型。〔註25〕

　　由上述觀之，「胡漢體制」是五胡十六國時期胡漢分治下的一個特點。五胡時期，入主中原的北方各民族，在建立一個割據政權後，其內部組織成員既有人數眾多、以農業爲生的漢族，又有以遊牧爲主的胡夷部落，爲了獲得中原農業民族的認同以及適應農牧並存的地理環境，並兼治農耕定居的漢人以及仍處於遊牧的胡夷，因此，在中央政體上不得不發展出以「胡漢體制」爲主的多種政體，有的是雙兼君主，有的是一君兩制，或是統治階層重要官職大員由原屬部族掌控，地方守宰則由漢人出任等因應其所征服的部族與國家之不同屬性，而採行不同胡漢分治的治理方式，管理胡、漢人民。〔註26〕在胡漢體制下，其國內有「本部成員」與「非本部成員」之別，而「非本部成員」又可依農耕定居、森林狩獵與草原遊牧的不同屬性再加以區隔，故而在一個國家裡同時並存多種不同的統治制度。

　　殷鑑不遠，唐太宗似在觀照五胡時期胡漢體制的歷史發展背景下，認爲有

〔註24〕雷師家驥〈慕容燕的漢化統治與適應〉，載《東吳歷史學報》第 1 期，頁 21 ～65。

〔註25〕「征服王朝」（Conquest Dynasties）一詞的用語與概念，自 K. A. Wittfogel & Fêng Chia-shêng, History of Chinese Society: Liao（907～1125）, Philadelphia: Lancaster Press Inc. 1949.一書使用，成爲夷狄入主中國的通用概念。

〔註26〕參看周偉洲《中國中世西北民族關係研究》，頁 61～62。

前例可循；但以中國皇帝位兼職西域、北荒共主是中國有史以來首例，〔註27〕因此太宗先是頗有疑惑，故有「我爲大唐天子，又下行可汗事乎？」之疑問，〔註28〕殆群臣及西、北君長咸稱萬歲後，太宗才同時接受「皇帝」與「天可汗」兩種不同屬性的政治位號及體制，而產生出「皇帝‧天可汗」這一「胡漢體制」的特殊尊號。

第二節　「皇帝‧天可汗」的意涵

在第二章討論「天可汗」的意涵時認爲，天可汗所代表的乃是「汗中汗」、「王中王」之義。然「皇帝‧天可汗」，這與傳統中國「皇帝」的概念差別何在？「皇帝‧天可汗」一名，是「皇帝」地位較尊，還是「天可汗」位階較高？「皇帝‧天可汗」的運作方式及其意涵爲何？這是本節所欲討論的問題。在論述這些問題之前，筆者首先要將西域、北荒君長上尊唐太宗之稱號作一釐清。

杜佑《通典》載：

> 大唐貞觀中，戶部奏言，中國人自塞外來歸及突厥前後降附開四夷爲州縣者，男女百二十餘萬口。時諸蕃君長詣闕頓顙，請太宗爲天可汗。制曰：「我爲大唐天子，又下行可汗事乎？」群臣及四夷咸稱萬歲。是後以璽書賜西域、北荒君長，皆稱「皇帝‧天可汗」。諸蕃渠帥死亡者，必詔冊立其後嗣焉。臨統四夷，自此始也。〔註29〕

這是史書中最早提及太宗被尊爲天可汗的始末。〔註30〕值得注意的是，史書中凡是論及太宗被尊爲天可汗的記載，或有所不同，從表一〈太宗被尊爲天可汗時間一覽表〉中的「備考」一覽可以看出：其一，《通典》、《資治通鑑》皆曰「我爲大唐天子，又下行可汗事乎？」；《唐會要‧安北都護府》則記「我爲大唐天子，又行天可汗事？」。究竟唐太宗是行「可汗」事，還是「天可汗」事？其二，《會昌一品集》、《通典》、《唐會要》均云日後所降璽書賜西、北君長皆稱爲「皇帝‧天可汗」；《舊唐書》記「降璽書冊命其君長，則兼稱之」；

〔註27〕五胡時期各種類型的「胡漢體制」均是施行於一國境內，而唐太宗以皇帝之位號兼任域外西域、北荒共主實爲首例，此亦是「皇帝‧天可汗」之特殊意涵。詳參本章第二節「皇帝‧天可汗」的意涵。

〔註28〕杜佑《通典》卷200〈邊防十六〉，頁5494。

〔註29〕同上註。

〔註30〕雖然李德裕《會昌一品集》成書較杜佑《通典》更早，然《會昌一品集》論及太宗被尊爲天可汗始末，沒有《通典》來的詳細。

《資治通鑑》則載「璽書賜西、北君長皆稱天可汗」。是以，唐太宗所賜的璽書是「皇帝・天可汗」，抑或僅是「天可汗」？關於第一點，羅香林在〈唐代天可汗制度考〉一文中以爲，尊唐帝爲天可汗與稱唐帝爲可汗自是有別：稱唐帝爲可汗者，乃稱臣於中國，直以其地改爲中國領土之一部分，故須請唐置吏設治；尊唐帝爲天可汗者，則純爲國際組織之維繫，故各國首領無須請爲置吏，其戶籍亦不上於唐之戶部也，並引《資治通鑑》貞觀二十年（646）鐵勒諸部，請上號爲可汗，皆請置吏，唐廷遂將諸部設置瀚海等十三個羈縻府州，證其說法。〔註31〕筆者以爲，羅香林論點或有商榷之處。案《新唐書・康國傳》載：

> 康者，一曰薩末鞬，亦曰颯秣建，元魏謂悉萬斤者。……庶支分王，曰安、曰曹、曰石、曰米、曰何、曰火尋、曰戊地、曰史，世謂九姓，皆氏昭武。……（太宗）貞觀五年，遂請臣。太宗曰：「朕惡取虛名害百姓……。」高宗永徽時，以其地爲康居都督府，即授其王佛呼縵爲都督。〔註32〕

《新唐書・吐火羅》云：

> 吐火羅，……（高宗）顯慶中以其阿緩城爲月氏都督府，析小城爲二十四州。……（玄宗）開元、天寶間，……乃冊其君骨咄祿頓達度爲吐火羅葉護挹怛王。〔註33〕

倘如羅香林所說，則西域十六國及昭武九姓向唐稱臣，唐並以其地設置都督府，諸國首領或爲都督或爲刺史，是故理應稱唐帝爲「可汗」（蓋其爲中國領地之一部分，一如鐵勒諸部所設瀚海等十三個府州），然羅氏卻將西域十六國及昭武九姓劃歸爲國際組織之一環，稱唐帝爲「天可汗」，並不符合其說法。再者，若如羅氏所論，凡唐廷設立府州，並置漢官，即稱唐帝爲可汗的說法成立，則唐廷在太宗、高宗分別平定東、西突厥，並在其地設立府州、

〔註31〕羅香林〈唐代天可汗制度考〉，收入氏著《唐代文化史》，頁56～57。案：羅香林此一論點蓋脫自羅一之說法，羅一之在〈唐代天可汗考〉認爲：其西北各國之單獨上尊號於太宗者，則稱可汗，而不稱天可汗，原因在於稱太宗爲可汗者，直以其地爲中國屬地之一部分，故須置吏設治；稱天可汗者，則爲國際和綏之聯合首領，故即以其國首領爲都督，而不別爲置吏也。是文載於《東方雜誌》第41卷第16號，頁45。
〔註32〕《新唐書》卷221〈西域傳下・康國〉，頁1623。
〔註33〕《新唐書》卷221〈西域傳下・吐火羅〉，頁1625下。

置漢官，〔註34〕突厥應稱唐帝爲可汗，但是《唐會要‧行幸》記突厥朝命使阿史那德吉利發在稱玄宗時，卻是「天可汗」而非「可汗」，〔註35〕亦不如羅氏所言。那麼究竟應如何區分？筆者以爲，天可汗乃是外族對唐帝之尊號，代表其地位是高於西、北各諸民族君長可汗之上（象徵意義），而實際上在對西、北民族行使職權時，仍是行可汗事（實質權力）。是故，太宗所行者，應爲「可汗」事，「天可汗」祇是太宗的尊銜，這與稱唐帝者是否爲中國領地或是國際組織一環無甚關係。

　　就第二點言之，從太宗所言，則太宗統轄的領域是包括了中國境域以及西域、北荒域外地區，既是中國的皇帝，又是西、北諸民族的天可汗，是一身兼二職。吾人至今雖未找到有關唐帝以「皇帝‧天可汗」之名義對諸蕃的冊文詔書（其原因詳見本章第三節），然從李德裕《會昌一品集》、杜佑《通典》等當代史均述「降璽書西北蕃（西域北荒）君長皆稱皇帝‧天可汗」來看，太宗所降的璽書是「皇帝‧天可汗」當是事實，而非《通鑑》所書的僅稱「天可汗」。

　　「皇帝」一詞其意爲何？《史記‧謚法解》解釋道：「靖民則法曰皇，德象天地曰帝」，〔註36〕《藝文類聚‧帝王部》則引《尚書‧刑德放》逸文稱「帝」爲天號，「皇」爲煌煌，「皇帝」意是煌煌上帝，用以表功明德，爲天下至尊之稱。〔註37〕「皇」字原義有大、天神等義。《詩經‧大雅‧皇矣》云：「皇矣上帝，臨下有赫」，此「皇」即是光明偉大；〔註38〕《楚辭‧遠遊》有：「鳳皇翼其承旂兮，遇蓐收乎西皇」，姜亮夫校注：「西皇，西方天神也」。〔註39〕若從金文上看「皇」又有是光輝、美麗、偉大之義，「帝」字原指天帝、上帝，是宇宙萬物至高主宰神。〔註40〕是以，由古人的這些觀念中可以看出，「皇」、「帝」具有至上神的性質和崇高的道德意味。皇帝位號的建立始於秦王嬴政始皇二十六年（221B.C.）統一天下後建立，其議帝號的過程，據《史記‧秦

〔註34〕《舊唐書》卷194〈突厥傳〉記貞觀末重置雲中、定襄二都督府，後隸於單于都護府。突厥首長舍利元英爲雲中都督，王立本任單于都護府長史（頁1487下）。又如《舊唐書》卷81〈崔敦禮傳〉記崔余慶在高宗顯慶年間，任定襄都督府司馬（頁765上）。

〔註35〕《唐會要》卷27〈行幸〉，頁521。

〔註36〕《史記正義‧論例謚法解》。

〔註37〕《藝文類聚‧帝王部一》，頁11。

〔註38〕高亨《詩經今注‧大雅‧皇矣》，頁389。

〔註39〕何敬群《楚辭精注‧遠遊第五》，頁187。

〔註40〕西嶋定生〈皇帝支配の成立〉，載於《岩波講座世界歷史》第4卷，頁223。

始皇本紀》載：

> 寡人以眇眇之身，興兵誅暴亂，賴宗廟之靈，六王咸服其辜。天下
> 大定，今名號不更，無以稱成功，傳後世其議帝號，丞相（王）綰、
> 御史大夫（馮）劫、廷尉（李）斯等，皆曰：「昔者五帝，地方千里，
> 其外侯服、夷服諸侯或否，天子不能制，今陛下興義兵誅殘賊平定
> 天下，海內爲郡縣，法令由一統，自上古以來，未嘗有，五帝所不
> 及。臣等謹與博士議曰：古有天皇，有地皇，有泰皇，泰皇最貴。
> 臣等昧死上尊號，王爲泰皇，命爲制，令爲詔，天子自稱曰朕。」
> 王曰：「去泰著皇，采上古帝位號，號曰皇帝。他如議。制曰：可。」
> 又追尊莊襄王爲太上皇，制曰：「朕聞太古有號，毋謚，中古有號，
> 死而以行爲謚。如此，則子議父，臣議君也，甚無謂，朕弗取焉。
> 自今已來，除謚法，朕爲始皇帝，後世以計數，二世、三世至於萬
> 世，傳之無窮。」〔註41〕

「泰皇」既已最貴，始皇爲何不採「泰皇」而用「皇帝」之位號？頗令人費
解。「泰皇」之意爲何？楊寬認爲「泰皇」乃「人皇」之意，此據司馬貞「索
隱」注釋爲代表，然其說顯受劉歆之新三統說、王充《論衡》及緯書如《春
秋緯》、《命歷序》等說的影響；〔註42〕丁山認爲「泰皇」之意爲「民皇」，
其依據《莊子・秋水篇》有「大皇」說，〈應帝王篇〉有「泰氏」說，泰、
大古字通用，若據《說文》云：「天大、地大、人亦大，故大象人形。」所
以泰皇即後世所說的人皇，又戰國時期人與民可通，故又可直接釋爲民皇；
〔註43〕顧頡剛、楊向奎等人則認爲「泰皇」是指「太皇」、「太一」，其舉《莊
子・秋水篇》有「大皇」、《淮南子・精神篇》有「太皇」、〈墬形篇〉有「太
帝」，大、太、泰等古字皆同，是爲最貴最上之意。而《淮南子・繆稱篇》
有「二皇」、〈精神篇〉有「二神」，能別爲陰陽，與萬物終始；《呂氏春秋・
大樂篇》有曰：「太一出兩儀，兩儀出陰陽。」又曰：「萬物所出，造於太一，
化於陰陽。」出處之「太一」，當即「大（泰）皇」，因爲太一出兩儀（天地），
所以貴於天地，也就是宇宙之神，《楚辭・九歌》有「東皇太一」，詞中稱爲
「上皇」，即最上之神，亦是此意。然則，「泰皇」之原意，宜釋爲太一，高

〔註41〕《史記》卷6〈秦始皇本紀〉，頁83下～84上。
〔註42〕楊寬〈中國上古史導論〉，收入顧頡剛等編《古史辨》第7冊，頁182～185。
〔註43〕丁山《中國古代宗教與神話考》，頁458～459。

於天下二皇；《漢書‧郊祀志》記載：「神君最貴曰太一」，其後武帝在甘泉設泰一祠壇，可作旁證。〔註44〕此三種說法，各有所據，然「太一」一說，最具說服力，蓋所謂「泰皇最貴」云者，是承「有天皇，有地皇」而來，其貴之意，「太一」生兩儀，所以貴於天地，故貴於天皇、地皇。〔註45〕始皇終不用「泰皇」而採「皇帝」位號之因，在於其執意用「帝」之稱號，作為上帝、天帝之意，即是宇宙的絕對支配者，而以「皇」作為大、美、盛之意，「皇帝」者即煌煌上帝或皇天上帝，正符合其統合天下，定於一尊之特殊性。〔註46〕雖則秦始皇以前人君即有稱皇、稱帝、稱王者。戰國時期，周天子之下的諸侯紛紛僭越稱王，〔註47〕到了晚期，爭霸諸王認為「王」號已不夠響亮，秦昭襄王約齊湣王共同稱「帝」，一為西帝，一為東帝。此後又有游說以秦為西帝、趙為中帝、燕為北帝的國際外交活動。由此看來，秦王政以「皇帝」為號，並非憑空而創，祇是將已有的帝號加以一番修飾，使它顯得更神聖、更偉大。〔註48〕

從神學的理論言之，「皇帝」這種神格性的位號，既然位比上帝，其權力來源自是來源於天命。不同於一般的凡人，他是具有神性的基因，據《史記‧秦始皇本紀》記載，秦的始祖女修是帝顓頊的後裔。顓頊乃黃帝之後，在他統治時期，「動靜之物，大小之神，日月所照，莫不砥礪」。秦國第一代祖先是由女修吞玄鳥卵孕育而生，就今日民族學家所論，此乃上古時代圖騰崇拜的反映，但這也代表著，其出生之不凡，他之所以獲得帝位，在客觀上，有一種命定色彩。此種天命神性之精神，後為劉邦繼承。《史記‧高祖本紀》即言：「父曰太公，母曰劉媼。其先劉媼嘗息大澤之陂，夢與神遇。是時雷電晦

〔註44〕顧頡剛、楊向奎〈三皇考〉，收入顧頡剛等編《古史辨》第7冊，頁52～89；蒙文通〈三皇五帝說探源〉，收入顧頡剛等編《古史辨》第7冊，頁314～337。

〔註45〕高明士〈皇帝制度下的廟制系統——以秦漢至隋唐作為考察中心〉，載《文史哲學報》第40期，頁58～60。

〔註46〕蔡邕曰：「上古天子稱皇，其次稱帝，其次稱王。秦承三王之末，為漢驅除，自以德兼三皇、五帝，故並以為號」。是故，秦始皇創「皇帝」位號的另一個看法是始皇認為自己是「德兼三皇，功過五帝」，故取三「皇」與五「帝」，合為「皇帝」一詞。參看《史記》卷8〈高祖本紀〉裴駰集解引蔡邕語，頁137下～138上。

〔註47〕實際上，在春秋時期，各諸侯已有僭越情形，如春秋五霸中，楚莊王即稱「王」不稱「公」，並問鼎中原，欲取代周天子地位。

〔註48〕陶希聖、沈任遠《秦漢政治制度》，頁13；邢義田〈奉天承運——皇帝制度〉，收入劉岱編《中國文化新論　根源篇》，頁41。

冥，太公往視，則見蛟龍於其上，已而有身，遂產高祖」。〔註49〕日後中國的皇帝，也幾無不借助神話，以彰顯自己具神性，是受自於天命。也因為如此，故秦始皇雖創用「皇帝」之尊號，但是並沒有放棄帶有宣傳天命意味的「天子」稱號，始皇玉璽上即有「受命于天」四字，這塊玉璽在秦亡國後，落入劉邦之手，成為漢朝的傳國璽。

綜上所述，「皇帝」稱謂的出現，其意義不僅是一種簡單的名號變更，它更反映了一種新的統治觀念的產生。「皇」即有「大」的意思；「帝」則是上古人們想像中的主宰萬物最高的天神。秦始皇將「皇」和「帝」兩字結合起來，說明他認為僅僅作人間的最高統治者還不滿足，還要當神。或者說他認為僅僅用人間最高統治者的權威還不足以震懾臣民，必須借助神的力量為他的權威再塗上一層神祕的光環，也就是將「君權神授」的觀念同人身隸屬關係結合起來。「皇帝」位號的出現，乃是君權神化的結果，是建立專制集權的中央政治體制的重要手段。

「皇帝」一詞所代表的意涵既是天下之至尊，具有至上與不可侵犯的性質，是則「皇帝」一號，是貴於任何其他稱位。因此，若從「皇帝‧天可汗」一名觀之，則「皇帝」既已是代表最高位尊，故其地位理應高於「天可汗」。「皇帝」之地位優於其他位號，也可以從本章第一節探討胡漢體制可得到印證。石勒自稱「大趙天王‧行皇帝事」、苻堅稱「大秦天王‧行皇帝事」，受制於漢民族觀，或道德上內慚下，頗有民族之自卑感，缺乏當任中國天子之自信，故均自貶為天王，不敢逕稱皇帝，「皇帝」之尊貴，有此可見。此外，皇帝高於天可汗，又可從「皇帝‧天可汗」實際運作中看出。太宗在西、北諸民族上號「天可汗」時，曾言「我為大唐天子，又下行可汗事乎？」，太宗用「下行」可汗事，可見，「皇帝‧天可汗」在運作上，是以皇帝之號下行可汗事，這就明確表示「皇帝」地位（位階）是高於「天可汗」。

唐代「皇帝‧天可汗」一名的特殊意涵，又可從歷朝外族對中國皇帝的稱號看出。以「皇帝」之號加上其他的職稱是自五胡十六國以來才有的體制，筆者在本章第一節已論述「胡漢體制」的形成與發展情形，然五胡十六國的各族君長，無論是劉淵的「雙兼君主型」或是石勒、苻堅的「一君兩制型」均是因應一國之內依所統轄民族組成份子，而有兩種稱號，對本族，則稱為「大單于」，對漢族則稱「皇帝」。及至隋朝，中國君主又兼為外夷君長。據

〔註49〕《史記》卷8〈高祖本紀〉，頁124。

《隋書・突厥傳》載：

> 啟民（可汗）上表陳謝曰：「大隋聖人・莫緣可汗，憐養百姓，如天無不復、地無不載也。諸姓蒙盛恩，赤心歸服，並將部落歸投聖人可汗來也。……染干譬如枯木重起枝葉，枯骨重生皮肉，千萬世長與大隋典羊馬也。」……（煬帝）大業三年四月，煬帝幸榆林，啟民上表曰：「……至尊今還如聖人先帝，捉天下四方坐也。還養活臣及突厥百姓，實無少短。臣今憶想聖人及至尊養活事，具奏不可盡，並至尊聖心裏在。臣今非是舊日邊地突厥可汗，臣即是至尊臣民，至尊憐臣時，乞依大國服飾法用，一同華夏。臣今率部落，敢以上聞，伏願天慈不違所請。」〔註50〕

同書，〈西突厥傳〉載：

> 明年（煬帝大業八年）元會，處羅上壽曰：「自天以下、地以上，日月所照，唯有聖人・可汗。今是大日，願聖人・可汗千歲萬歲常如今日也。」〔註51〕

筆者先論「聖人」。「聖人」一詞為隋唐時期人民對皇帝的習稱，除了上述突厥稱隋文帝為「聖人・莫緣可汗」、西突厥稱隋煬帝為「聖人・可汗」之外，唐人史籍中常常可見以「聖人」一詞代稱「皇帝」，如《談賓錄》記高祖武德中，秦王李世民與幕屬房玄齡微服以謁道士王遠知，遠知迎謂曰：「此中有聖人，得非秦王乎？」；〔註52〕太宗因虯鬚，因號「鬚聖」；〔註53〕《舊唐書・則天皇后紀》載：「（武后）內輔國政數十年，威勢與帝無異，當時稱為『二聖』。」；〔註54〕《新唐書・李泌傳》載：「（泌）陳天下所以成敗事，帝（肅宗）悅，欲授以官，固辭，願以客從。入議國事，出陪輿輦，眾指曰：著黃者聖人，著白者山人」；〔註55〕《唐語林》記：「武宗王才人有寵。……

〔註50〕《隋書》卷84〈北狄傳・突厥〉，頁851。

〔註51〕《隋書》卷84〈北狄傳・西突厥〉，頁854上。

〔註52〕不著撰者《談賓錄》，頁48。

〔註53〕陶穀《清異錄》卷3〈鬚聖〉記：「唐文皇虯鬚，壯冠，人號鬚聖」（頁188）。

〔註54〕《舊唐書》卷6，〈則天皇后紀〉，頁53上；《資治通鑑》卷201，高宗麟德元年十二月條記：「自是上（高宗）每視事，則后垂簾於後，政無大小，皆與聞之。……中外謂之二聖」（頁6343）；《唐會要》卷3〈皇后〉亦載：「上（高宗）苦風眩，表奏時令皇后詳決，自此參預朝政，幾三十年，當時畏威，稱為『二聖』。」（頁24）。

〔註55〕《新唐書》卷139〈李泌傳〉，頁1169下。

五年秋，王才人謂宣徽使曰：聖人日日對藥爐，服神丹，言我取不死。……」；
〔註 56〕《東觀奏記》載：「上（宣宗）大漸。……左軍副使邢元實謂（王）
宗實曰：聖人不豫踰月，中尉止隔門起居，今日除改，未可辨也。請一面聖
人而出」。〔註 57〕是故，玄宗天寶十四載（755），安史叛唐，先後稱帝，國
曰「大燕」，在他們統治地區內則稱安史爲「聖人」，如《安祿山事蹟》載有：
「（史）朝義將駱悅、蔡文景與朝義，……朝義曰：勿驚動聖人，善爲之計」；
〔註 58〕《新唐書‧張弘靖傳》載：「始入幽州，……俗謂（安）祿山、（史）
思明爲『二聖』，弘靖懲始亂，欲變其俗，……」。〔註 59〕

　　關於突厥稱隋文帝爲「聖人‧莫緣可汗」的意涵，據谷霽光研究指出，「莫
緣」一詞即是「聖人」之意，「聖人‧莫緣可汗」，即是「聖人聖人可汗」，「聖
人」兩重出，一如唐太宗爲「天可汗」之「天」與「可汗」均指「天」之義，
固亦重復，認爲此北方諸民族稱謂之另一習慣，自與中國不同。〔註 60〕谷氏
此一解釋筆者認爲似非確論。據日人田村實造等人所編《五體清文鑑釋解》
（上）所記：「莫緣」乃突厥、蒙文"Bayan"一字的譯音，義指「富厚」、「繁
榮」，〔註 61〕與巴顏喀喇山的「巴顏」、元代丞相「伯顏」音義相同，蓋中國
中世紀唐語中，〔b〕、〔m〕兩音互通，莫緣的「莫」發〔m〕音，與"Bayan"
的〔b〕相通，此種事例又可從唐人譯吐蕃人名得證。唐朝將吐蕃大臣"zhang
btsan ba"譯爲「尙結（品）息贊磨」，〔註 62〕將「ba」的〔b〕音，譯成「磨」
發〔m〕音，可見，中世唐語的〔b〕、〔m〕兩音可互通。〔註 63〕因此，「莫緣」
眞的解釋應是「富厚」而非「聖人」；又，谷氏言「天可汗」一詞中，「天」
與「可汗」均意指「天」，也不正確。本文第二章討論遊牧民族「可汗」制度
的形成與發展及「天可汗」一詞辨析，即指出「可汗」（Qakhan）是遊牧民族
對其君長首領的尊稱，而「天」（tängri）代表著天神，兩者意義差距甚遠，我
們祇能說遊牧民族君主「可汗」的權力，一切來自於上天，並非「可汗」亦

〔註 56〕王讜《唐語林校證》卷 8〈輯佚〉，頁 758。
〔註 57〕裴庭裕《東觀奏記》卷下〈王宗實不遵宣宗遺命改立鄆王〉，頁 134～135。
〔註 58〕姚汝能《安祿山事蹟》卷下，頁 21。
〔註 59〕《新唐書》卷 127〈張弘靖傳〉，頁 1121 上。
〔註 60〕谷霽光〈唐代"皇帝天可汗"溯源〉，收入氏著《谷霽光史學文集》第 4 卷，
　　　　頁 170～174。
〔註 61〕田村實造、今西春秋、佐藤長主編《五體清文鑑釋解》（上），頁 300。
〔註 62〕《舊唐書》卷 196〈吐蕃傳上〉，頁 1512 下。
〔註 63〕此一論點承林師冠群、竺家寧教授賜教於筆者。

指「天」。

　　突厥在隋文帝時，因天災之故，國勢驟衰，加上文帝在外交上對其採以離間政策，使突厥內自分裂，啓民可汗（Yami Qakhan）受隋之保護，稱臣於隋，其因盛讚隋朝國計民生如此富厚，因而上稱文帝爲「大隋聖人‧莫緣可汗」（意指聖賢的、富厚的皇帝）。無論是啓民可汗稱隋文帝「大隋聖人‧莫緣可汗」或是泥厥處羅可汗（Nür kür kara Qakhan）上尊隋煬帝「聖人‧可汗」，均是外族上給中國皇帝的稱號，文帝與煬帝一方面是中國的皇帝，一方面又是東突厥、西突厥的可汗。然唐太宗的「皇帝‧天可汗」與隋朝所不同的是，隋朝皇帝「聖人‧莫緣可汗」、「聖人‧可汗」，僅是代表隋帝兼爲突厥（或西突厥）一族的可汗；而唐太宗的「皇帝‧天可汗」卻是代表著西域、北荒諸民族共同擁護的可汗，其意義自是不同，這也是唐朝「皇帝‧天可汗」最具特殊意涵的地方。

第三節　「皇帝‧天可汗」的特色及其運作情形

　　一般討論唐朝「皇帝‧天可汗」職權時，認爲「天可汗」既名爲國際盟主，故在軍事上，其有權力徵集各汗聯軍及任命聯軍統帥，以討伐不義；在政治上，有冊立分封諸可汗及其繼嗣之權等，〔註 64〕而由這些權力所形成的「天可汗制度」是國史中獨一無二，唯唐代所專有，此正是唐代對外關係上最足爲人所稱羨之處。然筆者認爲，上述權力在中國歷朝中，大凡中國在強盛時期，雖名稱或有不同，均有這些職權，似非僅唐代所唯一；所不同的是，唐帝因被尊爲「皇帝‧天可汗」尊號，對於這些職權的行使，較歷代各朝更加系統化與制度化，執行能力亦較強，並在上述職能架構下，有所革新，賦予新義。本節從三個方面討論「皇帝‧天可汗」的特色及其運作情形，包括政治上，印璽、詔令公文如何使用以及冊封制度內涵的轉變；軍事上，徵兵權的行使以及安史亂中，唐廷引外族兵平內亂的特殊意義；律令上，《唐律》

〔註 64〕林天蔚《隋唐史新論》，頁 244～249。又羅香林認爲，天可汗職權有四：1. 如遇各國間發生糾紛，則當爲之裁判解決；2. 如遇有侵略人國者，即須調遣各國軍隊以抗拒之；3. 其受侵之國，亦得請天可汗予以援救或撫恤，各國兵亦得受徵至中國平亂；4. 各國君主，如遇有死亡或缺失者，其嗣君繼位，亦必由天可汗下詔冊立，以示承認。參看〈唐代天可汗制度考〉，收入氏著《唐代文化史》，頁 54。

所具備的現代「國際私法」性質及其所代表的特殊地位。

一、政治上

在政治上,「皇帝・天可汗」具體表現在印璽的使用,詔書、冊文的稱謂以及冊封制度由虛封到實封等多方面。茲分述於下:

「璽」者為何?漢代蔡邕《獨斷》有言:

> 璽者,印也。印者,信也。……衛宏曰:「秦以前,民皆以金玉為印,龍虎紐,惟其所好。然則秦以來,天子獨以印稱璽,又獨以玉,群臣莫敢用也。」〔註65〕

衛宏在《漢舊儀》記:

> 天子有六璽,皆白玉螭獸紐,文曰皇帝行璽、皇帝之璽、皇帝信璽、天子行璽、天子之璽、天子信璽。以皇帝行璽為凡雜,以皇帝之璽賜諸侯王書,以皇帝信璽發兵,其徵大臣以天子行璽,外國事以天子之璽,鬼神事以天子信璽……有事發外國兵用天子信璽,封拜外國及征召用天子行璽,賜匈奴單于、外國王書用天子之璽,諸下竹使符征召大事行州郡、國者用皇帝信璽,諸下銅獸符發郡、國兵用皇帝之璽,封拜王公以下遣使就授皆用皇帝行璽。若車駕行幸,次直侍中佩信璽、行璽以從。〔註66〕

可知自秦朝以來,「璽」是皇帝所專有,其他朝臣不得用璽,而皇帝擁有的印璽,又因用途的不同而分有皇帝三璽(皇帝行璽、皇帝之璽、皇帝信璽)以及天子三璽(天子行璽、天子之璽、天子信璽),蓋因「所封事異,故文字不同」。〔註67〕大凡有關處理國內事務,多用皇帝三璽,有關處理外國事務則用天子三璽,然其事權有時並不明確。以天子之璽用外國,其原因可能是基於天下觀念,即認為天子的性質首先在於惠及異民族。〔註68〕皇帝印璽,到了秦漢時期又有發展,《通典・嘉禮》有詳細的說明,其文曰:

> 秦以印稱璽,以玉,不通臣下,用制乘輿六璽:曰「皇帝行璽」、「皇帝之璽」、「皇帝信行」、「天子行璽」、「天子之璽」、「天子信璽」。又

〔註65〕蔡邕《獨斷》,頁18。
〔註66〕衛宏《漢舊儀》,頁23。
〔註67〕《唐六典》卷8〈門下省・符寶郎〉,頁270。
〔註68〕金子修一〈日本戰後對漢唐皇帝制度的研究(上)〉,載《中國史研究動態》1998年第1期,頁14。

　　始皇得藍田白玉爲璽，螭虎鈕，文曰「受天之命，皇帝壽昌」。……
漢高帝入關，得秦始皇白玉璽，佩之，曰傳國璽，與斬蛇劍俱爲乘
輿之寶。……齊乘輿制六璽，以金爲之，並依秦漢之制。……梁制，
乘輿印璽，並如齊制。……北齊制，天子六璽，並因舊式（「皇帝行
璽」，封常行詔敕則用之。「皇帝之璽」，賜諸王書用之。「皇帝信璽」，
下銅獸符，發諸州征鎮兵，下竹使符，拜代徵召諸州刺史則用之。……
「天子行璽」，冊拜外國則用之。「天子之璽」，賜諸外國書則用之。
「天子信璽」，發兵外國，若徵召外國及有事鬼神則用之。）……後
周皇帝八璽，有神璽，有傳國璽，皆寶而不用。……其六璽，並因
舊制。〔註69〕

由上所述，則漢魏以降，皇帝三璽與天子三璽，均從秦制，變化不大，所不同
者，六個印璽所使用的場合更加清楚，而北周由六璽，增爲八璽，多了神璽與
傳國璽。「神璽」是明受之於天，「傳國璽」是明受之於運，平時皆寶而不用。
〔註70〕隋、唐時期，皇帝印璽的使用，又有所不同，據《隋書‧禮儀志》記：

　　神璽，寶而不用。受命璽，封禪則用之。「皇帝行璽」，封命諸侯及
三師、三公，則用之。「皇帝之璽」，賜諸侯及三師、三公書，則用
之。「皇帝信璽」，徵諸夏兵，則用之。「天子行璽」，封命蕃國之君，
則用之。「天子之璽」，賜蕃之君書，則用之。「天子信璽」，徵蕃國
兵，則用之。常行詔敕，則用內史門下印。〔註71〕

隋朝皇帝八璽中，將北周的「傳國璽」改爲「受命璽」，用於封禪。皇帝三璽
與天子三璽使用範圍規定更嚴，「皇帝行璽」、「皇帝之璽」僅限用於封命及賜
諸侯及三師、三公才可使用，「皇帝信璽」用於發諸夏（國內）兵；「天子行
璽」、「天子之璽」用於封命及賜諸蕃君長，「天子信璽」用於徵蕃國（外國）
兵。到了唐代，又有變化，據《唐律疏議‧詐偽‧偽造御寶》載：

　　皇帝有傳國神寶、有受命寶、皇帝三寶、天子三寶，是名「八寶」。
依《公式令》：「神寶，寶而不用；受命寶，封禪則用之；皇帝行寶，
報王公以下書則用之；皇帝之寶，慰勞王公以下書則用之；皇帝信寶，
徵召王公以下書則用之；天子行寶，報番國書則用之；天子之寶，慰

〔註69〕杜佑《通典》卷63〈禮二十三‧嘉禮八〉，頁1725～1767。
〔註70〕粟原朋信《秦漢史の研究》，頁144～154。
〔註71〕《隋書》卷12〈禮儀志七〉，頁125上。

勞番國書則用之；天子信寶，徵召蕃國兵馬則用之，皆以白玉爲之。」
寶者，印也，印又信也。以其供御，故不與印同名。〔註72〕

又據《通典・嘉禮八》言：

> 大唐貞觀十六年，太宗刻受命玄璽，白玉爲螭首，其文曰「皇帝景
> 命，有德者昌」。長壽三年，改玉璽爲符寶。神龍元年，改符寶復爲
> 璽。天寶十載，改傳國寶爲承天大」。天子之寶八：一曰「神寶」，
> 所以臣百王、鎮萬國，寶而不用；二曰「受命寶」，所以修封禪、禮
> 神祇；三曰「皇帝行寶」，答疏於王公則用之；四曰「皇帝之寶」，
> 勞來勳賢則用之；五曰「皇帝信寶」，徵召下臣則用之；六曰「天子
> 行寶」，答四夷書則用之；七曰「天子之寶」，慰撫蠻夷則用之；八
> 曰「天子信寶」，發番國兵則用之。凡大朝會，則奉寶以進於御座。
> 車駕行幸，則奉寶以從于黃鉞車之內。〔註73〕

觀之，唐朝在則天武后長壽三年（694）改「璽」爲「寶」，神龍元年（705）
復回，玄宗開元六年（718）又改稱爲「寶」。〔註74〕與隋朝比較，唐朝「神
寶」與「受命寶」象徵內涵較多，而皇帝三寶與歷朝略有變異，如「皇帝行
寶」不再是封命諸侯，而改爲答疏王公之用；「皇帝之寶」也從賜諸侯、三師、
三公改慰勞王公勳賢；尤可注意的是，「皇帝信寶」不是用於發兵國內，而是
徵召下臣（王公）以用之；唐朝皇帝的天子三寶，則大抵與歷朝相當。今日
雖不見唐朝皇帝使用印璽之具體行使情形，然從史書中有關印璽的使用上來
看，唐朝皇帝可依「天子三寶」中所記載的功能，對諸蕃行使如答疏、慰撫、
徵兵等各種職權。

　　中國的外交文書是以中國爲中心的宇宙觀在文字上具體表現。它表達了

〔註72〕劉俊文《唐律疏議箋解》卷25〈詐僞・僞造御寶〉，頁1685～1686；《唐令拾
　　　　遺・公式令第二十一》，頁505；《唐會要》卷56〈符寶郎〉，頁975。

〔註73〕杜佑《通典》卷63〈禮二十三・嘉禮八〉，頁1770；《唐六典》卷8〈門下省・
　　　　符寶郎〉，頁269～270；又《唐令拾遺・公式令第二十一》記：「皇帝行寶，
　　　　報王公以下書則用之；皇帝之寶，慰勞王公以下書則用之；皇帝信寶，徵召
　　　　王公以下書則用之；天子行寶，報蕃國書則用之；天子之寶，慰勞蕃國書則
　　　　用之；天子信寶，徵召蕃國兵馬則用之」（頁505），同書引《翰林志》記：「又
　　　　答疏于王公，則用皇帝行寶。勞來勳賢，乃用皇帝之寶。徵召臣下，則用皇
　　　　帝信寶。答四夷書，則用天子行。撫慰蠻夷，則用天子之寶。發番國兵，則
　　　　用天子信寶。並甲令之定制也」（頁506）。

〔註74〕《唐六典》卷8〈門下省・符寶郎〉，頁269。

中國所期望實現的世界秩序。中國歷代朝廷爲了充分發揮外交文書的這一功能，制定了一系列起草外交文書的差別性規定，這些規定涉及不同格式、文體的使用，特別是強調外交文書須依據收、發國的地位及其相互關係，正確運用某些詞句的尊敬、謙敬式以及準確使用收、發人的稱號。〔註 75〕關於皇帝所頒行的公文，自秦始皇以來，有一定的規定，如皇帝之命爲「制」，令爲「詔」。據《唐六典‧尚書都省》所載：

> 凡上之所以逮下，其制有六，曰：制、敕、冊、令、教、符。天子
> 曰制、曰敕、曰冊。……凡下之所以達上，其制亦有六，曰：表、
> 狀、箋、啓、辭、牒。表上於天子……。〔註 76〕

「制」是指皇帝的命令。唐朝制書有制書和慰勞制書兩種：制書用於大賞罰，授大官爵，革改舊政，赦宥降虜；慰勞制書用於褒賢贊能，勸勉勤勞。「敕」是指皇帝的詔書。唐制敕書有發日敕、敕旨、論事敕書、敕牒數種，發日敕用於增減官員、廢置州縣、徵發兵馬、除免官爵等；敕旨用於諸司，按一般慣例秉承旨意，奏事請行的批示；論事敕書用於慰諭公卿，誡約臣下；敕牒用於一般不改舊典，隨事承旨的批示。「冊」是皇帝祭祀時告天地神祇的文書（又曰冊命）或封爵的詔書（又曰冊書）。〔註 77〕「表」專指下臣奏請皇帝的公文。〔註 78〕我們從《冊府元龜》、《全唐文》、《唐大詔令集》等書中，時常可以看到唐帝對於蕃國冊文多使用「皇帝若曰」或是「帝若曰」，如《冊府元龜‧冊勃律國王文》有：「維開元五年歲次丁巳，五月庚子朔，十七日丙寅，皇帝若曰：於戲，夫象賢踵德，匪旨諸華……」，〔註 79〕《唐大詔令集‧冊回紇爲英武威遠可汗文》曰：「維至德二年，歲次丁酉，十一月某日，皇帝若曰：夫定禍亂者曰武，建功名者曰義，……」；〔註 80〕而諸蕃上表於唐朝皇帝則多自稱「臣」、「奴」，稱唐天子爲「天可汗」，如《全唐文‧東安國王篤薩波提論事表》云：「臣篤薩波提言：臣是從天主領普天下賢聖皇帝

〔註 75〕 王貞平《漢唐中日關係論》，頁 125。

〔註 76〕 《唐六典》卷 1〈三師三公尚書都省‧尚書都省〉，頁 24～25；《唐會要》卷 26〈牋表例〉，頁 504。

〔註 77〕 《唐六典》卷 1〈三師三公尚書都省‧尚書都省〉，頁 25；又王貞平指出，「制書」是中國朝廷任免官員的一種官文書，用於任免九卿和京官；但是任免三公、侯爵則多用「冊書」，參看氏著《漢唐中日關係論》，頁 129。

〔註 78〕 《唐六典》卷 1〈三師三公尚書都省‧尚書都省〉，頁 26。

〔註 79〕 《冊府元龜》卷 964〈外臣部‧封冊二〉，頁 11343 上。

〔註 80〕 《唐大詔令集》卷 129〈蕃夷‧冊回紇爲英武威遠可汗文〉，頁 638。

下百萬里草土類奴，在遠乂手。胡跪禮拜，天恩威相，如拜諸天。……」，〔註81〕《全唐文‧吐火羅葉護支汗那請助討大食表》曰：「奴身罪逆不孝，慈父身被大食統押，應徹天聰，頌奉天可汗進旨云，……」，〔註82〕《唐會要‧曹國》云：「天寶四載，哥邏僕羅上表，自陳曾祖以來，奉向天可汗忠赤，常受徵發，望乞恩慈，將奴土國同於唐國小子，所須驅遣，奴身一心為國征討」。〔註83〕然則，唐朝皇帝既已尊為「皇帝‧天可汗」，為何唐帝對於蕃國冊文言「皇帝（或帝）若曰」而不用「皇帝‧天可汗若曰」？此甚值得玩味。關於此點，當從「皇帝」一號使用範圍論起。《唐六典‧尚書禮部‧禮部郎中》云：

> 凡君臣上下皆有通稱。凡夷夏之通稱天子曰「皇帝」，臣下內外兼稱曰「至尊」，天子自稱曰「朕」，臣下敷奏天子曰「陛下」，……皇太子以下，率土之內，於皇帝皆稱「臣」。〔註84〕

《唐會要‧牋表例》云：

> （玄宗開元）二十三年八月，《儀制令》：皇帝、天子，夷夏通稱；陛下，對策上表通稱；至尊，臣下內外通稱……皇太子已下，率土之內，于皇帝皆稱臣。〔註85〕

王貞平曾指出，中國史料統稱傳達皇帝旨意的官文書為「王言」。漢時稱之為「璽書」或「賜書」，唐時則簡稱為「書」。外國君主接受中國封號之後，就處於中國世界秩序及其官僚體係的一個特定層次，他所收到的國書在格式、行文、措辭方面，原則上與同級中國官員所收到的文書相同。〔註86〕由上述引文得知，皇帝、天子是異民族與中國人的通稱，陛下用於上表文章，至尊是國內外臣下的通稱。「皇帝」既是夷夏對唐帝共有之稱號，而從本節第一部分論及「皇帝‧天可汗」意涵時已指出，皇帝之位高於天可汗，是故當唐朝皇帝給諸夷冊文時（冊文視同於國書），理當用最尊貴之位號，因此，才以「皇帝若曰」或「帝若曰」作為冊文之稱號，而不書「皇帝‧天可汗若曰」；再者，諸蕃國所上表於唐帝，依中國外交文書對收、發國君主的稱呼中，與中國有

〔註81〕《全唐文》卷999〈東安國王篤薩波提論事表〉，頁10353。
〔註82〕《全唐文》卷999〈吐火羅葉護支汗那請助討大食表〉，頁10354。
〔註83〕《唐會要》卷98〈曹國〉，頁1754。
〔註84〕《唐六典》卷4〈尚書禮部‧禮部郎中〉，頁129～130。
〔註85〕《唐會要》卷26〈牋表例〉，頁505；《唐令拾遺‧儀制令第十八》，頁400。
〔註86〕王貞平《漢唐中日關係論》，頁140～141。

正式君臣關係的外國君主所發，這類文書與中國朝臣向天子所上之「表」幾乎毫無差別。中國朝廷視這些外蕃君主爲「外臣」，所以他們在文書中既要「稱臣」，又要「稱名」。〔註 87〕因此，當這些朝廷視之爲中國「外臣」的蕃國上表時，依據《儀制令》：率土之內於皇帝皆稱「臣」、百官自稱曰「臣」的規定，稱「臣」是理應如此（遊牧民族稱「奴」者，即是「臣」之意），又由於唐帝亦是西域、北荒諸國共同之君主，故當這些國家上表朝廷時，有時亦稱唐帝爲「天可汗」，代表擁護共主，以視尊崇。

「冊封體制」這一概念首先由日本學者提出，這個體制的意識型態是傳統「中國中心論」的反映；在制度上則是中國國內「身分制」向外延伸的結果。〔註 88〕「冊封體制」理論基礎是中國傳統的世界秩序觀，這個觀念反映中國在世界中的主導地位及其與鄰國的關係。中國朝廷依據這個概念建立其對外關係的架構，並在冊封制中得到具體表現。所謂「冊封」就是中國天子授與外國君主封號或軍銜，與之建立正式的君臣關係，使外夷變爲中國的屬國。《周禮》和其它典籍對「冊封」制度中雙方的責任與義務有詳細的說明。

〔註87〕王貞平指出中國外交文書可據其對收、發國君主的稱呼方式分爲四類：1. 中國向軍力強大又與中國不和的外國君主所發，這種文書對外國君主不稱其名，亦不呼之爲「臣」，只以其本國稱號相稱（如漢之對匈奴，唐之對突厥）；2. 未正式加入中國世界秩序，只偶爾「遣使來朝」的外國君主所發，書中不稱自己爲「臣」，亦不呼其名（如蠕蠕）；3. 來自戰敗或亡國之君，他通常用本國稱號，自爲「臣」，但不用其本名（如北邊及西北鄰國一些君長），中國視其蠻夷，難以同化。因此，即使他們已降服，中國還是不願完全向這些昔日宿敵伸出歡迎之手，不願將其完全納入中國的政治軌道；4. 與中國有正式君臣關係的外國君主所發，這類文書與中國朝臣向天子所上之「表」幾乎毫無差別。中國視這些外國君主爲「外臣」，所以他們在文書中既要「稱臣」，又要「稱名」。中國外交文書倘以外國君主本名呼之，並稱其爲臣，就表示兩國間有密切的政治關係。參看氏著《漢唐中日關係論》，頁 126～128。

〔註88〕「冊封體制」理論的提出，可追溯至內藤湖南（虎次郎）所提出的「東方歷史」概念。內藤湖南認爲中國、日本、高句麗、新羅、百濟等東亞國家有相似的政治、文化和經濟結構，因此有必要將其做一個整體性的研究，謂之「東方歷史」。而「東方歷史」就是中國文化向四鄰國家擴張以及這些國家對這種擴張做出反應的歷史。內藤氏將這個歷史過程比作一個同心圓，中國是圓心，不斷向外擴張領土，把周圍國家在不同程度上納入中國的政治軌道。內藤湖南的「東方歷史」概念到了西島定生加以具體化，因而提出「冊封體制論」。參看 Miyakawa Hisayuki, An outline of the Naito Hypothesis and its Effect on Japanese Studies on China, Far Eastern Quarterly, 14:4, pp.533～552；西嶋定生《日本歷史の國際環境》，頁 238～239。

其要點爲：1. 對遣使來朝國家的君長，授予中國封號、軍銜及印章；2. 受冊封國定期向冊封國遣使納貢；3. 相互交換國書及禮品；4. 若受封國提出要求，冊封國有義務提供軍事援助；5. 對冊封國的軍事部署、政治安排，受封國要積極做出回應。〔註89〕

　　必須要指出的是，「冊封體制論」的提出，是將複雜的中國對外關係，化約成簡單化、一統化的觀念，它包括一系列中國認爲無可爭辯的原則，但實際上卻是中國一廂情願的世界秩序。〔註90〕雖然以往學者在研究時認爲，「冊封體制」是在雙方「互利」的基礎上所建立，然而他們認爲，這種互利仍是中國支配下的互利關係。〔註91〕事實上，「冊封體制」的「互利」關係，均是從自身的利益做爲出發點。史料中所載中國與某些國家間的「冊封」往往名不符實，有時某一國家未派使者，也未要求受封，但卻得到中國的封號，但也有已成爲中國的外臣，在要求加封或是自願成爲中國臣屬卻被拒絕的例子，這都說明「冊封關係」遠非學者所論是一種君臣關係來的簡單；不僅如此，中國在「冊封體制」中，所謂的君主國地位也往往徒具虛名，四夷君長並不是消極的授受中國的世界秩序。在與中國的交往中，他們往往主動要求中國授封，以強化其在國內的政治地位，或支持他們在國際社會中的武力擴展，這些君長往往自行決定何時與中國接觸最符合本身的利益，他們遣使來朝，或是遵守中國某項訓令時，其動機也出於符合自身需要，而不是對中國唯命是從，實際上中國對他們沒有實際上的支配權，「冊封」是這些國家作爲需要與中國正式交往時的權宜之計，利用「冊封制」來達到自己的目的。〔註92〕

　　有了上述認識，我們再看中國「冊封體制」的演變。中國對外「冊命」到了漢武帝始告完成，在此之前中國是以「約」、「誓」的形式，作爲天下秩序的原理。「約」、「誓」的運作，雖也是以上下主從關係爲主，但仍含有諸侯間之對等意識在內，直到漢武帝採以「冊命之禮」時，其爲身分絕對的上下秩序始定。〔註93〕漢朝冊封外蕃各本國之王爵，位比內諸侯而居外臣，唯這

〔註89〕 Mark Mancall, The Persistence of Tradition in Chinese Foreign Policy, Annals of the American Academy of Political and Social Science, No.349, p.14.

〔註90〕 John K. Fairbank（費正清）, Preliminary Framework, The Chinese World Order, p.12.

〔註91〕 西嶋定生《日本歷史の國際環境》，頁239～240。

〔註92〕 王貞平《漢唐中日關係論》，頁22～31。

〔註93〕 高明士〈從天下秩序看古代的中韓關係〉，收入中華民國韓國研究學會編《中韓關係史論文集》，頁25～29。漢代的「約禮」亦通行於遊牧民族，如高帝與

些外國國王在中國天下秩序中的序列，尚無制度化，而其所封王爵，也多是虛封。到了魏晉南北朝，中國的文官制度，已形成位、品、爵、勳。所謂「位」，即「朝位」，是朝班時，依據本官的品階，決定朝班位次；「品」是指「官品」，乃魏晉九品官人法，依選舉任用時的品格，以定高下；「爵」自秦漢以來，主要作用在賞軍功，除了帝室宗親、開國元勳功臣以外，爵級是依軍功敵首而獲得；「勳」原來作用本在通上下而褒賞軍功，然因社會政治經濟的變遷，下級的爵賞已無所流坑，遂浸漸上層的封爵，使勳制一變，產生勳官、勳品，軍人藉勳品而取得勳官與軍號，是故勳官、勳品是秦漢爵制逐漸失功賞之實以後，代之而起的一種制度。〔註 94〕漢代冊封是以王、侯之爵的封國制推廣到四夷君長，到了魏晉以後的冊封，由於幕府制的運用，以及魏晉時期異民族大量流入中國，使中國與外蕃的軍事、外交接觸旺盛。因此，對於蕃國，除了封爵之外，又將當時中國內地地方州、郡長官（刺史、太守）之加授持節、都督以及將軍號等制，授予外蕃。前燕首先在元璽四年（355）冊封高麗王魏晉以來地方新制，自此以後，中國諸王朝的冊封制度，就包含了：中國地方官職、虛封爵、本國王爵以及中國官制中的品（階）、官、爵三要素。慕容儁冊封高句麗王釗的王銜爲：

> 以釗爲營州諸軍事‧征東大將軍‧營州刺史‧樂浪公‧王如故。〔註 95〕

其中的「營州諸軍事、征東大將軍、營州刺史」即是中國的地方官職，其中營州諸軍事、營州刺史又是「官」，征東大將軍是「品」；「樂浪公」是虛封爵制，「（高句麗）王」是釗本國王號，而樂浪公與高句麗王又是「爵」。前燕、東晉以後，「冊封體制」即取地方州郡制及封爵制，冠諸外夷君長，而成爲包含前述三諸要素以及中國官制的冊封形式，「冊封制」就在這基礎上增減，以示親疏原理。這種一方沿襲兩漢以來以其國君爲本國國王外，一方面又加上郡公等中國王朝的官號，表面上看來似爲雙重，實際上祇以郡公參加爵制序列，其曰某國王者，從燕、晉以後，已成爲虛銜，目的在予以羈縻。易言之，魏、晉以降，爵封制中出現虛封制，外臣在天下秩序的地位，不再以其爲國王爵號決定，而

匈奴單于約爲兄弟即是。若此，依禮應時內貢職，則筆者在高明士理論架構下，提出一假說：漢自武帝以後，中國與農業諸民族關係，已從「約」的形式，擴展到「冊封」階段；而對於遊牧民族，仍始終停留在「約」的形式。

〔註 94〕曾資生《中國政治制度史》第 3 冊（魏晉南北朝），頁 296～306。

〔註 95〕《晉書》卷 110〈慕容儁載記〉，頁 784 上。

是決定於冊封時所賜予的中國地方州郡官銜及新訂的爵制。〔註96〕

　　隋唐時期，「冊封制度」又有所發展，隋代用來冊封外蕃的官銜，基本仍沿襲魏晉以後的將軍、郡公等官銜，即品（階）、爵等要素的運用；到了唐代以後，再加封上柱國、柱國等「勳官」，於是「冊封體制」無論內、外官職均包含了品（階）、官、勳、爵四個要素組成，〔註97〕又唐代在官制上，品（階）分成文散官、武散官，官則由職事官，勳由勳官、爵由封爵表示。〔註98〕不同於以往歷朝將蕃國視為外臣，冊封側重於籠絡外族，做為一種內臣官制的延長，唐帝因是「皇帝・天可汗」，故在冊封體制上，對於所冊授的蕃國視之內臣，冊封側重品（階）、官之實職，不僅授予虛銜（爵），也授給代表實權的職事官，如大祚震冊封之官銜是：

　　　　權知國務・銀青光祿大夫・檢校祕書監・忽汗州都督・渤海國王。

　　　　〔註99〕

其中「權知國務・檢校祕書監」為虛銜，「銀青光祿大夫」為文散官，「忽汗州都督」為職事官，「渤海國王」為虛爵。在冊封範圍上，唐代冊封地區，含蓋三邊各部落、國家，〔註100〕三邊所冊授官職，無論是對外蕃君主酋領，或是對於外族蕃將，都是含有上述實封性質（參看表七〈唐代冊封外蕃君主酋領表〉、表八〈唐代冊封蕃將表〉），都是含有上述實封性質，這不唯表視「冊封體制」較以往各朝更加體系化、制度化，在統治原理上，也從以往對外臣的「君長人身支配」，轉為內臣的「個別人身支配」，〔註101〕並進而享有「規

〔註96〕徐榮洙〈四至七世紀韓中關係考〉，收入林天蔚、黃約瑟主編《古代中韓關係研究──中古史研討會論文集之一》，頁7；高明士〈從天下秩序看古代的中韓關係〉，收入中華民國韓國研究學會編《中韓關係史論文集》，頁87〜92。

〔註97〕池田溫〈唐朝處遇外族官制略考〉，收入唐代史研究會編《隋唐帝國と東アジア世界》，頁256〜257。

〔註98〕曾資生《中國政治制度史》第4冊（隋唐五代），頁342〜360。

〔註99〕《舊唐書》卷199〈渤海靺鞨傳〉，頁1550上。

〔註100〕所謂「三邊」，是指東北、北與西北三邊，據章群研究認為唐代三邊中，東北一邊在玄宗之世，大抵止於遼河一線；北邊在玄宗開元以前，限於河套或北推至陰山一線；西北一邊是自伊麗河迤西至於碎葉，參看氏著《唐代蕃將研究（續編）》，頁11〜20。「皇帝・天可汗」雖是西域、北荒君長上稱唐帝，然在「冊封體制」上，唐朝皇帝在冊封東北諸部落、國家，與北邊、西北多採以實封，未有區別。

〔註101〕所謂「君長人身支配」是藉政、刑等約束君長個人，透過君長的禮化，來德化其民；「個別人身支配」則是藉賦、禮、刑等控制每一人。參看西嶋定生《中國古代帝國の形成と構造》，頁36〜52；高明士〈從天下秩序看古代的中韓

範化」與「強制性」權威。〔註102〕

二、軍事上

　　徵兵權是源自於中國天下觀念中，藩臣有受宗主國「徵調」的義務，宗主則是按功「賞賜」，這是周朝封建制度以來，宗主與諸侯間的權利與義務關係其中一項。〔註103〕徵發胡兵不始於唐，早自先秦時期即已有之。〔註104〕西漢時期，首先使用胡兵者，當是高帝劉邦。楚、漢戰爭時，交戰雙方都有少數族士兵參與戰鬥，高帝曾用過北方的「樓煩兵」、「北貉兵」，東南的「百越兵」以及西南的「蠻夷兵」。劉邦動用北方胡貉梟騎和南方的百越勁卒，是漢代使用胡兵之先聲。自漢武帝到西漢末年，漢王朝使用的胡兵更多，當時既使用了匈奴兵、西域兵、南越兵、也動用過西南夷兵和羌胡兵等。〔註105〕西漢施行徵兵制，邊兵的來源主要是來自於對郡國的徵發，但由於武帝長期對匈奴作戰，帶來兵源上的不足，所以漢朝對外用兵，不得不徵發囚犯與異族軍隊，以補充兵源上的問題。〔註106〕因此，自武帝以後，在北軍原有兵力基礎上，專門編有掌理胡兵的機構。《漢書・百官公卿表》載：

> 城門校尉，掌京師城門，屯兵有司馬十二城門侯；中壘校尉，掌北
> 軍壘門內，外掌西域；屯騎校尉，掌騎士；步兵校尉，掌上林苑門
> 屯兵；越騎校尉，掌越騎；長水校尉，掌長水宣曲胡騎；又有胡騎
> 校尉，掌池陽胡騎，不常置；射聲校尉，掌待詔射聲士；虎賁校尉，

關係〉，收入中華民國韓國研究學會編《中韓關係史論文集》，頁7～8。
〔註102〕所謂「規範化權威」（normative power）是藉由授予或剝奪一些君主的頭銜，操縱代表聲望、名譽的象徵物，控制禮節儀式的施行並以此設法影響並做出積極反應。中國皇帝可藉由授予及剝奪官職，達到規範化權威。規範化權威的概念是由 Amitai Etzioni 提出，可參看氏著 A Comparative Analysis of Complex Organizations, p.5；「強制性權威」，即是通過使用武力以武力相威脅來建立中國的權威。當羈縻府州作亂、反叛時，朝廷即以武力加以解決、平定。強制性權威概念可參看 Franz L. Newman, Approaches to the studies of political power, Political Science Quarterly, 65:2, p.168.
〔註103〕邢義田〈漢代的以夷制夷論〉，載《中國史學論文選集》第 2 輯，頁 259；Mark Mancall, The Persistence of Tradition in Chinese Foreign Policy, Annals of the American Academy of Political and Social Science, No.349, p.14.
〔註104〕戰國時期，趙武靈王即徵發過樓煩兵。參看陳連慶〈西漢與新莽時期的少數民族士兵〉，載《史學集刊》1984 年第 2 期，頁 1。
〔註105〕黃今言《秦漢軍制史論》，頁 118～119。
〔註106〕雷海宗《中國的文化與中國的兵》，頁 36～37。

掌輕車。〔註107〕

西漢在中央軍隊中編入越騎、長水、胡騎三校尉，總理徵發胡兵之事。〔註108〕西漢雖長期對外戰爭，兵源或時有不足，而徵發胡兵，但由於西漢不斷移民實邊，又有良好的徵兵制度，因此，對外族兵力的依賴尚不殷切；到了東漢利用胡兵的規模遠較西漢為大。邢義田曾撰有〈東漢的胡兵〉一文指出，東漢利用胡兵的背景，有其主、客觀因素：在客觀因素上，除了東漢初年以來，即不斷有大量的胡人歸附，外族組織脆弱，外族本身內部組織鬆懈，不能構成統一的力量，而不同部族或國家間缺少強而有力橫的連繫，且彼此又有宿仇存在，故易為東漢所分化利用；主觀因素上，包括了東漢兵制的缺陷、邊郡人口的內流、關西關東之爭和儒家政治的結果，都是原因。〔註109〕東漢本身衹有中央軍，沒有地方軍，而中央直轄的軍隊中，外族在這個軍隊佔很重要的地位。東漢中央軍除宮廷的衛士外，北軍的名稱仍然存在，稱北軍五營或五校，北軍五營中，最少有兩營完全是外族人所組成，所以胡越兵在北軍中，佔有五分之二以上的地位。〔註110〕東漢時期，班超之所以能轉戰西域，雖靠他個人特殊的將才與過人的勇敢，但是其與西域諸國連兵政策運用之成功也是重要因素。班超嘗發動疏勒、康居、于闐、拘彌之兵一萬人攻破姑墨石城，發動于闐諸國兵二萬五千人攻擊莎車，發動龜茲、鄯善等八國兵合七萬人及吏士賈客千四百人討焉耆，終於威震西域五十餘國，〔註111〕可見外族兵所占之影響性。據邢義田的研究，東漢對羌、烏桓、鮮卑、匈奴、西域等作戰，動用過烏桓、諸羌、西域屬國、月氏、匈奴等外族軍隊，〔註112〕兩漢使用外族兵，一方面是外族知曉戎習，勇敢善戰，一則亦是以夷伐夷的運用，有助於節省國家財政的開支，避免遠地徵調，以及糧餉轉運的困難，〔註113〕

〔註107〕《漢書》卷19〈百官公卿表上〉，頁158下～159上。
〔註108〕陳良佐〈西漢異族封侯之分析〉，收入《大陸雜誌史學叢書》第4輯第3冊，頁83；張勇〈試論西漢邊防兵的幾個問題〉，載《江西師範大學學報》1986年第4期，頁68～71。
〔註109〕邢義田〈東漢的胡兵〉，載《國立政治大學學報》28期，頁153～154。
〔註110〕雷海宗《中國的文化與中國的兵》，頁42～46。
〔註111〕趙翼《廿二史箚記》卷3〈漢使立功絕域〉，頁33～34；宋龍泉〈兩漢經營西域之政策〉，載《中國邊政》19期，頁22。
〔註112〕參看邢義田〈東漢的胡兵〉，載《國立政治大學學報》28期所列各表，頁145～152。
〔註113〕黃今言《秦漢軍制史論》，頁76、91、121；陳連慶〈西漢與新莽時期的少數民族士兵〉，載《史學集刊》1984年第2期，頁6～8。

而兩漢的外族兵來源是徵發與招募互見。

　　唐代皇帝亦可對外族行實徵兵權，所謂的「天子三寶」中，「天子信寶，發蕃兵則用之」，說明唐朝皇帝具有調發蕃部軍隊的權力。不同於兩漢的徵兵，唐帝因具有「皇帝‧天可汗」之尊銜，代表著西域、北荒共主，因此，史書中常可看到蕃國願意主動為唐朝出兵討敵之語。如《資治通鑑》記載：

　　　　高昌王麴文泰多遏絕西域朝貢，……又與西突厥共擊破焉，焉耆訴
　　　　之。上（太宗）遣虞部郎中李道裕往問狀，……文泰語之云：「鷹飛
　　　　于天，雉伏于蒿，貓遊于堂，鼠醮于穴，各得其所，豈不能自生邪！」
　　　　又遣使謂薛延陀曰：「既為可汗，則與天子匹敵，何為拜其使者！」
　　　　事人無禮，又間鄰國，為惡不誅，善何以勸！明年當發兵擊汝。三
　　　　月，薛延陀可汗遣使上言：「奴受恩思報，請發所部為軍導以擊高昌。」
　　　　〔註114〕

《新唐書‧吐蕃傳》記載：

　　　　高宗即位，擢（吐蕃贊普棄宗弄贊）駙馬都尉、西海郡王。弄贊以
　　　　書詒長孫無忌曰：「天子初即位，下有不忠者，願勒兵赴國共討之。」
　　　　〔註115〕

同書，〈西域傳‧曹國〉記：

　　　　西曹者，隋時曹也。……（玄宗）天寶八年，王哥邏僕遣使者獻方
　　　　物，詔封懷德王，即上言：「祖考以來，奉天可汗，願同唐人受調發，
　　　　佐天子征討。」〔註116〕

〈西域傳‧箇失密〉記：

　　　　（玄宗）開元八年，詔冊其王真陀羅祕利為王；間獻胡藥。天木死，
　　　　弟木多筆立，遣使者物理多來朝，且言：「有國以來，並臣天可汗，
　　　　受調發。國有象、馬、步三種兵，臣身與中天竺王阨吐蕃五大道，
　　　　禁出入，戰輒勝。有如天可汗兵至勃律者，雖眾二十萬，能輸糧以
　　　　助。又國有摩訶波多磨龍池，願為天可汗營祠。」〔註117〕

唐時外族受唐徵調表現出更具主動、積極性質；此外，唐因建立「皇帝‧天

〔註114〕《資治通鑑》卷195，太宗貞觀十三年（639）三月條，頁6146。
〔註115〕《新唐書》卷216〈吐蕃傳上〉，頁1575上。
〔註116〕《新唐書》卷221〈西曹傳〉，頁1623下。
〔註117〕《新唐書》卷221〈箇失密傳〉，頁1626下。

可汗」組織，爲能有效達到維持國際秩序和綏目的，在軍事政策與國防軍事體制上，建立一套完善的體系，就邊防系統言之，唐朝在地方上設有總管（都督）、鎮、戍等警備防禦體系，作爲戍守邊防的第一戰線，又依《軍防令》，組成行軍作戰體系，其功能在征伐作戰，特色是臨時編組而事畢即撤，具有高度的靈活性。〔註118〕此外，唐廷在重要的戰略據點上，也作嚴密的軍事部署，如在天山南北設置瀚海軍、天山軍、伊吾軍及靜塞軍，在西域地區置有守捉、軍鎮與戍堡，作爲維護西域地區的安全力量。〔註119〕唐朝在邊防上所做的軍事佈署，其目的就是確保「皇帝‧天可汗」組織能有效的發揮應有的功能。在強盛軍事基礎下，唐朝皇帝常排解蕃國間彼此之分爭，若有不從，可以軍事討之。如貞觀十三年（639）太宗以李思摩爲乙彌泥孰俟利苾可汗，將突厥在內地諸州安置者，並令渡河，還其舊部。李思摩憚漠北薛延陀，不肯出塞。太宗派遣司農卿郭嗣本在賜給薛延陀的璽書有云：

> （太宗）曰：「……頡利既敗，其部落咸來歸化，我略其舊過，嘉其
> 后善，待其達官皆如吾百寮、部落皆如吾百姓。……今户口蕃滋，
> 吾心甚喜。既許立之，不可失信。秋中將遣突厥渡河，復其故國。
> 爾薛延陀受冊在前，突厥受冊在后，后者爲小，前者爲大。爾在磧
> 北，突厥在磧，各守土疆，鎮撫部落。其逾分故相抄掠，我則發兵，
> 各問其罪。」薛延陀奉詔。〔註120〕

太宗在璽書中令突厥與薛延陀各守其土，勿相侵擾，否則就發兵討伐，各問其罪。再者，唐廷對外族徵兵用意之一是「以夷攻夷」，藉由以夷兵攻打夷兵和以夷兵配合中央王朝攻打夷兵，從而達到少出兵或不出兵而能取勝並借此削弱少數兵勢的目的。〔註121〕復次，唐朝的對外徵兵，並不限圍僅祇於對屬國的徵遣，也曾對非屬國之大食、吐蕃等地徵兵（參看表九〈唐代對外族徵兵表〉），〔註122〕端視其需要而定。尤其特別的是，安史之亂，唐廷曾主動引

〔註118〕有關唐代軍事政策及國防軍事體制的建構情形，可參看雷師家驥《隋唐中央
　　　　權力結構及其演進》，頁429～523。
〔註119〕蘇北海〈唐朝在吐魯番盆地的國防設施〉，載《西北史地》1997年第3期，
　　　　頁1～26。
〔註120〕《資治通鑑》卷195，太宗貞觀十三年六月條，頁6148～6149。
〔註121〕崔明德〈論隋唐時期的“以夷攻夷”、“以夷制夷”、“以夷治夷”〉，載《中
　　　　央民族大學學報》1994年第3期，頁28。
〔註122〕兩漢對外徵兵，多限於內附於漢的屬國，即使或有對匈奴、烏桓等國徵兵，
　　　　但其所征討者，則必與所徵兵之國是有共同的敵人。

大食、迴紇、奚、霫、契丹、西域諸國等外族兵平內亂。〔註123〕中國在唐朝之前，當國內有亂事發生，朝廷未曾有過如此大規模的引外族兵平內亂的例子，爲何唐朝會有此舉？這與唐帝被尊爲「皇帝‧天可汗」，是代表當時國際盟主有著密切關聯性。蓋在唐人民族觀念中，唐朝並非僅是漢人一族的唐朝，而是當時尊唐帝爲「皇帝‧天可汗」者所有部族、國家的唐朝；另外，就西、北諸族而言，既奉唐帝爲「天可汗」，則唐帝亦是其君主領袖，故當安史亂時，「天可汗」有難，作爲臣子者，自當有義務助唐討賊，這就是爲什麼平安史之亂的主力軍會是由若干胡族共同組成，也是唐代歷次重大的政治活動、軍事活動，都少不了胡兵、胡將的參加。〔註124〕

　　唐朝「皇帝‧天可汗」雖具有徵調外族發兵之權，但是並非一層不變，若將唐代對外族徵兵的情形以安史之亂爲分界點作前後比較，則又可發現幾個現象：其一，安史亂前，唐廷國勢強盛，其徵兵外族較具強制性，多是一種無償性的徵兵，即使有所報償，也是形式上的加封、受爵；安史亂後，唐帝雖亦有對大食、回紇等國徵兵，西域昭武九姓也曾遣兵助國討逆，然此時的徵兵非無償性而是多有報酬，並且所求愈來愈甚，如肅宗發拔汗那兵，「且使轉諭城郭諸國，許以厚賞」，〔註125〕肅宗與迴紇借兵之約是：「克城之日，土地、士庶歸唐，金帛、子女皆歸回紇」，〔註126〕且須長期市馬，換言之，即在回紇克復兩京之時，都要將金帛、子女歸予迴紇並要與迴紇作長期的絹馬交易；僖宗與沙陀借兵之約是：「克長安後，尋有詔以（李）克用爲河東節度使」，〔註127〕即是將河東地封與李克用，將河東的土地、人民、政事、甲兵悉以委之，給予永久的利益。〔註128〕其二，就徵兵的次數言之，則安史亂前，外族受唐徵調的頻率較安史亂後爲高，且安史亂後，唐廷所能徵調的外族也相當有限，不似早期徵兵相當廣泛；另一方面，外族遣使入唐求援的比例也有明顯變化，從表十〈唐朝蕃國遣使求援表〉可看出，安史亂前，外族在受他國侵略攻擊時，常會遣使入唐尋求協助（蓋因唐帝是其共主），然而在安史

〔註123〕《全唐文》卷339，顏眞卿〈天下放生池碑銘〉，頁1519。
〔註124〕傅永聚〈唐代民族觀念新論〉，載《齊魯學刊》1993年第4期，頁81。
〔註125〕《資治通鑑》卷218，肅宗至德元載（756）九月條，頁6998。
〔註126〕《資治通鑑》卷220，肅宗至德二載（757）九月癸卯條，頁7034。
〔註127〕《資治通鑑》卷255，僖宗中和三年（883）七月丁卯條，頁8297。
〔註128〕李樹桐〈唐代借用外兵之研究〉，收入氏著《唐史索隱》，頁219；載國瑞〈《全唐詩》中胡、漢關係之探討〉，頁92。

亂後，吾人找不到有外族向唐求助之例，此顯示唐朝在安史亂後，國勢驟衰，
其國際地位也隨著王朝的衰弱，而由其他國家取代。其三，唐代早期的調遣
外族，多是「徵兵性」，易言之，這種徵兵是外族理應向「皇帝‧天可汗」所
盡的義務；然安史亂後，唐廷國際地位已大不如前，對外族的主動調發，越
形困難，故轉為「募兵性」，唐朝的徵兵，已不全然是一種權力，而是要付出
相當的條件，才能換取外族的兵源。

三、律令上

唐代「皇帝‧天可汗」的特色也可以由唐代的律令上看出。《唐律》已經
具備了現代法學理論中「國際私法」（Private International Law）概念。〔註129〕
《唐律‧名例‧化外人相犯》記載：

> 諸化外人，同類自相犯者，各依本俗法；異類相犯者，以法律論。

〔註130〕
《疏議》曰：

> 「化外人」謂蕃夷之國，別立君長者，各有風俗，制法不同。其有
> 同類自相犯者，須問本國之制，依其俗法斷之；異類相犯者，若高
> 麗之與百濟相犯之類，皆以國家法律，論定刑名。〔註131〕

此條乃規定外國人之處罰特例。唐代國際交往頻繁，外國人來唐出使、留學、
旅遊、傳教、經商乃至僑居、入仕者極眾，而各國之間存在著固有的政治、
社會體制上的差異。律文規定，凡外國人在唐犯罪者，均須依法處斷。至於
具體依何國之法處斷，則取決於犯罪雙方是「同類」還是「異類」。所謂「同
類」是指同一國籍之人；所謂「異類」是指不同國籍之人。如犯罪雙方皆同
一國籍之外國人，即是《唐律》所稱的「同類自相犯」，須依其本國之法處斷；
反之，如不同國籍之人相犯，包括一外國之人與另一外國之人相犯，或某一
外國之人與唐人相犯，即是《唐律》所稱的「異類相犯」，則概依唐律論處，

〔註129〕所謂「國際私法」，馬漢寶認為：國際私法者，對於涉外案件之私法關係，就
內外國之法律，決定其應適用何國法院管轄及應適用何國法律之法則也，參
看氏著《國際私法總論》，頁1；李浩培謂：國際私法是在世界各國民法（私
法）互相歧異的情況下，對含有涉外因素的民法關係，解決應當適用哪國法
律的法律，所以也可以說是解決民法抵觸的法律，參看氏著《國際法的概念
和淵源》，頁3。
〔註130〕劉俊文《唐律疏議箋解》卷6〈名例‧化外人相犯〉，頁478。
〔註131〕同上註。

其原因在考慮不同國籍的外國僑民相互犯法，一面爲維持社會秩序，一又顧到各國法律規定的不同，同一犯罪行爲，懲處有所不同，若適用其中一方，容易發生偏袒，故以中國法律來論處，以示公正。〔註132〕易言之，凡是相同國籍之外國人相犯，唐朝蓋從「屬人主義」（personal law or racial law）；〔註133〕不同國籍之外國人相犯，則採「屬地主義」（territorial law）。〔註134〕此種既屬人又屬地之處罪原則，表明《唐律》在維護本國之主權時，亦充份尊重外國之法律，〔註135〕含有現代「國際私法」概念，其立意可謂公允愜當，其與現代「國際私法」不同者，《唐律》不分民事與刑事案件，一概適用此法；而近世之立法，則將民事與刑事事件分別規定之。〔註136〕

　　有的學者認爲西方的國際私法胚胎於《羅馬法》之中，凡非羅馬市民即爲外國人，不適用《市民法》（Jus civile）而適用《萬國法》（Jus gentium），而認爲《唐律‧名例》所規定之不強迫同類外化人之適用異類人法律，立意與《萬民法》相當，〔註137〕然《萬國法》與國際私法，性質懸殊。當羅馬建國之初，疆宇以外，莫非敵國，將非羅馬的外國人都被視爲奴隸，甚至被視爲仇敵。羅馬市民本身之法律（即《市民法》），不適用於被征服之民族，羅馬市民與非市民之間，以及非羅馬市民相互之間一切關係，唯有依具正義公平之觀念，由審判官確認若干權利義務之準則，以規律之，這種規律即是《萬民法》，而《萬民法》中，雖偶有關於外國人民之規定，皆係實體法上之規定，而非適用法則。〔註138〕因此，《萬民法》祇能說是羅馬的統一私法，這與現代所謂的國際私法性質，強調對外國法有所尊重爲要件，且須承認國與國間之待遇平等，迥然不同，亦與《唐律》精神相距甚遠矣。〔註139〕

　　西方之國際私法產生於中世紀後期歐洲復興之後。當羅馬帝國覆滅以

〔註132〕楊廷福《唐律初探》，頁131；錢大群、錢元凱《唐律論析》，頁323～325。

〔註133〕所謂「屬人主義」（La personnalité des lois），是指那些附著於人而適用的法律。換言之，就是那些管轄人之身分（état des personnes）、能力（capacité）及其家屬關係（relations de famille）的法律。參看何適《國際私法研究》，頁24。

〔註134〕所謂「屬地主義」（La territorialité des lois），是把外國人的身分關係、物權關係以及行爲的法律關係，一概納入其國內法的管轄之內。參看何適《國際私法研究》，頁84。

〔註135〕劉俊文《唐律疏議箋解》，頁479～480；戴炎輝《中國法制史》，頁24。

〔註136〕馬漢寶《國際私法總論》，頁7。

〔註137〕徐道鄰《唐律通論》，頁24。

〔註138〕這便是日後法律衝突觀念（La notion du conflit des lois）的開端。

〔註139〕梅仲協《國際私法新論》，頁23；馬漢寶《國際私法總論》，頁244。

後，歐陸諸民族進入到黑暗時代，當時的法律祇支配該民族，與領土不甚相關，一民族固有之風俗習慣，常隨民族之轉徙以俱來，雖易地而居，生活之紀律仍保持如一，學者們稱中世紀這段時期爲「屬人法」或「民族法」，自羅馬帝國滅亡以迄封建制度樹立，其間三百餘年，各民族之法律皆採絕對的「屬人主義」，以整個民族爲其法律適用之區域，而與土地無關也；自第十世紀以降，封建制度建立，產生了領主與附庸，上自王公，下至庶民，視土地分配之多寡，以定其公私法上地位之高低，於是領土之觀念漸次發達，凡在諸侯領土之內者，不問其屬何民族，皆不能不服從當地之法律與習慣。一領地之領主，既祇承認自己之法律，而絕不顧其他，對於其他法律而取得之權利，自亦不加保護。同時，一人從一領地移住另一領地，即可能喪失財產甚至自由，於是「屬人主義」的民族法，逐漸轉變成爲「屬地主義」的法律，此外，在十一世紀以後，意大利北部諸都市，漸次勃興，工商事業日漸發達，遂各自形成獨立自治之都市，緣居於該都市之人民，其結合並非是藉種族或隸屬同一領主，而是係基於居住同一城市之事實，此等城市，除各自具有領域外，並各自有其制定的「法則」（Statuta, Statutes）。有別於《羅馬法》之普通法，這些自治都市因應各別需求所制定出的法則是特別法，唯各都市之「法則」，不特與《羅馬法》相異，彼此之間也各自不同。此一各城市法律互相差異之現象，益以城市與城市間商業關係之需要，終成爲國際私法發生的主要原因。〔註140〕歐洲國際私法之祖是後詮釋學派（post-glossators）的學者 Bartolus De Saxoferrato，爲解決各城市間彼此法則相互抵觸時，究應依據可種法律，以資裁別，而提出其見解，其將「法則」區分爲三：「人之法則」（規定僅適用於在國領域內有住所或根源之人，縱使其人進入他國領域，人之法則依隨其人而適用）、「物之法則」（規定物其爲屬地的，僅適用於在一國領域內之不動產，而不適用於該領域以外）、「混合法則」（規範契約一類之行爲，其適用於在一國領域內成立之一切契約），開啓歐洲國際私法原理之先河，一直到一七六五年歐洲各國簽定《巴伐利亞民法典》，國際私法始完成。〔註141〕

　　由上可知，《唐律・名例律》中所規定「化外人相犯」，用法律調整駐中

<hr>

〔註140〕劉甲一《國際私法》，頁 1～15；魏納雷維著、王紹堉譯〈國際法的發展〉，載《憲政時代》第 8 卷第 1 期，頁 56～57。

〔註141〕馬漢寶《國際私法總論》，頁 244～248；曾陳明汝《國際私法原理》，頁 19～20。

國的外國人之間的關係,並確定外國人在中國司法中的地位及適用法律,是
首開國際私法之先例,比起歐洲之立法,早出現了一千多年。〔註 142〕

關於《唐律・名例》「化外人相犯」源出於何?史料並無確載,然從律文
反映的中外平等思想推斷,似當爲唐《貞觀律》始創,而非沿襲前代之制。
蓋在歷代君主中,唯有唐太宗具有「華夷一家」的民族思想觀,較少歧視外
國人之偏見。至於此律之實施與否,雖未見有直接記述,但從其他史料推證,
則可知《名例律》中的「化外人相犯」不袛是一條律法,確實也曾有施行。
宋人朱彧《萍洲可談》有記:

> 廣州蕃坊,海外諸國人聚居,置蕃長一人,管勾蕃坊公事,專切招
> 邀蕃商入貢,蕃人有罪,詣廣州鞫實,送蕃坊行遣。……徒以上罪,
> 則廣州決斷。〔註 143〕

這裏首先要釐清幾個概念。其一,「蕃坊」者何?何時設立?所謂「蕃坊」
是指留居於中國的外國人所聚集的地區(即取蕃人住居之坊市),其最初設
置在唐朝邊區與相鄰外國頻繁的地區。唐代將外國僑民在唐的聚集或居留地
稱爲「蕃坊」(蕃場),將新羅人居住的地方稱「新羅村」、「新羅坊」,唐代
「蕃坊」主要是分布在東南沿海主要貿易港口,如廣州、泉州、揚州等。「蕃
坊」設立的時間,顧炎武《天下郡國利病書》引唐人房千里《投荒錄》有云:
「頃年在廣州蕃坊,獻食多用糖蜜、腦麝、有魚俎,雖甘香而腥臭自若也」,
〔註 144〕這是「蕃坊」最早記載。有些學者推定唐朝設立蕃坊是在玄宗天寶
年間,〔註 145〕也有些學者認定設置下限年代大約在文宗太和末年。〔註 146〕
《新唐書・藝文志》載「(房千里)太和初,進士第,高州刺史」,〔註 147〕
計敏夫《唐詩記事》載房千里在任商州刺史之前,曾在端州任過職,〔註 148〕
高州、端州距廣州不遠,是以房千里對廣州情況較熟悉,所記「蕃坊」一事
應屬可信。唐代設置這些蕃坊的目的一方面是將這些生活、文化相同的人集

〔註 142〕中國文明史編纂工作委員會編《中國文明史 —— 隋唐五代》,頁 161。
〔註 143〕朱彧《萍洲可談》卷 2,頁 27。
〔註 144〕顧炎武《天下郡國利病書》卷 104,頁 3125。
〔註 145〕陳達生〈論蕃坊〉,載《海交史研究》1998 年第 2 期,頁 69;卞麟錫〈試論
九世紀唐朝新羅坊的性質〉,收入中國唐代學會主編《第二屆唐代學術會議論
文集》(下冊),頁 898。
〔註 146〕范邦瑞〈唐代蕃坊考略〉,載《歷史研究》1990 年第 4 期,頁 150。
〔註 147〕《新唐書》卷 58〈藝文志二〉,頁 398 上。
〔註 148〕計敏夫《唐詩記事》卷 51,頁 1731。

居在特定地區，可以有效地掌握和監視他們的活動；另一方面還可以利用這些集團人的特殊性，委託他們對外交易上的特殊職務。因此，這種蕃坊制的主要功能在國家行政體系的維護上是代理政府執行坊地內徵稅和賦役等事務，以及檢舉違法者。〔註149〕唯唐代蕃坊的設立、畫定，必須先經由唐廷允許，對於蕃坊，唐廷既尊重其國家或民族的生活風俗習慣，使僑民有一定的自治權，又要求他們嚴格遵守唐廷的法律、制度，因此，唐廷對於蕃坊擁有完整的主權。〔註150〕

其二，「蕃長」為何？何時設置？李肇《唐國史補》曾記：「南海舶……至則本道奏報，郡邑為之喧闐。有蕃長為主領，市舶使籍其名物」，〔註151〕《唐會要‧歸降官位》載：「（哀帝）天祐元年六月，授福建道佛齊國入朝進奉使都番長蒲訶粟寧遠將軍」，〔註152〕劉恂《嶺表錄異》有記：「（劉）恂曾於蕃酋家食本國將來者色類沙糖」，〔註153〕此蕃酋即是蕃長別稱，以勾當蕃胡訴訟。〔註154〕可知，自唐代以來，蕃長一名，業已存在。唐代為有效管理蕃坊，因此設置蕃長或是都蕃長，其辦公的處所稱為「蕃長司」，此都蕃長或蕃長，均自僑居之蕃客中，選擇富有德望之人，報請唐廷批准，由皇帝任命，管理蕃坊事務。〔註155〕《萍洲可談》中所謂的「蕃人有罪」送「蕃長」管轄之「蕃坊」行遣，此即是《唐律‧名例》「化外人相犯」條中「化外人同類自相犯者，各依本俗法」也。又唐時曾來中國之阿拉伯人蘇萊曼氏所記《蘇萊曼遊記》記載伊斯蘭教情形有云：「廣州是買賣人的匯集處，中國皇帝派有回教徒一人，辦理已得中國皇帝允許的前往該處經商的回教徒的訴訟事務」，學者或謂此人當即所謂蕃長，亦即彼所謂「卡第」（法官兼教職），管理訴訟裁判，解決他們之間的糾紛，〔註156〕若加害者與被害者之國籍相

〔註149〕卞麟錫〈試論九世紀唐朝新羅坊的性質〉，收入中國唐代學會主編《第二屆唐代學術會議論文集》（下冊），頁892。
〔註150〕方亞光《唐代對外開放初探》，頁84～85、〈唐代外事機構論考〉，載《中國史研究》1996年第2期，頁71～72。
〔註151〕李肇《唐國史補》卷下，頁25。
〔註152〕《唐會要》卷100〈歸降官位〉，頁1799。
〔註153〕劉恂《嶺表錄異》卷中，頁18。
〔註154〕謝海平《唐代留華外國人生活考述》，頁304。
〔註155〕堀敏一《中國と古代東アジア世界》，頁269～270。
〔註156〕納忠等《傳承與交融：阿拉伯文化》，頁294；謝弗著，吳玉貴譯《唐代的外來文明》，頁27。

異，或是外國人與中國人間所引起之爭鬥，則均依據中國之法律（《唐律》）
處斷之。〔註 157〕蕃長司的主要職責除負有蕃客間相互所發生之犯罪事件之
責任外，也應負盡力爲中國政府招徠蕃商之義務。一般而言，唐代對於蕃夷
採以寬鬆的管理方式，《全唐文‧條制番夷事宜詔》有云：

> 諸道軍城，例管夷落，舊戶久應淳熟，新降更佇綏懷。……熟戶既是
> 王人，章程須係國法。比來表奏，多附漢官，或洩其事宜，不爲聞達；
> 或換其文狀，乘達本情。自今以後，蕃臣應有表奏，並令自差蕃使，
> 不須祠附漢官，雖復化染淳風，終是情因本性，刑罰不中，心固不安。
> 其有犯法應科，不得便行決罰，且狀奏聞，然後科繩。〔註 158〕

對於居留中國的蕃人，唐朝特別爲其設置「蕃坊」，由「蕃長」負責管理坊內
一切事務，形成一個自治區，享有一定的治外法權。〔註 159〕如楚州、漣水一
帶新羅人地區的「新羅坊」，或是沿海從事貿易的商人，均是以「總管」爲「勾
當新羅所」的行政首長，〔註 160〕在沿海一帶爲中心的新羅人村落，由新羅人
充當管理人員，新羅僑民可以使用本國宗教儀式（如赤山法老院），享有一定
的自治權及治外法特權。〔註 161〕

　　從上述說明，《唐律》已具備現代法學中國際私法的概念，而國際私法存
在的前提是在國際交通發達、國際貿興盛的地區，由於內外國人民交往接觸
頻繁，彼此產生法律上適用問題，是故國際私法存在之條件有：內外國人民
之往來頻繁、外國人權利之應受保護、內外國法律之互有差異、司法權之獨
立自主、外國法在內國適用之容許，〔註 162〕就其本質而言，擺脫狹隘的「主
權」、「地域」等觀念束縛，使法律能適用各地區，成爲國際性的法律（Universal
Law），非同於一般國內法，〔註 163〕中國在唐朝時期，已具備上述各項要件，

〔註 157〕桑原騭藏著，馮攸譯《中國阿剌伯海上交通史》，頁 77～78。

〔註 158〕《全唐文》卷 28〈條制番夷事宜詔〉，頁 172。

〔註 159〕堀敏一《中國と古代東アジア世界》，頁 270～271。

〔註 160〕「蕃長」名稱因民族的不同，而有所差別，如阿拉伯人稱爲「卡迪」，新羅人
　　　　稱爲「總管」，西域粟特胡人稱爲「薩寶」等。

〔註 161〕金文經〈唐代新羅僑民的活動〉，載林天蔚、黃約瑟主編《古代中韓日關係研
　　　　究——中古史研討會論文集之一》，頁 29；陳尚勝〈唐代的新羅僑民社區〉，
　　　　載《歷史研究》1996 年第 1 期，頁 163～164。

〔註 162〕曾陳明汝《國際私法原理》，頁 5～7。；梅仲協《國際私法新論》，頁 2～5。

〔註 163〕李宗德〈國際私法與國際法關係之再探討——兼評「國際性法律」概念之建
　　　　立〉，載《法令月刊》34 卷第 7 期，頁 11。

確是值得稱道也，而當時《唐律》能夠施行的有效範圍，東到今日的朝鮮、東北，北到內外蒙古，西到天山南北兩路、中亞細亞，南到印度諸國。〔註164〕其後，《日本律》、《宋刑統》、《遼制》、《金律》、《高麗律》、《安南黎律》等，均因襲此項規定。這種尊重各民族「風俗、制法」的涉外規定，代表著大唐帝國具有世界性的民族精神，也是唐代能透過法律而使東亞諸國融為一體，形成一個中華法系的重要理由。〔註165〕

第四節　「皇帝‧天可汗」的性質及其衰亡因素

羅香林謂自東突厥平定，天可汗制度建立，於是凡昔日為東、西突厥所役屬與控制之西域與北荒諸國，多轉而參加天可汗之國際和綏組織與聯防設施，使當時亞洲與中外局勢一變。〔註166〕林天蔚也認為，唐代天可汗制度，為我國史上第一個屬於國際組織性質的機構，「天可汗」如今國際組織之共同盟主，以維繫彼此之間的關係，及團結在天可汗之下，形成一股政治力量，以穩定當代的國秩序與和平，因而形成「天可汗制度」之產生。〔註167〕我們從第三節所探討「皇帝‧天可汗」的特色及其運作情形來看，唐代皇帝在西域、北荒諸國上尊「皇帝‧天可汗」之下，所擁有對外族的政治、軍事、律令等職權與功能，較中國以往歷朝來得更具系統化、制度化，執行的能力也更具積極性與強制力，換言之，唐代「皇帝‧天可汗」的職權，有繼承同時也有創新。然而，唐代的「皇帝‧天可汗」是一個什麼樣的性質？是否如羅香林、林天蔚所言，已形成「制度」（常設化的機構）？似有進一步探索的必要。

國際聯盟之形成，早自先秦時代已有之。周克殷商，文王一方面逐步消滅外圍方國，擴大自己勢力，一方面聯合許多方國、部落，結成反殷同盟，以孤立商王，達到了孔子所說的「三分天下有其二」的新局面；〔註168〕在春秋時期，政治上以會盟為特色，初期的盟會，以「尊王攘夷」為宗旨，諸夏各國以擁護周天子對抗四夷的入侵，以安諸夏的理想，此後盟會漸變成聯絡與國，打擊敵

〔註164〕桑原騭藏《中等東洋史》第八篇〈唐の外國經略〉，收入《桑原騭藏全集》第4卷，頁126。
〔註165〕高明士〈中國律令與日本律令〉，載《臺大歷史學報》21期，頁120。
〔註166〕羅香林〈唐代天可汗制度考〉，收入氏著《唐代文化史》，頁50～51。
〔註167〕林天蔚《隋唐史新論》，頁240～241。
〔註168〕林載爵〈人的自覺──人文思想的興起〉，收入劉岱編《中國文化新論　根源篇》，頁381。

國；戰國時期，七雄之國際聯盟十分重要，彼此為了自己的利益，而有合縱、連橫之策。先秦這種國與國之間的結盟政策，到了秦漢以後，轉變成為中原王朝聯合盟國，共同對付北方強大的遊牧民族或是其他外敵。〔註169〕

　　反觀北方遊牧民族的「馬上行國」文化，其政治上本有組織聯盟、相互扶助的傳統。以匈奴帝國為例，匈奴政制係以血緣因素與地緣因素相互凝結，地緣性的部落人民以種為類，務使部落內為種屬相同的氏族，而單于族攣鞮氏經由與此類氏族中之豪強者相互婚姻，並留其族長於庭以輔政策略。〔註170〕易言之，國家政治體制的特徵之一就是其氏‧部族聯合體的構成成員，非祇匈奴本族，也包容與編入了周圍諸異民族在內，一方面團結同種族諸氏‧部族，另一方面又聯合更多非匈奴種的氏‧部族，而加盟之諸異種族，共同擁戴單于為最高領袖與國家元首，單于統治各部落，主持國家祭典並召集部族會議，並賦予各族「王」的稱號與權能，以資羈縻，各族有服從匈奴單于領導並提供軍事、經濟上協力為義務，〔註171〕單于因而具備共主身分，一是對本族，一是對容納了異種在內的聯盟全體，如此建立出具有共同遊牧本質諸種族的政治強力支系，而發展成為類似今日所謂聯邦、聯盟式大同盟帝國。〔註172〕遊牧部落聯盟的首領為聯盟長或盟長，從參加聯盟的部落長中，推選最強有力者擔任。聯盟定期舉行大會，裁決聯盟中的重大問題和事件。一般而言，聯盟長的權力很大，往往具有軍事、外交等最後的決定權。遊牧民族這種部落聯盟是遊牧人發展到較高層次的組織形式，是國家的雛形，或相當於國家層次的組織。但是，一個氏族或是部族的聯盟體，也常會因其內部的紛擾，或領導人的失當，使聯盟如沙漠風暴一般，瞬即瓦解、消失。〔註173〕

〔註169〕邢義田〈漢代以夷制夷論〉，載《中國史學論文選集》第 2 輯，頁 234～235。

〔註170〕謝劍〈匈奴政治制度的研究〉，載《中央研究院歷史語言研究所集刊》第 41 本第 2 份，頁 244；江上波夫著，張承志譯《騎馬民族國家》，頁 26～27。

〔註171〕鄭欽仁〈匈奴〉，載《新時代》第 9 卷第 4 期，頁 22。

〔註172〕姚大中《古代北西中國》，頁 83～84。唯謝劍氏認為匈奴國家聯盟不可看作是「聯邦」，蓋因「聯邦」之要件是「二元政府」（dual government），即中央與地方平等的立於同一最高主權之下，故謝氏認為將匈奴帝國稱為「單一的封建制國家」較為妥當。參看氏著〈匈奴政治制度的研究〉，載《中央研究院歷史語言研究所集刊》第 41 本第 2 份，頁 255。

〔註173〕項英杰等《中亞：馬背上的文化》，頁 8；札奇斯欽《蒙古文化與社會》，頁 241。

　　從本章所談到「皇帝・天可汗」的意涵以及所擁有職權可知，自西域、北荒君長上尊唐太宗為「天可汗」後，以李唐為中心共主，確實有建立一個類似於國際性的組織聯盟，筆者稱之為「皇帝・天可汗」。凡受唐冊封，聽令於唐徵調、出兵，或是要求唐廷排解糾難，遣使入唐求援者，皆可廣義視為是「皇帝・天可汗」的成員。〔註 174〕「皇帝・天可汗」成立於太宗貞觀四年（630），貞觀二十年（464）年九月，太宗平定薛延陀，鐵勒十一個部落加入這個體系，這是「皇帝・天可汗」第二次擴大；及至高宗顯慶二年（657），蘇定方攻西突厥，擄其首領沙缽羅可汗，遠至今中亞細亞之諸蕃酋長及以前稱臣於西突厥者，均歸向唐，受唐指揮，可視為「皇帝・天可汗」第三次擴大。當然，不可否認的是，所謂以「皇帝・天可汗」為中心所建立的國際聯盟，仍是一個相當鬆散的組織，既未另外專設屬於「皇帝・天可汗」的組織機構，參與者彼此間也沒有訂立出一套強制性的公約，且參加之成員，也常有叛服，其或在自身受到侵擾尋求唐助，或依唐之國威以壯聲援時，才全然接受唐令，不似史家所述如此完美。另需說明的是，「皇帝・天可汗」論其性質也不若今日的國際組織（International Organization），如聯合國等性質。〔註 175〕蓋因天可汗組織奠基於中國傳統天下秩序觀，這個觀念的原理依據除了是政治上的君臣關係之外，更強調宗法倫理上的父子關係，而今日的國際組織著重的是國與國之間的獨立、平等關係（雖然今日的所謂國際關係依然還是大吃小，小事大，即無公理而祇有強權），絕無中國封建中親情宗法要素，因此，這兩者間性質是不相同的。〔註 176〕

───────────────

〔註 174〕林天蔚認為，天可汗制度之組織，唐天子為組織的盟主，稱「天可汗」，參加天可汗組織之成員，有昭武九姓之九國、西域十六國都督府、契丹、回紇、尼泊爾、印度、阿拉伯（大食、東回教帝國）等包括天山南北及蔥嶺以西諸國為主。參看氏著《隋唐史新論》，頁 241～243。筆者以為，雖然東方的朝鮮三國、南方的南詔等未有稱唐帝為「天可汗」者（其原因已於第三章第二節「天可汗」一詞辨析有所說明），然從行使職權角度分析之，則唐帝所有職能並沒有因地域上的差異而有所不同，是故凡是唐帝職權所能行使的範圍，皆可視為這個組織的一環。

〔註 175〕今日國際組織的產生，是由於國際社會的很多問題不是一國所能解決，因而各國感覺到為了解決某一特定國際問題，有必要共同創立一個國際組織，付以解決這個問題的任務。這些國際組織的創立，都通過各國間的多邊國際條約，而其取得國際法主體地位，是由於其創立條約賦予這種地位。參看李浩培《國際法的概念和淵源》，頁 10。

〔註 176〕高明士〈從天下秩序看古代的中韓關係〉，收入中華民國韓國研究學會編《中

「皇帝‧天可汗」組織成立之宗旨,是在維持國際秩序與和平。從《新唐書‧薛延陀傳》引太宗言,略可窺見其意:

> (太宗貞觀二十一年)帝幸靈州,節度諸將。於是鐵勒十一部皆歸命天子,請吏內屬。……虜所遣使踵及帝行在,凡數千人,上言:「天至尊爲可汗,世世以奴事,死不恨。」帝部其地爲州縣,北荒遂平。諸姓有來朝者,帝勞曰:「爾來,若鼠得穴、魚得泉,我爲爾深廣之。」又曰:「我在,天下四夷有不安,安之;不樂,樂之。如驥尾蒼蠅,可使日千里也。」〔註177〕

這段話正代表太宗以唐爲國際主體,用以維護國際秩序和平之宏願,希望凡是入唐者,「若鼠得穴,魚得泉」,「天下四夷有不安,安之;不樂,樂之」,此亦是「皇帝‧天可汗」成立之宗旨也。以唐帝國爲中心的「皇帝‧天可汗」有其經濟上、軍事上的功能。在經濟上,太宗貞觀二十一年(647)鐵勒十三部咸請建立回紇以南、突厥以北開一道,謂之「參天可汗道」,置六十八驛。〔註178〕「參天可汗道」設置的目的即是著眼於經濟上,滿足遊牧民族經濟上的需求;在軍事上,太宗、高宗兩朝,主要是防犯突厥之再度崛起擴張,以維護昭武九姓等西域國家之秩序與和平以及開闢鷲鵜泉道、花門堡道、羅堡子道(即參天可汗道),作爲唐朝與迴紇、西域諸綠洲國間互市貿易的交通路線;〔註179〕高宗、玄宗之際,吐蕃興起,威脅西域諸國安全,因此,此時期「皇帝‧天可汗」主要功能是防止吐蕃之東侵;到了安史亂後,吐蕃成爲唐廷最爲嚴重之外患,肅宗、德宗、代宗時,「皇帝‧天可汗」亦是防止吐蕃東侵,危及唐廷及國際安全,然而由於唐帝國經安史之亂後,國勢驟衰,「皇帝‧天可汗」已難發揮維持國際秩序的作用。

陳寅恪曾言:中國與其所接觸諸外族之盛衰興廢,常爲多數外族之連環性,而非中國與某甲外族間之單獨性也。〔註180〕唐代「皇帝‧天可汗」之衰亡原因亦當如是觀,不可單從唐代內政上之得失探究。學者論述唐代天可

韓關係史論文集》,頁7、144～145。

〔註177〕《新唐書》卷217〈薛延陀傳〉,頁1595上。《冊府元龜》卷170〈帝王部‧來遠〉亦記:「我(太宗)今爲天下主,無問中國及四夷,皆養活之,不安者我必令安,不樂者我必令樂。」(頁2051下)

〔註178〕《資治通鑑》卷198,太宗貞觀二十一年(647)正月丙申條,頁6245。

〔註179〕嚴耕望《唐代交通圖考》第2卷「河隴磧西區」,頁607～635。

〔註180〕陳寅恪《唐代政治史述論稿》下篇〈外族盛衰之連環性及外患與內政之關係〉,頁274。

汗衰亡原因，多由唐朝內部安史之亂，造成唐朝勢衰，無法維持此一制度。
〔註181〕筆者以爲，唐代「皇帝・天可汗」之衰亡除了內政上，安史叛唐，
中國內亂，唐廷實已無繼續維持當時之國際秩序關係之能力外，亦不能忽略
大食、吐蕃勢力之興起，取代唐在西、北原有影響地位，促使「皇帝・天可
汗」瓦解（西域各國以及大食、吐蕃地理位置，可參看圖一）。「皇帝・天可
汗」之尊銜既是西域、北荒君長上尊唐帝，而「皇帝・天可汗」建立亦是起
於防止突厥勢力之再度擴張，因此，探討天可汗衰亡，必先從西、北地區諸
國之間國際勢力消長情形觀察。

　　大食是七世紀時唐代對中東地區興起的阿拉伯帝國之稱呼。高宗永徽二
年（651），噉密莫末密（歐斯曼・伊本・阿凡）派遣使臣到達長安，唐與大
食之間正式接觸。〔註182〕七世紀中葉以後至八世紀初年，大食帝國的勢力迅
速向東方推進，先後征服了呼羅珊、吐火羅，進而北渡阿姆河，進入河中地
區，與唐朝在西域的勢力相接。但在八世紀之前，大食對於阿姆河以北地區
的入侵，主要限於掠奪性的遠征，並沒有實行眞正的征服。〔註183〕唐在太宗、
高宗時期，分別擊敗東、西突厥，西域各國紛紛附唐，使唐廷對天山南北部
控制力增強，勢力遠及西域、中亞地區。玄宗時期，唐將西突厥原有地區，
委交臣服於唐的突騎施維持，開元三年（715），玄宗授以突騎施蘇祿爲左羽
林大將軍・金方道經略大使，〔註184〕其目的在借重這支強大的遊牧力量，以
遏制大食的對外擴張。蘇祿在西突厥的統治權鞏固之後，與唐朝間的臣屬關
係也逐漸穩定。〔註185〕開元五年（717），玄宗以阿史那懷道的女兒爲金河公
主，下嫁與蘇祿爲妻，〔註186〕一方面表示對蘇祿的信任友好，另一方面是要
增加蘇祿對西突厥及西域各部的號召力。在大食的東侵過程中，西域、中亞
小國曾多次向唐求援，由於突騎施是受唐委交控制此一地區者，因此，突騎
施就成爲當時抵禦大食的一支重要力量。《冊府元龜》記有：

　　（玄宗開元）七年二月，安國王篤薩波提遣使上表論事曰：「臣篤薩

〔註181〕羅香林、林天蔚討論天可汗制度崩解原因，即認爲是安史之亂，所造成的影
　　　　響。
〔註182〕《舊唐書》卷198〈大食傳〉，頁1536上。
〔註183〕余太山主編《西域通史》，頁176。
〔註184〕《舊唐書》卷194〈突厥傳下〉，頁1496下。
〔註185〕薛宗正〈唐磧西節度使的置廢——兼論唐開元時期對突騎施、大食政策的變
　　　　化〉，載《歷史研究》1993年第6期，頁23～24。
〔註186〕《舊唐書》卷194〈突厥傳下〉，頁1496下。

> 波提言，臣是從天主領普天下賢聖皇帝千百萬重草類奴。……年來
> 被大食賊每年侵擾，國土不寧，伏乞天恩滋澤，救臣苦難，仍請敕
> 下突厥（騎）施，令救臣等。」〔註187〕

玄宗開元十五年（727），吐火羅使臣也申訴云：

> 大食欺侵我，即與你氣力，奴身今被大食重稅，欺苦實深，若不得
> 天可汗救活，奴身自活不得，國土必遭破散，求防守天可汗西門不
> 得。伏望天可汗慈憫，與奴身多少氣力，使得活路。又承天可汗處
> 分突厥（騎）施可汗云：西頭事委你，即須發兵除卻大食，其事若
> 實，望天可汗卻垂處分。〔註188〕

當時中亞地區，突騎施受唐委派，故當中亞各國受到大食侵擾，向唐求援，
請求唐廷下令突騎施出兵相救。〔註189〕玄宗開元二十六年（738），突騎施
發生內鬨，突騎施屬部莫賀達干、都摩度兩個部落與蘇祿不和，連謀夜襲蘇
祿，突騎施各部群龍無首，陷入混亂，此後都摩度與莫賀達干又發生矛盾，
相互攻擊，莫賀達干遣使與安西都護蓋嘉運聯繫，開元二十七年（739），唐
發拔汗那、石國、史國等與莫賀達干共同出兵，平定都摩度及蘇祿殘餘勢力，
〔註190〕但是經過這次內亂，突騎施勢衰，失去作爲蔥嶺以西中亞國家安全
屏障的地位。玄宗天寶九載（750），安西節度使高仙芝以石國王「蕃禮有虧」
前往征討，俘虜石國王，石國王子逃入諸胡，訴說高仙芝的貪暴，引起諸國
憤怒，於是各國潛引大食，欲攻安西四鎮。高仙芝於天寶十載（751）率蕃、
漢三萬多騎，與大食會於怛羅斯城（Talas），高仙芝的蕃、漢軍隊中，葛邏
祿部臨陣背叛，與大食夾擊唐軍，仙芝大敗，「士卒死亡略盡，所餘才數千
人」，愴惶奔回安西。〔註191〕怛羅斯一役，雖未使唐軍完全退出中亞，大食
也沒有乘勝東進，但是可以看出唐廷威德，已遠不如前，其後在天寶十三載
（754），東曹國王、安國以及諸胡九國共同上表，請求與唐朝出兵擊黑衣大
食，唐已無力西征，玄宗僅「慰喻遣之，以安西域」，〔註192〕既而昭武九姓
諸國與拔汗那、箇失密乃至西域十六國，皆先後爲大食所控，唐代「皇帝‧

〔註187〕《冊府元龜》卷999〈外臣部‧請求〉，頁11722下。
〔註188〕同上，頁11722下～11723上。
〔註189〕E. Chavannes（沙畹）著，馮承鈞譯《西突厥史料》，頁214。
〔註190〕《舊唐書》卷194〈突厥傳下〉，頁1496下。
〔註191〕《資治通鑑》卷216，玄宗天寶十載（751）四月條，頁6908。
〔註192〕《冊府元龜》卷973〈外臣部‧助國討伐〉，頁11434下。

天可汗」之號令日以不行，「皇帝・天可汗」的功能，逐漸有動搖。

　　與大食東侵同時，吐蕃也以青海地區爲目標，積極對外擴張。吐蕃將青海地區列爲首要經營對象，當與青海地區關係著吐蕃向外發展的關鍵位置，並且涉及吐蕃的國防安全有所關聯。吐蕃競逐青海，不僅在於青海位處有利之地理條件，是吐蕃繼續向西域、黃河中上游地區，或是向川滇邊區發展的前哨站，可以加深吐蕃核心區的防禦縱深，占領青海地區也可以獲得經濟上的利益。〔註193〕高宗龍朔三年（663），吐蕃併滅吐谷渾，占領青海，並遣使入唐和親，又於麟德二年（665）正月，求赤水一地畜牧，咸亨元年（670）四月，吐蕃陷西域十八州，又與于闐陷龜茲撥換城，李唐爲之罷龜茲、于闐、焉耆、疏勒等安西四鎮，同年八月，唐、蕃雙方大軍又戰於大非川，結果唐軍戰敗，全軍覆沒。大非川之役的意義在於唐蕃雙方的國界，從此直接毗鄰，不再是間接關係。〔註194〕武后如意元年（692），王孝杰恢復安西四鎮，並針對吐蕃加強西域的軍事力量，而吐蕃由蔥嶺地區，分兩路向西域地區進攻，一是東進，通過大勃律、小勃律，由播密向東經喝盤陀到疏勒，一是北上，由蔥嶺地區向北到達楚河流域，進而從西北方向進攻四鎮。安史之亂，唐朝撤回了安西、北庭的邊兵，也同時調回了隴右、河西軍隊，西域邊防爲之空虛，吐蕃乘機陷蘭、廓、河、鄯、洮、岷、秦、成、渭等州，盡取河西、隴右之地，接著又佔領瓜州及沙州，阻斷了西域地方與唐內地的直接交通往來。〔註195〕唐廷失去關隴及西域諸地，這對唐朝國勢是一大打擊，也促使天可汗組織進一步的瓦解。

〔註193〕林師冠群〈唐代前期唐蕃競逐青海地區之研究〉，收入蒙藏委員會主編《西藏與中原關係國際學術研討會論文集》，頁1～10、《論唐代吐蕃之對外擴張》，頁20～25。

〔註194〕林師冠群〈唐代前期唐蕃競逐青海地區之研究〉，收入蒙藏委員會主編《西藏與中原關係國際學術研討會論文集》，頁14～26。

〔註195〕林師冠群〈由地理環境析唐代吐蕃向外發展與對外關係〉，收入《唐代文化研討會論文集》，頁252～257。

第六章　唐代的對外管理機構

　　大唐帝國統轄範圍遼闊，唐廷自太宗後又建立出以唐朝為中心的「皇帝・天可汗」，是以唐朝在中央與地方組織機構中，必有專門部門，處理對外問題。本章共分三節，分別討論唐朝對外管理中專職行政機構鴻臚寺與尚書主客司的外交職能、中央與地方處理對外關係的關涉機構以及唐朝與歷代對外管理制度中，最特殊的羈縻府州體制。

第一節　專職管理機構

　　唐代的中央外交管理機構，承襲秦漢、魏晉之制而有進一步的發展。唐代的專職外交機構分為九卿系統中的鴻臚寺與尚書省禮部主客司兩個部門。由於唐代三省六部制的確立和完善，各省職權分明，尚書六部與九卿諸監之間職權有了進一步的釐清、協調，即兩者間是下行上承之關係。尚書六部上承君相之制命，製為政令，頒下於寺監，促其施行而為之節制；寺監則上承尚書六部之政令，親事執行，復以成果上報尚書六部。是故，尚書六部為上級機關，主政務；寺監為下級機關，掌事務。〔註1〕因此，在外交機構中，九寺中的鴻臚寺專掌外交事務，尚書省中禮部主客司負責外交政令，兩者之間職權分明，分工明確，相互配合協作，共同構成中央外交主管部門。本節分為兩部分，分別探討唐代中央專職行政機構中的鴻臚寺與尚書省禮部主客司的職權與功能。

〔註 1〕嚴耕望〈論唐代尚書省之職權與地位〉，收入氏著《唐史研究叢稿》，頁 1～101。

一、鴻臚寺及其外交職能

　　鴻臚寺爲九寺之一，〔註2〕是唐代外交機構中的事務機關。鴻臚寺的設立可上溯到漢朝的大鴻臚。漢代的大鴻臚乃是繼承秦代典客而來。《通典・鴻臚卿》載：

　　　　《周官》大行人，掌大賓客之禮。秦官有典客，掌諸侯及歸義蠻夷。

　　　　漢改爲鴻臚。〔註3〕

漢朝將秦典客改稱大鴻臚，從此定名。〔註4〕關於「鴻臚」一名意涵，各種解釋不一：徐堅《初學記・鴻臚卿》引劉熙《釋名》解：「鴻，大也；腹前曰臚。此言以京師爲心腹，以王侯蕃國爲四體。」；〔註5〕《藝文類聚・鴻臚》引作「腹前肥者曰臚，此主王侯及蕃國，言以京師爲心體，王侯外國爲腹臚，以養之也。」；〔註6〕《史記・孝景本紀》索隱引韋昭說：「鴻，聲也；臚，附也。以言其掌四夷賓客，若皮臚之在外附於身也。」；〔註7〕《漢書・百官公卿表七上》引應劭云：「郊廟行禮讚九賓。鴻，聲；臚，傳之也。」〔註8〕《太平御覽・鴻臚卿》進一步解釋應劭說法：「所以傳聲，贊導九賓也。」。〔註9〕上述說法雖不相一，然其所述分別是由不同角度解釋「鴻臚」一名意涵，有的著眼於鴻臚所掌王侯四夷之事務上；有的則是從鴻臚作爲禮賓官員著眼。要言之，均是從職能方面對「鴻臚」一詞加以解說，認爲「鴻臚」一名稱本身即具有主管外交事務之意涵。

〔註2〕唐代九寺分別爲：太常寺、光祿寺、衛尉寺、宗正寺、太僕寺、大理寺、鴻臚寺、司農寺、太府寺等。

〔註3〕杜佑《通典》卷26〈職官八・鴻臚卿〉，頁724～725。

〔註4〕漢代將秦典客改爲大鴻臚，是經歷一段時間發展。漢初承秦設典客，景帝中六年（前144）改稱爲大行令，武帝太初元年（前104）改稱大鴻臚，同時將鴻臚的屬官行人改稱大行令。王莽曾將大鴻臚改成典樂，至東漢又恢復稱大鴻臚。自此，大鴻臚一名就固定下來，爲歷朝所通稱。參看黎虎《漢唐外交制度史》，頁52、趙雲田《中國邊疆民族管理機構沿革史》，頁73。

〔註5〕徐堅《初學記》卷12〈職官部下・鴻臚卿第十七〉，890冊209頁。這個説法，亦是以中國爲天下中心的世界觀；又同卷引胡廣與韋昭説法不同：「鴻，聲也；臚，傳也。所以傳聲，贊導九賓。」（890冊，頁209）

〔註6〕《藝文類聚》卷49〈職官部五・鴻臚〉，頁1347。又同卷引韋昭〈辨釋名〉對「鴻臚」又有不同解釋：「（鴻臚）掌禮。鴻，大也；臚，陳序也。欲大以禮陳序賓客。」（頁1347）

〔註7〕《史記》卷11〈孝景本紀〉，頁165上。

〔註8〕《漢書》卷19〈百官公卿表七上〉，頁156上。

〔註9〕李昉《太平御覽》卷232〈職官部三十・鴻臚卿〉，頁1101下。

　　唐承隋制設置鴻臚寺，專管對外事務工作。高宗龍朔二年（662）改鴻臚寺爲同文寺，〔註10〕咸亨元年（670）復稱鴻臚寺。武后光宅元年（684）又改爲司賓寺，神龍元年（705）復爲鴻臚寺。〔註11〕鴻臚寺組織及成員分別是卿一人爲長官，從三品；少卿二人爲副，從四品下；〔註12〕丞二人，從六品上；主簿一人，從七品上；〔註13〕錄事二人，從九品上；〔註14〕此外，尙有譯史二十人，其秩不過典客署令的從七品下。〔註15〕鴻臚寺的屬官有典客署及司儀署。《舊唐書・典客署》載：唐初改典蕃署爲典客署，置令一人爲長官，從七品下；丞二人爲副，從八品下。此外，尙有掌客十五人，正九品上；流外吏職人員典客十三人、府四人、史八人、賓僕十八人、掌固二人等。司儀署置令一人，正八品下；丞一人，正九品下；流外吏職人員有司儀六人、府二人、史四人、掌設十八人、齋郎三十三人、掌固四人、幕士六十人等。〔註16〕除了典客、司儀二署外，鴻臚寺的屬官尙有禮賓院。〔註17〕禮賓院初設似不屬鴻臚寺，及至玄宗天寶十三載（754）才歸鴻臚寺統轄。〔註18〕

　　唐代的鴻臚寺，除了管理高級官員喪葬和二王之後裔外，〔註19〕主要就是負責對外方面事務。茲據史料之載記，將鴻臚寺之主要職權綜述於下，具

〔註10〕《唐會要》卷66〈鴻臚寺〉謂改爲司賓寺，頁1151。案，《唐六典・鴻臚寺》、《通典・職官八・鴻臚寺》、《舊唐書・職官三・鴻臚寺》均記高宗龍朔二年改鴻臚寺爲同文寺，今據此。

〔註11〕《唐六典》卷18〈鴻臚寺〉，頁506～507；杜佑《通典》卷26〈職官八・鴻臚寺〉，頁725；《舊唐書》卷44〈職官三〉，頁520上。

〔註12〕杜佑《通典》卷40〈職官二二・秩品五〉記八寺少卿爲從四品上，頁1095。

〔註13〕《唐六典》卷18〈鴻臚寺〉載高祖武德中，主簿二人，正八品；太宗貞觀中改爲一人，從七品上，頁509。

〔註14〕《唐六典》卷18〈鴻臚寺〉，頁506～507。

〔註15〕《唐六典》卷2〈尚書吏部・吏部郎中〉注文，頁42；《新唐書》卷45〈選舉下〉，頁322下。

〔註16〕《舊唐書》卷44〈職官三・鴻臚寺〉，頁520下。又可參看《唐六典》卷18〈鴻臚寺〉，頁510～511。

〔註17〕《資治通鑑》卷232，德宗貞元三年（787）七月條胡三省注載：「鴻臚掌四夷之客，有禮賓院。」（頁7493）；同書卷240，憲宗元和十四年（819）胡注記：「元和九年（814），置禮賓院於長興里之北。宋白曰：『屬鴻臚寺。』」（頁7758）。

〔註18〕《唐會要》卷66〈鴻臚寺〉載：「天寶十三載（754）二月二十七日，禮賓院，自今後，宜令鴻臚勾當檢校。應緣供擬，一物已上，並令鴻臚勾當。」（頁1151）

〔註19〕《唐六典》卷18〈鴻臚寺〉載：「凡詔葬大臣，一品則卿護其喪事；二品則少卿；三品，丞一人往，皆命司儀，以示禮制也。」（頁507）。又唐封隋朝楊氏之后裔爲酅公，封北周宇文氏之后裔爲介公。

體說明唐代鴻臚寺外交方面的功能。

（一）辨四方夷狄君長等位

　　在第二章我們論及中國人的天下觀，其內涵是以中國為中心的世界秩序，是故中國的對外禮儀，即依據必須確保並體現中國在世界秩序中的崇高地位及各國在以中國為中心的世界秩序相對地位兩項基本原則制定。中國的世界秩序是依其國內身分等級制向外延伸的結果。「大」與「小」這兩個標準決定每個國家在這個秩序中的地位。「大國」並不一定是領地幅員廣大，而是指已向中國表示臣服的國家；「小國」也並不一定是地少人稀，而是指那些拒絕效忠或尚未效忠天子的國家。「大小」決定於臣服中國的時間先後而定，〔註20〕也決定使者被接見的次序。〔註21〕除此之外，中國也採用兼顧一國實力及其對中國的政治態度，來決定這個國家的國際地位，並依此將其分為五等，每一等與一特定的中國官階相對應。〔註22〕中國的天下秩序既是依據上述觀念建立起來。〔註23〕古人將這種世界秩序觀比擬為太陽系：中國猶如太陽，四夷猶如環繞太陽的行星。〔註24〕中國朝廷通過一系列禮儀活動，體現中國的世界秩序觀，「辨四方夷狄君長等位」即是其中之一，而這項工作則是由鴻臚寺擔任。《唐六典・鴻臚寺》載：

> 凡四方夷狄君長朝見者，辨其等位，以賓待之。凡二王之后及夷狄
> 君長之子襲官爵者，皆辨其嫡庶，詳其可否，以上尚書。若諸大酋

〔註20〕太宗貞觀十三年（639）薛延陀與東突厥使者爭大小，唐廷因薛延陀於貞觀三年（629）接受中國封號，且助唐攻東突厥，故視為大國；將東突厥視為小國。太宗曾言：「我策爾延陀日月在前，今突厥理是居後。後者為小，前者為大，……」。是故，「大小」是依據臣服中國先後而定。參看《舊唐書》卷194〈突厥傳上〉，頁1487下；《資治通鑑》卷195，太宗貞觀十三年（639）六月條，頁6148～6149。

〔註21〕《大唐開元禮》卷79〈賓禮・蕃主朝見〉載：「蕃主奉見：……若更有諸蕃，以國大小為敘。」（646冊489頁）

〔註22〕《新唐書》卷46〈百官一・主客郎中員外郎〉載：三等外國使節「第一等視三品，第二等視四品，第三等視五品，蕃望非高者，視散官而減半。」（頁330上）；同書卷48〈百官三・鴻臚寺〉載：「凡四夷君長以蕃望高下為簿，朝見辨其等位，第三等居武官三品之下，第四等居五品之下，第五等居六品之下。」（頁344上）

〔註23〕參看王貞平《漢唐中日關係論》，頁35～41。

〔註24〕《舊唐書》卷199〈東夷傳上〉：「且中國之於夷狄，猶太陽之對列星。」（頁1537下）；又記於樂史《太平寰宇記》卷173〈四夷二〉高勾驪國條，頁492下。

　　　　渠有封建禮命，則受冊而往其國。〔註25〕

這個記載表明對四方夷狄君長，辨其等位；對四方夷狄君長之子，辨其嫡庶。前者用以安排唐廷對其「以賓待之」之規格；後者則爲確定其是否具繼承官爵之資格。鴻臚寺辨別四方夷狄君長的等位是根據其「蕃望」高下，即其國勢之強弱、國際地位之高低及其與唐朝關係疏密等。〔註26〕唐廷在辨別各夷狄等位後，依其不同等級，給予不同禮賓待遇，〔註27〕並透過這一套禮制將大唐聲教推廣於國際。不惟唐廷重視辨別等位，夷狄君長也非常重視其國在唐廷中的等位。由於中國朝廷禮儀，是依四夷的等位，安排使節朝見時的次序、座次班位及決定授予使節官階大小及使節所代表國家的國際地位，故夷狄君長認爲，透過中國朝廷的禮儀安排，即能反映本國與其它國家的國際地位高低。〔註28〕因此，等位的安排常在四夷間引發衝突，中國史書稱之爲「爭長」。〔註29〕由此可見，辨別四夷等位是一項非常重要的工作，也是鴻臚寺最重要的職掌。孫逖在〈鴻臚少卿壁記〉曾謂：「致其饔餼，辨其等威。」〔註30〕把「辨其等威」看作

〔註25〕　《唐六典》卷18〈鴻臚寺〉，頁507。

〔註26〕　有關「蕃望」可參看石見清裕〈唐代の蕃望について〉，載文部省科學研究成果報告書《東アジア史上の國際關係と文化交流》，頁20～34。

〔註27〕　《唐六典》卷18〈鴻臚寺・典客署〉注文載：「三品以上准第三等，四品、五品准第四等，六品以下准第五等。其無官品者，大酋渠首領准第四等，小酋渠首次第五等。」；「諸蕃使主、副五品以上給帳、氈、席，六品以下給幕及食料。」（頁510）

〔註28〕　參看王貞平《漢唐中日關係論》，頁57～59、65～66。

〔註29〕　如玄宗開元十八年（730）發生突騎施與西突厥使者爭長情形。西突厥使者稱突騎施曾爲其臣屬國，故其使者居上位不當；突騎施使者蘇祿則稱，宴會本爲其所設，若坐西突厥使者之下，則不當。玄宗召中書門下官員討論解決辦法，最後以皇帝頒敕，分設東西兩帳，以東帳招待西突厥使者，西帳招待突騎施使者，解決此一紛爭。參看《舊唐書》卷194〈突厥傳下〉，頁1496下；《資治通鑑》卷213，玄宗開元十八年（730）條，頁6792。又如肅宗乾元元年（758）五月壬申，回紇使者多乙亥阿波與黑衣大食酋長鬧文在朝見時相遇，二人爲進宮先後發生爭執，通事舍人不得已，將二人分開。最後肅宗下詔，命二人由東西兩宮門同時入宮，解決這一爭端。參看《舊唐書》卷10〈肅宗紀〉，頁89下～90上、卷195〈迴紇傳〉，頁1499下；《冊府元龜》卷971〈外臣部・朝貢四〉，頁11414下。夷狄「爭長」又見於昭宗乾寧四年（897）渤海使與新羅使因座次問題發生爭執。參看濱田耕策〈唐朝における渤海と新羅の爭長事件について〉，載末松保和博士古稀紀念會編《古代東アジア史論集（下）》頁341～358。

〔註30〕　孫逖〈鴻臚少卿壁記〉，收入《全唐文》卷312，頁3169下。

是鴻臚寺兩大職掌之一。而鴻臚寺的屬官，在接待外蕃時，〔註31〕亦根據蕃客等位行事。〔註32〕

（二）設宴款待

　　四夷君長、使節來京後的宴享款待，也是鴻臚寺的重要職掌。前面提及的孫逖〈鴻臚少卿壁記〉稱「致其饔餼」是鴻臚寺職掌重要內容之一。《舊唐書‧鴻臚寺》記：「享宴之數，……皆載於鴻臚之職焉。」；〔註33〕而屬官典客署也設有丞一人，專門負責處理廚房之事，每季終會計支出。〔註34〕設宴款待蕃客的重要性，可從張鷟《龍筋鳳髓判‧沙苑監》一個判例看出，其云：

> 鴻臚寺狀稱：默啜使入朝，宴設蕃客，沙苑監李秀供羊瘦小，邊使咸怨，御史彈付法。〔註35〕

其判辭曰：

> 聖朝仁以接物，德以和人，矜其屬國之情，待以蕃臣之禮。李秀職編沙苑，位縮牧司，輒隱肥羊，翻將瘦羖。一羊供國，罕見滋蕃，三百維群，如何檢察？羸肌薄毳，供旦饘而難充，瘦骨穿皮，濟晨炊而無用……遂使賢王結恨，恥大國之風輕，驕子相嫌，鄙中州之禮薄。憲司彈劾，允合公條，大理糾繩，固難私縱。〔註36〕

默啜為突厥可汗，其使來朝，鴻臚寺為其設宴款待。負責牛羊供應的沙苑監李秀所供羊瘦小，招致來使不滿，而受到御史彈劾。由此可見鴻臚寺宴享蕃客的重要意義，其饈饌之優劣，因事關國體，影響對外關係甚巨，故不可不慎。鴻臚寺所設立款待蕃客宴會的場所早期是在「錫宴堂」。溫庭筠曾在〈鴻臚寺有開元中錫宴堂，樓臺池沼雅為勝絕，荒涼遺址，僅有存者，

〔註31〕唐人習於稱外國、外族為「蕃國」，如《唐六典》卷4〈尚書禮部‧主客郎中〉載：「凡四蕃之國經朝貢已後自相誅絕及有罪見滅者，蓋三百餘國。今所在在，有七十餘蕃。」（頁160～161）而將來朝的君長、酋渠、使節稱之為「蕃客」。本文所謂的「外蕃」或「蕃客」主要即是上述所指的外國（族）君長、酋渠、使節等。

〔註32〕《唐六典》卷18〈鴻臚寺‧典客署〉載：「凡朝貢、宴享、送迎預焉，皆辨其等位而供其職事。」（頁510）

〔註33〕《舊唐書》卷44〈職官三‧鴻臚寺〉，頁520上；《新唐書》卷48〈百官三‧鴻臚寺〉也謂宴享，「皆預焉」（頁344上）

〔註34〕《唐六典》卷18〈鴻臚寺‧典客署〉載：「丞一人判廚事，季終則會之。」（頁510）

〔註35〕張鷟《龍筋鳳髓判》卷2〈沙苑監〉，889冊，頁886。

〔註36〕同上，頁886～887。

偶成四十韻〉一詩云：「盤斗九子粽，甌擎五云漿。……錫宴得幽致，車從
眞煒煌。」可看出其餉饌豐盛，風景幽雅。及至後期，款待蕃客的場所改
爲「禮賓院」。禮賓院設置於何時，史載不詳，但最晚在玄宗天寶十三載（754）
已設。〔註 37〕唐代禮賓院原設於崇仁坊，憲宗元和年間移入長興坊，正式
成爲接待外賓的專門機構。〔註 38〕韓愈〈論佛骨表〉有記，對於蕃客「來
朝京師，陛下容而接之，不過宣政一見，禮賓一設」。〔註 39〕圓仁《入唐求
法巡禮行記》卷 1 記：有日本使團一行騎入城，在城東禮賓院下榻。〔註 40〕
《冊府元龜》載：代宗大曆二年（767）三月己卯「宴吐蕃使於禮賓院」。〔註
41〕除了宴享蕃客外，鴻臚寺同時也負責客館的管理及廩食、物資的供給，
供給標準也依蕃客的蕃望高低而定。《唐六典・典客署》載：「凡酋渠首領
朝見者，則館而禮供之。」〔註 42〕《冊府元龜・外臣部・請求》記：敬宗
寶歷元年（825）新羅王金彥昇遣使入朝，將新赴朝貢金允夫、金立之、樸
亮之等十二人，留唐宿衛，「仍請配國子監習業，鴻臚寺給資糧。」〔註 43〕
《舊唐書・迴紇傳》也記：穆宗長慶元年（821）五月，太和公主下嫁回紇，
「回鶻宰相、都督、公主、摩尼等五百七十三人入朝迎公主，於鴻臚寺安
置。」；〔註 44〕《新唐書・典客署》載：典客署負責「酋渠首領朝見者，給
廩食。」〔註 45〕《唐六典・典客署》載：「諸蕃使主、副五品已上給帳、氈、
席，六品已下給幕及食料。」〔註 46〕由上所見，蕃客的廩食、物資、住宿
均由鴻臚寺安排管理。

〔註 37〕禮賓院最晚設於玄宗天寶十三載（754），據《唐會要》卷 66〈鴻臚寺〉載：「天
寶十三載二月二十七日，禮賓院自今後宜令鴻臚勾當檢校，應緣供擬，一物
已上，並令鴻臚勾當。」（頁 1151）由是而知禮賓院爲鴻臚寺所屬機構，負責
接待外國使節、提供胡客宿泊之公館。

〔註 38〕徐松撰、李健超增訂《增訂唐兩京城坊考》卷 2 載：「禮賓院在（長興）坊之
北街，元和九年六月置。按院即禮會院，自崇仁坊移此。」（頁 65）

〔註 39〕韓愈〈論佛骨表〉，收入《全唐文》卷 548，頁 5552 下。

〔註 40〕圓仁《入唐求法巡禮行記》卷 1，頁 18 上。

〔註 41〕《冊府元龜》卷 976〈外臣部二十・褒異三〉，頁 11461 下。

〔註 42〕《唐六典》卷 18〈鴻臚寺・典客署〉，頁 510；又《新唐書》卷 48〈百官三・
典客署〉載：「典客署置掌客十五人，顓蒞館舍。」（頁 344 上）

〔註 43〕《冊府元龜》卷 999〈外臣部四十四・請求〉，頁 11724 下。

〔註 44〕《舊唐書》卷 195〈迴紇傳〉，頁 1503。

〔註 45〕《新唐書》卷 48〈百官三・典客署〉，頁 344 上。

〔註 46〕《唐六典》卷 18〈鴻臚寺・典客署〉，頁 510。

（三）擬授官位與執行冊封

鴻臚寺在辨別蕃客等位之後，根據夷狄蕃望的高低，擬定授予不同等級的官位。《全唐文》曾載吐火羅葉護那都泥利之弟僕羅因鴻臚寺授官不當，而上書申訴一事。據《全唐文・訴授官不當上書》稱：

> 僕羅至此，爲不解漢法，鴻臚寺不委蕃望大小，有不比類流例，高下相懸，即奏擬授官。……竊見石國、龜茲、並餘小國王子首領等，入朝元無功效，並緣蕃望授三品將軍。況僕羅身恃勤本蕃，位望與親王一種，比類大小與諸國王子懸殊，卻授僕羅四品中郎。但在蕃王子弟娑羅門瞿曇金剛龜王子白孝順等，皆數改轉，位至諸衛將軍。唯僕羅最是大蕃，去神龍元年蒙恩敕授左領軍衛翊府中郎將。至今經一十四年，久被淪屈，不蒙准例授職，不勝苦屈之甚。〔註47〕

據《唐六典・兵部尚書》載：「正三品曰冠軍大將軍，懷化大將軍，從三品曰雲麾將軍，歸德將軍。……凡懷化、歸德將軍量配於諸衛上下，其餘并兵部定其番第。」〔註48〕其注曰：「懷化大將軍、歸德將軍，皇朝所置，以授蕃官」。〔註49〕僕羅認爲石國、龜茲和其餘小國王子蕃望不如自己，但授予三品將軍，並改轉位至諸衛將軍，而自己卻一直是四品中郎。因而訴狀上呈玄宗，玄宗作成批示云：「敕鴻臚准例定品秩，勿令稱屈」。〔註50〕根據這個案例，可見確定參與授予蕃客適當的官品，是鴻臚寺一個重要的職責。就蕃族而言，也十分重視唐朝的冊封，希望藉由得到中央王朝的冊封，提高其在本族的政治地位，如薛延陀首領夷男曾自豪的說：「我本鐵勒之小帥也，天子立我爲可汗，今復嫁我公主，……斯亦足矣」。〔註51〕唐代對外族授官十分普遍，甚至達到過濫地步。《大唐新語・諧謔》曾記載一個故事：

> 則天朝，諸蕃客上封事，多獲官賞，有爲右臺御史者。則天嘗問張元一曰：「近日在外有何可笑事？」元一對曰：「朱前宜著綠，泉仁傑著朱。閻知微騎馬，馬甫騎驢。將名作姓李千里，將姓作名吳揚

〔註47〕僕羅〈訴授官不當上書〉，收入《全唐文》卷999，頁10355上。

〔註48〕《唐六典》卷5〈尚書兵部・兵部尚書〉，頁166～167。

〔註49〕懷化、歸德將軍之職銜設於高宗顯慶三年（658）。《唐會要》卷100〈歸降官位〉載：「顯慶三年八月十四日，置懷化大將軍，正三品；歸化（德）將軍，從三品，以授初投首領，仍隸屬諸衛，不置員數及月俸料。」（頁1798）

〔註50〕《冊府元龜》卷999〈外臣部四十四・請求〉，頁11722上。

〔註51〕《舊唐書》卷199下〈鐵勒傳〉，頁1544下。

吾。左臺胡御史，右臺御史胡。」胡御史，元禮也；御史胡，蕃人
為御史者。尋授別敕。〔註52〕

張元一以「胡御史」與「御史胡」一事，譏諷朝廷授予蕃人官職過濫。

　　除了授予官職，鴻臚寺另一個重要任務是執行冊封。對於諸蕃的冊封，
主要仍是依據蕃客的蕃望及等位，而具體執行也是鴻臚寺。《唐六典·鴻臚寺》
載：「若諸蕃大酋渠有封建禮命，則受冊而往其國。」〔註53〕這種情形，實例
甚多，如：太宗貞觀七年（633）派遣鴻臚少卿劉善因出使西突厥，冊阿史那
彌射為奚利邲咄陸可汗；〔註54〕德宗貞元五年（789），唐遣鴻臚卿郭鋒持節
冊拜天親可汗子為忠貞可汗。不久，忠貞可汗卒，又遣鴻臚少卿庾鋋冊其幼
子阿啜為奉誠可汗；〔註55〕宣宗大中元年（847），命鴻臚李業入蕃冊黠戛斯
王子為英武誠明可汗等等，〔註56〕不勝屢舉。〔註57〕

（四）醫藥喪葬

　　蕃客在唐期間若生病、死亡，則其醫藥、喪葬是由唐廷負責，這項事務
也是歸由鴻臚寺管理。《舊唐書·典客署》載：「典客署……蕃客如疾病死喪，
量事給之。」〔註58〕而「量事給之」的具體內容，《唐六典·典客署》有詳細
的說明：

> 若疾病，所司遣醫人給以湯藥。若身亡，使主、副及第三等以上官
> 奏聞。其喪事所須，所司量給。欲還蕃者，則給輿遞至境。（注：首領
> 第四等以下不奏聞，但差車、牛送至墓所。）諸蕃使主、副五品以上給帳、氈、
> 席，六品以下給幕及食料。〔註59〕

根據此條可知，蕃客若有疾病，則典客署遣醫人給以湯藥；若蕃客死亡，則
負責料理其喪葬事宜。使團之正、副長官及三等以上蕃客死亡，要上報有關
部門，並派車輿送至邊境；第四等以下蕃客死亡，則不須上報，而其遺體也

〔註52〕劉肅《大唐新語》卷13〈諧謔第二十八〉，頁189。
〔註53〕《唐六典》卷18〈鴻臚寺〉，頁507。
〔註54〕《舊唐書》卷194〈突厥傳下〉，頁1494上。
〔註55〕《新唐書》卷217〈回鶻傳上〉，頁1590下。
〔註56〕《舊唐書》卷18〈宣宗紀〉，頁197下。
〔註57〕有關鴻臚寺入蕃冊封，多記載於《冊府元龜》卷965〈外臣部·冊封〉部份，
　　　　可參看。
〔註58〕《舊唐書》卷44〈職官三·典客署〉，頁520下。
〔註59〕《唐六典》卷18〈鴻臚寺·典客署〉，頁510。

不解送本國，是直接就地埋葬。《冊府元龜・外臣部・褒異》載：「渤海王子留宿衛大都利行卒，……賜絹三百匹、粟三百石，命有司弔祭，官造靈輿歸蕃。」〔註60〕此即屬上官奏聞，給輿遞至境案例；《唐會要・鴻臚寺》載：玄宗天寶八載（749）三月二十七日敕曰：「九姓、堅昆諸蕃客等，因使入朝身死者，自今后，使給一百貫充葬，副使及妻，數內減三十貫。其墓地，州縣與買，官給價直。其墳墓所由營造。」〔註61〕此項規定，則是外交使節如有死亡，均就地埋葬，不再解送蕃國。

（五）接受蕃國貢品

蕃國定期遣使進貢，對中國朝廷而言是以實際行動向中國天子臣服的表現。接受蕃國的朝貢物品，也是鴻臚寺的職責。這個工作，可分成幾個方面進行：1. 接受呈報。《新唐書・鴻臚寺》謂：「蕃客所獻之物，先上其數於鴻臚。」〔註62〕其程序為「若諸蕃獻藥物、滋味之屬，入境州縣與蕃使苞匭封印，付客及使，具其名數牒寺。」〔註63〕地方州縣將蕃客所獻貢物包裝封印後，寫清其品種和數量，並報於鴻臚寺；2. 進行驗收。《新唐書・鴻臚寺》記：「獻馬，則殿中、太僕寺蒞閱，良者入殿中，駑病入太僕。獻藥者，鴻臚寺驗覆。」〔註64〕殿中省、太僕寺掌管天子服御之事，其中包括廄牧輦輿之政，〔註65〕故蕃客所獻馬由殿中省、太僕寺驗收，藥物及其他物品則由鴻臚寺負責；3. 議定價格。《唐六典・典客署》注載：「寺司勘訖，牒少府監及市，各一官領識物人定價。」〔註66〕當鴻臚寺驗收完畢後，交送到少府監及市易部，由他們委派懂得行情者進行定價。這裏所說的「市」可能是指太府寺的屬官兩京諸市署。〔註67〕若是無法定價的物品，則由鴻臚寺酌情定價，以為報答。《白氏六帖事類集》卷22引唐〈主客式〉記：「諸

〔註60〕《冊府元龜》卷975〈外臣部二十・褒異二〉，玄宗開元十六年（728）四月癸未條，頁11451下。

〔註61〕《唐會要》卷66〈鴻臚寺〉，頁1151。

〔註62〕《新唐書》卷48〈百官三・鴻臚寺〉，頁344上。

〔註63〕《唐六典》卷18〈鴻臚寺・典客署〉注文，頁510。

〔註64〕《新唐書》卷48〈百官三・鴻臚寺〉，頁344上。

〔註65〕《唐六典》卷18〈鴻臚寺・典客署〉注文，頁510。

〔註66〕同上註。

〔註67〕《新唐書》卷48〈百官三・太府寺〉載：「兩京諸市署令……掌財貨交易、度量器物，辨其真偽輕重。」（頁345下）

蕃夷進獻，若諸色無估計物，鴻臚寺量之酬答也。」〔註68〕而所謂的「無估計物」，據《新唐書・鴻臚寺》所記是指：鷹、鶻、狗、豹等；〔註69〕4. 上報轉呈。鴻臚寺在進行議定價格的同時，也將蕃客所獻的物品，開列清單，上報中書省。《唐六典・典客署》注載：「仍牒中書，具客所將獻物」，〔註70〕在上報中書門下並具客獻物後，鴻臚寺將引導蕃客呈送貢品，如《新唐書・鴻臚寺》所載：「凡獻物，皆客執以見，駝馬則陳於朝堂。」〔註71〕除了蕃客上貢外，朝廷官員若收到蕃客所饋贈的物品，也會通過鴻臚寺上交。《冊府元龜》曾載：玄宗開元二十三年（735）二月，吐蕃贊普遣其臣悉諾勃藏來賀正，貢獻方物，同時贈送銀器給宰相。侍中裴耀卿、中書令張九齡、禮部尚書平章事李林甫等奏：「臣等忝職樞近，不合輒受吐蕃餉方物，并望敕鴻臚進內。」〔註72〕上述四個程序即是蕃國進獻貢品整個過程，而其中自始至終，皆是由鴻臚寺執行完成。

（六）翻譯蕃語

唐代國土幅員遼闊、國勢強盛，與外蕃接觸頻繁。據《唐六典・主客郎中》記載，唐代的蕃國在玄宗開元年間有七十餘國，在注文中詳細記錄這七十餘蕃的名稱。〔註73〕是故翻譯蕃語，成為唐廷朝見蕃客時，一個重大問題。據《漢書・百官公卿表七上》記載，漢代大鴻臚屬官有行人、譯官、別火三令丞。〔註74〕譯官即負責翻譯，故而唐代鴻臚寺亦設有翻譯人員。《唐六典・吏部郎中員外郎》注文謂唐制：「凡諸司置直，皆有定制……鴻臚寺譯語並計二十人。」〔註75〕這二十名譯語就是鴻臚寺專門翻譯人員。其品秩雖不高，不超過從七品下的典客署令職位，〔註76〕但其職能卻是鴻臚寺不可缺少的重要工作。譯語工作可分為二個：一是進行口譯並引導賓客。如玄宗開元年間，

〔註68〕白居易《白氏六帖事類集》卷22，頁476。
〔註69〕《新唐書》卷48〈百官三・鴻臚寺〉，頁344上。
〔註70〕《唐六典》卷18〈鴻臚寺・典客署〉注文，頁510。
〔註71〕《新唐書》卷48〈百官三・鴻臚寺〉，頁344上。
〔註72〕《冊府元龜》卷971〈外臣部十六・朝貢四〉，頁11409下～11410上。
〔註73〕《唐六典》卷4〈尚書禮部・主客郎中〉，頁160～161。然《唐六典》所記這七十餘國並不完整，此外，尚有如驃國、占城、高麗、百濟、渤海、南詔、回紇等，均未被載入。
〔註74〕《漢書》卷19〈百官公卿表七上〉，頁156上。
〔註75〕《唐六典》卷2〈尚書吏部・吏部郎中員外郎〉注文，頁42。
〔註76〕《新唐書》卷45〈選舉下〉，頁322下。

箇失密遣使者物理多來朝，「因丐王冊，鴻臚譯以聞」，[註77] 通過鴻臚寺譯語人員翻譯箇失密使者語言；又如德宗貞元四年（788）咸安公主下嫁回鶻，回鶻公主來迎「回鶻公主入銀台門，長公主三人候諸內，譯史傳導，拜必答，挹與進……回鶻公主入拜謁已，內司賓導至長公主所，又譯史傳問，乃與俱入」。[註78] 譯史不僅擔任翻譯工作，也兼具引導賓客的作用；二是進行外交文書的筆譯。如武宗會昌三年（843）批駁點戛斯來文中的問題「爾地致書，彼此不會。且書不可以盡言，言不可以盡意。況蕃、漢文字，傳譯不同，祇在共推赤心，永保盟好，豈必緣飾詞語。」[註79] 說明了雙方文書是經過「傳譯」過程，而「傳譯」即是譯史擔任。

除了上述六項主要職能外，鴻臚寺亦職掌蕃客的迎送往來、蕃客在唐境內的活動安排與監督、質子留學生的管理、瞭解蕃情等等，[註80] 處理唐朝與外國交往中，各種外交事務工作。

綜上以觀，鴻臚寺在唐代具有二項特點：其一，具全方位的外交機能。鴻臚寺對外工作，從蕃客等位辨定、禮賓接待、生活管理、執行冊封受爵等，可說是全面負責、無所不包。這代表著唐代鴻臚寺作爲一個外交管理機構，已趨成熟；其二，鴻臚寺的職能更加專業化。漢代鴻臚寺除具對外關係外，尚負有封國王侯事務、地方郡國事務，魏晉南北朝時期，鴻臚寺又增宗教事務等。及至唐代，這些事務多轉由其他寺監負責，鴻臚寺則成爲專業化的外交機構。《王崇俊墓誌銘》有謂：「授公鴻臚卿，則四門來賓，遠方咸貢。」[註81] 即強調鴻臚寺官員的主要職能。[註82]

二、尚書省主客司及其外交職能

三省制度歷經兩漢魏晉南北朝的創制、發展，到了隋唐時期已趨成熟。唐代前期，三省長官均爲宰相，其職權相互分工負責是中書主出命，門下主封駁，尚書主奉行。尚書省成爲全國最高的政務機關，「天下綱維，百司所稟」、[註83]「事無不總」，[註84] 負責全國政務的推動執行。唐承隋制，設尚書令

[註77]《新唐書》卷 221〈西域傳下〉，頁 1626 下。
[註78]《新唐書》卷 217〈回鶻傳上〉，頁 1590 上。
[註79]《冊府元龜》卷 980〈外臣部二十五‧通好〉，頁 11517 下。
[註80] 可參看黎虎《漢唐外交制度史》，頁 314～341。
[註81] 周紹良等編《唐代墓誌匯編》，貞元 050 條〈王崇俊墓誌銘〉，頁 1872。
[註82] 黎虎《漢唐外交制度史》，頁 344～345。
[註83]《舊唐書》卷 70〈戴冑傳〉，頁 699 下。

一人作爲尙書省長官，〔註85〕左右僕射各一人爲副。唐代尙書省設置都省，作爲尙書省的辦公場所。尙書省下轄六部，分別爲吏部、戶部、禮部、兵部、刑部、工部，各部又下設四司。因此，唐代尙書省有六部二十四司。其中的禮部下四司中的主客司專門負責唐代對外關係中政務的工作，〔註86〕是唐代外交政令的專職部門。

《漢舊儀》云：「尙書郎四人，其一主匈奴單于營部。蓋主客之任也。」是故，主客在漢即設立。隋煬帝大業五年（609）將主客改爲司蕃，唐初復改爲主客司，高宗龍朔二年（662）又改稱司蕃，咸亨二年（671）復稱爲主客司。〔註87〕主客司置郎中一人爲長官，從五品上；〔註88〕員外郎一人，從六品上；主事二人，從九品上；令史四人、書令史九人、掌固四人等。〔註89〕

隋唐時代，尙書省與各寺監之關係有了明確的劃分協調，尙書諸司爲政務機關，對寺監負實行政令指揮；各寺監爲事務機關，在尙書諸司指揮下，執行種項職務。尙書禮部主客司與鴻臚寺的關係即是如此，主客司掌管外交政令，鴻臚寺辦理主客司所製訂的外交事務，兩者權責分明，相互配合。因此，主客司與鴻臚寺的外交職能大體一致，只是政令與事務之區別，所以史書官志在敘述主客司的職責時，大抵省略，如《唐六典・主客郎中》載：「其朝貢之儀，享燕之數，高下之等，往來之命，皆載於鴻臚之職焉。」〔註90〕不過史籍中，對主客司尙有部份具體敘述，茲分記於下：

（一）蕃客朝見、宴享之管理

《唐六典・主客郎中》記：「主客郎中、員外郎掌二王後及諸蕃朝聘之事。」；〔註91〕劉禹錫在〈授主客郎中制〉也述主客郎之職是：「統彼行人之

〔註84〕《隋書》卷28〈百官下〉，頁377上。

〔註85〕由於唐太宗李世民曾擔任過尙書令，故自高祖後，尙書令基本上闕而不置，左右僕射成爲實際行使尙書省職權者。

〔註86〕尙書省除了主客司外，尙有禮部司、祠部司、膳部司。三司中，也有部份職能負責唐代對外關係。詳參本章第二節中央關涉機構內容。

〔註87〕《唐會要》卷59〈主客郎中〉，頁1028。

〔註88〕主客郎中，高宗龍朔二年（662）改稱司蕃大夫，咸亨二年（671）復舊。參《唐會要》卷59〈主客郎中〉，頁1028。

〔註89〕《唐六典》卷4〈尙書禮部・主客郎中〉，頁160；《舊唐書》卷43〈職官二・主客郎中〉，頁506上。

〔註90〕《唐六典》卷4〈尙書禮部・主客郎中〉，頁161。

〔註91〕同上，頁160。

家，綏其外臣之務。朝聘則定位，宴會則辨儀。穆我四門，深於九澤。用委稾街之政，克資粉署之賢。」〔註92〕可見，蕃客來唐後，其朝見、宴享之規格和待遇，依據蕃客等第不同而有差別，其判定高低是由主客司掌理負責。《新唐書・主客郎中員外郎》載：「客初至及辭設會，第一等視三品，第二等視四品，第三等視五品，蕃望非高者，視散官而減半，參日設食。……供客食料，以四時輸鴻臚，季終句會之。」〔註93〕這裏將蕃客依蕃望之高下，分為第一、二、三及等外四個等級，其待遇是第一等蕃客按唐職事官第三品待遇，以此類推，三等之外，蕃望非高者，則「視散官而減半」，而食料之供給，也依等級而定。〔註94〕隋唐時代官員有散官與職事官之正式區分。《隋書・百官下》記：「居曹有職務者為執事官，無職務者為散官」，〔註95〕即職事官是有具體之職務、官位及品級之職官，散官則是沒有具體職務之序階之官。〔註96〕主客司在判定蕃客蕃望高下後，依其等級，作為接待管理之標準。

（二）蕃客入朝、返國之審核管理

《新唐書・主客郎中員外郎》載：「殊俗入朝者，如至之州給牒，覆其人數，謂之邊牒。蕃州都督、刺史朝集日，視品給以衣冠、褲褶。乘傳者，日四驛，乘驛者，六驛。」〔註97〕其內容有三：一是來使入境時之人數主客司負責審核批准，發給邊牒；二是對於周邊地區羈縻州的都督、刺史，他們到唐朝集會之日，由主客司負責其品級及相對應的衣冠、服飾批給、賜予；三是負責蕃客赴京途中交通待遇。蕃客完成使命後，返國之回程糧料，由唐朝供給，主客司管理。《新唐書・主客郎中員外郎》記：「路由大海者，給祈羊豕皆一。西南蕃使還者，給入海程糧；西北諸蕃，則給度磧糧。」〔註98〕而糧料的供給，則視蕃國距唐朝地域的遠近而有不同，如武后曾規定：「蕃國使入朝，其糧料各分等第給，南天竺、北天竺、波斯、大食等國使，宜給

〔註92〕劉禹錫〈授主客郎中制〉，收入《全唐文》卷599，頁6061上。
〔註93〕《新唐書》卷46〈百官一・主客郎中員外郎〉，頁330上。
〔註94〕《唐六典》卷4〈尚書禮部・膳部郎中員外郎〉載：「蕃客在館食料五等。蕃客設食料，蕃設會料，各有等差焉。」（頁158）；《唐會要》卷100〈雜錄〉亦載有：「證聖元年九月五日敕，蕃國使入朝，其糧料各分等第給。」（頁1798）
〔註95〕《隋書》卷28〈百官下〉，頁380下。
〔註96〕《舊唐書》卷42〈職官一〉稱散官為「不理職務，加官而已。」（頁498上），用以表示級品。
〔註97〕《新唐書》卷46〈百官一・主客郎中員外郎〉，頁330上。
〔註98〕同上，頁330下。

六個月糧；尸利佛誓、眞臘、訶陵等國使，給五個月糧；林邑使給三個月糧」。
〔註99〕蕃客返國時所帶物和通行之過所，也由主客司核發。〔註100〕這些蕃客入朝、返國時的接待工作，均是由禮部主客司負責指導。

（三）蕃客之官爵受與、宿衛管理

　　《新唐書·禮部郎中員外郎》載：「諸蕃首領喪，則主客、鴻臚月報。」〔註101〕；《唐六典·鴻臚寺》記：「夷狄之子襲官爵者，皆辨其嫡庶，詳其可否，以上尙書。」〔註102〕凡蕃國酋領死亡，則鴻臚上報主客司，再由主客司申報尚書省禮部。而蕃國官爵繼承上，「蕃王首領死，子孫襲初授官，兄弟子降一品，兄弟子代攝者，嫡年十五還以政。」〔註103〕蕃酋直系子孫，可繼承其初授之官，若由兄弟之子繼承，則相應降低一品；由兄弟之子代攝，則待蕃王嫡子年滿十五歲時，還以政。在宿衛管理上，由於唐天子是當時東亞國際上的領袖，享有「天可汗」之尊稱，故四周蕃國多有派員入唐宿衛（參看表十一〈蕃國入唐宿衛表〉）。〔註104〕這種入朝宿衛的管理工作，是由主客司掌理。《新唐書·主客郎中員外郎》記：「蕃客請宿衛者，奏狀貌年齒。」〔註105〕由主客司把請求入朝宿衛的人員，根據蕃客之身材、年齡，上報有關部門。

　　除了上述職能外，主客司有時亦須輔助鴻臚寺，參與外交事務。如白居易在任主客郎中時，曾撰〈連雨〉一詩云：「仍聞蕃客見，明日欲追朝。」〔註106〕即引導蕃客行朝見禮儀這方面事務活動；有時主客司也出使蕃國，考察蕃情。賈至〈授裴荐攝主客員外郎制〉云：「中原未寧，鄰國是協，俾領攝於郎署，爲專對之使人，可攝主客員外郎。」，〔註107〕並在回國後述其「上聞見及風俗，供饋贈貺之數。」〔註108〕，報告出使所獲蕃國之國情及接受對方回報物品數量

〔註99〕《唐會要》卷100〈雜錄〉，頁1798。

〔註100〕《新唐書》卷48〈百官三·鴻臚寺〉，頁344上。

〔註101〕《新唐書》卷46〈百官一·禮部郎中員外郎〉，頁330上。

〔註102〕《唐六典》卷18〈鴻臚寺〉，頁507。

〔註103〕《新唐書》卷46〈百官一·主客郎中員外郎〉，頁330下。

〔註104〕《新唐書》卷97〈魏徵傳〉記太宗貞觀時：「天下大治，蠻夷君長襲衣冠，帶刀宿衛。」（頁950下）。

〔註105〕《新唐書》卷46〈百官一·主客郎中員外郎〉，頁330下。

〔註106〕白居易〈連雨〉，收入《全唐詩》卷442，1427冊，頁406。

〔註107〕賈至〈授裴荐攝主客員外郎制〉，收入《全唐文》卷367，頁3725下。

〔註108〕《新唐書》卷46〈百官一·主客郎中員外郎〉，頁330下。

情況等。

　　尤值注意者，唐廷爲有效管理外國僑民，在官職系統中，特設「薩寶」一外來官職。《通典》記載：

　　　視正五品：薩寶。視從七品：薩寶府祆正。……視流外，勳品：薩
　　　寶府祓祝。四品：薩寶府率。五品：薩寶府史。〔註109〕

《舊唐書・職官志》載：

　　　流內九品三十階之內，又有視流內起居，五品至從九品。初以薩寶
　　　府、親王國官及三師、三公、開府、嗣郡王、上柱國已下護軍已上
　　　勳官帶職事者府官等品。開元初，一切罷之。今唯有薩寶、祆正二
　　　官而已。……視流外亦自勳品至九品，開元初唯留薩寶、祆祝及府
　　　史，餘亦罷之。〔註110〕

唐之「薩寶」即是隋朝「薩保」、北齊「薩甫」。〔註111〕北齊時薩甫是鴻臚寺的屬官，設在典客署中，負責僑民事務的官員。隋時由於來華僑民增加，薩保的置數也隨即增多。隋唐以前擔任薩寶職務者，多是流寓中國的昭武九姓入中國二代或三代上者，其職流不甚穩定，高下難辨。〔註112〕唐代薩寶的地位有明顯的上昇，並且成爲有唐一代眾多官職中，唯一外來語譯名的官職。〔註113〕唐代薩寶府具有一定的規模，其設立目的是因應外國僑民尤其是中亞、西亞僑民大量進入中國境內，薩寶府不但是僑民保護者，也是唐廷管理外國僑民的機構。薩寶府首長大約與折衝府首長的地位相當，其屬官有：薩寶率府、薩寶府史，分別爲視流外四品、五品。薩寶府除首長薩寶之外，屬官可分爲三類：一是職掌西域宗教官員，其中祆正、祓祝由祆教教職人員兼任；二是武職官員，有府率、果毅之類；三是文職人員府、史等。〔註114〕薩寶府的職責除了管理僑民之外，也負責統轄處理西域傳入中國的「三夷教」事宜。因此，唐代薩寶府可說是一種管理僑民宗教、政務的機構。

〔註109〕杜佑《通典》卷40〈職官二十二〉，頁1103、1105～1106。
〔註110〕《舊唐書》卷42〈職官志一〉，頁497下。
〔註111〕向達《唐代長安與西域文明》，頁89～90。
〔註112〕羅豐〈薩寶：一個唐朝唯一外來官職的再考察〉，載於《唐研究》第四卷，頁219～221。
〔註113〕池田溫〈唐朝處遇外族官制略考〉，載唐代史研究會編《隋唐帝國と東アジア世界》，頁253。
〔註114〕羅豐〈薩寶：一個唐朝唯一外來官職的再考察〉，載於《唐研究》第四卷，頁222～226。

第二節 中央與地方關涉機構

唐代外交管理機構中，除第一節所述九卿系統中的鴻臚寺與尚書系統中禮部主客司兩個專職機構外，唐代中央與地方也有一些部門，從其他方面協助外交管理的職責，筆者喻之為外交管理的「關涉機構」。這些部門與專職機構相互配合，協力運作，共同完成唐代的對外管理。本節共分成兩部份，分別就中央與地方，探討唐代對外管理部門中的「關涉機構」。

一、中央關涉機構

唐代中央外交關涉機構可分為四大部份：尚書省的六部；中書省的本部、四方館及通事舍人；門下省的侍中、典儀、贊者與符寶郎；九寺、五監等。現分述於下，說明中央各關涉機構所涉及的外交事務及其職能。

（一）尚書省各部

1. 吏部司封司

司封司為吏部四司之一，長官為司封郎中，從五品上；副長官為司封員外郎，從六品上。《唐六典・司封郎中》載：「司封郎中、員外郎掌邦之封爵。」〔註115〕《新唐書・司封郎中》記：「司封郎中……掌封命、朝會、賜予之級。」〔註116〕對於蕃國之封爵之事及相關之等級擬定皆由其負責。如其職掌「諸蕃三品以上母、妻授封以制」〔註117〕就是對蕃國婦女授封的相關規定。

2. 戶部金部司

金部司是戶部四司之一，長官為金部郎中，從五品上；副長官為金部員外郎，從六品上。《舊唐書・金部郎中》謂其職權：「掌判天下庫藏錢帛出納之事，頒其節制，而司其簿領。」〔註118〕《唐六典・金部郎中》對其外交職權有詳細記載，其云：

> 金部郎中、員外郎掌庫藏出納之節，金寶財貨之用，權衡度量之制，皆總其文籍而頒其節制。……凡有互市，皆為之節制。諸官私互市雖得用帛練、蕃彩，自外並不得交易。其官市者，兩分帛練，一分蕃彩。若蕃人須糴糧食者，監司斟酌須數，與州司相知，聽百姓將就互所交易。……若賜蕃客錦彩，率十段則錦

〔註115〕《唐六典》卷2〈尚書吏部・司封郎中〉，頁56。
〔註116〕《新唐書》卷46〈百官一・司封郎中〉，頁327下。
〔註117〕同上，頁328上。
〔註118〕《舊唐書》卷43〈職官二・金部郎中〉，頁504下。

一張、綾二匹、縵三匹、綿四屯。凡遣使覆囚，則給以服一具，隨四時而與之。若諸使經二季不還，則給以時服一副，每歲再給而止。

諸□人出使覆囚者，並典各給時服一具，春、夏者給春衣，秋、冬去者給冬衣。其出使外蕃及傔人並隨身雜使、雜色人有職掌者，量經一府以上，亦准此。……凡時服稱一具者，全給之；一副者，減給之。〔註119〕

就其內容可分成三個部份：1. 互市管理。蕃客在二京（長安、洛陽）的互市均由金部負責管理。《新唐書‧金部郎中員外郎》謂金部司負「兩京市、互市、和市、宮市交易之事」〔註120〕其中的「互市」即是對外族貿易。而金部司管理的政策是「諸官私互市唯得用帛練、蕃彩，自外並不得交易。其官市者，兩分帛練，一分蕃彩」、「若蕃人須糴糧者，監司斟酌須數，與州司相知，聽百姓將物就互市所交易」規定了蕃客互市的物品及購買糧食原則；2. 賞賜蕃客錦彩。規定了賞賜按一定比例給予不同物品「若賜蕃客錦彩，率十段則錦一張、綾二匹、縵三匹、綿四屯」；3. 給予使節衣物。唐朝外交使節人員的衣服由金部司負責「凡遣覆囚，則給以時服一副，每歲再給而止」，出使隨從則是依其出使時間、遠近而定「時服稱一具者，全給之；一副者，減給之」。

3. 禮部禮部司、膳部司

禮部司為禮部的本部。禮部郎中為其長官，從五品上；員外郎為副，從六品上。《新唐書‧禮部郎中員外郎》載其職權為「掌禮樂、學校、衣冠、符印、表疏、圖書、冊命、祥瑞、鋪設及百官、宮人喪葬贈賻之數」〔註121〕禮部司所掌管的「五禮」多與外交有關。「五禮」分別是：以祭祀之事的吉禮、賓客之事的賓禮、軍旅之事的軍禮、冠婚之事的嘉禮、喪葬之事的凶禮等一百五十二種儀式。〔註122〕五禮當中的「賓禮」全部涉及外交事務。「賓禮」共分為六種儀式：蕃國來朝、戍（戒）蕃王見、蕃王奉見、受蕃使表及幣、燕蕃國王、燕蕃國使等。〔註123〕而其它四禮也多少與外交有關，如禮儀大典、祭祀封禪、公主和親、喪葬吊祭等。此外，又有一些專門涉外禮儀，如「皇帝遣使詣蕃宣勞之儀」、〔註124〕「為蕃國主舉哀之儀」〔註125〕等。對於蕃國

〔註119〕《唐六典》卷3〈尚書戶部‧金部郎中〉，頁112～113。
〔註120〕《新唐書》卷46〈百官一‧金部郎中員外郎〉，頁329下。
〔註121〕同上註。
〔註122〕《唐六典》卷4〈尚書禮部‧禮部郎中〉，頁125～126。
〔註123〕《唐六典》卷4〈尚書禮部‧禮部郎中〉注文，頁125。
〔註124〕《通典》卷130〈禮九十‧開元禮纂類二十五‧嘉禮九‧皇帝遣使詣蕃宣勞〉，

酋領喪葬事宜，也由禮部司管理。《新唐書·禮部郎中員外郎》記：「諸蕃首領喪，則主客、鴻臚月奏」〔註126〕凡主客、鴻臚在處理蕃國首領喪事後，須奏報禮部司。

膳部司為禮部四司之一，長官為膳部郎中，從五品上；副官為員外郎，從六品上。《唐六典·膳部郎中》載：「蕃客在館設食料五等。蕃客設食料，蕃客設會料，各有等差焉。」〔註127〕蕃客居唐期間，其日常食料及宴會所需物品，唐廷均依蕃客蕃望高低，不同等級分為五等供給之。膳部司即掌蕃客食料供應之政令管理。

4. 兵部兵部司、職方司

兵部司為尚書兵部之本部，長官為郎中，從五品上；副長官為員外郎，從六品上。《唐六典·兵部郎中》記其職掌為：「考武官之勳祿品命，以二十有九階承而敘焉……正三品曰懷化大將軍，皇朝所置，以授蕃官；從三品曰歸德將軍，皇朝所置，以授蕃官」〔註128〕凡加「懷化」、「歸德」等稱號，即是授予外族首領之武散官品級，這項工作之政令是由兵部司負責管理。

職方司為兵部四司之一，以職方郎中為長官，從五品上；以職方員外郎為副官，從六品上。「職方」一官，自古既置。《周禮·職方氏》曰：「掌天下之圖，以掌天下之地，辨其邦國、都鄙、四夷、八蠻、七閩、九貉、五戎、六狄之人民，與其財用九穀、六畜之數要，周知其利害。」〔註129〕是掌管天下地圖及職貢之官員。唐代兵部置職方司，其職掌據《唐六典·職方郎中》謂：「掌天下之地圖及城隍、鎮守、烽候之數，辨其邦國、都鄙之遠邇，及四夷之歸化者。……其外夷每有番官到京，委鴻臚訊其人本國山川、風土，為圖以奏焉；副上於省。」〔註130〕掌管地理資料，凡蕃客入唐者，職方司要求鴻臚寺將蕃國山川、風俗上報。《新唐書·職方郎中員外郎》記「殊俗入朝者，圖其容狀、衣服以聞。」〔註131〕並要求鴻臚將朝者之容貌和穿戴之衣物畫圖

頁3348～3349。
〔註125〕杜佑《通典》卷135〈禮九十五·開元禮纂類·凶禮二·為蕃國主舉哀〉，頁3458。
〔註126〕《新唐書》卷46〈百官一·禮部郎中員外郎〉，頁330上。
〔註127〕《唐六典》卷4〈尚書禮部·膳部郎中〉，頁158。
〔註128〕《唐六典》卷5〈尚書兵部·兵部郎中〉，頁166～167。
〔註129〕《周禮》卷6〈夏官下·職方氏〉，第96冊，頁223。
〔註130〕《唐六典》卷5〈尚書兵部·兵部郎中〉，頁183。
〔註131〕《新唐書》卷46〈百官一·職方郎中員外郎〉，頁331上。

上報之。是故，職方司是一個掌管蕃國地理及人文風俗的機關。

5. 刑部司門司

司門司爲刑部下設四司之一，長官爲司門郎中，從五品上；副官爲司門員外郎，從六品上。《唐六典・司門郎中》載其權爲「掌天下諸門及關出入往來之籍賦，而審其政。凡關二十有六，而爲上、中、下之差。……凡度關者，先經本司請過所，在京，則省給之；在外，州給之。雖非所部，有來文者，所在給之。」〔註132〕唐代蕃客來朝入關以在唐境內往來需有通行證謂之「過所」，這個工作主管之審核發放是由刑部司門司負責。司門司除了管理蕃客出入往來「過所」發給外，《新唐書・司門郎中員外郎》載司門司另一項職能爲「蕃客往來，閱其裝重，入一關者，餘關譏。」〔註133〕即是負責蕃客出入境時，有關行李方面檢查之政令。

6. 工部虞部司

虞部司是工部下設四司之一，虞部郎中爲長官，從五品上；虞部員外郎爲副，從六品上。《新唐書・虞部郎中員外郎》載：「百官、蕃客時蔬薪炭供頓、畋獵之事。」〔註134〕前述禮部膳部司依百官及蕃客等級不同，負責食料供應，而工部虞部司則是對這些物品之供應，進行組織管理，兩者相互合作。而對於膳部司所提供蕃客之物品、食料，有一定的交納時間。《唐六典・虞部郎中》記：「其柴炭、木橦進內及供百官、蕃客，並於農隙納之。」〔註135〕具體的時間是起於每年十一月，止於次年正月。

（二）中書省外交職能

1. 中書省本部

中書省在唐代三省制度中，主出命，屬「機要之司」，〔註136〕其中心工作是起草詔書，負責行政上之政務。此外，也包括對外關係之交涉。中書省本部是指以中書侍郎及中書舍人爲中心的辦公場所。唐代中書省外交職能表現在下列數方面：

（1）起草外交詔令：中書省主要職責是起草詔令，據《唐六典・中書令》

〔註132〕《唐六典》卷6〈尚書刑部・司門郎中〉，頁222。
〔註133〕《新唐書》卷46〈百官一・司門郎中員外郎〉，頁331下。
〔註134〕《新唐書》卷46〈百官一〉，頁332上。
〔註135〕《唐六典》卷7〈尚書工部・虞部郎中〉，頁241。
〔註136〕《唐會要》卷54〈省號上・中書省〉，頁926。

載：「凡王言之制有七：一曰冊書，二曰制書，三曰慰勞制書，四曰發日敕，五曰敕旨，六曰論事敕書，七曰敕牒。」〔註137〕是故，有關外交方面的詔令草擬、蕃客入境人數之批准等，都由中書省負責。《舊唐書・南詔蠻傳》記德宗貞元十一年（795）「降敕書賜異牟尋及子閣勸，清平官鄭回、尹仇寬等各一書，書左列中書三官宣奉行，復舊制也。」〔註138〕這是唐朝給南詔的外交文書，稱為「敕書」，由中書省草擬發出。不唯如此，中書省並對賞賜外國的物品，須作出清單，裝入敕函。如《唐會要・中書省》載：「聖曆三年（700）四月三日敕有云：『應賜外國物者，宜令中書具錄賜物色目，附入敕函內。』」。〔註139〕

（2）冊封宣授：冊封宣授是中書省重要職權之一，《舊唐書・中書令》記：「（中書令）冊命親賢，臨軒則使讀冊；若命之於朝，則宣而授之……（中書侍郎）凡臨軒冊命大臣，令為之使，則持冊書以授之。」〔註140〕對於冊封蕃酋首領，亦是如此。如《新唐書・回鶻傳上》記載玄宗天寶年間冊封回紇骨力裴羅可汗的儀式「有詔拜為骨咄祿毗伽闕懷仁可汗，前殿列仗，中書令內案授冊使者，使者出門升輅，降乘馬，幡節導以行，凡冊可汗，率用此禮」。〔註141〕又如《舊唐書・新羅傳》記德宗貞元十六年（800）唐使韋丹前往新羅，冊封新羅王金俊邕，途中金俊邕死，韋丹回國；元和三年（808）新羅遣使金力奇來求此冊，憲宗同意並降旨云：「金俊邕等冊，宜令鴻臚寺於中書省受領，至寺宣授與金力奇，令奉歸國」〔註142〕可見冊封蕃國首領，是由中書負責保管授予。

（3）接受蕃客國書、朝貢：蕃客入唐，其所攜國書由中書侍郎接受；其所獻貢物，也由中書侍郎接受。《唐六典・中書侍郎》記：「凡四夷來朝，臨軒則受其表疏，升於西階而奏之；若獻贄幣則受之，以授於有司」〔註143〕《新唐書・禮樂六》載此一程序為「若蕃國遣使奉表幣，其勞及戒見皆如蕃國主。庭實陳於客前，中書侍郎受表置於案，至西階以表升。有司各率其屬受其幣焉」〔註144〕由中書侍郎接受蕃國表疏後，放置案中，再自西階升殿向皇帝上奏。至於貢物之收受，中書侍郎先將各國貢物陳列於殿庭中，再根據所貢物

〔註137〕《唐六典》卷9〈中書省・中書令〉，頁283。
〔註138〕《舊唐書》卷197〈南詔蠻傳〉，頁1526上。
〔註139〕《唐會要》卷54〈省號上・中書省〉，頁926。
〔註140〕《舊唐書》卷43〈職官二・中書令〉，頁511。
〔註141〕《新唐書》卷217〈回鶻傳上〉，頁1587上。
〔註142〕《舊唐書》卷199〈東夷傳上・新羅〉，頁1543上。
〔註143〕《唐六典》卷9〈中書省・中書侍郎〉，頁286。
〔註144〕《新唐書》卷16〈禮樂六〉，頁114下。

品之屬性，交由各有關部門領受。《通典‧受蕃國使表及幣》有詳細說明：

> 中書侍郎一人令史二人持案先俟於西階下，東面北上。舍人引使者
> 及庭實入就懸南位。……中書侍郎帥持案者進詣使者前，東面。侍
> 郎受書置於案，迴詣西階。侍郎取書升奏，持案者退。初侍郎奏書，
> 有司各帥其屬受幣馬於庭。〔註145〕

（4）譯語：由於中書省負責詔書草擬、外交文書之接收，故其專設譯語
人員。《新唐書‧中書舍人》有「蕃書譯語十人」。〔註146〕《資治通鑑》卷199，
高宗永徽元年（650）胡三省注云：「中書掌受四方朝貢及通表疏，故有譯語
人」。〔註147〕一方面從事四夷來朝時所需的譯語，另一方面也接受四夷表疏，
即不僅從事口譯，也從事筆譯。

2. 四方館

四方館爲中書省轄下一個附屬機構。四方館爲隋煬帝所創，《隋書‧鴻臚
寺》載：「煬帝置四方館於建國門外，以待四方使者，後罷之，有事則置，名
隸鴻臚寺，量事繁簡，臨時損益。」〔註148〕隋代四方館與漢代的蠻夷邸、北
魏的四夷館一脈相承。〔註149〕四方館在隋代是隸屬鴻臚寺，當時四方館廢立
不定，是根據事務繁簡而隨時設置。唐朝建立後，罷謁者台「復以其地爲四
方館」。〔註150〕《舊唐書‧通事舍人》載：「通事舍人，隸四方館，屬中書省
也」，〔註151〕可見到了唐代，四方館轉隸屬中書省。唐代四方館之地點，據徐
松撰、李健超增訂《增訂唐兩京城坊考》考訂是在長安宮城正南門承天門街

〔註145〕杜佑《通典》卷 131〈禮九十一‧開元禮纂類二十六‧賓禮‧受蕃國使表及
幣〉，頁 3371。

〔註146〕《新唐書》卷 47〈百官二‧中書舍人〉注文，頁 334 下。

〔註147〕《資治通鑑》卷 199，高宗永徽元年（650）十月己未條胡三省注，頁 6273。

〔註148〕《隋書》卷 28〈百官下‧鴻臚寺〉，頁 390 上。

〔註149〕《資治通鑑》卷 206，則天后神功元年（697）六月甲午條胡三省注：「漢有
稿街蠻夷邸，后置諸國使邸，其后又作四館以處四方來降者。……至隋煬帝
置四方館於建國門外。」（頁 6521～6522）；又楊衒之《洛陽伽藍記》卷 3〈龍
華寺〉記道：「永橋以南、圜丘以北，伊、洛之間。夾御道，東有四夷館，一
曰金陵，二曰燕然，三曰扶桑，四曰崦嵫。道西有四夷里，一曰歸正，二曰
歸德，三曰慕化，四曰慕義。」（頁 242）

〔註150〕杜佑《通典》卷 21〈職官三‧通事舍人〉，頁 566。

〔註151〕《舊唐書》卷 43〈職官二‧通事舍人〉注文，頁 511 下。此外同書卷 17〈文
宗紀上〉亦載：「太和二年（828）六月癸亥，四方館請賜印，其文以『中書
省四方館』爲名」（頁 170 下），可見唐代四方館是中書省下之機關（單位）。

之西，第二橫街之北、東都洛陽在宮城正南門應天門外第一橫街之南，第二橫街之北。〔註152〕四方館之設置，是依傳統四夷觀念而來，並按照四夷的方位設置四方使者。《隋書·鴻臚寺》曰：「東方曰東夷使者，南方曰南蠻使者，西方曰西戎使者，北方曰北狄使者，各一人，掌其方國及互市事。」〔註153〕其官員之配置及其職權分別是：典護祿事（主綱紀）；敘職（掌其貴賤立功合敘者）；敘儀（掌大小次序）；監府（掌其貢獻財貨）；監置（掌安置其駝馬船車，並糾察非違）；互市監、監副（掌互市）；參軍（掌出入交易）。由上述四方館機構及官員職能，我們可知四方館主要的職責是接待四方來使，包括授與蕃客官爵、各蕃國朝貢及封賜等級、各蕃客入朝期間的生活管理、蕃國入唐互市事宜等。在唐四方館，一承隋制，仍掌管外交職事，如陳致雍在〈奏蕃國使朝見儀狀〉有云：「伏以九州之外，蕃國來朝，正朔之統不加，賓客之儀有異。周禮有大行人、小行人之職，而總其屬，即今鴻臚、四方館之任也」〔註154〕將四方館與專職外交事務機構的鴻臚寺並提，可見四方館與鴻臚寺是性質相同的機構，其職能都是負責管理蕃國來朝之事。此外，四方館亦是館待蕃客的重要部門。白居易〈馴犀〉一詩，內有：「海蠻聞有明天子，驅犀乘傳來萬里。一朝得謁大明宮，歡呼拜舞自論功：五年馴養始堪獻，六譯語言方得通。上嘉人獸俱來遠，蠻館四方犀入苑。」〔註155〕其中的「蠻館四方」即指海蠻使者被安置於四方館住宿。

3. 通事舍人

通事舍人即是秦代的謁者。隋初裁撤謁者官職，設置通事舍人十六人；文帝開皇三年（583）增為二十四員；煬帝時又恢復謁者台，改通事舍人為通事謁者，員額二十名。唐高祖武德初年，廢謁者台，改通事謁者為通事舍人，員額十六名，從六品上。〔註156〕通事舍人之職掌，據《唐六典·通事舍人》載：「朝見引納及辭謝者於殿廷通奏。凡近臣入侍，文武就列，則引以進退，

〔註152〕徐松撰、李健超增訂《增訂唐兩京城坊考》卷1〈西京·皇城〉，頁19；卷5〈東京·皇城〉，頁249。

〔註153〕《隋書》卷28〈百官下·鴻臚寺〉，頁390上。

〔註154〕陳致雍〈奏蕃國使朝見儀狀〉，收入《全唐文》卷873，頁9134上。

〔註155〕白居易〈馴犀·感為政之難終也〉，收入《全唐詩》卷426，第1427冊，頁229。

〔註156〕《唐六典》卷9〈中書省·通事舍人〉，頁293；《舊唐書》卷43〈職官二·通事舍人〉，頁511下。

而告其拜起出入之節。凡四方通表,華夷納貢,皆受而進之。」〔註157〕是以,通事舍人主要職責為朝見引納與華夷納貢。關於朝見引納,《通典》有更為詳盡之記載,其曰:「蕃主服其國服出,通事舍人引立於閤外西廂,東面⋯⋯通事舍人引蕃主入門,舒和之樂作。⋯⋯於蕃主出,舍人引蕃國諸官以次出。」〔註158〕蕃客入朝後以至於禮畢,其一切進退禮儀均是由通事舍人引導負責。此外,對於蕃客參加各種重要祀典,通事舍人也從中擔任引導工作。《新唐書‧禮樂二》記祭祀行奠玉帛禮時,「通事舍人分引從享群官、九廟子孫、諸方客使,皆就門外位。」〔註159〕進行熟禮時,「通事舍人分引從祀群官、諸方客使以次出」。〔註160〕

(三)門下省外交職能

1. 侍 中

門下省在唐代專司封駁,為最高的審議機關。侍中二人,為其長官,正三品。侍中在對外關係上的職能,據《唐六典‧侍中》載:「贊相禮儀,以和萬邦⋯⋯凡諸侯及四夷之君長朝見,則承詔而勞問之⋯⋯凡制、敕慰問外方之臣及徵召者,則監其封題。若發驛遣使,則給其傳符,以通天下之信。」〔註161〕從上述中,吾人可知,其對外職權有三:

（1）贊相禮儀,以和萬邦:在朝廷有關大朝會、大祭祀之典禮,蕃客多會參加,侍中負有接待、主持之責。《通典‧蕃主奉見》記載典禮開始時,「侍中版奏:『請中嚴。』諸侍衛之官各服其器服。」然後,「侍中版奏:『外辦。』皇帝服通天冠,絳紗袍,乘輿以出,曲直華蓋警蹕衛如常儀。」禮畢,「侍中前跪,奏稱:『侍中臣某言,禮畢。』俛伏,興,還侍位。」〔註162〕在整個禮儀過程中,侍中任相贊禮儀,在皇帝將出時,指示參加典儀者,作好一切準備。

（2）承制勞問:在皇帝朝見蕃客時,侍中負責擔任中間傳禮人。《通典‧蕃主奉見》記皇帝朝見蕃客時,「侍中承制降詣蕃主西北,東面稱:『有制。』

〔註157〕《唐六典》卷9〈中書省‧通事舍人〉,頁293。
〔註158〕杜佑《通典》卷131〈禮九十一‧開元禮纂類二十六‧賓禮‧蕃主奉見〉,頁3369～3370。
〔註159〕《新唐書》卷12〈禮樂二〉,頁95上。
〔註160〕杜佑《通典》卷132〈禮九十二‧開元禮纂類二十七‧軍禮一‧進熟〉,頁3384。
〔註161〕《唐六典》卷8〈門下省‧侍中〉,頁250～251。
〔註162〕杜佑《通典》卷131〈禮九十一‧開元禮纂類二十六‧賓禮‧蕃主奉見〉,頁3369～3370。

蕃主再拜稽首，宣制訖，蕃主又再拜稽首。侍中迴奏，又承制降勞，敕命升坐，蕃主再拜稽首」等到蕃客就坐後，「侍中承制勞問，蕃主俛伏，避席將下拜，侍中承制曰：『無下拜。』蕃主復位，拜對如常。侍中迴奏，又承制勞還館。」〔註163〕同樣，在蕃客奉辭、皇帝宴蕃等典儀上，侍中亦居間擔任傳禮工作。

（3）遣使給符：凡國內、外的差遣，須由侍中授予傳符。唐代符節制度規定，凡遣使發兵，均須有符，作爲權力及通行的憑證：百官有隨身的魚符，作爲官吏的憑證；使節亦有符傳旌節，作爲權力和通行的憑證，這些魚符、旌節，就是由侍中授予。〔註164〕

2. 典儀、贊者

典儀爲門下省屬官，成員二名，從九品下；贊者十二名。《唐六典・典儀》記其「掌殿上贊唱之節及設殿庭版位之次。……凡國有大禮，侍中行事，及進中嚴外辦之版，皆贊相焉。」〔註165〕可見典儀是協助侍中贊相禮儀的官員。《通典・蕃主奉見》設有典儀和贊者位次，在舉行禮儀時，典儀率贊者就位。蕃客入門、樂止後，「典儀曰：『再拜。』贊者承傳，蕃主再拜稽首。」〔註166〕在皇帝宴蕃客時，「典儀帥贊者先入就位。」等皇帝將出，「典儀一人升立於東階上，贊者二人立於階下，俱西面。」待蕃客立定，「典儀曰：『再拜。』贊者承傳，蕃主及蕃國諸官皆再拜。」爾後，「殿上典儀唱：『就座。』階下贊者承傳，蕃主以下皆就座，俛伏，坐。」進酒時，「典儀唱：『酒至，興。』階下贊者承傳，蕃主以下皆俛伏，興，立座後。」期間經「行酒殿上」、「受觶殿上」、「進食」、「食案設訖」等過程，均是由典儀「唱：……贊者承傳」，〔註167〕蕃主及官員隨贊唱行禮如儀。是故，典儀及贊者職能是協助侍中主持贊相禮儀。典儀、贊者與通事舍人均是在重要典儀擔任司儀，典儀、贊者主要是負責在殿庭贊唱，通事舍人是負責引導蕃客進退。〔註168〕

〔註163〕杜佑《通典》卷131〈禮九十一・開元禮纂類二十六・賓禮・蕃主奉見〉，頁3370。

〔註164〕黎虎《漢唐外交制度史》，頁376～377。

〔註165〕《唐六典》卷8〈門下省・典儀〉，頁264。

〔註166〕杜佑《通典》卷131〈禮九十一・開元禮纂類二十六・賓禮・蕃主奉見〉，頁3370。

〔註167〕杜佑《通典》卷131〈禮九十一・開元禮纂類二十六・賓禮・皇帝宴蕃國主〉，頁3372～3374。

〔註168〕黎虎《漢唐外交制度史》，頁378～379。

3. 符寶郎

符寶郎為門下省黃門侍郎下設之屬官，有符寶郎四人，從六品上。下設有令史二人，書令史三人，主寶六人，主符三十人，主節十八人。他們分別掌管寶（璽印）、符（魚符、傳符）、節（旌節）。〔註169〕符寶郎的外交職掌為「天子之八寶及國之符節，辨其所用。……凡大朝會，則捧寶以進於御座；車駕行幸，則奉寶以從於黃鉞之內。凡國有大事則出納符節，辨其左右之異，藏其左而班其右，以合中外之契焉。」〔註170〕符寶郎掌天子八寶，依不同的情況，使用不同的璽印。八寶中，其中用於外交方面有「天子行寶，答四夷書則用之；天子之寶，征召臣下則用之；天子信寶，發蕃國兵則用之。」〔註171〕而派遣外交使節時所用之符、節，由其頒發授給，作為權力的憑證及象徵。至於外交禮儀上，在舉行大朝會及皇帝行幸時，均由他們奉寶行事，而蕃客朝見、貢獻表幣、宴請蕃客典禮時，符寶郎亦需參加。〔註172〕象徵皇帝對四夷蕃國具有外交上控制權力。

（四）九寺、五監

唐代的九寺是源自於漢代的九卿發展而來，然到唐代，九寺已完全成為主掌事務的機構，接受作為政務機構的尚書省及其各部所領導，在尚書省各部政令指導下，完成各項具體事務工作；唐代的五監是指國子監、少府監、軍器監、將作監、都水監等機構，五監與九寺一樣都是事務機關，故通常將九寺五監合稱為「卿監百司」。唐代的九寺五監中，除了鴻臚寺是專職的外交管理機構外，其餘各寺、監也有若干外交職能，以不同方式配合中央各部門，完成唐代的外交工作。茲將九寺、五監有關外交管理之職掌，分述如下，並於說明之。

1. 太常寺

太常寺設太常卿一人為長官，正三品；少卿二人，正四品上。太常寺是在尚書禮部司的政令指導下，從事有關禮樂的外交事務工作。《唐六典‧太常寺》記其外交職責為：「掌邦國禮樂、郊廟、社稷之事，……凡國有大禮，則

〔註169〕《舊唐書》卷43〈職官二‧符寶郎〉，頁510下。

〔註170〕《唐六典》卷8〈門下省‧符寶郎〉，頁271。

〔註171〕同上，頁270。

〔註172〕詳見杜佑《通典》卷131〈禮九十一‧開元禮纂類二十六‧賓禮〉之「蕃主奉見」、「受蕃國使表及幣」、「皇帝宴蕃國主」等條，頁3369～3374。

贊相禮儀；有司攝事，則爲之亞獻；率太樂之官屬，設樂縣以供其事。燕會
亦如之。」〔註173〕唐代凡重大禮儀之舉行，蕃客均有參加，太常寺則負責協
助有關禮樂之事。此外，《通典》在述及各種「賓禮」，如朝見、貢獻、宴享
等，太常寺亦需參與其事。〔註174〕

2. 光祿寺

　　光祿寺設光祿卿一人爲長官，從三品；少卿二人，從四品上。光祿寺是
在尙書膳部司的政令指導下，從事有關蕃客宴飲供設的事務。《唐六典・光祿
寺》謂：「掌邦國酒醴膳羞之事，……凡國有大祭祀，則省牲、鑊，視濯、溉。……
朝會、燕饗，則節其等差，量其豐約以供焉。」〔註175〕光祿寺在外交工作方
面是負責祭祀宴享的膳食供應。在朝會、燕饗時，依蕃客之等級高下，「節其
等差，量其豐約以供」。

3. 衛尉寺

　　衛尉寺設衛尉卿一人爲長官，從三品；少卿二人，從四品上。衛尉寺是
在尙書庫部司的指導下，從事有關器械儀仗供應的外交事務工作。《唐六典・
衛尉寺》記其職「掌邦國器械、文物之政令，……凡大祭祀、大朝會，則供
其羽儀、節鉞、金鼓、帷帟、茵席之屬。」〔註176〕《新唐書・守宮署》載：「供
蕃客帳帷帟，則題歲月。席壽三年，氈壽五年，褥壽七年；不及期而壞，有
罰。」〔註177〕大凡國家重要祭祀、朝會慶典，衛尉寺需負責準備外交場合所
用之器械、儀仗；而守宮署負責管理蕃客帳幕等物，並注明各物件發放日間
及其使用年限。

4. 太僕寺

　　太僕寺設太僕卿一人爲長官，從三品；少卿二人，從四品上。太僕寺協
助鴻臚寺，負責款待蕃客宴享時的食料供給。《唐六典・沙苑監》載：「掌牧
養隴右諸牧牛、羊，以供其宴會、祭祀及尙食所用，每歲與典牧分月以供之。」
〔註178〕前面第一節述及鴻臚寺外交職能時曾論及張鷟《龍筋鳳髓判・沙苑監》

〔註173〕《唐六典》卷 14〈太常寺〉，頁 401～402。
〔註174〕參看杜佑《通典》卷 131〈禮九十一・開元禮纂類二十六・賓禮〉各條，頁
　　　　　3367～3376。
〔註175〕《唐六典》卷 15〈光祿寺〉，頁 445～446。
〔註176〕《唐六典》卷 16〈衛尉寺〉，頁 461。
〔註177〕《新唐書》卷 48〈百官三・守宮署〉，頁 342 下。
〔註178〕《唐六典》卷 17〈太僕寺・沙苑監〉，頁 497。

一個判例，載沙苑監李秀因突厥默啜入朝，所供給羊瘦小，而受到邊使怨，御史付法彈劾。可知，在國家朝宴蕃客時，太僕寺亦協同鴻臚寺，掌管牛羊供應。

5. 司農寺

司農寺設司農卿一人爲長官，從三品；少卿二人，從四品上。司農寺所負外交工作受尙書虞部司政令指導。《唐六典‧鉤盾署》載其職：「掌供邦劦之事，……凡祭禮、朝會、賓客享宴，隨其差降而供給焉。蕃客在館，第一等人日三斤，以下各有差。」〔註179〕對於蕃客所住賓館薪炭供應，司農寺依工部虞部司之政令，按蕃望等級之高低給予，最高一等，每日三斤。

6. 太府寺

太府寺設太府卿一人爲長官，從三品；少卿二人，從四品上。太府寺職掌「財貨、廩藏、貿易，總京都四市、左右藏、常平七署。」〔註180〕《唐六典‧太府寺》記：「凡四方貢賦，百官之俸秩，謹其出納」，「凡元正、冬至所貢方物應陳於殿庭者，受而進之」，〔註181〕故而太府寺主管貿易、四市之事，諸蕃在正元、冬至朝賀所上貢之土產，陳列於殿庭，所獻之珍寶交由太府寺管藏。〔註182〕

7. 國子監

國子監是唐代中央教育機構。國子監從事對外關係時，主要是負責管理接受外國留學生。唐代國勢強盛，文化是當時東亞各國中最爲先進，各國派有留學生入唐學習。《唐會要‧學校》謂：「貞觀五年（631）以后，太宗數幸國學、太學，遂增築學舍一千二百間。……高麗、百濟、新羅、高昌、吐蕃諸國酋長，亦遣子弟請入國學。於是國學之內，八千餘人，國學之盛，近古未有。」〔註183〕《唐語林‧補遺》亦謂：「太學諸生三千員，新羅、日本諸國，皆遣子入朝受業」。〔註184〕可見唐朝太學生有三千員，若包括國學生及各蕃國遣使入朝求學者，超過八千餘人。此外，渤海、南詔等國亦派有留學生入唐

〔註179〕《唐六典》卷19〈司農寺‧鉤盾署〉，頁526～527。
〔註180〕《新唐書》卷48〈百官三‧太府寺〉，頁345上。
〔註181〕《唐六典》卷20〈太府寺〉，頁537、539。
〔註182〕杜佑《通典》卷123〈禮八十三‧開元禮纂類十八‧嘉禮二‧皇帝受群臣朝賀〉，頁3153～3154。
〔註183〕《唐會要》卷35〈學校〉，頁633。
〔註184〕王讜《唐語林》卷5〈補遺〉，頁459。

求學。〔註185〕這些留學生入唐主要學習經史、法律、書法、算數等,而在唐期間是由國子監負責管理其生活。除了負責教育事務外,國子監亦負有對蕃國宣揚文化的工作。如《唐大詔令集‧綏撫》記玄宗開元三年(715)十二月二十二日發布〈令蕃客國子監觀禮教敕〉謂:「夫國學者,立教之本,故觀天文可以知道,人文可以成化……今遠方納款,相率歸朝,慕我華風,孰先儒禮。由是執於干羽,常不討而來賓;……。」〔註186〕蕃客在國子監通過觀儒家禮儀,達到萬國朝貢、慕義來賓之目的。

二、地方關涉機構

　　唐代地域遼闊,幅員廣大,威震四海,所謂「風行萬里,威動殊俗」,〔註187〕據《新唐書‧地理一》記盛唐領土「唐之盛時,開元、天寶之際,東至安東,西至安西,南至日南,北至單于府,蓋南北如漢之盛,東不及而西過之。」〔註188〕在這樣統治如此廣闊的地區及眾多的民族之下,其地方管理機構具多樣而複雜性。大抵而言,唐代地方管理系統依不同地域屬性,可分成四種類型:以道、州、縣為單位的行政系統;以軍、鎮、戍、關為主的軍事邊防系統;主管羈縻府州的都督府、都護府系統;中央特派的使職及相關機構等。〔註189〕其中,地方的管理單位,隨著時間的演進,其性質又有所變化。如地方行政系統中最高層級「道」,在唐代前期原是作為監察和軍區性質,但到後期,則轉變成為地方的一級行政機構;又如都督府、都護府原是作為邊疆管理的軍事與行政合一的特殊機構,但到唐代後期,其職權則被節度使所取代。今將唐代地方管理系統中,有關對外關係的職能,分述如下。其中有關四境邊防機構的都督府、都護府系統這一部份,將留至第三節「羈縻州府的設置及其意義」再作詳細說明。

〔註185〕如《舊唐書》卷199〈北狄傳下‧渤海靺鞨〉有記文宗大和七年(833)正月渤海「遣同中書右平章事高寶英來謝冊命,仍遣學生三人,隨寶英請赴上都學問,先遣學生三人,事業稍成,請歸本國,許之。」(頁1550上)

〔註186〕《唐大詔令集》卷128〈蕃夷‧綏撫‧令蕃客國子監觀禮教敕〉,頁632。

〔註187〕吳兢《貞觀政要》卷1〈論君道〉,頁21。

〔註188〕《新唐書》卷37〈地理一〉,頁270上;又樂史《太平寰宇記》卷172〈四夷一〉東夷總序條,載唐之四境:「昔唐開元、天寶之盛也,南至越裳,北至雲朔,東窮遼石,西及河湟,皆為郡縣。」(頁485)兩者之差別或是在於《新唐書‧地理志》著眼唐之勢力範圍;樂史《太平寰宇記》記述唐之實際統轄區。

〔註189〕黎虎《漢唐外交制度史》,頁411。

（一）地方行政機構的外交職能

隋朝一統中原後，對南北朝以來混亂的地方行政機構，做了全面通盤的改革，將州、郡、縣三級行政制改成州、縣二級制；唐代立國後，仍沿襲隋代州、縣二級制度。唐代的州根據所轄戶口之多寡，分成上、中、下三等，又根據其所在不同地理位置，分爲輔、雄、望、邊等類型。《唐會要・諸侯入朝》載玄宗開元十八年（730）確定全國共有五十九個邊州，〔註190〕這些邊州位於唐朝四境，是重要的對外交通要道，在對外關係機能上，具有重要作用。當時依各地之地理位置不同，劃分數個與四夷往來的交通路線，分別是：關內道，遠夷則控北蕃、突厥之朝貢焉；河南道，遠夷則控海東新羅、日本之朝貢焉；河北道，遠夷則控契丹、奚、靺鞨、室韋之朝貢焉；隴右道，遠夷則控西域胡、戎之貢獻焉；江南道，遠夷則控五溪之蠻；劍南道，遠夷則控西洱河群蠻之貢獻焉；嶺南道，遠夷則控百越及林邑、扶南之貢獻焉。〔註191〕上述諸道與四夷間之關係，可反映出當時唐朝與四夷間交通情況，又如賈耽所記邊州入四夷之路最重要的七條「一曰營州入安東道，二曰登州海行入高麗、渤海道，三曰夏州塞外通大同、雲中道，四曰中受降城入回鶻道，五曰安西入西域道，六曰安南通天竺道，七曰廣州通海夷道」〔註192〕這七條交通要道，基本上是上述諸道的主要幹線，加之以四夷往來唐朝，最先接觸的即是各地方行政機構，故而可知，唐代的地方行政在對外關係中是占有重要地位。今將唐代地方行政機構所負外交之職能，分述如下並加以分析。

1. 外交行政、事務管理

蕃客入唐，地方行政人員所面臨的第一個問題是對蕃客過所、邊牒的查驗與發給。〔註193〕《唐六典・司門郎中》載：「凡度關者，先經本司請過所，在京，則省給之；在外，州給之。」〔註194〕因此，蕃客在入唐時，過所、邊牒之申請、發放是由地方州、縣負責，日僧圓仁《入唐求法巡禮行記》卷 2

〔註190〕《唐會要》卷 24〈諸侯入朝〉，頁 460。

〔註191〕《唐六典》卷 3〈尚書戶部・戶部郎中員外郎〉，頁 79、81、84、87、90、92、94。這裏所記是玄宗開元二十五年（737）的情形，事實上，《唐六典》所記有部份缺漏，如斂南道之對吐蕃、南詔；江南道之對日本等。

〔註192〕《新唐書》卷 43〈地理七下〉，頁 314 下。

〔註193〕《新唐書》卷 46〈百官一・主客郎中員外郎〉載：「殊俗入朝者，始至之州給牒，覆其人數，謂之邊牒。」（頁 330 上）

〔註194〕《唐六典》卷 6〈尚書邢部・司門郎中〉，頁 222。

曾記其申請過所與地方政府批准的情形。〔註195〕當蕃客獲准入唐後，蕃客沿途所需之食宿、交通則由館驛爲之解決，而這項工作之管理，即是需向邊州、邊縣申請。柳宗元〈館驛使壁記〉一文有云：

> 凡萬國之會，四夷之來，天下之道途，必出於邦畿之內。……華人夷人往復而授館者，旁午而至。傳吏奉符而閱其數，縣吏執牘而書其物。告至告去之役，不絕於道；寓望迎勞之禮，無曠於日。〔註196〕

這裏所謂「縣吏」即是地方政府官員，他們必須派員去館驛，檢查蕃客入唐所帶之物品。《唐六典・京縣畿縣天下諸縣官令》記載：「京畿及天下諸縣令之職，……若籍帳、傳驛、倉庫、盜賊、河堤、道路，雖有專當官，皆縣令兼綜焉。」〔註197〕說明雖有專官負責此事，然地方縣令仍需總理傳緒之事，包括傳驛。唐代的館驛眾多，遍布全國。《通典・鄉官》載：「三十里置一驛，其非通途大路則曰館。驛各有將，以州里富強之家主之，以待行李。」〔註198〕可知唐代在交通要道上，設置有許多的館驛，由當地富強之家作爲蕃客往返時的接待迎勞。由於地方政府負有許多外交方面的職責，故翻譯人才成爲地方政府必要的成員。《新唐書・南詔傳下》載懿宗咸通七年（866）南詔酋長派清平官董成等十九人出使成都，西川節度使李福與其執拜見之禮，「導譯五返，日旰士倦，議不決。」〔註199〕這個導譯即是翻譯人員，居間進行協調、談判工作。

2. 接待外交使節

蕃國使者獲得過所（或邊牒）入唐後，即由地方政府負責招待事宜。圓仁《入唐求法巡禮行記》卷1載文宗開成三年（838）藤原常嗣率日本遣唐使

〔註195〕圓仁《入唐求法巡禮行記》卷2記文宗開成四年（839）圓仁在登州文登縣被返日使船拋卻，滯留文登縣青寧的赤山院，他們決定明年到五台山巡禮求法。因此，圓仁在九月二十六日，向赤山院提出申請「請寺帖報州縣給與隨緣頭陀公驗」再由文登縣進行審查並上報登州。開成五年（840）一月二十四日，終於「得縣公牒」。由此可知，蕃客入唐所需申請的公驗是由縣而州、縣，層層上報批准，才得以獲得（頁38下～42下）

〔註196〕柳宗元〈館驛使壁記〉，收入《全唐文》卷580，頁5858上。

〔註197〕《唐六典》卷30〈三府都護縣官吏・京縣畿縣天下諸縣官令〉，頁749～750。

〔註198〕杜佑《通典》卷33〈職官典十五・州郡下・鄉官〉，頁924；又《唐六典》卷5〈駕部郎中員外郎〉載：「凡三十里一驛，天下凡一千六百三十有所。二百六十所水驛，一千二百九十七所陸驛，八十六所水陸相兼。」（頁185）可見唐代驛之眾多、普遍。

〔註199〕《新唐書》卷222〈南蠻傳中・南詔傳下〉，頁1635下。

由揚州海陵縣入境，七月二十三日「暫行到縣南江，縣令等迎來西池寺南江橋前。大使、判官、祿事等下船就陸，到寺里宿住，縣司等奉錢。」〔註200〕縣令等官員前來迎接，並安排其住宿生活事宜。此時，地方政府須上報中央朝廷，是否同意接受使節入京，並確定入京之名額。唐朝對於蕃國使節並非全部允許進京，而是要加以限制，目的在使外蕃使節人數不致過於龐大，也減少國家財政開支。因為使節團員進京後，其一切食宿、宴享、賞賜均由唐廷負責，若人數過多，對國家財政造成嚴重負擔。〔註201〕蕃國使節獲准入京後，地方政府官員尚須護送進京，《新唐書‧南蠻傳》載德宗貞元時韋皋為劍南西川節度使，當時南詔尚依附於吐蕃，不久南詔首領異牟尋決策擺脫吐蕃重新歸唐，於是「遣使者三人異道同趣成都……且贈（韋）皋黃金、丹砂。皋護送使者京師」。〔註202〕及至蕃國使節完成任務之後，朝廷將指定其從何處離境，由當地政府官員負責返國相關事宜。圓仁《入唐求法巡禮行記》卷 1 載文宗開成四年（839）藤原常嗣使團離京，被指定從楚州離境，於是「敕符到州，其符狀稱，准朝貢使奏，為日本帖於楚州顧船，便以三月令渡海者。……為令修理所買船，令都匠、番將、船工、鍛工等三十六人向楚州去。」並派勾當日本國使王友眞到楚州負責送使事宜。〔註203〕蕃客在返國期間所需之「程糧」是由唐廷供給，〔註204〕最後在蕃客出境時，地方政府亦有護送之責，如此才算完成整個迎送外交使節程序。〔註205〕

3. 互通外交文書及貢物

地方政府在外交方面另一項職責是互通外交文書，這包括三個部份：其一，唐朝地方官員與蕃國通外交文書。如僖宗乾符元年（874）南詔王坦綽遣

〔註200〕圓仁《入唐求法巡禮行記》卷1，頁5。

〔註201〕《舊唐書》卷 135〈裴延齡傳〉有謂德宗貞元年間戶部侍郎、判度支時，曾言「准禮經，天下賦稅當為三分，……鴻臚禮賓、諸國蕃客，至於回紇馬價，用一分錢物。」（頁 1062 下）即國家收入用作外交方面開支，竟占三分之一。又《資治通鑑》卷 237，憲宗元和三年（808）載：「自天寶以來，安西、北庭奏事及西域使人在長安者歸路既絕，人馬皆仰給于鴻臚禮賓，委府縣供之，于度支受直，度直不時付值，長安市肆不勝其弊。」（頁 7652）可知，外蕃使節來唐者，其生活所需皆出於唐廷。

〔註202〕《新唐書》卷 222〈南蠻傳上〉，頁 1711。

〔註203〕圓仁《入唐求法巡禮行記》卷1，頁5。

〔註204〕《新唐書》卷 46〈百官一‧主客郎中員外郎〉記：「路由大海者，給祈羊豕皆一。西南蕃使還者，給入海程糧；西北諸蕃，則給度磧糧。」（頁 330 下）

〔註205〕黎虎《漢唐外交制度史》，頁 414～430。

使者王保城等四十人，要求西川節度使牛叢欲「假道入朝，請憩蜀王故殿」，
〔註206〕牛叢即修〈報坦綽書〉回復，文書開頭云：「十二月二十四日，劍南西
川節度觀察安撫使守兵部尚書成都尹牛叢，致書於雲南詔國坦綽麾下。專人
遽到，示翰忽臨」接著便對南詔犯境，提出假道和在蜀王殿安置等事加以駁
斥，最後說：「所差王保城四十人送書，並已囚系，候於軍前，用以釁鼓。今
發遣酇嚨段首遷二人持報書，望詳覽不具。某白。」〔註207〕有些外交文書，
名義上是由地方官員發出，實際上是由中央官員撰寫，如武宗會昌二年（842）
回鶻烏介可汗入塞不退，武宗命李德裕代劉沔答回鶻相頡干迦斯書，此即李
德裕的〈代劉沔與回鶻宰相頡干伽思書〉，〔註208〕由地方官員劉沔發書，中央
官員李德裕撰寫，類似這種由中央政府代地方政府撰寫外交文書的事，在唐
代中晚期，時有所見，〔註209〕而這種地方政府與蕃國通外交文書在唐朝發展
雙邊外交關係時，具有相當重要的作用；〔註210〕其二，轉接蕃國外交文書。
地方政府除直接與蕃國互通外交文書外，還負責轉接蕃國致唐廷的外交文
書。如德宗貞元九年（793），劍南西川節度使韋皋派崔至南詔，與南詔王異
牟尋結盟於點蒼山，其中異牟尋在誓文有云：「其誓文一本，請劍南節度隨表
進獻」〔註211〕意即請劍南節度使將盟誓表文轉呈德宗。又如《唐會要·吐蕃》
載憲宗元和十四年（819）「鳳翔進吐蕃表函一封」，〔註212〕吐蕃透過鳳翔節度
使轉呈外交文書；其三，蕃國有所請求，地方政府代轉。若是蕃國向唐廷提
出某些需要或請求，則地方政府須負責轉呈上報，如《唐會要·契丹》載武

〔註206〕《新唐書》卷222〈南蠻傳中·南詔下〉，頁1637下。

〔註207〕牛叢〈報坦綽書〉，收入《全唐文》卷827，頁8713下。

〔註208〕李德裕〈代劉沔與回鶻宰相頡干伽思書〉，收入《全唐文》卷707，頁7251
下。

〔註209〕如李德裕的〈代忠順報回鶻宰相書意〉、〈代劉沔與回鶻宰相書意〉，收入《全
唐文》卷707，頁7252下～7253上；又有白居易〈代王佖答吐蕃北道節度使
論贊勃藏書〉、〈代忠亮答吐蕃東道節度使論結都離等書〉，收入《全唐文》卷
674，頁6879上。

〔註210〕如韋皋任劍南西川節度使期間，運用外交文書方式與南詔王異牟尋聯繫，使
南詔最後棄蕃歸唐，化解吐蕃聯南詔抗唐危機，這在唐朝對外關係上，是一
個重大成就。參看《資治通鑑》，頁3238～3244。

〔註211〕異牟尋〈與中國誓文〉，收入《全唐文》卷999，頁10346上。

〔註212〕《唐會要》卷97〈吐蕃〉，頁1738。此外蕃國透過地方政府轉呈外交文書尚
有憲宗元和七年（812）二月，吐蕃東道節度論諾都、宰相尚綺心兒以書遺鳳
翔節度使李惟蘭，惟蘭再轉呈中央，參看《冊府元龜》卷980〈外臣部二十
五·通好〉，頁11515上。

宗會昌二年（842）幽州節度使張仲武上奏「契丹新立王屈戌等云：『契丹舊用回鶻印，今懇請當道聞奏，乞國家賜印。』伏望聖慈允許」武宗敕旨「宜依。仍以『奉國契丹之印』爲文」。〔註213〕這是契丹通過節度使向朝廷請求給新印。

　　另外，蕃國貢物亦是先經由地方政府檢查，再上交中央。《唐六典‧典客令》載：「若諸蕃獻藥物、滋味之屬，入境州縣與蕃使苞匭封印，付客及使，具其名數牒寺。」〔註214〕這就是說蕃國朝貢物品經地方政府檢查後，會同蕃使一起加以包裝加封，並開列朝貢物品名稱數量，上報鴻臚寺，再交由蕃使送到中央。有時蕃國貢獻之物，朝廷也會留在地方政府，如德宗貞元四年（788）回鶻遣使來唐迎娶和親公主，納聘三千匹馬，德宗令朔州及太原分留七百匹。〔註215〕

（二）地方軍事機構的外交職能

　　唐代地方管理，除上述的行政體系外，另外有一套以軍事爲系統的制度，即是軍、鎮、關等，它們雖然是以軍事做爲主要職責，但是由於其地處邊境，故也擔負著外交任務。茲將其有關外交職責分述於下，以做說明。

1. 軍、鎮

　　《資治通鑑》記玄宗開元、天寶年間，邊境八個節度使統屬之邊防軍其駐防單位有：軍、鎮、守捉、城等。〔註216〕《唐六典‧兵部郎中》載：「諸軍各置使一人，五千人以上置副使一人，萬人以上置營田副使一人；每軍皆有倉曹、兵曹、冑曹參軍各一人。……凡鎮皆有使一人，副使一人，萬人以上置司馬、倉曹、兵曹參軍各一人，五千人以下減司馬。」〔註217〕此外，唐代尚有一種「鎮」，據《唐六典‧鎮戍岳瀆關津官吏》載分爲上鎮、中鎮、下鎮，每鎮設鎮將、副將各一，掌「鎮捍防守，總判鎮事。」〔註218〕這些軍、鎮單位主要是負責征戰及警備護守，至於設置於邊疆地區的鎮戍，又有額外二個責任：其一，獨立或聯合附近鎮戍建立反間諜系統；其二，建立烽燧警報系

〔註213〕《唐會要》卷96〈契丹〉，頁1719。
〔註214〕《唐六典》卷18〈鴻臚寺‧典客令〉注文，頁510。
〔註215〕《冊府元龜》卷979〈外臣部二十四‧和親二〉，頁11506上。
〔註216〕《資治通鑑》卷215，玄宗天寶元年（742）條，頁6847～6849。
〔註217〕《唐六典》卷5〈尚書兵部‧兵部郎中〉，頁177～178。
〔註218〕《唐六典》卷30〈三府督護縣官吏‧鎮戍岳瀆關津官吏〉，頁754。

統。〔註219〕由於軍、鎮系統其位處邊陲四境，自然也負有一些外交職責：

（1）轉接外交文書、貢物：邊防軍、鎮有時亦須負轉接外交文書之責。《冊府元龜》載德宗貞元十三年（797）正月，「吐蕃贊普遣使農索昔齎表，請修和好，邊將以聞，德宗以其豺狼之心，數負恩背約，不受表狀，任其使卻歸。」〔註220〕此處言吐蕃遞交文書，邊將轉接上呈後，唐朝將文書退回對方。可知，邊將負有轉接外交文書之職。另外，邊軍可以代表中央政府，接受或贈予蕃國貢物或賞賜。《冊府元龜・外臣部・朝貢四》記玄宗天寶六載（747）十二月，「九姓、堅昆及室韋獻馬六十匹，令西受降城使印而納之。」〔註221〕這是令邊防城使負責接受諸蕃之獻馬。《唐大詔令集・回紇葉護司空封忠義王制》有載：「每歲送絹二萬匹至朔方軍，宜差使受領。」〔註222〕回紇在安史之亂時，協助唐廷收復兩京，肅宗至德二載（757）以回紇葉護為司空，封忠義王，並將每年所賞賜回紇的二萬匹絹送到朔方軍，回紇再從朔方軍領取賜物。

（2）勘驗過所：邊防軍事單位為防四夷入侵，都有勘驗過所之職責。日僧圓珍等人得到宣宗大中七年（853）九月十四日福州都督府判給前往天台山、五台山等地巡禮的公驗後，於九月二十八日在福建海口鎮時，由海口鎮「勘過」，這種「勘過」證明是在公驗後端書寫，其文如下：

> 福建海口鎮勘日本國僧圓珍
> 等出訖大中七年九月二十八日
> 史魏□□
> 　鎮將朱浦

此即海口鎮在檢察過圓珍等人的公驗後，同意放行的批語，這個勘過是由海口鎮史魏某所寫，由鎮將朱浦署名認可。〔註223〕同一情形在阿斯塔那509號墓〈唐開元二十年瓜州都督府給西州百姓游擊將軍石染典過所〉記載石染典從安西到瓜州，「市易事了，今欲卻往安西已來，路由鐵門關，鎮戍守捉不練行由，請改給者。」這是他向瓜州提出申請「改給」過所，以便返回安西。這裏所書的「鎮戍守捉」即是邊防軍事單位。這年三月十四日，瓜州都督府「改給」石染過所，其持這份過所，自瓜州前往伊州，途中沿經四個守捉勘

〔註219〕雷師家驥《隋唐中央權力結構及其演進》，頁479～480。
〔註220〕《冊府元龜》卷996〈外臣部四十一・責讓〉，頁11696下。
〔註221〕《冊府元龜》卷971〈外臣部十六・朝貢四〉，頁11412下。
〔註222〕《唐大詔令集》卷128〈命官・回紇葉護司空封忠義王制〉，頁634。
〔註223〕黎虎《漢唐外交制度史》，頁492。

驗其過所,分別是:

> 三月十九日,懸泉守捉官高賓勘西過
>
> 三月十九日,常樂守捉官果毅孟進勘西過
>
> 三月二十日,苦水守捉押官年五月勘西過
>
> 三月二十一日,鹽池戍守捉押官健兒呂楚珪勘過。〔註224〕

由此例證得知,唐代邊防軍事機構中,為了確保國家家全,故對蕃客入境,勘驗過所是執行十分嚴格。

2. 關

《舊唐書・司門郎中》載:「凡關二十有六為上、中、下之差。京城四面關有驛道者為上關,餘關有驛道及四面關無驛道者為中關,他皆為下關焉。」〔註225〕關之職掌除了負責禁止非法流動,探察邪惡之外,〔註226〕尚負掌有外交事務:

(1)隔中外、夷夏:《舊唐書・司門郎中》載:「關所以限中外,隔華夷,設險作固,閑邪正禁者也。」〔註227〕這表明唐代設關之用意在於限隔中外、華夷,這包括限制人員及物產的進出。《唐會要・市》記載,玄宗開元二年(714)閏三月敕「諸錦、綾、羅、縠、繡、織成紬絹絲、犛牛尾、真珠、金、鐵,並不得與諸蕃互市,及將入蕃,金鐵之物亦不得將度西北諸關。」〔註228〕這是要求西北諸關嚴禁金鐵等軍事戰略物資出境;同書卷72〈馬〉記載,德宗貞元元年(785)八月「吐蕃率羌、渾之眾犯塞,分遣中官於潼關、蒲關、武關,禁大馬出界。」〔註229〕古代戰爭,「馬」是非常重要的戰略資源,史有明言,「馬者兵之用也」,馬之優劣多寡與否,可以影響雙方戰爭之勝敗。是故,歷代朝廷對於「馬政」均十分重視,唐代也為此設監牧之制。〔註230〕《唐會要》這條是派遣專使至諸關監督大馬之出境。除

〔註224〕《吐魯番出土文書》第9冊,頁40～42。

〔註225〕《舊唐書》卷43〈職官二・司門郎中〉,頁508下;又《唐六典》卷30〈三府督護縣官吏・鎮戍岳瀆關津官吏〉記上關,令一人,從八品下;中關令一人,正九品下;下關,令一人,從九品下,頁756～757。

〔註226〕《唐六典》卷30〈三府督護縣官吏・鎮戍岳瀆關津官吏〉記「關令掌禁末游,伺奸慝。」(頁756)

〔註227〕《舊唐書》卷43〈職官二・司門郎中〉,頁508下。

〔註228〕《唐會要》卷86〈市〉,頁1581。

〔註229〕《唐會要》卷72〈馬〉,頁1303。

〔註230〕《新唐書》卷50〈兵志〉載:「唐之初起,得突厥馬二千匹,又得隋馬三千

了人員、物產之外，外來文化之傳入，唐廷也會把關，對於不良之文化，唐政府會要求邊關，禁止進入。如《唐會要·散樂》載：「自漢武帝，幻伎始入中國，其後或有或亡，至國初通西域復有之。高宗惡其驚俗，敕西域關津不令入中國。」〔註231〕這是唐高宗見於西域幻伎會有幻惑百姓之不良影響，故下令禁止西域幻術入關。〔註232〕

（2）勘驗過所：唐代諸關與軍、鎮一樣，亦負有勘驗入唐人員過所。《唐六典·鎮戍岳瀆關津官吏》載：「關令……凡行人車馬出入往來，必據過所以勘之。」〔註233〕，據日僧圓仁《入唐求法巡禮行記》卷3記載，圓仁從五台山赴長安的行程中，曾在汾州之陰地關、汾水關、蒲津關等地，接受「關司勘出」與「關司勘入」的檢查。蕃客入關，除須查驗過所外，關令並得以檢查蕃客行李，《新唐書·司門郎中員外郎》有載：「蕃客往來，閱其裝重，入一關者，餘關不譏」，〔註234〕就是蕃客在入關時，官吏須檢查所帶行李，並「閱其裝重」，對行李所帶之物品、數量作詳細登記。

（三）使職人員及其外交職能

所謂使職是由皇帝派遣主持某項工作，沒有品階的官員。〔註235〕唐代使職萌芽於高宗以前，發展於武后、玄宗時期，定型於肅宗以後。唐代使職官主要表現在地方軍政系統、國家財政部門和宦官充使三個方面。〔註236〕李肇在《唐國史補》卷下論述唐代使職時，列舉內外使職四十種，其中「外任則有節度使、觀察使、……押蕃使」等。〔註237〕這些職使當中，以押蕃使在外交機能上最具代表性。押蕃使又稱為「押蕃落使」或「捍蕃使」，押蕃使主要是設置於沿邊藩鎮地區。押蕃使始置玄宗開元四年（716），據《唐會要·親王遙領節度使》載，正月二十九日郯王李嗣直「除安北大都護，充安撫河東、關內、隴右諸蕃部落大使」，陝王李嗣昇「為安西都護，充河西道及四鎮諸蕃

於赤岸澤，徙之隴右，監牧之制始於此。」（頁359下）
〔註231〕《唐會要》卷33〈散樂〉，頁611。
〔註232〕為此，高宗曾發佈〈禁幻戲詔〉認為西域幻術「幻惑百姓，極非道理，宜並發遣還蕃，勿令久住」，收入《全唐文》卷12，頁145上。
〔註233〕《唐六典》卷30〈三府督護縣官吏·鎮戍岳瀆關津官吏〉，頁756。
〔註234〕《新唐書》卷46〈百官一·司門郎中員外郎〉，頁331下。
〔註235〕張澤咸《唐代階級結構研究》，頁92。
〔註236〕陳仲安〈唐代的使職差遣制〉，載《武漢大學學報》1965年第1期，頁87～96。
〔註237〕李肇《唐國史補》卷下，頁53。

部落大使」，郯王、陝王均以都護兼「諸蕃部落大使」，〔註238〕此後，押蕃使在唐代周邊一級地方行政機構陸續增設，且多爲節度使兼領。〔註239〕唐代押蕃使在外交上的職權有下列數項：

（1）朝貢管理：管理蕃國朝貢事務是押蕃使最重要的工作。《舊唐書・奚》載：

> 故事，常以范陽節度使爲押奚、契丹兩蕃使。自至德之後，藩臣多擅封壤，朝廷優容之，彼務自完，不生邊事，故二蕃亦少爲寇。其每歲朝賀，常各遣數百人至幽州，則選其酋渠三、五十人赴闕，引見於麟德殿，錫以金帛遣還，餘皆駐而館之，率爲常也。〔註240〕

上述幽州押奚、契丹兩蕃國朝貢事務是押蕃使職能具體說明。奚、契丹兩國每年朝貢，常各遣數百人到幽州，由押蕃使負責接待，並從中選出三、五十人爲代表赴京，其餘皆留在當地，由押蕃使負責招待他們的食宿。

（2）過所管理：押蕃使在管理朝貢的同時，也負責過所公驗管理。圓仁《入唐求法巡禮行記》卷2載圓仁等人於文宗開成五年（840）前往五台山巡禮求法時，向登州都督府申請公驗，登州都督府上報青州押兩蕃使，圓仁於三月二十一日到達青州，次日，「朝衙入州，見祿事、司法。次到尙書押兩蕃使衙門前，擬通入州牒，緣遲來，尙書入毬場，不得參見。……晚衙時入州，到使衙門，合劉都使通登州牒。」〔註241〕圓仁等人須得押兩蕃使簽署的正式公驗，才可前往五台山。由此，押蕃使負有勘驗過所之責。

第三節　羈縻府州的設置及其意義

前述兩節我們說明了唐代中央與地方對外的管理機構及其運作方式。事實上，唐朝與歷代對外管理制度中，最特殊的地方莫過於羈縻府州體制的建立。唐代的羈縻府州不僅是唐廷對外族的另類統治形式，也最能展現出唐代理想的天下秩序。在第二章探討中國天下秩序時，吾人論及中國的天下秩序是從服制思想中的內外、層次、方位、地域等內涵所加以演生，其統治原理是結合了政治上君臣關係（王化）與宗法倫理上血緣關係（教化），欲達到王者無外、天下

〔註238〕《唐會要》卷78〈親王遙領節度使〉，頁1435。
〔註239〕黎虎《漢唐外交制度史》，頁509～512。
〔註240〕《舊唐書》卷199〈北狄傳下・奚〉，頁1548上。
〔註241〕圓仁《入唐求法巡禮行記》卷2，頁54。

一家之目的，故歷朝對於九州以外，要荒之地，無不採以「羈縻」方式做爲治理政策，而唐代的羈縻府州正是將這種治理政策具體化，更加豐富當中的內涵。是以在討論唐代的對外管理時，不得不對這種異於內地州縣（正州）的地方行政機構做分析。本節從唐代羈縻府州的建置沿革、羈縻府州的管理體制、羈縻府州的特色以及唐設羈縻府州的意義等幾方面，做爲論述的方向。

一、唐代羈縻府州的建置沿革

對於唐代羈縻府州的設置，《新唐書‧地理志》列有專篇記載，並附序言：

> 唐興，初未暇于四夷。自太宗平突厥，西北諸蕃及蠻夷稍稍內屬，即其部落列置州縣。其大者爲都督府，以其首領爲都督、刺史，皆得世襲。雖貢賦版籍，多不上戶部，然聲教所暨，皆邊州都督、都護所領，著于令式。今錄招降開置之目，以見其盛。其后或臣或叛，經制不一，不能詳見。突厥、回紇、党項、吐谷渾隸關內道者，爲府二十九，州九十。突厥之別部及奚、契丹、靺鞨、降胡、高麗隸河北者，爲府十四，州四十六。突厥、回紇、党項、吐谷渾之別部及龜茲、于闐、焉耆、疏勒、河西內屬諸胡、西域十六國隸隴右者，爲府五十一，州百九十八。羌、蠻隸劍南者，爲州九十二。又有党項州二十四，不知其隸屬。大凡府州八百五十六，號爲羈縻云。〔註242〕

這是對於唐代羈縻府州建置最爲重要的一段文字。然吾人從上述文獻中，先對若干問題做一釐清，如此才能對羈縻府州有清楚的認識。

「羈縻」者其意爲何？《漢書‧郊祀志下》載：

> 方士之候神入海求蓬萊者終無驗……天子猶羈縻不絕，幾遇其眞。
> 〔註243〕

顏師古注曰：

> 羈縻，繫聯之意。馬絡頭曰羈也，牛靷曰縻。〔註244〕

從上述的用以控制馬的馬絡頭稱做羈，控制牛的牛靷叫做縻，可看出「羈縻」一詞，本身具有繫聯、控制之意，後來則引申爲籠絡、懷柔，如《尚書‧周官》孔穎達正義有云：

〔註242〕《新唐書》卷43〈地理志下〉，頁308上。
〔註243〕《漢書》卷25〈郊祀志下〉，頁288上
〔註244〕同上註。

> 周禮九服，此惟言六者，夷、鎮、蕃三服，在九州之外，夷狄之地；
>
> 王者之於夷狄，羈縻而已，不可同華夏，故惟舉六服。〔註245〕

漢司馬相如曾言：

> 蓋聞天子之牧夷狄也，其義羈縻勿絕而已。〔註246〕

故而羈縻的作用是在於籠絡四夷，使之不絕於王庭。〔註247〕從《新唐書‧地理志》所言，唐代設置羈縻府州始於貞觀四年（630），太宗平定東突厥後。事實上，唐代建設羈縻府州並不始於太宗，早在高祖建國之初，就在周邊少數民族地區開始設置。武德二年（619）閏二月，高祖曾下詔書言：

> 畫野分疆，山川限其內外，遐荒絕域，刑政殊于函夏。是以昔王御
>
> 宇，懷柔遠人，義在羈縻，無取臣屬。朕祗應寶圖，撫臨四極，悅
>
> 近來遠，追革前弊，要荒蕃服，宜與和親。〔註248〕

此即確立「懷柔遠人，義在羈縻」的民族政策，故而在內附的奚地部落設置饒樂都督府，置慎州領粟末靺鞨烏素固部落；又設燕州，以靺鞨渠帥突地稽為燕州總管，〔註249〕也在黔中地區設立若干羈縻府州。〔註250〕職是，則唐朝在立國之初，就在東北、西南等地區設置了羈縻府州，〔註251〕不過，唐代大規模的設置羈縻府州確在太宗平定東突厥之後。

　　論及唐代羈縻府州體制，並非是憑空而來。若從羈縻府州屬性來看，則可溯源於漢代的「屬國」與「初郡」；南北朝時期的「左郡」、「左縣」等。〔註252〕

〔註245〕《尚書‧周書‧周官》，頁407。

〔註246〕《史記》卷117〈司馬相如傳〉，頁1098上。

〔註247〕高明士〈從天下秩序看古代的中韓關係〉，載於中華民國韓國史研究學會《中韓關係論文集》，頁22。

〔註248〕《冊府元龜》卷170〈帝王部‧來遠〉，頁2050。

〔註249〕《資治通鑑》卷189，高祖武德四年（621）三月庚申條，頁5906。

〔註250〕如《舊唐書‧地理志》云：黔州，武德元年置。南州，武德二年置。夷州、思州，武德四年置。《劉禹錫集》卷9〈夔州刺史廳壁記〉載：「唐興，武德二年詔書，其以信州為夔州。七年，增名都督府，督黔、巫一十九郡」。

〔註251〕劉統《唐代羈縻府州研究》頁8～11；孫玉良〈唐朝在東北民族地區設置的府州〉，載於《社會科學戰線》1986年第3期，頁224～226；林超民〈羈縻府州與唐代民族關係〉，載於《思想戰線》1985年第5期，頁51。

〔註252〕吳永章〈南朝對"蠻"族的統治與"撫納"政策〉，載《江漢論壇》1983年第6期，頁68～69；徐杰舜、羅樹杰〈隋唐民族政策特點概論〉，載《中南民族學院學報（哲社版）》1992年3期，頁56～61。兩文均提出唐代羈縻府州源於漢代的屬國、邊郡，南朝左郡、左縣，然皆語焉不詳，並未說明羈縻府州與屬國、左郡等其中的關聯性及差異。

漢代設置屬國的想法甚早，〔註253〕然正式設立屬國始於武帝元狩二年
（121B.C.）所置的五屬國。據《漢書・武帝本紀》載：

> （元狩二年）秋，匈奴昆邪王殺休屠王，并將其眾合四萬餘人來降，
> 置五屬國以處之，以其地爲武威、酒泉郡。〔註254〕

顏師古對「屬國」性質注之曰：

> 凡言屬國者，存其國號而屬漢朝，故曰屬國。〔註255〕

是故，屬國蓋指部落各依本俗而屬於漢，是接受領兵監護他們的屬國都尉監
視的部落國，其性質是在安置「蠻夷降者」，〔註256〕對於歸附的民族進行統治。
兩漢均置有屬國，〔註257〕且在屬國內設官治理。《漢書・百官公卿表》言屬國
置都尉、丞、侯、千人等官職，《通典・西戎總序》進一步說明漢代在屬國置
官情形：

> 凡國，自譯長、城長、君、監、吏、大祿、百長、千長、都尉、且
> 渠、當户、將、相至侯、王，皆佩漢印綬，凡三百七十六人。而康
> 居、大月氏、安息、罽賓、烏弋之屬，皆以絕遠，不在數中。其來
> 貢獻，則與相報，不督錄總領也。〔註258〕

漢代屬國有總領與不總領之分，而屬國所設官職，有些是仿照匈奴官制。〔註259〕

〔註253〕《漢書》卷48〈賈宜傳〉誼陳政事書云：「臣竊料匈奴之眾不過漢一大縣，
　　　　以天下之大，困於一縣之眾，甚爲執事者羞之。陛下何不試以臣爲屬國之官
　　　　以主匈奴？……」（頁614上）。由賈宜之論述中可知，早在漢文帝時代，就
　　　　有設置屬國之想法。
〔註254〕《漢書》卷6〈武帝本紀〉，頁54下。《漢書》卷19〈百官公卿表上〉記爲武
　　　　帝元狩三年（頁158上）。
〔註255〕《漢書》卷6〈武帝本紀〉，頁54下。
〔註256〕《漢書》卷19〈百官公卿表上〉，頁158上。
〔註257〕《漢書》卷94〈匈奴傳下〉載西域都護「都護三十六國」（頁1157上）；據
　　　　余太山主編《西域通史》一書統計，西漢至元帝時，光是西域地區就有四十
　　　　四個屬國（頁58～62），除了西域地區以外，尚有五屬國、五原屬國、張掖
　　　　屬國、金城屬國、西河屬國、安定屬國、天水屬國等；東漢時，亦有越巂西
　　　　部屬國、張掖屬國、張掖居延屬國、遼東屬國、犍爲屬國、廣漢屬國、蜀郡
　　　　屬國、金城屬國、安定屬國、西河屬國、上郡屬國、巴東屬國等。參看王宗
　　　　維〈漢代的屬國〉，載於《文史》第20輯，頁45～58。
〔註258〕杜佑《通典》卷191〈邊防七・西戎總序〉，頁5193。
〔註259〕《史記》卷110〈匈奴列傳〉載：「（匈奴官號）置左右賢王、左右谷蠡王、
　　　　左右大將、左右大都尉、左右大當户、左右骨都侯……諸二十四長亦各自置
　　　　千長、百長、什長、裨小王相封都尉、當户、且渠之屬」（頁1036）。漢代在
　　　　屬國所設立的官職亦有「百長」、「千長」、「都尉」、「且渠」、「當户」等，此

今將西漢在西域屬國內所設置官職種類及人數製成表十二〈西漢時期西域地區屬國置官一覽表〉，以利說明。

由表十二中所列西漢西域地區所屬三十五國所設置的官職論之，大抵如《通典》所言，亦如《漢書‧百官公卿表》所述屬國「置都尉、丞、侯、千人」等官職。〔註260〕都尉即後來的屬國都尉，是由郡都尉演變而來。郡都尉原名郡尉，應邵在《漢官儀》云：「都尉，本名郡尉，掌佐太守典其武職，秩比二千石，孝景時更名都尉」。〔註261〕西漢於邊郡往往設置若干都尉，屬國都尉即是其中的一種。屬國都尉是領護屬國吏民最高的軍政長官，從表十二中我們可以看到，西漢於西域地區各屬國中，多置有屬國都尉一職，其責任是輔佐太守以掌屬國，受中央典屬國的領導。〔註262〕屬國都尉以下最高官員為丞，丞佐都尉處理日常興訟、文書、財務等事，有時代行都尉職權；侯，後來稱為侯官，下有侯史、斥侯、輔國侯，用以偵察動靜，擔任警戒之事，保衛屬國吏民安全；千人，又稱千人官，為原部落首領，用以管理歸附之民眾。〔註263〕

從上述中，我們可以得知，漢代於屬國中，自上而下建立一套完整的管理體系，用來管理歸附的屬國，且由表十二看出，西漢對於重要的屬國，其所置的官職及人數相對較多，如烏孫是當時西域第一大國，而漢廷設官也是最多。章群在《唐代蕃將研究（續編）》一書，曾歸納出兩漢設置屬國幾個特點，其中漢代設立屬國的目的，在於安置來降的邊族，且總領的屬國皆在郡界的地方行政區劃內，〔註264〕就這一點來說，其性質與唐代羈縻府州相似，可說是唐代羈縻府州的前身。除了屬國外，漢代在西南邊區設置「初郡」，〔註265〕漢代初郡多以部族區劃，無賦稅，不行徵調，所上者，乃當地之土貢。漢代的初郡性質，

〔註260〕 乃仿照匈奴官號置立。
〔註260〕 《漢書》卷19〈百官公卿表上〉，頁158上。
〔註261〕 應邵《漢官儀》頁18。
〔註262〕 典屬國是中央掌管蠻夷事務的官員。《漢書‧百官公卿表上》載：「典屬國，秦官，掌蠻夷降者。」（頁158上）。
〔註263〕 王宗維〈漢代的屬國〉載於《文史》第20輯，頁41～42。
〔註264〕 章群《唐代蕃將研究（續編）》頁30～31。
〔註265〕 《漢書》卷24〈食貨志下〉載：「漢連出兵三歲，誅羌、滅兩粵，番禺以西至蜀南者置初郡十七，且以其故俗治賦稅。」（頁263下）；卷61〈張騫傳〉記：「是時，漢既滅越蜀，所通西南夷皆震，請吏。置牂柯、越嶲、益州、沈黎、文山郡，欲地接以前通大夏。乃遣使歲十餘輩，出此初郡，復閉昆明……。」（頁763下）

即是《周禮》「蠻夷要服，戎狄荒服」，「要服者貢，荒服者王」等理想規範的具體化，此爲三國、兩晉所承襲，也爲唐代羈縻府州開啓先例。〔註266〕

及至南北朝時期，北朝對於少數民族地區仍沿襲漢代設置屬國與初郡，南朝各政權對於南方少數民族統治，則普遍設置「左郡」、「左縣」。左郡、左縣之名得自於「蠻左」，其意爲在蠻左之地設置的郡縣。「蠻左」是南朝統治者對少數民族的統稱，如《南齊書・地理志》載：

> 郡恢爲雍州，于時舊民甚少，新戶稍多。……疆蠻帶沔，阻以重山，北接宛、洛，平塗直至，跨對樊、沔，爲鄀郢北門，部領蠻左，故別置蠻府焉。〔註267〕

又如《梁書・臧嚴傳》載：

> 王（宣惠）遷荊州，（臧嚴）隨府轉西中郎安西錄事參軍，歷監義陽、武寧郡，累任皆蠻左。〔註268〕

而由蠻左所統領的地區，就稱之爲左郡、左縣。南朝時期，荊、湘、雍、鄀、司等南部地區，均依其原屬部落設立左郡、左縣，〔註269〕其治理方式異於內地州、縣，任命其豪酋渠帥爲當地州郡刺史、太守，並且累世統治；〔註270〕在賦稅上，左郡、左縣「一戶輸穀數斛，其餘無雜調……蠻無徭役，彊者又不供官稅」，〔註271〕對其相當寬鬆的統治。左郡、左縣這些特點，基本上就是後來唐代羈縻府州的管理特點（詳下）。是故，南朝的左郡、左縣成爲唐代羈縻府州體制的源頭。〔註272〕

唐高祖武德時期所置羈縻府州，尚未建立一套完整的制度體系。唐朝第一次正式設立羈縻府州，起於貞觀四年（630），李靖平定東突厥，俘虜頡利可汗，漠南各部落多來歸降，人數多達十萬。對於如何處置如此龐大的內屬，太宗爲此下詔安邊廷議的問題。在安邊會議中，群臣各自提出不同的意見與主張，歸類起來，大致有四：

〔註266〕林超民〈羈縻府州與唐代民族關係〉，載於《思想戰線》1985 年第 5 期，頁 53。
〔註267〕《南齊書》卷 15〈地理志七・州郡下〉，頁 158 下。
〔註268〕《梁書》卷 50〈臧嚴傳〉，頁 415 下。
〔註269〕《宋書》卷 97〈夷蠻傳〉，頁 1376 上；《南齊書》卷 58〈蠻傳〉，頁 526 上。
〔註270〕《南齊書》卷 58〈蠻傳〉，頁 526 上。
〔註271〕《宋書》卷 97〈夷蠻傳〉，頁 1376 上。
〔註272〕吳永章〈南朝對"蠻"族的統治與"撫納"政策〉，載《江漢論壇》1983 年第 6 期，頁 69。

　　一是多數朝臣認為，突厥自周、隋以來，自恃甚強，世寇中原久矣，今歸降於唐，並非本於慕義之心，實乃遭喪，故而主張「分其種落，俘之河南兗豫之地，散居州縣，各使耕織」，〔註273〕「變其風俗，百萬胡虜，可得化而為漢，則中國有加戶之利，塞北常空矣」。〔註274〕實行同化政策，拆散突厥各部落，遷於中原內地州縣治理，改變其生活方式及風俗習慣，最後達到「化突厥為漢人」的目的，如此，不僅使多事的塞北常空，也能讓中國有加戶之利。

　　二是以李百藥、竇靜、顏師古為代表，認為突厥是由不同部落組成，當因其離散，析其部落，分其土地，不相臣屬，使其權弱勢分，易以羈縻統治。朝廷於定襄、河北之地置都護府，為其節度，進行管理；對其酋領，「假之王侯之號，妻以宗室之女」，如此才能使突厥常為藩臣，永保邊塞。〔註275〕

　　三是以溫彥博為代表，主張仿東漢建武置匈奴於五原塞的辦法，將突厥處於河南之地，全其部落，順其土俗，一方面可以示朝廷對其無猜忌之心，另一方面可實空虛其地，為唐廷捍蔽。〔註276〕

　　四是以魏徵、杜楚客等人為代表，認為突厥「非我族類，強必寇盜，弱則卑伏，不顧恩義」，〔註277〕今降附者有十萬之眾，數年以後，必將倍增，成為中國心腹之患，故主張應將突厥遣發河北，縱還故土。他們推崇晉代江統「徙戎論」的主張，而晉武帝因未採納江統之議，將留居於近郡的氏、羌民族逐出塞外，因而「數年之後，遂傾瀍洛」之局面。〔註278〕

　　上述朝臣對安置突厥之議，大體可分為包容派和驅逐派。唐太宗最終採納溫彥博的建議，將歸降突厥各部落安置在東起幽州、西到靈州這廣大地區，參照李百藥、竇靜的意見，按部置北開、北寧、北撫、北安等六州，並設定襄、雲中兩都督府分統之，這是唐朝第一次正式設置羈縻府州的記錄。自此以後一直到唐宣宗大中年間的二百餘年，唐朝都不斷有羈縻府州的設置。

〔註273〕《舊唐書》卷194〈突厥傳上〉，頁1486下。
〔註274〕《舊唐書》卷61〈溫彥博傳〉，頁648下。
〔註275〕《唐會要》卷73〈安北都護府〉，頁1311～1312。。
〔註276〕吳兢《貞觀政要》卷9〈安邊第三十六〉，頁325；《資治通鑑》卷193，太宗貞觀四年（630）四月條，頁6076。
〔註277〕吳兢《貞觀政要》卷9〈安邊第三十六〉，頁325～326。
〔註278〕吳兢《貞觀政要》卷9〈安邊第三十六〉，頁325；《資治通鑑》卷193，太宗貞觀四年（630）四月條，頁6076。

　　唐代羈縻府州的由於性質不同於內地正州，故而設置方式也不同於內地，由朝廷統一設立，其領地、戶口、官員皆有定制。關於唐代羈縻府州的性質，玄宗在〈誡勵諸軍州牧將詔〉曾言：

　　今諸蕃歸降，色類非一，在番者則漢官押領，入附者或邊陲安置。
　　風俗未通，言語不達，至於畜養，實務綏懷，宜令所在軍州牧將等
　　倍加撫恤。〔註279〕

依此詔令所述，歸降的蕃族有「在蕃」與「入附」之分，是以其性質上自有差異。譚其驤將羈縻府州依性質之不同分為兩類：其一，設置於邊外各國、族原住地；其二，設置於邊外各族遷入內地後的僑居地。〔註280〕章群則以羈縻府州所處邊、塞為別，劃分羈縻府州為三類：其一是塞內安置者；其二是邊內歸降者；其三是邊外歸順者。設於邊外的羈縻府州，即以部落所在地設立，其雖立州府，然生活方式無變；而邊內安置的，則如編籍之民，其生活大多已由遊牧而漸入農耕。〔註281〕是以，羈縻府州本身其性質有所不同，因此，唐廷設置羈縻府州方式也有所異。一般說來，羈縻府州設置方式有四：一為朝廷直接下令設置。如太宗貞觀四年平東突厥後，置順、祐、化、長四州都督府，定襄、雲中兩都督府即是；二為朝廷派使節出訪設置。如高宗顯慶三年（658）平西域，分別派遣董寄生、王名遠前往康國、吐火羅等國，設置大宛都督府、南謐、佉沙等州；〔註282〕三為軍事將領在征討中開置。如高宗顯慶五年（660），蘇定方平百濟，「乃析熊津、馬韓、東明、金漣、德安五都督府」，〔註283〕總章元年（668），李勣拔平壤，分高麗五部，「為九都督府、四十二州、百縣，置安東都護府」，〔註284〕這些均是由軍事將領於平定戰亂後所設置的；四是邊州都督府在豪族控制地區招撫開置。此為唐廷利用招撫和征討的方式，將當地豪族大姓控制下的領地，納入唐朝管轄下，設置的正州與羈縻府州。如高祖武德七年（624），巂州都督府長吏韋仁壽檢校南寧州都

〔註279〕《唐大詔令集》卷107，玄宗〈誡勵諸軍州牧將詔〉，頁507。
〔註280〕譚其驤〈唐羈縻州述論〉，收入氏著《長水集（續編）》，頁144。
〔註281〕章群《唐代蕃將研究》，頁134～135；章群《唐代蕃將研究（續編）》，頁24
　　　　～25。
〔註282〕《冊府元龜》卷966〈外臣部・繼襲一〉，頁11365下～11366上；《唐會要》
　　　　卷99〈康國〉，頁1774；吳玉貴〈唐代西域羈縻府州建置年代及其與唐朝的
　　　　關係〉，載於《新疆大學學報》1986年第1期，頁55～59。
〔註283〕《新唐書》卷220〈百濟傳〉，頁1613下。
〔註284〕《資治通鑑》卷201，高宗總章元年（668）十二月丁巳條，頁6356～6357。

督，「蠻夷豪帥皆望風歸附，來見仁壽。仁壽承制置七州十五縣」。〔註285〕這種納蠻僚以置州縣，多表現在南方之劍南、嶺南與江南諸道，〔註286〕目的在用以安撫、籠絡當地的地方大族。〔註287〕

　　唐代羈縻府州既是以安置四邊內附（或征討）民族所設計的特殊地方行政，然其地域分佈、數量如何？據《唐六典‧尚書戶部》記載，唐代羈縻府州分佈於內地十道間，各道所控領之四夷分別是：關內道，遠夷則控北蕃、突厥之朝貢；河南道，遠夷則控海東新羅、日本之貢；河北道，遠夷則控契丹、奚、靺鞨、室韋之貢；隴右道，遠夷則控西域諸胡、戎之貢；江南道，遠夷則控五溪之蠻；劍南道，遠夷則控西洱河及群蠻之貢；嶺南道，遠夷則控百越及林邑、扶南之貢。〔註288〕事實上，有唐一代羈縻府州分佈並不僅於上述七道，我們從《新唐書‧地理志》及《舊唐書‧西戎党項傳》可看出，除了淮南道之外，唐朝在九個道都曾設過羈縻府州，其範圍相當廣。〔註289〕論及唐代羈縻府州總數，《新唐書‧地理志》序言中說「大凡府州八百五十六」，實際清點其所開列府州數目為八百五十五個，茲製成表十三〈《新唐書‧地理志》所列羈縻府州表〉。若比較新、舊《唐書‧地理志》則可發現，《新唐書‧地理志》所載記大部分羈縻府州是以玄宗天寶十一載（752）為基礎，並加上一些安史亂後陸續設置的羈縻府州總匯而成，而《舊唐書‧地理志》所記載的羈縻府州，也並非同一時期之總記錄，而是不同時期開置的總和。〔註290〕事實上，《新唐書‧地理志》所記缺略甚多，其中如西域昭武九姓設立的府州，即未著錄；劉統《唐代羈縻府州研究》爬梳得出《新唐書‧地理

〔註285〕《資治通鑑》卷191，高祖武德七年（624）七月條，頁5991。

〔註286〕林超民〈唐前期雲南羈縻州縣述略〉，載於《雲南社會科學》1986年第4期，頁68～74；朱珊珊〈唐代貴州羈縻州的設置及特點〉，載於《貴州師範大學學報（社會科學版）》1995年第2期，頁19～20；張雄〈略論唐朝治理嶺南的政策〉，載於《中南民族學院學報》1983第1期，頁33～39。

〔註287〕有關唐朝設置羈縻府州方式，可參看劉統《唐代羈縻府州研究》，頁17～23；中國人民大學歷史系、深圳市博物館合著《中國歷朝行政管理》，頁379～380。

〔註288〕《唐六典》卷3〈尚書戶部〉，頁80～94；《新唐書》卷43〈地理志〉亦載唐代羈縻府州分隸於關內（突厥、回紇、党項、吐谷渾）、隴右（突厥、回紇、党項、吐谷渾之別部及龜茲、于闐、焉耆、疏勒、河西內屬屬胡、西域十六國）、河北（突厥之別部及奚、契丹、靺鞨、降胡、高麗）、劍南（羌、蠻）、江南（蠻）、嶺南（蠻）等六道。

〔註289〕劉統《唐代羈縻府州研究》，頁3～4。

〔註290〕同上，頁23～25、145～233。

志》有名未列的四十九州,以及相關史料中記載羈縻府州數四十八州,得出共有近千個;〔註291〕馬馳統計共得九百九十七個;〔註292〕日本學者平岡武夫、市原亨吉在《唐代の行政地理》一書,得出唐代十道所統羈縻府州,共計一千三百五十八個,〔註293〕然仍有缺漏,如北庭都護府下轄的千泉、頡利、俱蘭等都督府。筆者今將史籍所記並參酌近人相關著錄,製成表十四〈唐代羈縻府州一覽表〉,列出唐代羈縻府州分佈區域以及統轄羈縻府州數目、民族,以茲參考。由表十四中我們可以觀察出,有唐一代所設置的羈縻府州大抵超過一千四百餘個,各道所領都督府、都護府與各民族分佈地域相同,也和唐朝安置北方遊牧民族內徙大致相符(參看表十五〈唐代安置外族地域一覽表〉)。

由表十五,吾人可看到自太宗貞觀、到玄宗開元唐代盛世期間是外族內附的高峰,佔全部內附 84.5%,安史亂後,內附民族明顯下降,據表十五的統計,僅占有 0.08%,這個結果與羈縻府州所設置的時間,主要是集中在唐初到玄宗盛世,十分吻合。〔註294〕中唐以後,唐代國力驟衰,外族內附的盛況情形不再,因此,羈縻府州的設置也就減少了。

必須說明的是,唐代在二百四十餘年間所設置的羈縻府州,其地位並非一層不變,而是呈現一種動態的變化,這不僅是從羈縻府州增廢角度言之,有些羈縻府州也逐漸轉變成為正州,或併入唐朝的邊州都督府,如位於關內道北部的靈、夏二州境內的六胡州,茂州都督府所領的維、翼二州即是;〔註295〕另外有一些地區,由原先的羈縻府州,轉成正州,後又降為羈縻府州,如南方蠻族部落地區。〔註296〕這些由羈縻府州轉而成為正州者,是隨著唐朝中央政治勢力

〔註291〕劉統《唐代羈縻府州研究》,頁 25～30。

〔註292〕馬馳〈試論唐代蕃州的管理體制〉,載於國立政治大學中國文學系編《第三屆中國唐代文化學術研討會論文集》,頁 380～381。

〔註293〕平岡武夫《唐代の行政地理》,頁 200～243。

〔註294〕馬馳〈試論唐代蕃州的管理體制〉,載於國立政治大學中國文學系編《第三屆中國唐代文化學術研討會論文集》,頁 381;李斌城等《隋唐五代社會生活史》,頁 26。

〔註295〕劉統《唐代羈縻府州研究》,頁 63～70;109～112。

〔註296〕如高祖武德年間,曾在西爨蠻分布地置寧州都督府,並以爨蠻酋長爨歸王為都督,領有蠻州十六個,不久即罷督都,更名郎州,升格成為正州;但到玄宗時,又復故名,降為羈縻府,詔以歸王之子守隅為都督。參看《舊唐書》卷 41〈地理志‧劍南道〉,頁 474 下、《新唐書》卷 222〈南蠻傳下〉,頁 1644;樂史《太平寰宇記》卷 79〈劍南西道八〉,頁 608。

的介入、軍事情勢的發展、文化影響的深入,使唐廷對其有相當的控制能力。
這些被納入正州的地區,版籍、貢賦必須呈報中央戶部,其官員也從原來世襲
的酋渠豪帥,轉由中央朝廷所派流官取代,這些部落民族君長由原先外臣的地
位,變成亦是中國天子之臣,〔註297〕皇帝對其統治原理也從對外臣的「君長的
人身支配」,改至對內臣的「個別人身支配」,〔註298〕並享有「規範化」與「強
制性」權威。〔註299〕易言之,這些羈縻府州,逐漸從羈縻地位,過渡到「內地
化」、「中央化」。

此外,一般論及羈縻府州與唐廷中央的關係因距離遠近之差異而有所不
同,〔註300〕高明士將隋唐天下秩序依距離劃分成內臣、外臣、不臣三種等
級,中國本土地區、羈縻府州地區、慕義(無封有貢)地區、兄弟國地區、
敵國地區、荒遠地區六個層次。〔註301〕事實上,這種依距離、親疏不同,
作為劃分唐朝與其關係的標準,並非絕對。筆者以為,「地理位置」之重要
與否,才是影響唐朝將其歸劃為羈縻府州或是正州的準繩。以高昌為例,唐
朝曾有兩次爭論是否要平定高昌及對高昌的處置。太宗對高昌用兵,前後兩
次:一是貞觀十三年(640)十二月,太宗因高昌王麴文泰「朝貢脫略,無
藩臣禮」,且麴文泰謂薛延陀:「既自為可汗,與漢天子敵也,何須拜謁其使」。

〔註297〕這種轉變,谷川道雄謂之「外臣的內臣化」,參看氏著〈東アジア世界形成の
史的構造〉,載於唐代史研究會編《隋唐帝國と東アジア世界》,頁102~103。
亦可參看高明士〈隋唐天下秩序與羈縻府州制度〉,載於《中華民國史專題第
五屆討論會‧國史上中央與地方的關係》,頁26~27。

〔註298〕關於中國統治原理的「君長人身支配」與「個別人身支配」可參看西嶋定生
《中國古代帝國の形成と構造》,頁36~52;高明士〈從天下秩序看古代的
中韓關係〉,載於中華民國研究學會編《中韓關係史論文集》,頁7~8、110。

〔註299〕所謂「規範化權威」(normative power)是藉由授予或剝奪一些君主的頭銜,
操縱代表聲望、名譽的象徵物,控制禮節儀式的施行並以此設法影響並做出
積極反應。中國皇帝可藉由授予及剝奪官職,達到規範化權威。規範化權威
的概念是由 Amitai Etzioni 提出,可參看氏著 A Comparative Analysis of
Complex Organizations, p.5;「強制性權威」,即是通過使用武力以武力相威脅
來建立中國的權威。當羈縻府州作亂、反叛時,朝廷即以武力加以解決、平
定。強制性權威概念可參看 Franz L. Newman, Approaches to the studies of
political power, Political Science Quarterly, 65:2, p.168.

〔註300〕李鴻賓〈羈縻府州與唐朝朔方軍的設立〉,載於《中央民族大學學報(哲社版)》
1998年第3期,頁68;劉統在《唐代羈縻府州研究》一書中亦認為「唐朝對
羈縻府州君長,完全是依照其親疏關係處理」(頁34)。

〔註301〕高明士〈隋唐天下秩序與羈縻府州制度〉,載於《中華民國史專題第五屆討論
會‧國史上中央與地方的關係》,頁26。

乃命吏部尙書侯君集爲交河道大總管，率軍討高昌。「時公卿近臣，皆以行經沙磧，萬里用兵，恐難得志，又界居絕域，縱得之，不可以守，競以爲諫，太宗皆不聽。」；〔註302〕一是在貞觀十四年（640）年八月，唐軍平定高昌後，太宗欲「以高昌爲州縣」。〔註303〕魏徵首先反對，認爲平定高昌乃是爲了懲治麴文泰，麴文泰已死，則應撫其後人。且若利其土地以爲州縣，則「常須千餘人鎮守，數年一易，往來死者什有三四，供辦衣資，違離親戚，十年之後，隴右虛耗矣。陛下終不得高昌撮粟尺帛以佐中國，所謂散有用以事無用。」；〔註304〕褚遂良亦表反對，認爲出兵高昌已經造成河西供役的困難，「飛米轉芻，十室九匱，五年未可復」，且張掖、酒泉河西有事，必發隴右、河西兵，「豈得高昌一乘一卒及事乎」。〔註305〕這些意見均被太宗所否定。爲何太宗不同於以往在平定東突厥、吐谷渾之後，以其地置羈縻府州以處之，而執意要在高昌屯兵設立州縣？筆者以爲此與高昌所處地理位置，別具軍事上、經濟上戰略意義有關。〔註306〕要確切理解太宗此一意圖，首先要瞭解西、庭、伊三州之地理形勢。高昌，自漢代以來即是絲路南北兩道交匯點，天山北麓及南麓的出口都經過此。它的東南面，越過戈壁沙漠可到達河西走廊；西北面則是遊牧民族活動的地區，故而內地中原政權要進入西域地區或是西域地區遊牧民族要進入中原地區，都勢必要經過這裏。〔註307〕裴矩在《西域圖記》就說「伊吾、高昌、鄯善，并西域門戶也」，〔註308〕指出高昌地理位置的重要性。唐代高昌地處西域與內地之間，是西域絲路中道交

〔註302〕《舊唐書》卷198〈高昌傳〉，頁1529下。
〔註303〕同上，頁1530上。
〔註304〕《資治通鑑》卷195，太宗貞觀十四年（640）八月條，頁6155～6156。
〔註305〕《新唐書》卷221〈高昌傳〉，頁1618上。
〔註306〕吐谷渾的地理條件不佳、民族差異性大等因素，是構成唐廷未設郡縣的原因。參看王吉林〈唐太宗的對外經略及其困境〉，載於《史學彙刊》第16期，頁35～37。熊德基在〈唐代民族政策初探〉一文認爲太宗平高昌，立州縣，原因在於漢人統治高昌地區較久，漢文化已較深之故（頁37）。筆者以爲此種說法，實有商榷之處，漢人之統治久暫與否，雖是劃歸內地正州的要件之一，但以高昌而言，其地處中西交通要衝，是西域門戶之一，具有高度戰略價值地位，這才是唐廷將高昌設立州縣的主因。熊氏是文載於《歷史研究》1982年第6期，頁34～54。
〔註307〕王環〈唐太宗平定高昌的歷史意義〉，載於《歷史研究》1979年第4期，頁64～65。
〔註308〕《隋書》卷67〈裴矩傳〉，頁716上。

通樞紐，在天山南路中為最強的國家。從《西州志殘卷》及當地出土的公驗、過所記載得知，西域中道是絲綢之路上最繁忙的道路，在這裏有名的絲路間道就有十一條，即「道十一達」，〔註309〕而當時與高昌有商業往來的絲路商鎮和地區有弓月城、龜茲、庭州、伊州、沙州、金城、焉耆、涼州、京兆府、大震關、潼關、蒲津、烏蘭關、中亞昭武諸地、拔換城、據史德城、胡乍城、骨利干部、處月部、處密部等，〔註310〕唐在平定高昌前，「西域朝貢皆道高昌」，〔註311〕高昌地位之重要性由此可觀之。又據《新唐書‧隴右道西州交河郡》記：

> 自州西南有南平、安昌兩城。百二十里至天山入谷，經礌石磧，二百二十里至銀山磧，又四十里至焉耆界呂光館。又經盤石百里，有張三城守捉。又西南百四十五里經新城館，渡淡河，至焉耆鎮城。
> 〔註312〕

據上引，由驛路自西州西南行焉耆，再西行八百里至安西都護府，即到達了西域的心臟地區。同書〈北庭大都護府〉載：

> 自庭州西延城西六十里有沙缽城守捉，又有馮洛守捉，又八十里有耶勒城守捉，又八十里有俱六城守捉，又百里至輪台縣，又百五十里有張堡城守捉，又渡葉葉河，七十里有葉河守捉，又渡黑水，七十里有黑水守捉，又七十里有東林守捉，又七十里有西林守捉。又經黃草泊、大漠、小磧，渡石漆河，逾車嶺，至弓月城。過思渾川，蟄失蜜城，渡伊麗河，一名帝帝河，至碎葉界。又西行千里至碎葉城。〔註313〕

以上據《新唐書‧地理志》簡述自西州西南行至焉耆的道路和自庭州西行通往碎葉的道路，前者在天山南，後者在天山北；通往西域兩條大道均自西、庭地區開始，在軍事上及交通上，西、庭地區的重要意義可知也（參看圖二）。〔註314〕是以，太宗深知，唐朝要統一西域，就必須先平定位居要津之地的高昌，故太宗伐高昌，不僅為滅一小國，得一馴服外蕃之臣，更重要的目的是

〔註309〕李明偉《隋唐絲綢之路——中世紀的中國西北社會與文明》，頁150。
〔註310〕同上，頁151。
〔註311〕《新唐書》卷221〈焉耆傳〉，頁1619下。
〔註312〕《新唐書》卷40〈地理志〉，頁289下。
〔註313〕同上，頁290上。
〔註314〕嚴耕望《唐代交通圖考》第2卷「河隴磧西區」，頁585～607。

要藉平高昌控制西域。唐平高昌後，改設為西州，並將高昌原有的四郡、十三縣、九城，并為西州下屬五縣，又下轄二十六個郡縣商鎮，沿線貿易路所置館驛林立，如交河、天山酸棗、石雷子、柳谷、伊坊等二十多個。〔註315〕唐平高昌後，將安西都護府移到西州，其標誌著唐朝對天山東部這重要的軍事、對外交通地區主權控制的確立。〔註316〕不僅高昌如此，大凡對於具有地理條件優越地區，唐代均設置成正州管理，〔註317〕而不是羈縻府州。

二、羈縻府州的管理體制

唐代管理羈縻府州最高機構為邊州的都護府與都督府。〔註318〕都督、都護官職，不始於唐，溯其源流，可上追至西漢的西域都護、護烏桓校尉；東漢度遼將軍、護羌校尉、使匈奴中郎將等。章群在《唐代蕃將研究（續編）》一書曾分析漢代都護等官其職權是在護領來降的邊族，平時偵候，戰時徵調降附外族，並在降蕃叛變時，予以討伐。〔註319〕此與唐代都護、都督之職權是在「掌所統諸蕃慰撫、征討、斥堠、安輯蕃人及諸賞罰、敘錄軍功、總判府事」，〔註320〕大抵相同。所不同的是，漢代所設的「朝鮮四郡」、「河西四郡」是中國內地郡縣制的延伸，由中央派遣漢人的守令至當地，所以郡縣

〔註315〕蔣輔義〈唐太宗貞觀時期的邊疆問題及民族政策〉，載《青海民族學院學報》1985 年第 3 期，頁 20；李明偉《隋唐絲綢之路——中世紀的中國西北社會與文明》，頁 151。

〔註316〕薛宗正《安西與北庭——唐代西陲邊政的研究》，頁 44～45。

〔註317〕其他如庭州是天山北路的交通樞紐，有碎葉路通中亞諸國，西行可至碎葉，南行可達龜茲，是唐代另一個絲綢貿易中心；伊州是自瓜州出河西道往西域第一個綠洲，地理位置重要，此地遍居中西往來貿易的胡商。上述地區，都位於西域要衝之地，故唐廷均設以州縣，一如內地正州管理。參看章伯鋒〈唐代對西域的開拓和經營〉，載《社會科學》1980 年第 3 期，頁 58～60；王永興《唐代前期西北軍事研究》，頁 106～113。

〔註318〕《新唐書》卷 43〈地理志下〉記：「（羈縻府州）皆邊州都督、都護所領，著于令式。」（頁 308 上）

〔註319〕章群《唐代蕃將研究（續編）》，頁 37～48。又林幹亦認為都護、校尉等官其職責為監領（監督、管理），處理各民族事務，並隨時注意內附者之間相互的串通、勾結等，參看氏著〈兩漢時期"護烏桓校尉"略考〉，收入林幹、再思《東胡烏桓鮮卑研究論文》，頁 60。

〔註320〕杜佑《通典》卷 32〈職官十四·都護〉，頁 896。《新唐書》49 卷〈百官志四下〉所記略同（頁 357 下）；《唐六典》卷 30〈三府督護州縣官吏·都護〉記都護、副都護主要職掌「撫慰諸蕃，輯寧外寇，覘候奸譎，征討攜離」（頁 752）。《舊唐書》卷 44〈職官志三〉所記略同（頁 529 上）。

制僅是將當地的部族由外界勢力來統治,而都護等官是設在個別民族地區且為加官,〔註 321〕並不直接干預當地民政;唐代的羈縻府州則是採取胡漢並存的統治方式。〔註 322〕唐代正式設立羈縻府州始於太宗貞觀四年,而設置都護府則在貞觀十四年(640)平定高昌之後。〔註 323〕其後,唐代又在緣邊設置了單于、安北、北庭、安東、濛池、崑陵、保寧、安南、東夷、金山等共十一個都護府。據《新唐書‧百官志》記唐代都護府為地方機構,分大都護府、上都護府和中都護府。大都護府的官員計有:大都護一人,從二品;副大都護二人,從三品;副都護二人,正四品上;長史一人,正五品上;司馬一人,正五品下;錄事參軍事一人,正七品上;錄事二人,從九品上;功曹、倉曹、戶曹、兵曹、法曹參軍事各一人,正七品下;參軍事三人,正八品下。上都護府則少二員副大都護,同職官員品第亦較大都護府低一級,中都護府則缺記。〔註 324〕至於都督府,唐代在內地和沿邊要衝之地設立,統數州兵馬,鎮戍一方。都督府分大(上)、中、下三級,大都督府的官員計有:都督一人,從二品;長史一人,從三品;司馬二人,從四品下;錄事參軍事一人,正七品上;錄事二人,從九品上;功曹參軍事、倉曹參軍事、戶曹參軍事、田曹參軍事、兵曹參軍事、法曹參軍事、士曹參軍事各一人,正七品下;參軍事五人,正八品下;市令一人,從九品上;文學一人,正八品下;醫學博士一人,從八品上。中、下都督府多別駕一人,其餘各職大抵如同大都督府,品第則低於大都督府。〔註 325〕若比較都督府與都護府,則大都護府與大都督府、上都護府與中都督府等級一致,其長官與主要僚佐的設置與品秩也大致相同;不同的是,都督府長官僅都督一人,而都護府除都護外,另有副長官二至四人,而都護府也較都督府重要,其象徵著唐代邊界的標誌,都護府治所的遷徙進退,顯示了唐代國勢的消漲情形。〔註 326〕由上述觀之,唐代的都護已不再是加官,而是朝廷正式的命官,各都護府與都督府有一套完整的組織機構,其官員有一定的成員、品秩,並從事著專屬職務,

---

〔註 321〕杜佑《通典》卷 32〈職官十四‧都護〉,頁 896。

〔註 322〕谷川道雄〈世界帝國的形成〉,收入伊藤道治、谷川道雄、竺沙雅章、岩見宏、谷口規矩雄合著,吳密察、耿立群、劉靜貞合譯《中國通史》,頁 336～337。

〔註 323〕唐平定高昌後,即設置安西都護府於西州。

〔註 324〕《新唐書》卷 49〈百官四下〉,頁 357 下。

〔註 325〕同上,頁 357 上。

〔註 326〕章群《唐代蕃將研究》,頁 141～142。

既統軍事，也預民政，其職能遠遠超過漢代的範圍。〔註327〕

　　在都護府、都督府以下，唐代的羈縻府州分爲府、州、縣三級行政建置，建置大小，取決於部落大小，大者爲府，小者爲州，更小者爲縣，〔註328〕其內部關係是與正州相同，仍是縣統於州，州統於府；羈縻府州長官雖由諸民族首領世襲，然各府、州均受當地邊州都護府、都督府統轄，而都護、都督府長官則是由漢人擔任。〔註329〕但是領地的大小並非決定羈縻府州的等級，如果某個羈縻府州地處邊防要地，或是在唐朝致力開拓、控制的地區，則唐廷對其酋領委以高官，以示寵信；相反的，若地處偏遠，唐廷無力控制，只是名義上歸屬於唐，即使領地再大，也不爲唐朝所重。如安西都護府轄下的四鎮都督府和吐火羅就是一個對照。《冊府元龜・外臣部・請求》曾載一事：

　　（開元）六年十一月丁未，阿史特勒僕羅上書訴曰：「僕羅克吐火羅葉護部下管諸國王都督刺史，總二百一十二人。謝颺國王統領兵馬二十萬眾，罽賓國王統領兵馬二十萬眾，骨吐國王、石汗那國王、解蘇國王、石匿國王、悒怛國王、護密國王、護時犍國王、范延國王、久越得犍國王、勃特山王各領五萬眾。僕祖父已來，並是上件諸國之王，蕃望尊重。僕羅兄般都泥利，承嫡繼襲。先蒙恩敕差使持節，就本國冊立爲王。然吐火羅葉護積代以來，于大唐忠孝，朝貢不絕。本國緣接近大食、吐蕃東界，又是西鎮，僕羅兄每征發部落下兵馬討擊諸賊，與漢軍相知聲援，應接在于邊境，所以免有侵漁。……竊見石國、龜茲等小國王子首領等入朝，元無功效，並緣蕃望授三品將軍，況僕羅身恃勤，本蕃位望與親王一種，北數大小，與諸國王子懸殊，卻授僕羅四品中郎……去神龍元年蒙恩敕授左領軍衛翊府中郎將，至今經一十四年，久被淪屈，不蒙准例授職，不

〔註327〕唐啓淮歸納出唐代都護府職能是：1. 負責維持本府轄區內的統治秩序；2. 保衛本府所轄各府州的安全，防止他國侵犯；3. 考核本府下屬各府州都督、刺史與中央合作的情況及其治績，敍錄功勛；4. 鎮壓人民的反抗。參看氏著〈唐代都護府述略〉，載於《西南師範學院學報》1982年第1期，頁79～81。
〔註328〕馬馳〈試論唐代蕃州的管理體制〉，載於國立政治大學中國文學系編《第三屆中國唐代文化學術研討會論文集》，頁365～369；劉統《唐代羈縻府州研究》，頁32。
〔註329〕布目潮渢〈隋唐世界帝國の構造——羈縻政策を中心として〉，收入唐代史研究會編《東アジア文化圈の成立をめぐつて》，頁81；中國人民大學歷史系、深圳市博物館合著《中國歷朝行政管理》，頁381。

勝苦屈之甚。……」〔註330〕

從上件上書中，我們可以看到吐火羅葉護管轄範圍相當廣大，但只得到四品中郎將官職，而石國、龜茲領地雖小，卻被封爲三品將軍。其原因就在於安西都護府所管轄的四鎮都督所處地位遠比吐火羅來的重要，故授官也就較高。準上觀之，唐代羈縻府州等級標準多是依其所在地的重要性區分，而非由所屬領地大小決定。

雖然唐代羈縻府州在任官制度、品階升降與印信授予與內地正州沒有太大差異，但由於羈縻府州乃爲安置緣邊少數民族所設置，故唐朝政府在對羈縻府州管理及控制上，與內地正州有很大的區別，茲將唐廷對羈縻府州的管理及控制方式，綜述於下：

（一）羈縻地區之都督、刺史皆得世襲

前引《新唐書‧地理志》羈縻府州云：「（蕃州）其大者爲都督府，以其首領爲都督、刺史，皆得世襲」。〔註331〕這種地方首長世襲制度，曾於唐代初期實行於內地宗室諸王及功臣，惟成效不彰，故在太宗貞觀十三年（639）廢除此制。〔註332〕然遊牧民族部落，盛行世襲制度，《通典》云：「皆代襲焉」，〔註333〕《舊唐書‧突厥傳》記：「並代居其官，而無員數，父兄死則子弟承襲」。〔註334〕故朝廷在授其唐官的同時，尊重部落民族固有蕃風蠻俗，所授都督、刺史、縣令皆得世襲。這種世襲之制，一般而言是由邊州都督府掌管，其繼立原則是父子相繼，但遇特殊情況，如絕子嗣，即「以其黨有可

〔註330〕《冊府元龜》卷999〈外臣部‧請求〉，頁11721下～11722上。

〔註331〕《新唐書》卷43〈地理志下〉，頁308上。

〔註332〕唐朝創國初期曾實行世襲制度於宗室、功臣，太宗貞觀五年（631）群臣亦對封建制度提出討論，定出「皇家宗室及勳賢之臣，宜令作鎮藩部，貽厥子孫，非有大故，毋或黜免，所司明爲條例，定等級以聞。」；貞觀十一年（637）六月「己未，定制諸王爲世封刺史。戊辰，定制勳臣爲世封刺史」；後因宗室、功臣多不願出閣，成效不彰，加上于志寧、馬周上書議論以爲古今事殊，宗室、群臣襲封刺史，非久安之道。故太宗在貞觀十三年（639）二月庚子「詔停世封刺史」。關於唐代議論封建、世襲始末，可參看《舊唐書》卷3〈太宗下〉，頁36下；吳兢《貞觀政要》卷3〈論封建第八〉，頁123～136；《資治通鑑》卷193，太宗貞觀五年（631）十月條，頁6089、卷195，太宗貞觀十三年二月庚子條，頁6145～6146。

〔註333〕杜佑《通典》卷197〈邊防十三‧突厥上〉，頁5403。

〔註334〕《舊唐書》卷194〈突厥傳上〉，頁1484上。

者公舉之」。〔註335〕唐廷對任命羈縻府州都督、刺史的蕃部酋帥，依唐官制，發給印契、告身和笏版，如貞觀二十二年（648）平定薛延陀後，以回紇等部置府州十三，各「拜其酋長爲都督、刺史，給玄金魚以爲符信」，〔註336〕印契爲中央所頒，代表著其委任的合法性；告身是唐朝在朝集銓選時，所發給官吏本人的委任狀，《唐會要》卷73引玄宗開元四年（716）三月四日敕：「諸都護府史，並令于管內依式簡補，申所司勘責，然後給告身」，〔註337〕則都護府長史挑選羈縻府州都督判史人選，報由朝廷審批，發給告身授官；而羈縻府州首領亦如內地官員，按品秩給笏版，如貞觀二十二年，結骨酋長失鉢屈阿棧入朝求官，「執笏而歸」，〔註338〕並被受予堅昆都督。雖然羈縻府州都督、刺史由酋領世襲，但是，這種世襲是有前提的，它是建立在冊封體制之下的蕃州官長世襲制，也就是說，任何一位蕃州官長的確立，必須通過唐朝皇帝的認可及冊封，並確立兩者間君臣名分、隸屬關係，才屬合法；〔註339〕而被唐廷冊封後的酋領即屬唐臣，其有入朝述職及朝賀的義務，但也享有朝廷給予的俸祿，〔註340〕俸祿之多少，則取決於其任官品秩，如《唐會要》即詳載唐廷所置，冠有「懷化」、「歸德」頭銜，專受蕃官的官職品秩及其應享有的俸料：

　　　貞元十一年正月十九日，置懷化大將軍，正三品，每月料錢四十五

〔註335〕樂史《太平寰宇記》卷79〈劍南西道八〉，頁612。

〔註336〕《舊唐書》卷199〈北狄鐵勒傳〉，頁1545下；又如《唐會要》卷73〈安西都護府〉載：「顯慶四年正月，西蕃部落所置州府，各給印契，以爲徵發符信」（頁1323）。

〔註337〕《唐會要》卷73〈雜錄〉，頁1332。

〔註338〕《資治通鑑》卷199，太宗貞觀二十二年（648）二月條，頁6252。

〔註339〕如《資治通鑑》卷246，武宗會昌二年（842）十二月條記載：吐蕃贊普達磨辛，其妃兄之子乞離胡爲新贊普，國人不服，吐蕃大相論恐熱說：「無大唐冊命，何名贊普！」（頁7969～7970），可見蕃國中，新首領的繼位，必須經過唐朝冊立，始爲有效。又可參看馬馳〈試論唐代蕃州的管理體制〉，載於國立政治大學中國文學系編《第三屆中國唐代文化學術研討會論文集》，頁371。

〔註340〕羈縻府州的酋領，是享有朝廷給予俸祿的。如《冊府元龜》卷974〈外臣部・褒異一〉記中宗景龍（708）四月，加右衛大將軍員外置同正員、濛池都護十姓可汗阿史那懷道爲特進，「祿料並依品給」（頁11443下）；又如《冊府元龜》卷975〈外臣部・褒異二〉載有玄宗天寶元年（742）唐廷授石國國王長子那俱車鼻施爲大將軍，並賜以一年俸料。（頁11457上）；同卷又記玄宗天寶十三載（754）五月葛邏祿葉護頓毗伽有擒叛酋阿布思之功，降璽書曰：「……卿今載已前祿，並令京軍給付。後其邊遠，任於北庭請受。」（頁11459上）

千文,雜料三十五千文;歸德將軍,從三品,料錢四十千文;懷化中郎將,正四品,料錢三十七千文,歸德中郎將,從四品,料錢三十五千文;懷化郎將正五品,料錢三十二千文,歸德郎將,從五品,料錢三十千文;懷化司階,正六品,料錢二十五千文;歸德司階,從六品,料錢二十三千文;懷化中候,正七品,料錢十八千文;歸德中候,從七品,料錢十七千文;懷化司戈,正八品,料錢十五千文;歸德司戈,從八品,料錢十四千文;懷化執戟長上,正九品,料錢十一千文;歸德執戟長上,從九品,料錢十千文。〔註341〕

此外,爲了有效控制各羈縻府州,唐廷另派遣華官參治。〔註342〕具體的辦法是唐廷委派一批官員擔任羈縻府州的參軍、佐史,目的在協助、監督部落酋長。〔註343〕唐代有華官參治的思想,可能是參考遊牧民族的經驗。當突厥征服一外族後,突厥可汗則會設置「吐屯」(Tudun, Tutung)一職,其首長給予「俟利發」的稱號,作爲駐節被征服的外族,以監領該族。〔註344〕如在征服契丹後,「突厥沙缽略可汗遣吐屯潘垤統之」,〔註345〕西突厥統葉護可汗稱霸西域後,對「其西域諸國王悉授頡利發,並遣吐屯一人監統之,督其徵賦」。〔註346〕這種華官參治之制,初施行於太宗貞觀末,如貞觀二十年(646)八月,漠北諸部酋長遣使來朝,「乞置漢官」;〔註347〕二十一年(647)唐在回紇諸部落設置羈縻府,諸部「仍請能屬文人,使爲表疏」,〔註348〕太宗詔諸「府州皆置長史、司馬已下官主之」。〔註349〕及至高宗後乃成定制,如儀鳳元年(677)

〔註341〕《唐會要》卷100〈歸降官位〉,頁1798~1799。

〔註342〕《資治通鑑》卷201,高宗總章元年(668)十二月丁巳條載:「分高麗五部、百七十六城、六十九萬戶,爲九都督府,四十二州、百縣,置安東都護府於平壤以統之,擢其酋帥有功者爲都督、刺史、縣令,與華人參理。」(頁6356~6357)

〔註343〕劉統《唐代羈縻府州研究》,頁38;馬馳《唐代蕃將》,頁75~76;馬馳〈試論唐代蕃州的管理體制〉,載於國立政治大學中國文學系編《第三屆中國唐代文化學術研討會論文集》,頁374~375。

〔註344〕林幹《突厥史》,頁54;林恩顯《突厥研究》,頁88;江上波夫著,張承志譯《騎馬民族國家》,頁48、57。

〔註345〕《隋書》卷84〈契丹室韋傳〉,頁855下。

〔註346〕《舊唐書》卷194〈突厥傳下〉,頁1493下。

〔註347〕《舊唐書》卷3〈太宗紀下〉,頁39下。

〔註348〕《資治通鑑》卷198,太宗貞觀二十一年(647)正月丙申條,頁6245。

〔註349〕《舊唐書》卷195〈回紇傳〉,頁1498上。

二月，「徙安東都護府于遼東故城；先是有華人任安東官者，悉罷之」；〔註350〕
呂處眞亦曾在營州都督府轄下的師州、玄州等羈縻州任司戶參軍，〔註351〕玄
宗開元十年（722），置黑水都督府，以其首領爲都督，諸部刺史，「中國（即
中央）置長史，就其部落監領之」。〔註352〕這些有華官參治的羈縻府州多是在
內附於邊州都督府境內定居的或是有固定治所的；對於遷徙無常、無固定治
所的遊牧民族，唐廷則派遣使節，不定期的前往處理內政，〔註353〕表面上看
來似在協助領酋，實則以此來監視、控制各羈縻府州。唐朝這種由朝廷任命
授官、冊封蕃酋，但可世襲的方式，實有化外臣爲內臣的內涵，可視爲內地
官制的延長，再輔以朝廷任命，漢官掌理上佐幕僚的華官參治之制，不僅保
全其部落形態與生活方式，符合率性的統治原理，也達到唐代天下秩序的精
神。〔註354〕

（二）奉唐正朔、著于令式

　　唐代羈縻府州既是外族附唐所置，其首領須維護唐廷規定之聲教政令的
統一，並遵守著唐代令式以及奉唐正朔。正朔爲唐代曆法，以每年正月初一
爲歲首，唐廷於征服一地，必頒定國家正朔，以使夷俗尊奉。〔註355〕如高麗
內附唐時，即受正朔；〔註356〕新羅在貞觀二十二年（648）遣使時，曾對太宗
言：「天朝未頒正朔，……若大朝有命，小國又何敢焉」，〔註357〕並在高宗時
採用永徽年號。〔註358〕高明士以爲奉唐正朔並非是中國對所有外臣嚴格要
求，衣冠之國者（義即農業民族）才須履行此義務，而披髮左衽之邦（義即
遊牧民族）則採放任。〔註359〕筆者認爲此說似有商榷之處。事實上，無論是

〔註350〕《資治通鑑》卷202，高宗儀鳳元年（676）二月甲戌條，頁6378～6379。
〔註351〕《文苑英華》卷928，張九齡〈玄州司戶參軍呂府君碑〉記：「公諱處眞，起
　　　　家授玄州司戶參軍。天冊二年遇疾終于家。」（頁11727）
〔註352〕《唐會要》卷96〈靺鞨〉，頁1723。
〔註353〕劉統《唐代羈縻府州研究》，頁40。
〔註354〕高明士〈隋唐天下秩序與羈縻府州制度〉，載於《中華民國史專題第五屆討論
　　　　會·國史上中央與地方的關係》，頁18～19；李治安主編《唐宋元明清中央
　　　　與地方關係研究》，頁95。
〔註355〕《冊府元龜》卷358〈將帥部·立功一一〉，頁4328。
〔註356〕樂史《太平寰宇記》卷173〈高句麗〉，頁492上；《唐會要》卷95〈高句麗〉，
　　　　頁1704。
〔註357〕《三國史記》卷5〈眞德王〉，頁73。
〔註358〕同上註。
〔註359〕高明士〈從天下秩序看古代的中韓關係〉，載於中華民國研究學會編《中韓關

農業民族抑或是遊牧部落，若依唐朝規定，原則上凡內屬唐者，應須奉唐正朔，並沒有地域上的差別，〔註360〕太宗即有謂：「（大唐）正朔所班，無遠不屆」。〔註361〕外族奉唐正朔，不僅代表著接受唐朝先進的曆法制度，更象徵著蕃人上下順命朝廷，服從唐朝的聲教政令。〔註362〕除了奉行唐朝聲教正朔外，理論上羈縻府州也須遵循唐代令式。《新唐書‧刑法志》曰：「唐之刑書有四，曰律、令、格、式。令者，尊卑貴賤之等數，國家之制度也；格者，百官有司之所常行之事也；式者，其所常守之法也。凡邦國之政，必從事於此三者。」〔註363〕令、式是唐朝政府各部門的職能及行政法規細則，唐代對於羈縻府州之慰勞蕃書等規定，見於《公式令》；諸蕃朝貢物品，見於《廄牧令》；諸蕃互市規定，見於《關市令》；此外，中央尚書省各司及其他單位皆各有其「式」的規定，而與羈縻府州相關者，則詳見於《兵部式》、《職方式》、《禮部式》、《主客式》、《司封式》、《司勳式》等。〔註364〕

（三）順其土俗，行漢蕃官制

雖然羈縻府州有一套完整的行政機構，但畢竟唐代羈縻府州是由少數民族所組成，其風俗習慣與內地正州差異頗大。因此，唐代在統治羈縻府州的同時，亦尊重當地部落原有的蕃風蠻俗，保留了原來部落型制，不改變其原有的社會組織架構，其首領一方面擔任唐廷封賜的都督、刺史等官銜爵位，同時也保留部落舊制，在本族內稱「王」、「可汗」等原有名號。〔註365〕如太宗貞觀十三年（639）八月立李思摩為右武候大將軍‧化州都督‧懷化郡王為突厥可汗；〔註366〕回紇酋長吐迷度被唐朝封為懷化大將軍兼瀚海都督，然吐

係史論文集》，頁142。
〔註360〕如《全唐文》卷5，唐太宗〈封慕諾曷鉢河源郡王詔〉即言「請頒正朔」（頁69下）、卷6，唐太宗〈冊封薛延陀二子為小可汗詔〉即有「早秉正朔」（頁74下）；《冊府元龜》卷977〈外臣部‧降附〉載太宗貞觀十年（636）吐谷渾「請頒曆，奉行年號」（頁11480上）等。
〔註361〕吳兢《貞觀政要》卷5〈公平第十六〉，頁451。
〔註362〕馬馳《唐代蕃將》，頁77～78；馬馳〈試論唐代蕃州的管理體制〉，載於國立政治大學中國文學系編《第三屆中國唐代文化學術研討會論文集》，頁391。
〔註363〕《新唐書》卷56〈刑法志〉，頁386上。
〔註364〕高明士〈隋唐天下秩序與羈縻府州制度〉，載於《中華民國史專題第五屆討論會‧國史上中央與地方的關係》，頁19～20。
〔註365〕林超民〈羈縻府州與唐代民族關係〉，載於《思想戰線》1985年5月，頁54。
〔註366〕《舊唐書》卷3〈太宗下〉，頁37下。

迷度「自稱可汗，署官號皆如突厥故事」，〔註367〕「有外宰相六、內宰相三，又有都督、將軍、司馬之號」；〔註368〕此外，有時唐廷在冊立部落君長時，會授予其原有部落官職及象徵物，如西突厥阿史那彌射在本部落爲莫賀咄葉護，太宗貞觀六年（632）遣鴻臚卿劉善因就蕃，立爲「奚利邲咄陸可汗，賜以鼓纛」，〔註369〕高宗顯慶二年（657），唐分西突厥地置濛池、崑陵兩都護府，以阿史那彌射爲左衛大將軍、崑陵都護、興昔亡可汗，押五咄陸部落；阿史那步眞爲右衛大將軍、濛池都護、繼往絕可汗，押五弩失畢部落，又命彌射、步眞與承慶據諸姓降者，準其部落大小，位望高下，授刺史以下官。〔註370〕對唐來說，二都護受制於安西大都護府；對其原屬部落來說，二都護又兼有可汗之稱號。〔註371〕一般學者在討論這種漢、蕃雙重官制現象時，常解釋爲這是唐朝對羈縻府州的管理，採取寬鬆的治理方式，以有效推行「以蕃治蕃」的政策，〔註372〕是尊重各少數民族原有的蕃風胡俗，維持部落習俗，以便統治。〔註373〕但筆者以爲，此或與「皇帝‧天可汗」有關。事實上，唐代在太宗貞觀四年後，接受西域、北荒君長「天可汗」尊號後，唐朝天子本身即是兼有漢人「皇帝」與遊牧民族「天可汗」等雙重稱號（「皇帝‧天可汗」），在治理唐帝國時，即是採用農牧兩種系統的統治方式，故才有漢、蕃雙重官制的特殊現象出現；易言之，唐帝不僅是漢人的皇帝，亦是遊牧民族可汗中的可汗，故而在授予遊牧民族部落首領官職的方式，是漢官與遊牧部落官並授，

〔註367〕《舊唐書》卷195〈回紇傳〉，頁1498上。

〔註368〕《新唐書》卷217〈回鶻傳上〉，頁1586下。

〔註369〕《舊唐書》卷194〈突厥下〉，頁1494上。

〔註370〕《資治通鑑》卷200，高宗顯慶二年（657）十二月乙丑條，頁6307。

〔註371〕張雄在〈從突厥內徙看唐太宗的民族政策〉一文曾提出：唐太宗在處理對外事務時，全其部落，保其土俗，用本族首領管理，任他們做羈縻州府的都督刺史，不封可汗。此說似有商榷之處，如《舊唐書》卷198〈西戎傳〉即有：太宗貞觀六年（632），冊立焉耆國王龍突騎支爲咥利失可汗的記載。可知唐廷在冊立遊牧民族部落君長時，不僅授予其首領都督刺史之職，也同時保留原有部落官職及可汗號。是文刊於《民族研究》1980年第3期，頁44～48。

〔註372〕如馬馳認爲，這種現象表明蕃州（即羈縻府州）在較大程度上實行自治，是一種有效的「以蕃治蕃」政策。參看氏著《唐代蕃將》，頁60～61、〈試論唐代蕃州的管理體制〉，載於國立政治大學中國文學系編《第三屆中國唐代文化學術研討會論文集》，頁370

〔註373〕劉統《唐代羈縻府州研究》，頁36；中國人民大學歷史系、深圳市博物館合著《中國歷朝行政管理》，頁377；林超民〈羈縻府州與唐代民族關係〉，載於《思想戰線》1985年5月，頁54。

且任何一個部落新首領登位可汗時，必要得到唐朝的冊封，才屬名正言順。此一表現彰顯出大唐世界性帝國統治方式的特殊性質。

（四）軍事管制

　　除了上述的懷柔、安撫管理性質外，唐代對羈縻府州的管理亦兼採軍事管制。前述論及都護職責時，有征討、罰過之職權，諸都護府、都督府多掌有不同數量的軍隊，或駐守於治所，或分駐在諸羈縻府州附近，統轄所領諸府州的軍政事務，其目的是就近監視各府州動向。〔註374〕因此，唐以都護府、都督府做為管理羈縻府州最高行政機構，其本身就有軍事管制性質在內。都護府的軍事征討可以分為兩類：一是鎮壓羈縻府州內的反叛，以維護邊疆安全，如高宗顯慶年間平定西突厥阿史那賀魯的叛亂即是；〔註375〕一是以武力征服或鎮壓侵唐民族，如高宗永徽元年（650）十二月，梓州都督謝萬歲、充州都督謝法興與黔州都督李孟嘗討伐琰州叛獠，萬歲、法興入洞招撫，為叛獠所殺，孟嘗乃出兵征討。〔註376〕及至玄宗開元年間，唐代對羈縻府州的管理，逐漸轉變成為以軍事管制為主，羈縻府州開始加上軍號，做為抵禦外族的第一道防線；此外，都護府亦漸由節度使取代，以軍事部勒統馭蕃部。〔註377〕

三、唐代羈縻府州的特色

　　上述談論唐廷對羈縻府州的管理體制，在若干統治方式上與內地正州不同，此正所謂因地制宜與因族制宜之策。由於羈縻府州存在著異於中原農業社會自然與人文環境，因此，也呈現出幾個不同於正州的特點：

（一）貢賦版籍，多不上戶部

　　貢賦、版籍上報戶部是國家統治的基本原理，也是作為一個國家領地基本的象徵。《唐六典·戶部尚書侍郎》載：

　　　　戶部尚書侍郎之職，掌天下戶口、井田之政令。凡徭賦職貢之方，

〔註374〕李靖曾與太宗討論蕃、漢之兵處置問題，其云：「天之生人，本無蕃漢之別，然地遠荒漠，必以射獵為生，由此常習戰鬥。若我恩信撫之，衣食周之，則皆漢人矣。陛下置此都護，臣請收漢戍卒，處之內地，減省糧饋，兵家所謂治力之法也。但擇漢吏有熟蕃情者，散守保障，此足以經久，或遇有警，則漢卒出焉」。參看李靖《李衛公問對》，頁17。
〔註375〕《資治通鑑》卷200，高宗顯慶二年（657）至三年（658），頁6305～6310。
〔註376〕《資治通鑑》卷199，高宗永徽元年（650）十二月庚午條，頁6273。
〔註377〕章群《唐代蕃將研究》，頁138～139。

　　經費賙給之算，藏貨贏儲之准，悉以咨之。〔註378〕

又《唐六典・戶部郎中員外郎》記：

　　戶部郎中員外郎掌領天下州縣戶口之事。凡天下十道，任土所土，

　　而爲貢賦之差。〔註379〕

此謂戶口即指「版籍」；井田、土出即是「貢賦」項目，皆由尚書戶部所職掌。前引《新唐書・地理志》云羈縻府州「貢賦版籍，多不上戶部」，代表著此一地區在國家統治政策上具有特殊的地位。〔註380〕對於羈縻府州貢賦版籍多不上戶部如何解釋？可能的情況有三：其一，羈縻府州不呈報貢賦版籍，也就是不負擔國家的賦役；其二，羈縻府州的戶籍、稅收不由中央戶部管理，而是由其他機構負責；其三，羈縻府州採由其他形式取代貢賦。關於第一種情形，羈縻府州是否無須繳納國家的貢賦，筆著以爲，答案是否定的。事實上，羈縻府州，原則上須向中央負擔一定的貢賦，只是繳納形式與內地正州不同。《唐六典・戶部尚書》即載：

　　凡諸國蕃胡內附者，亦定爲九等，四等以上爲爲上戶，七等以上爲
　　次戶，八等以下爲下戶；上戶丁稅銀錢十文，次戶五文，下戶免之。
　　附貫經二年以上者，上戶丁輸羊二口，次戶一口，下戶三戶共一口
　　（注曰：無羊之處，準白羊估折納經貨。若有征行，令自備鞍馬，
　　過三十日以上者，免當年輸羊。凡內附所生子，即同百姓，不得爲
　　蕃戶也。）凡嶺南諸州稅米者，上戶一石二斗，次戶八斗，下戶六
　　斗；若夷獠之戶，（准下戶）皆從半輸。輕稅諸州、高麗、百濟，應
　　差征鎮者，並令免課役。〔註381〕

這是有關內附諸國蕃胡及嶺南夷獠（即所謂的羈縻府州人民）所規定的戶等輸稅標準。〔註382〕此制乃是定於高祖武德七年《賦役令》中，而九級戶等的劃分，則在武德九年因三級戶等未盡升降，而加以改變。〔註383〕依照《唐六

〔註378〕《唐六典》卷3〈戶部尚書侍郎〉，頁77。

〔註379〕《唐六典》卷3〈戶部郎中員外郎〉，頁78。

〔註380〕高明士〈隋唐天下秩序與羈縻府州制度〉，載於《中華民國史專題第五屆討論會・國史上中央與地方的關係》，頁12～13。

〔註381〕《唐六典》卷3〈戶部尚書〉，頁103；又《舊唐書》卷48〈食貨志上〉、《冊府元龜》卷487〈邦計部・賦稅一〉所記略同。

〔註382〕李錦繡依地域之差異性將唐代的賦稅，劃分爲三種：羈縻府州、輕稅州及正州。參看氏著《唐代財政史稿（上卷）》第二分冊，頁613。

〔註383〕《唐會要》卷85〈定戶等第〉載：「武德六年三月，令天下戶量其貲產，定

典》規定，凡蕃胡內遷立戶者，則比照漢人戶等的劃分方法，將其定爲九等，再依據戶等徵課不同的丁稅。〔註384〕同時，根據戶等和內附時間長短，決定輸羊之數，若有徵行，則可以折抵輸羊。〔註385〕由於羈縻府州所居人民及其所處自然環境皆不同於中原農業民族，因此，唐代律令在制定貢賦標準時，也與華夏不同。〔註386〕對於夷獠雜類的稅收，唐廷採以輕稅，這種輕稅又因地域上的差異，南方蠻夷行農業耕種，北方外族採畜牧牛羊，因此律令規定，嶺南稅米、蕃胡稅銀羊，兩種不同稅賦種類，而這兩種稅賦的性質均屬於國家稅。〔註387〕此外，唐代對於內附的外蕃另給予一些有別於內地人民的優惠措施。《通典‧食貨六‧賦稅下》記：

> 諸沒落外蕃得還者，一年以上復三年，二年以上復四年，三年以上復五年。外番人投化者復十年。〔註388〕

又載：

> 夷狄新招慰、附戶貫者，復三年。〔註389〕

以上兩者有所不同，所謂「諸沒落外蕃」是指自願歸化爲唐人者；而「夷狄新招慰、附戶貫者」是唐廷在征服敵國，臣屬於唐者。唐朝對於主動離蕃投唐的投化者，給復十年；而對於降服於唐的夷狄，給復三年。〔註390〕唐代對於內附的蕃胡及嶺南夷獠施以輕稅政策，一方面是當時民族政策的一部分，另一方面也可看成是羈縻府州賦稅的一項特色。

對於第二種情形，羈縻府州的稅賦，並不是直接上繳中央戶部，而是繳至邊州的都護府與都督府。如《資治通鑑》所記載嶺南俚戶原輸半課稅賦，後因交趾都護劉延祐迫徵收全輸，而引起反叛一事，〔註391〕可知嶺南俚戶是

等三等：至九年三月二十四日，詔：天下戶三等，未盡升降，依爲九等」（頁1557）。
〔註384〕《唐六典》雖將蕃胡內附者分爲九等，然其實質上繳納貢賦仍沿續武德七年的上、次、下戶三等分，九等定戶實是爲了與全國的戶等制保持一致。
〔註385〕錢大群、艾永明《唐代行政法律研究》，頁132。
〔註386〕杜佑《通典》卷6〈食貨六‧賦稅下〉云：「諸邊遠州有夷、獠雜類之所，應輸課役者，隨事斟量，不必同之華夏。」（頁109）；《唐令拾遺‧賦役第二十三》開元〈賦役令〉所記略同，頁608。
〔註387〕李錦繡《唐代財政史稿（上卷）》第二分冊，頁613〜624。
〔註388〕杜佑《通典》卷6〈食貨六‧賦稅下〉，頁109。
〔註389〕《唐令拾遺‧賦役第二十三》開元〈賦役令〉，頁611。
〔註390〕堀敏一《中國と古代東アジア世界》，頁268。
〔註391〕《資治通鑑》卷203，則天后垂拱三年（687）七月條載：「嶺南俚戶舊輸半

將稅賦繳到當地都護府（或都督府）；又如玄宗開元年間安西副大都護郭虔向拔汗那徵收甲、馬，以充軍用，〔註392〕顯示出羈縻府州人民不是將貢賦版籍呈報中央，而是上繳於羈縻府州的上級機關，都護府與都督府中。〔註393〕

　　至於第三種情形，有些羈縻府州是透過「朝貢進奉」形式取代貢賦版籍。如前引《唐六典・戶部尚書侍郎》記：關內道，「遠夷則控北蕃、突厥之朝貢」；河南道，「遠夷則控海東新羅、日本之貢」；河北道，「遠夷則控契丹、奚、靺鞨、室韋之貢」；隴右道，「遠夷則控西域諸胡、戎之貢」；江南道，「遠夷則控五溪之蠻」；劍南道，「遠夷則控西洱河及群蠻之貢」；嶺南道，「遠夷則控百越及林邑、扶南之貢」。羈縻府州將其方物土產繳由當地都護府或都督府點檢記錄，再呈報中央戶部。

（二）保有軍隊，為唐屏藩

　　唐代羈縻府州的設置雖是安置來降內附於唐的少數民族，但羈縻府州的設計主要是基於軍事上的考量。《李衛公問對》有段話可說明唐置羈縻府州的用意：

> 太宗幸靈州，回。召靖賜座。曰：「朕命道宗及阿史那社爾等討延陀，而鐵勒諸部，乞置漢官，朕皆從其請。延陀西走，恐爲后患，故遣李勣討之。今北方悉平，然諸部蕃漢雜處，以何道經久使得兩全安之？」靖曰：「陛下敕自突厥至回紇部落凡置驛六十六處，以通斥候，斯已得策矣。然臣愚以爲，漢戍宜自爲一法，教習各異，勿使混同。或遇寇至，則密敕主將，臨時變號易服，出奇擊之。」〔註394〕

《李衛公問對》一書雖目今對其作者是否爲李靖，仍持存疑，然從書中所揭示的主要意涵即是讓羈縻府州部落保持原有軍隊，如遇有戰事，則可讓羈縻府州部落兵改換唐軍旗號，一起出征。前面論及唐置羈縻府州管理方式之一即是保留其原來部落的社會組織，而遊牧民族部落社會，每一個部落既是社會單位，亦是軍事單位，唐代保留羈縻府州原始部落組織，原先設計實際上具有軍事上的用意。有的學者認爲，唐朝任用蕃兵蕃將，其原因在於府兵制度在高祖、太宗時已不堪攻戰，爲了補救此一病端，太宗乃大量起用降附於

課，交趾都護劉延祐使之全輸，俚戶不從，延祐誅其魁首。其黨李思慎等作亂，攻破安南府城，殺延祐。桂州司馬曹玄靜等將兵討思慎等，斬之。」（頁6445）。

〔註392〕《全唐文》卷205，〈論闕啜忠節疏〉，頁1148。
〔註393〕林超民〈羈縻府州與唐代民族關係〉，載於《思想戰線》1985年5月，頁55。
〔註394〕李靖《李衛公問對》，頁18。

唐的部落酋長,由酋長率其所屬的部落共同作戰,爲唐效命。〔註395〕事實上,府兵制度至少在高宗、武則天以前仍是唐廷軍事上的主力軍,高宗永徽元年(650)征討西突厥,唐發秦、成、岐、隴地府兵三萬人,並一舉擊滅西突厥,即是府兵建功實例。〔註396〕唐廷前期任用蕃兵蕃將,不在於府兵寖壞,究其原因是唐代府兵原先設計本來就不是著眼於邊防,其實爲直屬中央之武力,主要的任務是在擔任番上宿衛、輪防、留守等負責京師地區主要的衛戍部隊,太宗時所置的折衝府,多集中關中、河東地區,即是此故。〔註397〕因此,在全國常備部隊多處於執勤與預備狀態下,唐廷可用於征伐行軍作戰的兵力不多,若徵召府兵,勢必會影響在輪調番防制度,若長期作戰或戰勝後鎮守,則問題更爲嚴重,甚至影響戰鬥力。〔註398〕既然羈縻府州具有軍事機能,加上胡兵本善於騎射,因此,唐廷乃採取以夷制夷,大量啓用蕃兵蕃將,作爲邊防上的主力,故而羈縻府州酋領在被唐廷擢授都督、刺史的同時,又每每加授諸衛員外將軍、行軍總管或諸軍使等武官職銜,如契丹酋長李失活,官職爲松漠都督府都督,又加行左金吾衛員外大將軍・靜析軍經略大使。〔註399〕其用意在於讓部落首領統領本部蕃兵,藉重蕃兵部落組織及騎射技術,達成其軍事防守目的,而羈縻府州所保留的兵馬,也須聽從唐廷中央與所屬都護、都督調遣,不得擅自行動,而羈縻府州的部落蕃兵,一如域內府兵制度的「兵農合一」,其平日在部落生產,有事則征戰,具「牧戰合一」的特點。〔註400〕至於羈縻府州兵力是否能爲唐廷所用,則須看當時唐朝掌控羈縻府州的能力。

四、唐代羈縻府州設置意義

裴矩在《西域圖記序》曾說:「皇上膺天育物,無隔華夷,率土黔黎,莫不慕化,風行所及,日入以來,職貢皆通,無遠不至」。〔註401〕作爲一個當時

〔註395〕陳寅恪〈論唐代之蕃將與府兵〉,收入氏著《金明館叢稿初編》,頁 265～268。

〔註396〕《資治通鑑》卷 199,高宗永徽元年(651)七月條,頁 6247～6248。

〔註397〕康樂《唐代前期的邊防》,頁 148～152。

〔註398〕雷師家驥《隋唐中央權力結構及其演進》,頁 496～497。黃永年在〈唐代河北藩鎮與奚契丹〉一文認爲府兵在邊遠地區鎮戍,除了戰士與都督以下的各大小將領互不相習,又因爲對邊境地形和邊防需要的特殊作戰技術無甚熟悉,必然會影響到對外戰鬥力。是文收入氏著《唐代史事考釋》,頁 133～163。

〔註399〕《冊府元龜》卷 964〈外臣部・封冊二〉,頁 11342 下～11343 上。

〔註400〕楊志玖、張國剛〈試論唐代蕃兵的組織和作用〉,收入紀念陳寅恪教授國際學術討論會秘書組編《紀念陳寅恪教授國際學術討論會文集》,頁 406。

〔註401〕《隋書》卷 67〈裴矩傳〉,頁 716 上。

為東亞及北亞的國際領袖，唐代的民族政策是開放而多元的。不同於以往各朝代，僅在邊境地區的對外交通要地，修築個別軍、鎮屯兵戍守，做「點」的防禦，唐代乃採以將內附於唐的邊疆民族地區，設置羈縻府州，納入版圖，作有效的管理統治。關於唐代羈縻府州是否為唐代所屬疆域範圍內的問題，始終為人所爭論。事實上，唐代羈縻府州情形是千變萬化，十分複雜。不僅在於各羈縻府州因部族而異，也因時、因地而異，差異極大。《新唐書·地理志》序言即說：「今錄招降開置之目，以見其盛，其後或臣或叛，經制不一，不能詳見」，〔註402〕可見唐代設置羈縻府州的二百四十餘年間，對羈縻府州的統轄情形並不一致，有的一直處於唐朝中央的統治之下，最後成為正州或被并入唐朝的邊州都督府；有的則因內附部族的遷徙或叛逃，逐漸脫離了唐朝的控制；有的則因所處地域位置遙遠，雖名義上歸屬於唐，但實際上，其始終未受唐廷所控，與唐代保持著國與國的關係。〔註403〕因此，我們在討論羈縻府州與唐朝關係時，應採取各別觀察，不能一概而定，大凡唐廷控制力較強的地區或是納入正州的羈縻府州，可稱為實質統治；而對於名義上的歸屬或是唐廷控制力量薄弱的羈縻府州，則稱之為形式統治。〔註404〕劉統在《唐代羈縻府州研究》一書將唐代的羈縻府州分為六個區域，各別探討與唐代的關係，認為唐代對於天山以南的安西四鎮地區統治相當有力，而對天山以北地區除了北庭都護府及部分軍鎮能夠直接統治外，大部分遊牧部落的羈縻府州都祇能維持片段的統治並不穩定，而統治的時間也僅到玄宗天寶十載（751）怛羅斯會戰後；中亞的昭武九國，雖在高宗顯慶三年（658）設置羈縻府州，但由於地處邊遠，唐廷祇通過碎葉鎮來控制，無力常駐重兵，同樣在天寶十載怛羅斯會戰後，唐勢力退出中亞；西域的吐火羅地區，雖然在高宗顯慶三年前往設置府州命名州縣，但唐朝並未在那裏駐扎軍隊、派駐官員、徵收賦稅，故其所置的羈縻府州，多數是僅有名義而無具體的制度，僅具有象徵性

〔註402〕《新唐書》卷43〈地理志下〉，頁308上。

〔註403〕劉統《唐代羈縻府州研究》，頁109～110。

〔註404〕大陸學者在討論羈縻府州時，多認為羈縻府州全部都應算是唐代疆域，如譚其驤主編的《中國歷史地圖集·隋唐五代之部》，將羈縻府州都歸劃唐朝疆域範圍之內。我們從《新唐書·地理志》所敘述的「或臣或叛，經制不一」，即表視羈縻府州時臣時叛，並非全為唐代所統領。現在一般認為，論定唐代的邊界，當以臣屬羈縻府州的關塞、城戍、烽火等而定。參看章群《唐代蕃將研究》頁138～139；高明士〈隋唐天下秩序與羈縻府州制度〉，載於《中華民國史專題第五屆討論會·國史上中央與地方的關係》，頁31～32。

的統治；渤海、黑水、室韋地區，與唐保有密切的文化、經濟交往，唐與渤海是大國與小國的關係，而黑水、室韋與唐也是名義上的歸屬；雲南地區，在南詔興起之前，唐朝藉由當地酋渠豪帥治理，控制力較強。〔註405〕

　　吾人以爲，唐代羈縻府州在歷史上最大的意義在於以中國爲中心的天下秩序體係更加具體化與系統化。唐代所統轄的是一個包含著農業與遊牧民族的兩元世界帝國，唐帝即是中國漢人的「皇帝」，也在遊牧部落中具「天可汗」地位。羈縻府州體制一方面將「外臣的內臣化」地區擴大，使唐廷能直接控制的疆域比起歷代各朝更加遼闊；既使是慕義而來，與唐朝有貢無封的外臣地區，抑或是敵國荒遠的不臣地區，唐朝也有一套具體而明確的制度規範。而羈縻府州既是中國天下秩序的一環，其必需要遵守中國天下秩序的規範，依循著「禮」、「刑」兩種原理，共同接受以唐廷爲主導的東亞、北亞世界。此外，唐朝的羈縻府州體制具有承先啓後及特殊地位：羈縻府州的管理體制是上源於漢代的屬國、邊郡以及南朝的左郡、左縣而更加制度化，豐富當中的內涵；另一方面，羈縻府州的建置精神爲以後各朝所承繼。宋代由於邊疆外族崛起，統治領土遠不如唐朝之盛，但其在川蜀、湖廣邊區仍仿唐朝，建立三百餘個羈縻州，任命當地土著首領爲最高的行政長，《宋史・蠻夷傳》有謂「西南部族雜廁荊、楚、巴、黔、巫中，……樹其酋長，使自鎮撫」。〔註406〕在這些地區，任命大族首領爲知州，沿襲唐代以來所形成的傳統習慣；〔註407〕及至明、清，西南地區的土司制度亦是唐代羈縻府州精神的延伸。〔註408〕而唐代羈縻府州的特殊性在於此種形式的體制與後朝的藩屬國有所不同，羈縻府州與唐帝國關係密切，依據唐制，原則

〔註405〕參看劉統《唐代羈縻府州研究》，頁 113～141。此外，對於各別區域性的研究，可參看薛宗正《安西與北庭——唐代西陲邊政研究》，頁 18～248；林超民〈唐前期雲南羈縻州縣述略〉，載於《雲南社會科學》1986 年第 4 期，頁 68～74；朱珊珊〈唐代貴州羈縻州的設置及特點〉，載於《貴州師範大學學報（社會科學版）》1995 年第 2 期，頁 19～20；吳玉貴〈唐代西域羈縻府州建置年代及其與唐朝的關係〉，載於《新疆大學學報》1986 年第 1 期，頁 59～61；郭聲波〈唐弱水西山羈縻州及保寧都護府考〉，載於《中國史研究》1999 年第 4 期，頁 82～93；孫玉良〈唐朝在東北民族地區設置的府州〉，載於《社會科學戰線》1986 年第 3 期，頁 224～226。
〔註406〕《宋史》卷 493〈蠻夷傳一〉，頁 5817。
〔註407〕安國樓《宋朝周邊民族政策研究》，頁 54。
〔註408〕明代一般將羈縻州縣和羈縻衛所稱之爲土司，包括土司州、土司縣等。這些州縣，名義上是構成一種邊區的州縣系統，實爲一種邊區的封建體系。參看楊聯陞〈從歷史看中國的世界秩序〉，收入氏著《國史探微》，頁 17。

上其內政是受唐廷過問，冊封承襲都用詔旨，經濟上的聯繫也比較強，羈縻府州領兵直屬尚書兵部，羈縻府州屬吏部；而後朝藩屬國與中國朝廷關係較為鬆散，中國多不過問其內政，而負責接待藩屬國使臣則是隸屬外交部門的禮部主客司及九卿中的鴻臚寺，清朝更設有理藩院，做為專門處理清朝周圍藩屬國的事務。〔註409〕職是，則唐代羈縻府州體制是在中國歷朝行政制度中，是獨一無二的，具有特殊的重要意義。

〔註409〕據《大清會典》卷 63 載：「掌外藩之政令，制其爵祿，定其朝會，正其刑罰，尚書、侍郎率其屬以定議，大事上之，小事則行，以布國之威德」。由此可見清代理藩的目的在於「布國之威德」手段則為「政令」、「爵祿」、「朝會」、「刑罰」四項。理藩院本身，則為治理藩部的最高權力機關。關於清代理藩院的成立及其功能，可參看呂士朋〈清代的理藩院 —— 兼論清代對蒙藏回諸族的統治〉，載《東海大學學報》1977 年第 1 期，頁 61～98。

第七章 結 論

　　中國的天下觀念，形成於「四至」、「六合」的空間概念以及商、周封建制度下，內、外「服制」思想，形成出以中國為核心，向外擴張成同心圓的天下秩序觀。在夷夏思想方面，傳統中國與外族交往的處理模式，不外乎是「夷夏之防」和「王者無外」兩種理論根據，大凡在中國強盛，國君具有高度進取心、企圖心時，是以「王者無外」思想作為對外關係的出發點；而中國內部勢衰，國力不振，或是外族不斷侵擾入邊，則「夷夏之防」觀念常作為處理對外關係上的指導原則。有唐一代，歷經魏晉以來近三百年的民族融合，唐朝國君又兼有胡、漢血胤，故在處理民族關係上，採以民族開放政策，又在其被尊為「天可汗」後，「王者無外」，欲做「天下王」的思想更顯濃厚，故而大唐帝國的天下觀念，不囿於一姓、一族，而是積極進取、兼容並包的民族精神。

　　唐太宗被尊為「天可汗」的時間，自來說法不一，筆者認為諸蕃尊太宗為「天可汗」既是唐朝平定東突厥，太宗登順天門見頡利可汗之時，則時間斷定上，當為貞觀四年（630）四月戊戌（三日）。而「天可汗」一詞所指稱者，應是泛指唐帝，而非僅專稱唐太宗一人。「天可汗」所代表的意涵是為「汗中汗」、「王中王」，唐帝「天可汗」是由西域、北荒諸民族所共同上尊，顯示唐朝皇帝不僅是中原民族的最高領袖，亦是西、北遊牧民族的共同君王。此外，必要說明的是，稱「天可汗」者，並非唐帝所特有，當遊牧民族君王強盛、武功傲世者，均有以此號之。

　　大唐帝國領土遼闊，兼統四夷，對外所接觸的民族、國家，含蓋了農業地區與遊牧地區範圍，由於自然環境上差異，塑造出截然不同的民族特徵與

行爲模式，因此，唐朝在處理對外關係上，採取因地制宜，對於不同屬性的地區，以不同的方式管理。在農業民族地區，由於自然與人文條件一如中原王朝，故唐廷將自身的文化，諸如儒學、漢字、律令、政治體制等，積極的推廣到東亞各地，形成「東亞文化圈」的建立；對於遊牧地區，針對遊牧民族的民族性不適宜傳播中原農業文化，故而採以和親方式進行管理，企圖藉由和親關係中血緣上的交融，由倫理上親屬關係，轉化爲政治上的君臣關係，達到實質統治的內涵。

唐朝皇帝自太宗敗東突厥擒頡利可汗，西域、北荒君長上尊「天可汗」以來，迄自代宗，唐朝國君一則是中原王朝的皇帝，亦是西域、北荒諸民族的「天可汗」，並由此產生出以唐廷爲中心的「皇帝‧天可汗」。以中國皇帝兼稱外夷君長不始於唐，五胡十六國時期，爲適應境內統有胡、漢等多種民族，因而創立「胡漢體制」，一國之內含有兩個系統的特殊政體，以及於此演生出的「雙兼君主型」、「一君二制型」或是上層決策者爲胡人本族，下層執行者爲漢人等多種治體，隋朝文帝、煬帝也分別兼任東突厥與西突厥族的可汗；然而，唐朝「皇帝‧天可汗」所特殊者，蓋此一尊銜是含括境內與域外，對內稱皇帝、對外稱天可汗，而「皇帝‧天可汗」者，也非僅使用於一族、一姓，而是代表著唐帝是西域、北荒諸民族共同的君長。

「皇帝」一號，自秦始皇創設以來，即是代表至尊、至大之意，任何職銜都低於皇帝所代表的地位，「天可汗」亦然，是故太宗才說：「我爲大唐天子，又下行天可汗乎？」，太宗用「下行」天可汗事，可見，「皇帝‧天可汗」在運作上，是以皇帝之號下行天可汗事。在「皇帝‧天可汗」的號令下，唐朝國君享有若干職權：在政治上，印璽有對外專用的「天子三寶」，詔書、冊文有一定的形式、稱謂，凡尊唐帝者，均是唐朝的臣民，冊封制度也有進一步的實質內涵，包含完整的品（階）、官、勳、爵制度，不僅承繼著歷朝對外族的虛封，同時也加授實封，使受封者成爲唐廷正式制度下的官員；在軍事上，徵兵權的行使範圍擴大，唐帝可藉由徵兵權的行使，排解、仲裁各蕃國間的糾紛，討伐不義以及助國征討等項；在律令上，《唐律》中的「化外人相犯」條，代表著中國在唐朝時期，已經含有現今「國際私法」中「屬人主義」與「屬地主義」的內涵，這顯示著唐朝交通貿易興盛，人民交往接觸頻繁，擺脫狹隘的「主權」、「地域」等觀念束縛，使法律能適用各地區，成爲國際性的法律，非同於一般國內法；在宗教上，自西域、北荒君長上尊唐太宗「天

可汗」位號後，太宗爲懷柔、羈縻西域人民，因此對「三夷教」（火祆教、景教、摩尼教）的傳入予以保護，甚至設「薩寶府」一外來官職加以管理、控制。因此，從這些特色及運作情形來看，唐朝已是一個世界性的帝國了。

　　然不容諱言者，上述所言有關「皇帝・天可汗」的職權，並非祇是唐帝所專有，大凡中國歷代王朝強盛時，或多或少，也有類似的職權，所不同的者，「皇帝・天可汗」對於這些職權的行使運作，較歷代更具制度化、系統化，執行能力亦較強，並在上述職能架構下，有所革新，賦予新義。唐朝「皇帝・天可汗」雖止於安史亂後，然其影響確不因唐朝覆亡而告終，西北民族在唐朝以後，仍多以天可汗爲中國皇帝稱號，如清代昭槤《嘯亭雜錄》即載有：「策凌卒時，諄諄告其長史曰：天可汗之恩，萬世不可負也」。〔註1〕此外，必須說明的是，以唐朝爲核心所成立的「皇帝・天可汗」，仍是一個鬆散的國際聯盟，既未另外專設屬於「皇帝・天可汗」組織之機構，參與者也沒有訂立出一套明確的規範，論其性質是以唐朝皇帝兼任天可汗時，以皇帝之名號，下行天可汗職權，並將唐朝對外管理機構，豐富其內涵，適用於參與「皇帝・天可汗」之範圍之內，故其性質並不似於今日國際性的組織，但卻是東亞世界第一次國際聯盟的嘗試。

　　唐朝處理對外的專職機構有尚書省禮部主客司以及九卿系統的鴻臚寺，其關係是下行上承之關係。九寺中的鴻臚寺專掌外交事務，是下級機關，尚書省中禮部主客司負責外交政令，是上級機關，兩者之間職權分明，分工明確，相互配合協作，共同構成中央外交主管部門。在關涉機構方面，唐代中央外交關涉機構可分爲四大部份：尚書省的六部，中書省的本部、四方館及通事舍人，門下省的侍中、典儀、贊者與符寶郎，九寺、五監等；地方上，則地方行政機構的道、州、縣，地方軍事機構的軍、鎮、關，以及唐朝後期的使職人員，均負有對外專職。唐朝與歷代對外管理制度中，最特殊的地方莫過於羈縻府州體制的建立。唐代的羈縻府州不僅是唐廷對於外族的另類統治形式，也最能展現出唐代理想的天下秩序思想。筆者以爲，唐代羈縻府州在歷史上最大的意義在於以中國爲中心的天下秩序體系更加具體化與系統化。羈縻府州既是中國天下秩序的一環，其必需要遵守中國天下秩序的規範，依循著「禮」、「刑」兩種統治原理。其次，唐朝對於羈縻府州的統轄關係，由於唐代羈縻府州情形因時、因地不同，而千變萬化，十分複雜，有的一直

―――――――――――――――
〔註1〕昭槤《嘯亭雜錄》卷9〈都爾伯特〉，頁309。

處於唐朝中央的統治之下，最後成爲正州或并入唐朝的邊州都督府（唐朝實質領地）；有的則因所處地域位置遙遠，雖名義上歸屬於唐，然實際上卻始終未受唐廷所控（可謂唐朝形式領地），因此討論時，必須各別觀察，不可一概而定；再者，唐朝的羈縻府州體制具有承先啓後及特殊地位：羈縻府州的管理體制是上源於漢代的屬國、邊郡以及南朝的左郡、左縣而更加制度化，豐富當中的內涵；另一方面，又下開後世土司與藩屬國制度沿續唐代羈縻府州的建置精神。

綜觀本文研究，唐代的「皇帝・天可汗」並非是憑空而創，從其內容來看，無論是設立的思想背景、具有的對外職能、設置機構與制度、執行運作方式等，均可以從唐代之前，找到源頭。易言之，「皇帝・天可汗」是有所承繼與創新。我們一方面盛讚大唐帝國的國威強盛，遠被四鄰，但亦要承認「皇帝・天可汗」的局限性。筆者希望經過本文的探討，能對於唐朝「皇帝・天可汗」有更客觀而持平的認識。

後　記

　　這是我的碩士論文，也是我的第一本學術專書。驀然回首，不覺中，距離碩士論文的完成已近十個年頭，我很幸運能在軟硬體設備一流的中正大學優美校園中生活學習，讓我在嘉義這充滿人情溫暖與田野風情的南台灣，悠遊自在的思考各種歷史問題。

　　這次出版，我只將論文中的錯漏字加以更補以及個別文句酌予修改，其他一如其舊，論文結構與篇幅均未改動，這並不代表本書內容充實完備，而僅僅是想將這本書留做碩士階段，初嘗論文寫作的一個紀念與回憶。本書的部分內容，業已發表在學術刊物：〈唐代羈縻府州研究〉（《中正歷史學刊》第三期）、〈唐代「皇帝・天可汗」釋義〉（《漢學研究》第廿一卷第一期）、〈「桃花石」考釋〉（《中國邊政》第一七六期）、〈「桃花石」與「天可汗」〉（《中國中古史研究》第八期），讀者諸君若有興趣，亦可參閱。

　　自上研究所以來，得到許多師長的鼓勵薰勉，要感謝的人太多了，碩、博士指導教授雷師家驥（躍之），無論是在學術上的引導，還是生活上的教誨，都使我受益匪淺，讓我對歷史研究始終充滿著好奇與熱誠；林師冠群不時對遊牧民族社會結構、生活風尚以及突回民族語言文字給我指導與協助，使我在討論相關問題時，不致發生嚴重的謬誤；口試委員王師明蓀、林師恩顯、任師育才、劉師顯叔，不辭勞苦，審查我的論文，並提醒我論文中疏漏、偏謬之處，以及仍可從其他角度進一步思考問題。其他師長：毛師漢光、汪師榮祖、廖師幼華、李師若文、林師燊祿、耿師慧玲、劉師維開，在我讀研究所期間，從各個學術領域給予無私的指導。台灣大學高明士教授、台灣師範大學邱添生教授、玄奘大學王震邦教授、新竹清華大學賴瑞和教授、北京清

華大學張國剛教授、中央民族大學李鴻賓教授、耿世民教授、武漢大學凍國棟教授、中國社會科學院吳玉貴教授，長期以來對我在學術上的發展十分關心，我也永遠銘記在心。此外，佛光大學人文學院院長、歷史系主任李紀祥教授在我任教佛光大學歷史系期間，待我如子，兩年半的時光，教學與研究上，李老師給我很多幫助與關心，我很感激！當然，家人的支持與寬容，更是使我能無後顧之慮的安心學習與研究。

　　最後，我要感謝花木蘭文化出版社，在這「世紀金融海嘯」浪潮的襲捲下，仍不惜成本的出版學術著作，這是需要很大的勇氣，也是對學術推動最熱情的支持，從受邀出版到校對、清樣，編輯團隊發揮極高的效率，使拙文能很到最好的出版品質。謝謝你們！

朱振宏
2009 年 2 月 5 日

徵引資料

僅按本書各章節所徵引各類基本史料與文獻以及近人著作論文

一、基本史料與文獻

1. 不著撰者《談賓錄》（上海：商務印書館，1930 年，第一版）。

2. 仁井田陞著，栗勁等人編譯《唐令拾遺》（長春：長春出版社，1989 年 11 月，第一版）。

3. 王充《論衡注釋》（北京：中華書局，1979 年 10 月，第一版）。

4. 王連生等注譯《國語譯注》（臺北：建宏出版社，1995 年 2 月，初版）。

5. 王欽若等編《冊府元龜》（臺北：臺灣中華書局，1981 年 8 月，第一版）。

6. 王溥《唐會要》（臺北：世界書局，1989 年 4 月，第一版）。

7. 王繼如譯注《淮南子》（臺北：建安出版社，1998 年 11 月，第一版）。

8. 王讜《唐語林校證》（北京：中華書局，1987 年 7 月，第一版）。

9. 令孤德棻《周書》（臺北：臺灣商務書館，百衲本二十四史，宋蜀大字本，1981 年 1 月，臺一版）。

10. 司馬光《資治通鑑》（北京：中華書局，1956 年 6 月，第一版）。

11. 司馬遷《史記》（臺北：臺灣商務印書館，百衲本二十四史，宋慶元黃善夫刊本，1981 年 1 月，臺一版）。

12. 白居易《白氏六帖事類集》（臺北：新興出版社，1969 年 5 月，第一版）。

13. 朱彧《萍洲可談》（北京：中華書局，1985 年 12 月，第一版）。

14. 何喬遠《閩書》（福州：福建人民出版社，1994 年 6 月，第一版）。

15. 何敬群《楚辭精注》（臺北：正中書局，1978 年 4 月，第一版）。

16. 吳師道校注《戰國策校注》（臺北：藝文出版社，1965 年 8 月，第一版）。

17. 吳毓江校注《墨子校注》（臺北：廣文出版社，1994 年 7 月，初版）。

18. 吳兢《貞觀政要》（臺北：地球出版社，1994 年 7 月，第一版）。

19. 呂不韋著，陳奇猷校釋《呂氏春秋校釋》（上海：學林出版社，1984 年 4 月，第一版）。

20. 宋敏求編，洪丕謨等人點校《唐大詔令集》（上海：學林出版社，1992 年 10 月，第一版）。

21. 宋濂、王禕等《元史》（臺北：臺灣商務印書館，百衲本二十四史，明洪武刊本，1981 年 1 月，臺一版）。

22. 李吉甫《元和郡縣圖志》（北京：中華書局，1983 年 6 月，第一版）。

23. 李志常《長春眞人西遊記》（北京：中華書局，1985 年 12 月，第一版）。

24. 李宗侗註譯《春秋公羊傳今註今譯》（臺北：臺灣商務印書館，1985 年 4 月，五版）。

25. 李宗侗註譯《春秋左傳今註今譯》（臺北：臺灣商務印書館，1987 年 4 月，七版）。

26. 李延壽《北史》（臺北：臺灣商務印書館，百衲本二十四史，元大德刊本，1981 年 1 月，臺一版）。

27. 李昉《太平御覽》（上海：上海書局，1985 年 12 月，重印）。

28. 李昉《文苑英華》（臺北：新文豐出版社，1979 年 4 月，第一版）。

29. 李靖《李衛公問對》（臺北：臺灣商務印書館，1983 年 7 月，臺初版）。

30. 李肇《唐國史補》（上海：古典文學出版社，1958 年 5 月，第二次印刷）。

31. 李德裕《會昌一品集》，收入《四庫全書薈要》集部第十九冊（臺北：世界書局，1988 年 2 月，初版）。

32. 杜佑《通典》（北京：中華書局，1988 年 12 月，第一版）。

33. 沈約《宋書》（臺北：臺灣商務印書館，百衲本二十四史，宋蜀大字本，1981 年 1 月，臺一版）。

34. 房玄齡《晉書》（臺北：臺灣商務印書館，百衲本二十四史，宋本，1981 年 1 月，臺一版）。

35. 金富軾撰，末松保和編《三國史記》（東京：學習院東洋文化研究所，1964 年，初版）。

36. 俞正燮《癸巳類稿》（臺北：世界書局，1980 年 11 月，第三版）。

37. 姚汝能《安祿山事蹟》，收入《百部叢書集成》（臺北：藝文印書館，1965 年，第一版）。

38. 姚思廉《梁書》（臺北：臺灣商務印書館，百衲本二十四史，宋蜀大字本，1981 年 1 月，臺一版）。

39. 姚寬《西溪叢語》（北京：中華書局，1993 年 12 月，第一版）。

40. 昭槤《嘯亭雜錄》（北京：中華書局，1980 年 12 月，第一版）。

41. 段成式《酉陽雜俎》（北京：中華書局，1981 年 12 月，第一次印刷）。

42. 范曄《後漢書》（臺北：臺灣商務印書館，百衲本二十四史，宋紹興刊本，1981 年 1 月，臺一版）。

43. 徐松著，李健超增訂《（增訂）唐兩京城坊考》（西安：三秦出版社，1966 年，第一版）。

44. 徐堅《初學記》，收入《四庫全書》第八九○冊（臺北：臺灣商務印書館，1983 年 7 月，臺一版）。

45. 班固《漢書》（臺北：臺灣商務印書館，百衲本二十四史，宋景祐刊本，1981 年 1 月，臺一版）。

46. 荀悅《前漢記》（北京：中國書局，1991 年 9 月，第一版）。

47. 高亨《詩經今注》（臺北：里仁書局，1981 年 10 月，第一版）。

48. 崔述《豐鎬考信別錄》（臺北：藝文出版社，1966 年 7 月，第一版）。

49. 張九齡《唐六典》（蘭州：甘肅人民出版社，1997 年 11 月，第一版）。

50. 張鷟《龍筋鳳髓判》（臺北：藝文出版社，1965 年 3 月，第一版）。

51. 清聖祖《全唐詩》（臺北：文史哲出版社，1987 年 12 月，初版）。

52. 脫克脫《宋史》（臺北：臺灣商務印書館，百衲本二十四史，元至正刊本，1981 年 1 月，臺一版）。

53. 郭璞注，譚承耕校點《山海經》（長沙：岳麓書社，1992 年 3 月，第一版）。

54. 陳立《白虎通疏證》（臺北：廣文出版社，1987 年 6 月，第一版）。

55. 陳壽《三國志》（臺北：臺灣商務印書館，百衲本二十四史，宋紹熙刊本，1981 年 1 月，臺一版）。

56. 陸游之《老學庵筆記》（北京：中華書局，1985 年 12 月，第一版）。

57. 陶穀《清異錄》（北京：中華書局，1991 年，第一版）。

58. 圓仁《入唐求法巡禮行記》（臺北：文海出版社，1976 年 3 月，第一版）。

59. 楊家駱編《周禮注疏及補正》（臺北：世界書局，1980 年 5 月，三版）。

60. 楊家駱編《禮記》（臺北：世界書局，1978 年 8 月，第一版）。

61. 楊衒之《洛陽伽藍記》（臺北：三民書局，1994 年 3 月，初版）。

62. 溫大雅《大唐創業起居注》（北京：中華書局，1985 年 12 月，第一版）。

63. 董誥等編《全唐文》（北京：中華書局，1982 年 8 月，第一版）。

64. 管野眞道、藤原繼繩等編《續日本紀》（東京：吉川弘文館，1968 年 2 月，初版）。

65. 臺灣古籍出版社編《四書》（臺北：臺灣古籍出版社，1996 年 7 月，第

一版）。

66. 裴庭裕《東觀奏記》（北京：中華書局，1994 年 9 月，第一版）。

67. 趙翼《二十二史劄記》（臺北：世界書局，1962 年 3 月，初版）。

68. 劉俊文《唐律疏議箋解》（北京：中華書局，1996 年 6 月，第一版）。

69. 劉禹錫《劉禹錫集》（上海：古籍出版社，1989 年 10 月，第一版）。

70. 劉恂《嶺表錄異》（北京：中華書局，1985 年 12 月，第一版）。

71. 劉昫《舊唐書》（臺北：臺灣商務印書館，百衲本二十四史，宋紹興刊本，1981 年 1 月，臺一版）。

72. 劉肅《大唐新語》（臺北：新宇出版社，1985 年 10 月）。

73. 樂史《太平寰宇記》（臺北：文海出版社，1993 年 2 月，第一版）。

74. 歐陽修、宋祁《新唐書》（臺北：臺灣商務印書館，百衲本二十四史，宋嘉祐刊本，1981 年 1 月，臺一版）。

75. 歐陽詢編《藝文類聚》（臺北：新興書局，1973 年 7 月，第一版）。

76. 蔡邕《獨斷》（臺北：藝文出版社，1965 年 12 月，第一版）。

77. 衛宏《漢舊儀》（臺北：臺灣商務出版社，1983 年 7 月，第一版）。

78. 蕭子顯《南齊書》（臺北：臺灣商務出版社，百衲本二十四史，宋蜀大字本，1981 年 1 月，臺一版）。

79. 蕭嵩等《大唐開元禮》（揚州：江蘇廣陵古籍刻印社，1990 年，第一版）。

80. 錢宗武等譯注《尚書》（臺北：臺灣古籍出版社，1996 年 11 月，初版）。

81. 應邵《漢官儀》（臺北：藝文出版社，1965 年 7 月，第一版）。

82. 韓非《韓非子集釋》（臺北：世界書局，1991 年 9 月，第四版）。

83. 魏收《魏書》（臺北：臺灣商務印書館，百衲本二十四史，宋蜀大字本，1981 年 1 月，臺一版）。

84. 魏徵《隋書》（臺北：臺灣商務印書館，百衲本二十四史，元大德刊本，1981 年 1 月，臺一版）。

85. 顧炎武《天下郡國利病書》（臺北：廣文出版社，1979 年 9 月，第一版）。

二、近人論著

（一）中文專書

1. 丁山《中國古代宗教與神化考》（上海：上海藝文出版社，1988 年 3 月，第一版）。

2. 丁山《甲骨文所見氏族及其制度》（北京：中華書局，1988 年 5 月，第一版）。

3. 中國人民大學歷史系、深圳市博物館合著《中國歷朝行政管理》（北京：

中國人民大學出版社，1998 年 1 月，第一版）。

4. 中國文明史編纂工作委員會編《中國文明史・秦漢時代》（臺北：地球出版社，1991 年 9 月，第一版）。

5. 中國文明史編纂工作委員會編《中國文明史・隋唐五代》（臺北：地球出版社，1991 年 9 月，第一版）。

6. 中國文明史編纂工作委員會編《中國文明史・魏晉南北朝》（臺北：地球出版社，1991 年 9 月，第一版）。

7. 方亞光《唐代對外開放初探》（合肥：黃山書社出版，1998 年 12 月，第一版）。

8. 王永興《唐代前期西北軍事研究》（北京：中國社會科學出版社，1994 年 12 月，第一版）。

9. 王明蓀《中國民族與北疆史論——漢晉篇》（臺北：丹青圖書有限公司，1987 年 4 月，初版）。

10. 王貞平《漢唐中日關係論》（臺北：文津出版社，1997 年 3 月，一刷）。

11. 王國維《觀堂集林》（北京：中華書局，1959 年 6 月，第一版）。

12. 王堯、陳踐譯注《敦煌本吐蕃歷史文書（增訂本）》（北京：民族出版社，1992 年 2 月，第一版）。

13. 王壽南《唐代人物與政治》（臺北：文津出版社，1999 年 6 月，一刷）。

14. 札奇斯欽《北亞游牧民族與中原農業民族間的和平戰爭與貿易之關係》（臺北：正中書局，1973 年 1 月，第一版）。

15. 札奇斯欽《蒙古文化與社會》（臺北：臺灣商務印書館，1987 年 11 月，第一次印刷）。

16. 向達《唐代長安與西域文明》（臺北：明文書局，1981 年 9 月，第一版）。

17. 安國樓《宋朝周邊民族政策研究》（臺北：文津出版社，1997 年 8 月，一刷）。

18. 朱雲影《中國文化對日韓越的影響》（臺北：黎明文化事業股份有限公司，1981 年 4 月）。

19. 何適《國際私法研究》（臺北：臺灣商務印書館，1982 年 10 月，臺三版）。

20. 余太山主編《西域通史》（鄭州：中州古籍出版社，1996 年 6 月，第一版）。

21. 宋正海總主編《中國古代重大自然災害和異常年表總集》（廣州：廣東教育出版社，1992 年 12 月，第一版）。

22. 岑仲勉《西突厥史料補闕及考證》（北京：中華書局，1958 年 4 月，第一次印刷）。

23. 岑仲勉《突厥集史》上、下（北京：中華書局，1958 年 10 月，第一版）。

24. 李孝定《甲骨文字集釋》（臺北：中央研究院歷史語言研究所，1991 年 3 月，景印五版）。

25. 李明偉《隋唐絲綢之路——中世紀的中國西北社會與文明》（蘭州：甘肅人民出版社，1994 年 10 月，第一版）。

26. 李治安主編《唐宋元明清中央與地方關係研究》（天津：南開大學出版社，1996 年 1 月，第一版）。

27. 李浩培《國際法的概念和淵源》（貴陽：貴州人民出版社，1994 年 9 月，第一版）。

28. 李斌城等《隋唐五代社會生活史》（北京：中國社會科學出版社，1998 年 7 月，第一版）。

29. 李樹桐《隋唐史別裁》（臺北：臺灣商務印書館，1995 年 7 月，第一版）。

30. 李錦繡《唐代財政史稿（上卷）》（北京：北京大學出版社，1995 年 7 月，第一版）。

31. 杜正勝《古代社會與國家》（臺北：允晨文化事業公司，1992 年 10 月，第一版）。

32. 谷霽光《谷霽光史學文集》第四卷「雜著」（南昌：江西人民出版社，1996 年 3 月，第一版）。

33. 周偉洲《中國中世西北民族關係研究》（西安：西北大學出版社，1992 年 9 月，第一版）。

34. 周紹良等編《唐代墓誌匯編》（上海：古籍出版社，1992 年 11 月，第一版）。

35. 林天蔚《隋唐史新論》（臺北：東華書局，1996 年 3 月，第一版）。

36. 林冠群《論唐代吐蕃之對外擴張》（臺北：蒙藏委員會，1991 年 4 月，初版）。

37. 林恩顯《突厥研究》（臺北：臺灣商務印書館，1988 年 4 月，第一版）。

38. 林幹、再思《東胡烏桓鮮卑研究與附論》（呼和浩特：內蒙古大學出版社，1995 年 8 月，第一版）。

39. 林幹《東胡史》（呼和浩特：內蒙古大學出版社，1995 年 8 月，第一版）。

40. 林幹《突厥史》（呼和浩特：內蒙古人民出版社，1988 年 5 月，第一版）。

41. 金毓黻《東北通史》（吉林：社會科學雜誌，1990 年 10 月，第一版）。

42. 芮傳明《古突厥碑銘研究》（上海：古籍出版社，1998 年 12 月，第一版）。

43. 姚大中《中國世界的全盛》（臺北：三民書局，1983 年 1 月，初版）。

44. 姚大中《古代北西中國》（臺北：三民書局，1981 年 5 月，初版）。

45. 洪均《元史譯文證補》（北京：北京人民出版社，1963 年 4 月，第一版）。

46. 胡厚宣《甲骨文學商史論叢（初集)》（上海：上海書店，1989 年 5 月，

第一版）。

47. 徐炳昶《中國古史的傳說時代》（北京：文物出版社，1985 年 9 月，第一版）。

48. 徐道鄰《唐律通論》（臺北：臺灣中華書局，1966 年 3 月，臺二版）。

49. 納忠等《傳承與交融：阿拉伯文化》（杭州：浙江人民出版社，1996 年 1 月，第三次印刷）。

50. 馬馳《唐代蕃將》（西安：三秦出版社，1990 年 6 月，第一版）。

51. 馬漢寶《國際私法總論》（臺北：著者自印，1990 年 8 月，第十一版）。

52. 康樂《唐代前期的邊防》（臺北：國立臺灣大學文史叢刊，1979 年 6 月，初版）。

53. 張春樹《漢代邊疆史論集》（臺北：食貨出版社，1977 年 3 月，第一版）。

54. 張星烺《中西交通史料彙編》（臺北：世界書局，1983 年 5 月，第一版）。

55. 張澤咸《唐代階級結構研究》（鄭州：中州古籍出版社，1996 年 7 月，第一版）。

56. 梅仲協《國際私法新論》（臺北：三民書局，1990 年 8 月，第九版）。

57. 陳垣《陳垣學術論文集》第一集（北京：中華書局，1980 年 6 月，第一版）。

58. 陳寅恪《金明館叢稿初編》（上海：古籍出版社，1980 年 6 月，第一版）。

59. 陳寅恪《唐代政治史述論稿》（臺北：里仁書局，1994 年 8 月，第一版）。

60. 陳夢家《殷墟卜辭綜述》（臺北：大通書局，1971 年 3 月，第一版）。

61. 陸寶千《中國史地綜論》（臺北：廣文書局，1962 年 8 月，第一版）。

62. 陶希聖、沈任遠《秦漢政治制度》（臺北：臺灣商務印書館，1964 年 1 月，臺一版）。

63. 章巽《章巽文集》（北京：海洋出版社，1986 年 9 月，第一版）。

64. 章群《唐代蕃將研究》（臺北：聯經出版事業公司，1986 年 3 月，初版）。

65. 章群《唐代蕃將研究（續編）》（臺北：聯經出版事業公司，1990 年 9 月，初版）。

66. 曾陳明汝《國際私法原理》（臺北：著者自印，1993 年 8 月，第一版）。

67. 曾資生《中國政治制度史》第三冊「魏晉南北朝」（香港：龍門書店，1969 年 10 月，影印）。

68. 曾資生《中國政治制度史》第四冊「隋唐五代」（香港：龍門書局，1969 年 10 月，影印）。

69. 程溯洛《唐宋回鶻史論集》（烏魯木齊：新疆人民出版社，1985 年 5 月，第一版）。

70. 費孝通《鄉土中國》（香港：三聯書店，1991 年 8 月，第一版）。

71. 項英杰等《中亞：馬背上的文化》（杭州：浙江人民出版，1993 年 10 月，第一版）。

72. 馮藝超《唐詩中和親主題研究》（臺北：天山出版社，1994 年 4 月，初版）。

73. 黃今言《秦漢軍制史論》（南昌：江西人民出版社，1993 年 7 月，第一版）。

74. 楊廷福《唐律初探》（天津：天津人民出版社，1982 年 5 月，第一版）。

75. 楊樹達《積微居小學述林》（上海：中國社科院，1954 年 2 月，第一版）。

76. 楊鴻烈《中國法律發達史》（臺北：臺灣商務印書館，1988 年 7 月，臺二版）。

77. 楊鴻烈《中國法律對東亞諸國之影響》（北京：中國政法大學出版社，1999 年 7 月，第一版）。

78. 萬繩楠整理《陳寅恪魏晉南北朝史講演錄》（臺北：雲龍出版社，1995 牛 2 月，初版）。

79. 雷家驥《隋唐中央權力結構及其演進》（臺北：東大圖書股份有限公司，1995 年 2 月）。

80. 雷海宗《中國的文化與中國的兵》（臺北：里仁書局，1984 年 3 月，第一版）。

81. 趙雲田《中國邊疆民族管理機構沿革史》（北京：中國社會科學出版社，1993 年 12 月，第一版）。

82. 劉甲一《國際私法》（臺北：三民書局，1996 年 11 月，再修訂初版）。

83. 劉昭民《中國歷史上氣候之變遷》（臺北：臺灣商務印書館，1992 年 11 月，修訂版第一次印刷）。

84. 劉統《唐代羈縻府州研究》（西安：西北大學出版社，1998 年 9 月，第一版）。

85. 劉義棠《中國西域史研究》（臺北：正中書局，1997 年 10 月，臺初版）。

86. 劉義棠《中國邊疆民族史（修訂本）》（臺北：臺灣中華書局，1982 年 5 月，第一版）。

87. 劉義棠《突回研究》（臺北：經世出版社，1990 年 1 月，第一版）。

88. 劉義棠《維吾爾研究（修訂本）》（臺北：正中書局，1997 年 5 月，臺初版）。

89. 劉學銚《北亞游牧民族雙軌政制》（臺北：南天書局，1999 年 11 月，初版二刷）。

90. 劉錫淦《突厥汗國史》（烏魯木齊：新疆大學出版社，1996 年 11 月）。

91. 蔡鴻生《唐代九姓胡與突厥文化》（北京：中華書局，1998 年 12 月，第一版）。

92. 黎虎《漢唐外交制度史》（蘭州：蘭州大學出版社，1998 年 4 月，第一版）。

93. 蕭功秦《儒家文化的困境：中國近代士大夫與西方挑戰》（臺北：五南出版社，1988 年 10 月，第一版）。

94. 錢大祥、艾永明《唐代行政法律研究》（南京：江蘇人民出版社，1996 年 12 月，第一版）。

95. 錢大群、錢元凱《唐律論析》（南京：南京大學出版社，1989 年 12 月，第一版）。

96. 戴炎輝《中國法制史》（臺北：三民書局，1991 年 6 月，九版）。

97. 薛宗正《安西與北庭──唐代西陲邊政的研究》（哈爾濱：黑龍江教育出版社，1995 年 10 月，第一版）。

98. 薛宗正《突厥史》（北京：中國社會科學出版社，1992 年 4 月，第一版）。

99. 謝海平《唐代留華外國人生活考述》（臺北：臺灣商務印書館，1978 年 12 月，初版）。

100. 韓儒林《穹廬集》（上海：人民出版社，1982 年 12 月，第一版）。

101. 韓儒林《韓儒林文集》（南京：古籍出版社，1985 年 7 月，第一版）。

102. 羅香林《唐代文化史》（臺北：臺灣商務印書館，1955 年 12 月，第一版）。

103. 譚其驤《長水集（續編）》（北京：人民出版社，1994 年 12 月，第一版）。

104. 譚其驤主編《中國歷史地圖集》（北京：中國地圖出版社，1996 年河北第二次印刷）。

105. 嚴耕望《唐代交通圖表》第二卷「河隴磧西區」（臺北：中央研究院歷史語言研究所，1985 年 5 月，第一版）。

106. 嚴耕望《唐史研究叢稿》（九龍：新亞書院，1969 年 10 月，初版）。

107. 顧頡剛《史林雜識》（北京：中華書局，1963 年 2 月，第一版）。

108. 顧頡剛等編《古史辨》（臺北：藍燈文化事業公司，1993 年 8 月，第一版）。

（二）外文專書與譯著

1. Amitiai Etzioni, *A Comparative Analysis of Complex Organization*, New York, 1967. E. Hunington, *The Pules of Asia*, Boston, 1907.

2. John King Fairbank, *The Chinese World Order – China's Foreign Relations*, Cambridge: Harvard College, 1970.

3. K. A. Wittfogel&Feng China-sheng, *History of Chinese Society: Liao*（907～1125）, Philadelphia: Lancaster Press Inc. 1949.

4. Marshall D. Sahlins, *Tribesmen*, Englewoon Clifs. New Jersey: Prentice Hall, 1968. W. Eberhard, *Conquerors and Rulers*, Leiden, 1952.

5. A・伯恩什達姆著，楊訥譯《鄂爾渾葉尼塞突厥社會經濟制度 —— 東突厥汗國和點戛斯》（烏魯木齊：新疆人民出版社，1997 年 12 月，第一版）。

6. E. H. Parker 著，向達、黃靜淵譯《韃靼千年史》（上海：商務印書館，1937 年，初版）。

7. 丸山眞男《日本政治思想史研究》（臺北：臺灣商務印書館，1980 年 3 月，臺一版）。

8. 內田吟風《匈奴史研究》（大阪：創元社，1953 年，第一版）。

9. 王金林《奈良文化と唐文化》（東京：株式會社六興出版，1988 年 4 月，初版）。

10. 平岡武夫、市原亨吉《唐代の行政地理》（京都：京都大學人文科學研究所，1954 年 12 月）。

11. 田村實造、今西春秋、佐藤長主編《五體清文鑑釋解》上冊（京都：京都大學出版社，1966 年，第一版）。

12. 白鳥庫吉著、方壯猷譯《東胡民族考》（上海：商務印書館，1934 年，初版）。

13. 石見清裕《唐の北方問題と國際秩序》（東京：汲古書院，1998 年，第一版）。

14. 石橋五郎著，沐良譯《人口地理學》（臺北：臺灣商務印書館，1967 年 8 月，臺一版）。

15. 伊藤道治、谷川道雄、竺沙雅章、岩見宏、谷口規矩雄合著，吳密察、耿立群、劉靜貞合譯《中國通史》（臺北：稻鄉出版社，1997 年 3 月，原稻鄉三版）。

16. 安部健夫《中國人の天下觀念》（ハバト燕京：同志社，1956 年 4 月，第一版）。

17. 安部健夫著，宋肅瀛譯《西回鶻國史的研究》（烏魯木齊：新疆人民出版社，1985 年 12 月，第一版）。

18. 江上波夫著，張承志譯《騎馬民族國家》（北京：光明日報出版社，1988 年 2 月，北京第一版）。

19. 西嶋定生《中國古代帝國の形成と構造》（東京：東京大學出版社，1961 年，第一版）。

20. 西嶋定生《日本歷史の國際環境》（東京：東京大學出版社，1983 年，初版）。

21. 伯希和著，馮承鈞譯《史地叢考》（臺北：臺灣商務印書館，1962 年 9 月，臺一版）。

22. 克林凱特著，趙崇民譯《絲綢古道上的文化》（烏魯木齊：新疆美術攝影出版社，1994 年 9 月，第一版）。

23. 沙畹（E. Chavannes）著，馮承鈞譯《西突厥史料》（臺北：臺灣商務印書館，1962 年 9 月，臺一版）。

24. 威廉・巴托爾德《中亞突厥史十二講》（北京：中國社會科學出版社，1984 年 2 月，第一版）。

25. 唐代史研究會編《隋唐帝國と東アジア世界》（東京：汲古書院，1978 年 8 月，初版）。

26. 家永三郎等編《岩波講座世界歷史》（東京：岩波書局，1970 年 5 月，第一版）。

27. 島田正郎《東洋法史》（東京：東京教育社，1991 年 7 月，初版）。

28. 桑原騭藏《桑原騭藏全集》第三卷《支那法制史論叢》（東京：岩波書店，1968 年 12 月）。

29. 桑原騭藏《桑原騭藏全集》第四卷，《中等東洋史》（東京：岩波書店，1968 年 12 月）。

30. 桑原騭藏著，馮攸譯《中國阿剌伯海上交通史》（臺北：臺灣商務印書館，1971 年 4 月，臺一版）。

31. 班格、葛瑪麗編譯《突厥文吐魯蕃卷子》（烏魯木齊：新疆人民出版社，1984 年 4 月，第一版）。

32. 崔瑞德、魯惟一編《劍橋中國秦漢史》（北京：中國社會科學出版社，1995 年 10 月，第四次印刷）。

33. 野口保市郎著，陳湜譯《人文地學概論》（臺北：臺灣商務印書館，1969 年 2 月，臺二版）。

34. 堀敏一《中國と古代東アジア世界》（東京：岩波書店，1993 年 12 月，第一刷）。

35. 粟原朋信《秦漢史の研究》（東京：吉川弘文館，1960 年，第一版）。

36. 費正清、賴肖爾《中國：傳統與變革》（南京：江蘇人民出版社，1996 年 4 月，第一版）。

37. 薛愛華（Edware H. Schafer）《古代中國》（紐約：時代公司，1992 年，第一版）。

38. 謝弗著，吳玉貴譯《唐代的外來文明》（北京：中國社會科學出版社，1995 年 8 月，第一版）。

39. 護雅夫《古代トルコ民族史研究》（東京：山川出版社，1976 年，第一版）。

（三）中文論文

1. 卞麟錫〈試論九世紀唐朝新羅坊的性質〉，收入中國唐代學會主編《第二屆唐代學術會議論文集（下冊）》（臺北：文津出版社，1993 年 6 月，初

版）。

2. 方亞光〈唐代外事機構論考〉，載《中國史研究》1996 年第二期。

3. 王吉林〈唐太宗的對外經略及其困境〉，載《史學彙刊》第十六期。

4. 王周昆〈唐代新羅留學生在中朝文化交流中的作用〉，載《西北大學學報（哲社版）》1994 年第二期。

5. 王宗維〈漢代的屬國〉，載《文史》第二十輯。

6. 王明珂〈慎終追遠——歷代的喪禮〉，收入劉岱主編《中國文化新論（宗教禮俗篇）》（臺北：聯經出版事業公司，1982 年 8 月，初版）。

7. 王壽南〈唐代公主與和親政策〉，收入氏著《唐代人物與政治》（臺北：文津出版社，1999 年 6 月，一刷）。

8. 王環〈唐太宗平定高昌的歷史意義〉，載《歷史研究》1979 年第四期。

9. 田倩君〈「中國」與「華夷」稱謂之尋源〉，載《大陸雜誌》第三十一卷第一期。

10. 朴漢濟〈西魏北周時代胡姓再行與胡漢體制〉，載《文史哲》1993 年第三期。

11. 朱珊珊〈唐代貴州羈縻州的設置及特點〉，載《貴州師範大學學報（社會科學版）》1995 年第二期。

12. 朱振宏〈吳玉貴《資治通鑑疑年錄》補遺〉，載《大陸雜誌》第一〇〇卷第五期。

13. 朱振宏〈從遊牧民族婚俗看漢代初期「嫚書之辱」〉，載《大陸雜誌》第九十七卷第五期。

14. 朱振宏〈「桃花石」與「天可汗」〉，載《中國中古史研究》第八期（臺北：蘭臺出版社，2008 年 12 月）。

15. 朱雲影〈從歷史上看中國文化對日韓越的影響〉，載《中華雜誌》一六〇期、一六一期。

16. 吳永章〈南朝對“蠻”族的統治與“撫納”政策〉，載《江漢論壇》1983 年第六期。

17. 吳玉貴〈唐代西域羈縻府州建置年代及其與唐朝的關係〉，載《新疆大學學報》1986 年第一期。

18. 吳志根〈關於「桃花石」〉，載《江漢論壇》1979 年第二期。

19. 吳錫澤〈中國古代的國家觀〉，載《文史雜誌》第一卷第十二期。

20. 呂士朋〈清代的理藩院——兼論清代對蒙藏回諸族的統治〉，載《東海大學學報》1977 年第一期。

21. 宋龍泉〈兩漢經營西域之政策〉，載《中國邊政》十九期。

22. 岑仲勉〈釋桃花石〉，載《東方雜誌》第三十三卷第二十一號。

23. 李宗德〈國際私法與國際法關係之再探討——兼評「國際性法律」概念之建立〉，載《法令月刊》第三十四卷第七期。

24. 李樹桐〈唐太宗怎樣被尊為天可汗〉，載《李氏文獻季刊》第一卷第四期。

25. 李樹桐〈唐代四裔賓服的文化因素〉，收入氏著《唐史研究》（臺北：臺灣中華書局，1985 年 9 月，第二版）。

26. 李樹桐〈唐代借用外兵之研究〉，收入氏著《唐史索隱》（臺北：臺灣商務印書館，1988 年 2 月，第一版）。

27. 李鴻賓〈羈縻府州與唐朝朔方軍的設立〉，載《中央民族大學學報（哲社版）》1998 年第三期。

28. 沈世培〈唐太宗政治思想探源〉，載《中國史研究》1995 年第二期。

29. 邢義田〈天下一家——中國人的天下觀〉，收入劉岱主編《中國文化新論（根源篇）》（臺北：聯經出版事業公司，1981 年 9 月，第一版）。

30. 邢義田〈東漢的胡兵〉，載《國立政治大學學報》二十八期。

31. 邢義田〈漢代的以夷制夷論〉，載《中國史學論文選集》第二輯（臺北：幼獅文化事業公司，1988 年 4 月，第三版）。

32. 周佳榮〈唐代「和親」考略〉，載《陝西師範大學學報（哲學社會科學版）》第二十九卷第一期。

33. 林其錟〈東亞文化與海外華人經濟的發展〉，收入上海社會科學院東亞文化研究中心編《東亞文化論譚》（上海：上海文藝出版社，1998 年 3 月）。

34. 林冠群〈由地理環境析唐代吐蕃向外發展與對外關係〉，載中國唐代學會編委會《唐代文化研討會論文集》（臺北：文史哲出版社，1991 年 3 月，第一版）。

35. 林冠群〈唐代前期唐蕃競逐青海地區之研究〉，載蒙藏委員會主編《西藏與中原關係國際學術研討會論文集》（臺北：蒙藏委員會，1993 年 2 月，初版）。

36. 林恩顯〈中國古代和親理論初探〉，載《民族學報》第二十三期。

37. 林恩顯〈中國歷朝與邊疆民族的和親政策研討〉，載中研院史語所《國際漢學會議論文集——民俗文化組》。

38. 林恩顯〈論中國古代和親的功能及影響〉，載《人文學報》第三卷第二十期。

39. 林悟殊〈唐朝三夷教政策論略〉，載榮新江主編《唐研究》第四卷（北京：北京大學出版社，1998 年 12 月第一版）。

40. 林超民〈唐前期雲南羈縻州縣述略〉，載《雲南社會科學》1986 年第四期。

41. 林超民〈從突厥內徙看唐太宗的民族政策〉，載《民族研究》1980 年第

三期。

42. 林超民〈羈縻府州與唐代民族關係〉，載《思想戰線》1985 年第五期。

43. 竺可楨〈中國歷史上氣候之變遷〉，載《東方雜誌》第二十二卷第三號。

44. 金文經〈唐代新羅僑民的活動〉，收入林天蔚、黃約瑟主編《古代中韓日關係研究——中古史研討會論文集之一》（香港：香港大學出版社，1987年，第一版）。

45. 胡如雷〈唐太宗民族政策的局限性〉，載《歷史研究》1982 年第六期。

46. 胡如雷〈唐代中日文化交流高度發展的社會政治條件〉，收入林天蔚、黃約瑟主編《古代中韓日關係研究——中古史研討會論文集之一》（香港：香港大學，1987 年，第一版）。

47. 胡如雷〈論唐太宗〉，載《中國史研究》1982 年第二期。

48. 范邦瑞〈唐代蕃坊考略〉，載《歷史研究》1990 年第四期。

49. 唐啓淮〈唐代的羈縻府州〉，載《湘潭大學學報》1982 年第四期。

50. 唐啓淮〈唐代都護府述略〉，載《西南師範學院學報》1982 年第一期。

51. 孫玉良〈唐朝在東北民族地區設置的府州〉，載《社會科學戰線》1986年第三期。

52. 孫祚民〈論唐太宗的民族政策和民族關析史研究中的幾點意見分歧——與熊德基同志商榷〉，載《社會科學評論》1986 年第九期。

53. 徐杰舜、羅樹杰〈隋唐民族政策特點概論〉，載《中南民族學院學報（哲社版）》1992 年第三期。

54. 徐榮洙〈四至七世紀韓中關係考〉，收入林天蔚、黃約瑟主編《古代中日韓關係研究——中古史研討會論文集之一》（香港：香港大學，1987 年，第一版）。

55. 袁濟喜〈論兩漢時代的域外觀〉，載《人文雜志》1998 年第一期。

56. 馬馳〈試論唐代蕃州的管理體制〉，載國立政治大學中國文學系編《第三屆唐代文化學術研討會論文集》（臺北：國立政治大學中國文學系，1997年 5 月，初版一刷）。

57. 馬馳〈蕃將與武則天政權〉，載《許昌師專學報（社科版）》1991 年第四期。

58. 高去尋〈殷代大墓的木室及其涵義之推測〉，載《中央研究院歷史語言研究所集刊》第三十九本下。

59. 高明士〈中國律令與日本律令〉，載《臺大歷史學報》二十一期。

60. 高明士〈光被四表——中國文化與東亞世界〉，收入劉岱主編《中國文化新論（根源篇）》（臺北：聯經出版事業公司，1981 年 9 月，第一版）。

61. 高明士〈皇帝制度下的廟制系統——以秦漢至隋唐作爲考察中心〉，載

《文史哲學報》第四十期。

62. 高明士〈從天下秩序看古代的中韓關係〉，收入中國民國韓國研究學會編《中韓關係史論文集》（臺北：中華民國韓國研究學會，1983 年，第一版）。

63. 高明士〈隋唐天下秩序與羈縻府州制度〉，收入國史館《中國民國史專題第五屆討論會‧國史上中央與地方的關係》（臺北：國史館，1999 年）。

64. 高明士〈隋唐貢舉制度對日本、新羅的影響 —— 兼論唐賓貢科的成立〉，收入林天蔚、黃約瑟主編《古代中韓日關係研究 —— 中古史研討會論文集之一》（香港：香港大學，1987 年，第一版）。

65. 崔明德、林恩顯〈論中國古代和親的類型、特點及其它〉，載《民族研究1995 年第五期。

66. 崔明德〈論唐高宗和武則天時期的民族關係思想〉，載《煙台大學學報（哲社版）》1994 年第一期。

67. 崔明德〈論隋唐和親的特點〉，載《天府新論》1995 年第二期。

68. 崔明德〈論隋唐時期的“以夷攻夷”、“以夷制夷”、“以夷治夷”〉，載《中央民族大學學報》1994 年第三期。

69. 張正明〈和親通論〉，載《民族史論叢》第一輯（吉林：吉林人民出版社，1980 年 2 月，第一版）。

70. 張勇〈試論西漢邊防兵的幾個問題〉，載《江西師範大學學報》1986 年第四期。

71. 張哲誠〈匈奴劉趙統治中原之政府建構 —— 北族政權二元統治之濫觴〉，載《歷史月刊》1999 年 10 月號。

72. 張博泉〈試論歷史上的“一家兩國”與“一國兩制”〉，載《史學集刊》1987 年第四期。

73. 張雄〈略論唐朝治理嶺南的政策〉，載《中南民族學院學報》1983 年第一期。

74. 張鴻雁、傅兆君〈論傳統夷夏觀的演變及其對近代社會民族觀的影響〉，載《民族研究》1993 年第二期。

75. 梁園東〈“桃花石”爲“天子”“桃花石汗”爲“天可汗”說〉，載《邊政公論》第三卷第四期。

76. 郭聲波〈唐弱水西山羈縻府及保寧都護府考〉，載《中國史研究》1999 年第四期。

77. 陳仲安〈唐代的使職差遣制〉，載《武漢大學學報》1965 年第一期。

78. 陳伯海〈東亞文化與文化東亞〉，收入上海社會科學院東亞文化研究中心編《東亞文化論譚》（上海：上海文藝出版社，1998 年 3 月）。

79. 陳良佐〈西漢異族封侯之分析〉，載《大陸雜誌史學叢書》第四輯第三冊

（臺北：大陸雜誌社，1970 年 8 月）。

80. 陳尚勝〈唐代的新羅僑民社區〉，載《歷史研究》1996 年第一期。

81. 陳連慶〈西漢與新莽時期的少數民族士兵〉，載《史學集刊》1984 年第二期。

82. 陳達生〈論蕃坊〉，載《海交史研究》1998 年第二期。

83. 章伯鋒〈唐代對西域的開拓和經營〉，載《社會科學》1980 年第三期。

84. 傅永聚〈唐代民族觀念新論〉，載《齊魯學刊》1993 年第四期。

85. 傅永聚〈論唐代胡漢民族之間的混融互補〉，載《山東大學學報》1992年第三期。

86. 傅斯年〈夷夏東西說〉，收入氏著《傅斯年全集》第三冊（臺北：聯經出版事業公司，1980 年 9 月，第一版）。

87. 傅斯年〈致吳景超書〉，收入氏著《傅斯年選集書信》（臺北：傳記文學社，1971 年，初版）。

88. 傅樂成〈唐代夷夏觀念之演變〉，收入氏著《漢唐史論集》（臺北：聯經出版事業公司，1977 年 9 月，初版）。

89. 傅樂成〈唐型文化與宋型文化〉，收入氏著《漢唐史論集》（臺北：聯經出版事業公司，1977 年 9 月，初版）。

90. 童疑〈夷蠻戎狄與東南西北〉，載《禹貢半月刊》第七卷第十期。

91. 黃永年〈唐代河北藩鎮與奚契丹〉，收入氏著《唐代史事考釋》（臺北：聯經出版事業公司，1998 年 1 月，初版）。

92. 黃瑩玨〈南北朝夷夏觀之研究〉，未刊本碩士論文（臺中：東海大學歷史研究所，1993 年 5 月）。

93. 楊廷福〈《唐律》對亞洲古代各國封建法典的影響〉，載《社會科學戰線》1978 年第一期。

94. 楊志玖、張國剛〈試論唐代蕃兵的組織和作用〉，收入紀念陳寅恪教授國學術討論會秘書組編《紀念陳寅恪教授國際學術討論會文集》（廣州：中文大學出版社，1989 年 6 月，第一版）。

95. 楊聯陞〈從歷史看中國的世界秩序〉，收入氏著《國史探微》（臺北：聯經出版事業公司，1991 年 5 月，初版第三次印行）。

96. 雷家驥〈《木蘭詩》箋證〉，未刊本。

97. 雷家驥〈前後秦的文化、國體、政策與其興亡的關係〉，載《國立中正大學學報》第七卷第一期。

98. 雷家驥〈後趙文化適應及其兩制統治〉，載《國立中正大學學報》第五卷第一期。

99. 雷家驥〈漢趙時期氐羌的東遷與返還建國〉，載《國立中正大學學報》第

七卷第一期。

100. 雷家驥〈從漢匈關係的演變略論劉淵屠各集團復國的問題——兼論其一國兩制的構想〉，載《東吳文史學報》第八號。

101. 雷家驥〈從戰略發展看唐朝節度體制的創建〉，載《唐代研究論集》第四輯。

102. 雷家驥〈漢趙國策及其一國兩制下的單于體制〉，載《國立中正大學學報》第三卷第一期。

103. 雷家驥〈慕容燕的漢化統治與適應〉，載《東吳歷史學報》第一期。

104. 熊德基〈唐代民族政策初探〉，載《歷史研究》1982 年第六期。

105. 劉超驊〈山河歲月——疆域開拓與文化的地環境〉，收入劉岱主編《中國文化新論（根源篇）》（臺北：聯經出版事業公司，1981 年 9 月，第一版）。

106. 蔣其祥〈試論“桃花石”一詞在喀喇汗朝時期使用的特點和意義〉，載《新疆大學學報》1986 年第三期。

107. 蔣輔義〈唐太宗貞觀時期的邊疆問題及民族政策〉，載《青海民族學院學報》1985 年第三期。

108. 蔡學海〈萬民歸宗——民族的構成與融合〉，收入劉岱主編《中國文化新論（根源篇）》（臺北：聯經出版事業公司，1981 年 9 月，第一版）。

109. 鄭欽仁〈匈奴〉，載《新時代》第九卷第四期，1969 年。

110. 閻沁恒〈史班格勒和湯恩比的文化史觀之解析〉，收入氏著《湯恩比的歷史研究與文化史觀》（臺北：稻禾出版社，1997 年 4 月，初版）。

111. 閻沁恒〈湯恩比論中華文化〉，收入氏著《湯恩比的歷史研究與文化史觀》（臺北：稻禾出版社，1997 年 4 月，初版）。

112. 盧明輝〈試論我國古代北方諸遊牧民族之間及與中原漢族的關係〉，載《西北史地》1986 年第四期。

113. 蕭金松〈漢朝對匈奴和親政策的檢討〉，載《中國邊政》第三十三期。

114. 蕭啟慶〈北亞遊牧民族南侵各種原因的檢討〉，載韓復智編《中國通史集論》（臺北：南天書局，1984 年 9 月，增訂新版）。

115. 戴國瑞〈《全唐詩》中「胡」、「漢」關係之探討〉，未刊本碩士論文（臺北：政治大學邊政研究所，1989 年 6 月）。

116. 薛宗正〈唐磧西節度使的置廢——兼論唐開元時期對突騎施、大食政策的變化〉，載《歷史研究》1993 年第六期。

117. 謝劍〈匈奴政治制度的研究〉，載《中央研究院歷史語言研究所集刊》第四十一本第二份。

118. 羅一之〈唐代天可汗考〉，載《東方雜誌》第四十一卷第十六號。

119. 羅豐〈薩寶：一個唐朝唯一外來官職的再考察〉，載榮新江主編《唐研究》第四卷（北京：北京大學出版社，1998 年 12 月第一版）。

120. 蘇北海〈唐朝在吐魯番盆地的國防設施〉，載《西北史地》1997 年第三期。

（四）外文論文與譯著

1. E. G. Pulleyblank, *The Consonantal System of Old Chinese, Park 2, Asia Major*, IX, 1962.

2. Franz L. Newman, *Approaches to the Studies of Political Power, Political Science Quarterly*, 65:2.

3. Mark Mancall, *The Persistence of Tradition in Chines Foreign Policy, Annals of the American Academy of Poliical and social Science*, No. 349.

4. Miyakawa Hisayuki, *An Outline of the Naito Hypothesis and its Effect on Japanese Studies on China, Far Eastern Quarterly*, 14:4.

5. 布目潮渢〈隋唐世界帝國の構造——羈縻政策を中心として〉，載唐代史研究會編《東アジア文化圈の成立をめぐつて》（東京：刀水書房，1978 年 3 月，初版）

6. 本田成之〈「天下」の意義にしいて〉，載《支那學》。

7. 白鳥庫吉〈可汗可敦名號考〉，載《東洋學報》十一期。

8. 石見清裕〈唐代の蕃望について〉，載文部省科學研究成果報告書《東アジア史上の國際關係と文化交流》（東京：文部省，1988 年，第一版）。

9. 池田溫〈唐朝處遇外族官制略考〉，載唐代史研究會編《隋唐帝國と東アジア世界》（東京：汲古書院，1979 年 8 月，第一版）。

10. 西嶋定生〈東亞世界的形成〉，收入劉俊文主編《日本學者研究中國史論著選譯》第二卷「專論」（北京：中華書局，1993 年 10 月，第一版）。

11. 谷川道雄〈東アジア世界形成の史的構造〉，載唐代史研究會編《隋唐帝國と東アジア世界》（東京：汲古書院，1979 年 8 月，第一版）。

12. 金子修一〈日本戰後對漢唐皇帝制度的研究（上）〉，載《中國史研究動態》1998 年第一期。

13. 旗田巍〈十〜十二世紀の東アジアと日本〉，載家永三郎《岩波講座日本歷史》第四卷（東京：岩波書店，1962 年，初版）。

14. 濱田耕策〈唐朝における渤海と新羅の爭長事件について〉，載末松保和博士古稀紀念會編《古代東アジア史論集》下冊（東京：末松保和博士古稀紀念會，1978 年，第一版）。

15. 魏納雷維著，王紹堉譯〈國際法的發展〉，載《憲政時代》第八卷第一期。

16. 護雅夫著，朱悅梅、白牛譯〈突厥君主觀〉，載《西北民族研究》1995 年第二期。

表一、唐太宗尊為「天可汗」時間一覽表

時　間	民　族	地　區	出　處	備　考
貞觀四年（630）三月戊辰（初三）	四夷君長	西北地區	《資治通鑑》卷193，太宗貞觀四年三月戊辰條	太宗曰：我爲大唐天子，又下行可汗事乎？並以璽書賜西北君長皆稱天可汗
貞觀四年（630）三月	諸蕃君長	西域北荒	《唐會要》卷100〈雜錄〉	下制：今後璽書賜西域北荒君長，皆稱皇帝天可汗。統治四夷實自茲始
貞觀四年（630）四月丁酉（初二）	西北諸蕃	西北地區	《舊唐書》卷3〈太宗紀下〉	自是西北諸蕃咸請上尊號爲天可汗，於是降璽書冊命其君長，則兼稱之
貞觀四年（630）四月戊戌（初三）	西北君長	西北地區	《新唐書》卷2〈太宗紀〉	西北君長請上號爲天可汗
貞觀四年（630）	西北君長	西北地區	李德裕《會昌一品集》卷6〈與紇扢斯汗書〉	降璽書西北蕃君長皆稱皇帝天可汗，臨統四夷實自茲始
貞觀五年（631）	諸蕃酋長	四　夷	《唐會要》卷73〈安北都護府〉	太宗曰：我爲大唐天子，又行天可汗事？後降璽書賜西域北荒君長，皆稱爲皇帝天可汗。
貞觀中	諸蕃君長	四　夷	《通典》卷200〈邊防十六〉	制曰：我爲大唐天子，又下行可汗事乎？璽書賜西域北荒君長，稱皇帝天可汗。臨統四夷自此始
貞觀二十年（646）九月	敕勒（鐵勒）諸部	鐵　勒	《舊唐書》卷3〈太宗紀下〉、《新唐書》卷2〈太宗紀〉、《資治通鑑》卷198，太宗貞觀二十年九月條、《唐會要》卷96〈鐵勒〉	《唐會要》載：願得「天至尊」爲奴等作可汗；餘皆記爲：咸請「至尊」爲可汗

表二、唐朝皇帝稱為「天可汗」一覽表

時　間	種　族	出　　　處	備　　　考
太宗貞觀二十年（646）	敕勒諸部（鐵勒）	《舊唐書》卷 3〈太宗紀下〉、《新唐書》卷 2〈太宗紀〉、《資治通鑑》卷 198，太宗貞觀二十年九月條、《唐會要》卷 96〈鐵勒〉	《唐會要》載：願得天至尊為奴等作「可汗」；《舊唐書》載：咸請至尊為「可汗」（《新唐書》同）
太宗貞觀二十一年（647）	回　紇	《新唐書》卷 217〈回鶻傳上〉、《資治通鑑》卷 198，太宗貞觀二十一年正月丙申條	《新唐書》謂：「參天至尊道」；《資治通鑑》載：參天可汗道
玄宗開元八年（720）	箇失蜜	《新唐書》卷 221〈西域傳下〉	
玄宗開元十三年（725）	突　厥	《唐會要》卷 27〈行幸〉	
玄宗開元十五年（727）	吐火羅	《冊府元龜》卷 999〈吐火羅遣使上言〉、《全唐文》卷 999〈吐火羅葉支汗那助討大食表〉	乞兵求援討大食
玄宗開元二十年（732）	突　厥	《新唐書》卷 215〈突厥傳下〉	
玄宗開二十七年（740）	突　厥	《新唐書》卷 215〈突厥傳下〉、《全唐文》卷 999〈突厥可汗苾伽骨咄祿賀正表〉	
玄宗開元二十九年（741）	石　國	《新唐書》卷 221〈西域傳下〉、《唐會要》卷 99〈石國〉、《全唐文》卷 999〈石國王伊捺吐屯屈勒請討大食表〉	乞兵求援討大食
玄宗天寶元年（742）	西　曹	《新唐書》卷 221〈西域傳下〉	
玄宗天寶四載（745）	曹　國	《唐會要》卷 98〈曹國〉、《冊府元龜》卷 977〈曹國王哥邏僕遣使上表〉、《全唐文》卷 999〈西曹國王哥邏僕羅請內屬表〉	請求內屬
肅宗乾元元年（758）	迴　紇	《舊唐書》卷 195〈迴紇傳〉、《新唐書》卷 217〈回鶻傳〉	毗伽可汗娶肅宗幼女寧國公主
代宗永泰元年（765）	迴　紇	《舊唐書》卷 120〈郭子儀傳〉、《新唐書》卷 137〈郭子儀傳〉、《舊唐書》卷 195〈迴紇傳〉、《新唐書》卷 217〈回鶻傳〉、《資治通鑑》卷 223，代宗永元泰年十月丁卯條	郭子儀聯回紇共擊僕固懷恩

表三、桃花石（陶格斯）一詞各家解釋一覽表

說　法	提倡者	論　　　點	備　　考
大　漢	張星烺、芮傳明	1. 音近；2. 漢代國勢最長，域外將漢與中國視爲一體；3. 大漢國勢強盛，爲日後外族對中原王朝的美稱	
大　汗	章　巽	1. 遊牧君長亦稱中原王朝首領爲「汗」；2. 遊牧民族見中原王朝國勢強盛，故曰「大」。兩者合之，謂之「大汗」	芮傳明以爲「大漢」與「大汗」兩音相近，然用「大漢」較「大汗」爲佳
拓拔（跋）大　魏	白鳥庫吉、伯希和、吳志根、劉義棠、李明偉	1. 從 Tabgac（Tabgast）一字出現時間；2. 音近	
大賀氏	洪　均	1. 音近；2. 出土文物（契丹錢幣上鑄有唐喀氏一字）	張星烺、劉義棠等人從時間與字音上反對洪氏說法
唐家子	夏德、洛佛、桑原騭藏、向達	1. 字音相近；2. 唐朝國威被及四方；3. 西域諸國稱唐爲「唐家」；4. Tabgac 一字出現的時間	劉義棠、梁園東、李明偉等人從音義及 Tabgac 出現時間反對唐家子說法
太　岳	岑仲勉	語　源	
天　子	梁園東、羅一之、羅香林	1. Tabgac 爲突厥「天」之變體；2.「天可汗」爲「桃花石」與「可汗」相結合	岑仲勉、劉義棠等人從字音、Tabgac 產生時代與突厥文對「天可汗」寫法等方面反對其說法

表四、外族入唐內屬表

時　　間	族　屬 （地域）	酋　　長	授　　職	入屬人數	出　　處	備　　考
高祖武德 元年（618）	突騎施	闕可汗	燕州總管	三千餘騎	《冊府元龜》卷 964、977	
高祖武德 四年（621）	契丹、靺 鞨	孫敖曹、突 稽俱	敖曹爲雲 麾將軍、遼 州總管	不　詳	《冊府元龜》卷 977	
太宗貞觀 二年（628）	靺　鞨	不　詳	不　詳	不　詳	《冊府元龜》卷 977、《新唐書》 卷 219	
太宗貞觀 二年（628）	契　丹	太賀摩	不　詳	舉部內附	《資治通鑑》卷 192、《冊府元龜》 卷 977	
太宗貞觀 三年（629）	突　厥	突厥俟斤	不　詳	三千騎	《冊府元龜》卷 977	
太宗貞觀 三年（629）	突　厥	突利可汗	右衛大將 軍、北平郡 王	不　詳	《冊府元龜》卷 977	
太宗貞觀 三年（629）	党　項	封步賴	刺　史	舉部內附	《冊府元龜》卷 977	
太宗貞觀 三年（629）	鐵　勒	拔野古、僕 骨、同羅、 奚酋長	不　詳	不　詳	《資治通鑑》卷 193	
太宗貞觀 三年（629）	奚	不　詳	不　詳	舉部來降	《資治通鑑》卷 193	
太宗貞觀 四年（630）	突　厥	康蘇密	雲麾將軍 、右驍衛將 軍、北安州 都督	不　詳	《冊府元龜》卷 985	康蘇密以隋蕭 后來降
太宗貞觀 四年（630）	突　厥	思結俟斤	不　詳	四　萬	《資治通鑑》卷 193	
太宗貞觀 四年（630）	突　厥	阿史那蘇 尼失	懷德郡 王、北寧州 都督、右衛 大將軍	不　詳	《資治通鑑》卷 193	蘇尼失爲頡利 所立之小可汗
太宗貞觀 四年（630）	突　厥	阿史那咄 苾	右衛大將 軍	十餘萬人	《通典》卷 197	入居長安者近 萬家
太宗貞觀 四年（630）	安　國	安胐汗	維州刺 史、左衛大 將軍	五千餘人	《全唐文》卷 435	
太宗貞觀 四年（630）	奚、霫、 室韋	不　詳	不　詳	十餘部	《資治通鑑》卷 193	

太宗貞觀五年（631）〔註1〕	党項	拓跋赤辭	西戎州都督	三十四萬	《唐會要》卷98、《新唐書》卷221上	
太宗貞觀六年（632）	鐵勒	契苾何力	左領軍將軍	六千餘家	《資治通鑑》卷194、《冊府元龜》卷977	內屬者處之於涼州
太宗貞觀九年（635）	疏勒	裴氏	疏勒府都督	舉國內屬	《新唐書》卷43下、《冊府元龜》卷958	
太宗貞觀十年（636）	突厥	阿史那社爾	駙馬都尉、左驍衛大將軍	萬餘人	《資治通鑑》卷194、《冊府元龜》卷977	
太宗貞觀十三年（639）	蠻、俚	不詳	不詳	二萬八千餘人	《冊府元龜》卷977	
太宗貞觀十三年（639）	西突厥	阿史那彌射	右監門衛大將軍	處月等部內附	《舊唐書》卷194下	
太宗貞觀十四年（640）	高昌	麴智盛	左武衛將軍	八千戶	《新唐書》卷221上	
太宗貞觀十九年（645）	高麗	高惠眞	司農卿	二十餘萬戶	《新唐書》卷220	
太宗貞觀二十年（646）	薛延陀	薛咄摩支	右武衛大將軍	七萬餘人	《舊唐書》卷198下、《資治通鑑》卷198	
太宗貞觀二十一年（647）	回紇十三部	吐迷度等	瀚海府都督、懷化大將軍等	百餘萬戶	《資治通鑑》卷198、《新唐書》卷217下、《全唐文》卷714、792	
太宗貞觀二十一年（647）	奴剌	奴剌啜匐俟友	不詳	部兵千餘，眾一萬	《冊府元龜》卷977	
太宗貞觀二十一年（647）	西趙蠻	趙磨	明州刺史	萬餘戶	《資治通鑑》卷198、《舊唐書》卷197	
太宗貞觀二十二年（648）	白霫別部俟斤	不詳	居延州刺史	部落內屬	《新唐書》卷217	
太宗貞觀二十二年（648）	結骨俟利發	失缽屈阿棧	堅昆府都督、右屯衛大將軍	部落內屬	《資治通鑑》卷198、《新唐書》卷217下	
太宗貞觀二十二年（648）	突厥	阿史德時健	祁連州刺史	部落內屬	《資治通鑑》卷198	

〔註1〕 《冊府元龜》卷977繫此事於太宗貞觀六年（632）。

太宗貞觀二十二年（649）	俱羅勃	俱羅勃吞	燭龍州刺史	部落內屬	《新唐書》卷217	
太宗貞觀二十二年（649）	焉耆	龍婆伽利	焉耆府都督	舉國內屬	《新唐書》卷221上	
太宗貞觀二十二年（649）	龜茲	不詳	龜茲府都督	舉國降附	《新唐書》卷221上	
太宗貞觀二十二年（649）	西突厥	阿史那賀魯	左驍衛將軍、崑丘道行軍總管	數千帳	《資治通鑑》卷199、《冊府元龜》卷977、978	內屬者置庭州
太宗貞觀二十二年（649）	西突厥	執舍地等	不詳	數千帳	《新唐書》卷215下	
太宗貞觀二十二年（649）	蠻	蒙和等	縣令	部落七十，十萬九千三百戶	《資治通鑑》卷199	
太宗貞觀二十二年（649）	契丹	窟哥	使持節十州諸軍事、松漠府都督	十部落內屬	《冊府元龜》卷977	
太宗貞觀二十二年（649）	奚	可度者	饒樂府都督	六部落內屬	《冊府元龜》卷977、《新唐書》卷43下	
太宗貞觀二十三年（650）	蠻	不詳	刺史	舉部內屬	《冊府元龜》卷977	置傍、望、覽、丘四州
太宗貞觀二十三年（650）	突厥	羯漫陀	新黎州都督、左屯衛將軍	拔悉密部內屬	《新唐書》卷13下	
高宗永徽二年（651）	西突厥	孋獨祿	不詳	萬餘帳	《冊府元龜》卷973	
高宗永徽二年（651）	白狗羌	卜樓莫各	不詳	萬餘戶	《唐會要》卷98	內屬於茂州
高宗永徽二年（651）	白狗羌	凍就	不詳	舉部內屬	《唐會要》卷98	置建州
則天后長壽元年（692）	党項	不詳	不詳	萬餘人	《資治通鑑》卷205	內附者分置十州
則天后聖曆二年（698）	吐谷渾	不詳	不詳	一千四百帳	《資治通鑑》卷206	
則天后聖曆二年（698）	吐谷渾	弓仁	不詳	七千帳	《資治通鑑》卷206	

中宗景龍二年（708）〔註2〕	突騎施	胡祿屋	不　詳	二萬帳	《冊府元龜》卷974	內屬者置北庭
玄宗開元二年（714）	鐵勒	僕固設支	不　詳	二千帳	《全唐文》卷342	
玄宗開元二年（714）	突厥	屈利頡斤等	不　詳	所部內屬	《冊府元龜》卷977	
玄宗開元三年（715）	突厥	十姓部落	不　詳	二千餘帳	《冊府元龜》卷977	
玄宗開元四年（716）	契丹、奚	李失活、李大酺	失活爲松漠都督兼經略大使；大酺爲饒樂都督、左金吾衛員外大將軍	不　詳	《資治通鑑》卷211	
玄宗開元十一年（724）	吐谷渾	不　詳	不　詳	不　詳	《冊府元龜》卷977	入屬者置於沙州
玄宗開元二十年（732）	奚	李詩瑣高	義州都督、歸義王	五千餘帳	《資治通鑑》卷213、《新唐書》卷219	以其內屬置幽州
玄宗開元二十七年（739）	突騎施	處木昆匐延厥、拔塞幹、鼠尼施等部落	不　詳	不　詳	《冊府元龜》卷977	
肅宗上元元年（760）	党項	涇隴部落	不　詳	十萬眾	《新唐書》卷221上	
代宗寶應元年（762）	突厥	奴刺部落	不　詳	千餘人	《冊府元龜》卷977	
代宗永泰元年（765）	党項	永定等十二州部落	不　詳	不　詳	《冊府元龜》卷977	
憲宗元和六年（806）	契苾	不　詳	不　詳	四百七十二帳	《冊府元龜》卷977	
文宗太和元年（872）	党項	不　詳	不　詳	五千餘帳	《冊府元龜》卷977	
武宗會昌元年（841）	回紇	嗢沒斯等	不　詳	三千一百六十八人	《冊府元龜》卷170	
武宗會昌二年（842）	契丹	屈戍	雲麾將軍、守右武衛將軍	不　詳	《新唐書》卷219	

〔註2〕 胡祿屋來降內屬，《冊府元龜》卷977繫於玄宗開元二年九月。

表五、唐代對外和親表

時　間	尚　主	下嫁蕃王	蕃王出身	受唐冊封	出　　處
太宗貞觀十年（636）	南陽（衡陽）長公主（皇妹）	阿史那社爾	突厥	左驍衛大將軍	《新唐書》卷 215〈突厥傳〉；《舊唐書》卷 194〈突厥傳〉；《資治通鑑》卷 194，太宗貞觀十年正月條
太宗貞觀十三年（639）	弘（宏）化公主（宗室女）	慕容諾曷鉢	吐谷渾王	河源郡王，拜駙馬都尉	《舊唐書》卷 198〈吐谷渾傳〉；《資治通鑑》卷 195，太宗貞觀十三年十二月條；《唐會要》卷 6〈和蕃公主〉
太宗貞觀十三年（639）	定襄縣主（宗室女）	阿史那泥孰（忠）	突厥左賢王	不　詳	《新唐書》卷 215〈突厥傳〉；《資治通鑑》卷 195，太宗貞觀十三年七月條
太宗貞觀十五年（641）	文成公主（宗室女）	松贊干布	吐蕃贊普	拜駙馬都尉、西海郡王、賓王	《舊唐書》卷 198〈吐蕃傳〉；《唐會要》卷 6〈和蕃公主〉
太宗貞觀二十三年（649）	金城縣主（宗室女）	慕容蘇度摸末（慕容忠）	吐谷渾王諾曷鉢子	左領軍衛大將軍	《舊唐書》卷 198〈吐谷渾傳〉；《新唐書》卷 221〈吐谷渾傳〉
高宗龍朔三年（663）	金明縣主（宗室女）	慕容闥廬摸末	吐谷渾王諾曷鉢次子	右武衛大將軍	《舊唐書》卷 198〈吐谷渾傳〉；《新唐書》卷 221〈吐谷渾傳〉
則天后	魏王武承嗣孫女（武周宗室女）	慕容神威	吐谷渾王諾曷鉢曾孫	左領軍衛大將軍、長樂州游弈副使	〈慕容威墓誌銘〉
則天后	魏王武承嗣孫女（武周宗室女）	慕容晞光	吐谷渾王諾曷鉢曾孫	安樂州刺史、左領衛大將軍、河源郡王	〈慕容晞光妻武氏墓誌銘〉
中宗景龍元年（707）	金城公主（雍王守禮女）	棄隸蹜贊（尺帶珠丹）	吐蕃贊普	不　詳	《新唐書》卷 216〈吐蕃傳〉；《唐會要》卷 6〈和蕃公主〉
玄宗開元元年（713）	南和縣主（蜀王女）	阿史那楊我支	后突厥可汗默啜子		《新唐書》卷 215〈突厥傳〉；《舊唐書》卷 194〈突厥傳〉；《資治通鑑》卷 210，玄宗開元元年七月條；《冊府元龜》卷 979〈外臣部‧和親二〉
玄宗開元二年（714）	金山公主（阿失畢妻）	阿失畢	突厥	左武衛大將軍、燕山郡王	《新唐書》卷 215〈突厥傳〉；《舊唐書》卷 194〈突厥傳〉；《資治通鑑》卷 211，玄宗開元二年閏二月條

玄宗開元五年（717）	固安公主〔註3〕（玄宗從外甥女辛氏）	李大酺	奚首領	奚饒樂府都督	《舊唐書》卷8〈玄宗紀〉；卷199〈奚國傳〉；《資治通鑑》卷211，玄宗開元五年四月甲戌條；《唐會要》卷6〈和蕃公主〉；《冊府元龜》卷979〈外臣部・和親二〉
玄宗開元五年（717）	永樂公主（東平王外孫楊元嗣第七女）	李失活	契丹首領	契丹松漠都督	《冊府元龜》卷979〈外臣部・和親二〉；《唐會要》卷6〈和蕃公主〉、卷96〈契丹〉
玄宗開元五年（717）	金河公主〔註4〕（西突厥十姓可汗阿史那懷道女）	蘇祿	突騎施可汗	左羽林大將軍、金方道經略大使、特進、忠順可汗	《通典》卷199〈邊防十五〉；《新唐書》卷215〈突厥傳〉；《舊唐書》卷194〈突厥傳〉；《唐會要》卷6〈和蕃公主〉；《冊府元龜》卷97〈外臣部・和親二〉；《太平寰宇記》卷197〈突騎施〉
玄宗開元十年（722）	燕郡公主（玄宗從妹夫慕容嘉賓女）	李鬱于	契丹李失活從父弟	松漠府都督	《舊唐書》卷199〈契丹傳〉；《唐會要》卷6〈和蕃公主〉；《冊府元龜》卷979〈外臣部・和親二〉
玄宗開元十一年（723）	燕郡公主（玄宗從妹夫慕容嘉賓女）	李吐于	契丹李鬱于弟	松漠府都督	《舊唐書》卷199〈契丹傳〉
玄宗開元十四年（726）	固安公主（李魯蘇初繼立,以固安公主爲妻）東光公主（咸安公主女韋氏）	李魯蘇	奚李大酺弟	饒樂府都督	《舊唐書》卷199〈奚國傳〉；《唐會要》卷6〈和蕃公主〉；《冊府元龜》卷964〈外臣部・封冊二〉、卷979〈外臣部・和親二〉

〔註3〕 《冊府元龜》卷979記爲固安縣主，《舊唐書》卷8〈玄宗紀〉亦記開元五年三月丁巳「以辛景初女封爲固安縣主妻於奚首領饒樂郡主大酺。」（頁70下）。按《資治通鑑》卷211，玄宗開元五年（717）四月甲戌條載：「賜奚王李大酺妃辛氏號爲固安公主。」（頁6727）；《舊唐書》卷199下，〈奚國傳〉記：「大酺入朝，詔封從外甥女辛氏爲固安公主以妻之。」（頁1547下）；而《唐會要》亦將辛氏置於〈和蕃公主〉（頁75）。綜上觀之，辛氏當爲固安公主爲是。

〔註4〕 《唐會要》卷6，〈和蕃公主〉、《新唐書》卷215下，突厥傳均作交河公主；《舊唐書》卷194下，〈突厥傳〉、《冊府元龜》卷979，〈外臣部〉、《通典》卷199，〈邊防十五〉、《太平寰宇記》卷197，突騎施則記爲金河公主。按《唐大詔令集》卷42，〈冊交河公主文〉載：「維開元二十八年，歲次庚辰，四月丁巳朔，十五日辛未，皇帝若曰：……咨爾十姓可汗開府儀同三司蒙池都督護阿史那昕妻涼國夫人李氏，柔懿成性，……是用冊爾爲交河公主。」（頁186）是故，交河公主另有其人，妻李蘇祿者當爲金河公主。

玄宗開元十四年（726）	東華公主（玄宗從外甥女陳氏）	李邵（召）固	契丹李盡忠弟	松漠都督	《舊唐書》卷199〈契丹傳〉
玄宗開元二十一年（733）	交河公主（玄宗封昕妻李氏爲交河公主）	阿史那昕	西突厥十姓可汗		《全唐文》卷42〈冊交河公主文〉；《唐會要》卷6〈和蕃公主〉
玄宗開元二十七年（739）	不詳（宗室女）	鳳伽異	南詔王蒙歸義孫	鴻臚少卿、陽瓜州刺史	《南詔野史》
玄宗天寶三載（744）	和義公主（玄宗從弟李參第四女）	阿悉爛達于（千）	拔汗那	寧遠國王、奉化王、驃騎大將軍	《新唐書》卷221〈寧遠〉；《唐會要》卷6〈和蕃公主〉；《冊府元龜》卷979〈外臣部・和親二〉；《太平寰宇記》卷181〈疏勒國〉
玄宗天寶四載（745）	靜樂公主（玄宗外甥女獨孤氏）	李懷節（秀）	契丹	松漠府都督、崇順王	《新唐書》卷219〈契丹〉；《資治通鑑》卷215，玄宗天寶四載三月壬申；《唐會要》卷6〈和蕃公主〉；《冊府元龜》卷979〈外臣部・和親二〉
玄宗天寶四載（745）	宜芳公主（玄宗外甥女楊氏）	李延寵	奚	饒樂都督、懷信王	《新唐書》卷219〈奚國傳〉；《資治通鑑》卷215，玄宗天寶四載三月壬申；《唐會要》卷6〈和蕃公主〉；《冊府元龜》卷979〈外臣部・和親二〉
玄宗天寶中	不詳（宗室女）	尉遲勝	于闐王	毗沙府都督	《新唐書》卷110〈尉遲勝傳〉
肅宗至德元年（756）	毘伽公主（葛勒可汗可敦之妹）	王承寀	唐宗室	敦煌郡王	《舊唐書》卷195〈迴紇傳〉；《新唐書》卷217〈回鶻傳〉
肅宗乾元元年（758）	寧國公主（肅宗幼女）	藥羅葛磨延啜	回紇可汗	英武威遠毗伽可汗	《新唐書》卷83〈諸公主列傳〉、卷217〈回鶻傳〉；《唐會要》卷6〈和蕃公主〉
肅宗乾元元年（758）	不詳（僕固懷恩女）	移地健	回紇可汗	牟羽可汗	《舊唐書》卷195〈迴紇傳〉；《新唐書》卷217〈回鶻傳〉
肅宗乾元元年（758）	少寧國公主（榮王女）	藥羅葛磨延啜	回紇可汗	英武威遠毗伽可汗	《新唐書》卷217〈回鶻傳〉

代宗大曆四年（769）	崇徽公主（僕固懷恩幼女）少寧國公主（磨延啜辛，移地健復以少寧爲可敦）	藥羅葛移地健	回紇可汗葛勒可汗磨延啜次子	英義建功可汗	《新唐書》卷217〈回鶻傳〉；《舊唐書》卷195〈迴紇傳〉；《唐會要》卷6〈和蕃公主〉；《冊府元龜》卷979〈外臣部·和親二〉
德宗貞元四年（788）	咸安公主（德宗女）	藥羅葛頓莫賀	回紇宰相，弒移地健自立	武義成功可汗、長壽天親可汗	《舊唐書》卷195〈迴紇傳〉；《唐會要》卷6〈和蕃公主〉；《冊府元龜》卷979〈外臣部·和親二〉
德宗貞元五年（789）	葉公主（僕固懷恩之孫女）	藥羅葛頓莫賀	回紇可汗	武義成功可汗、長壽天親可汗	《新唐書》卷217〈回鶻傳〉
德宗貞元六年（790）	咸安公主（頓莫賀辛，多邐斯復以咸安公主爲可敦）	藥羅葛多邐斯	回紇可汗頓莫賀子	忠貞可汗	《新唐書》卷217下〈回鶻傳〉
德宗貞元七年（791）	咸安公主（多邐斯辛，阿啜復以咸安公主爲可敦）	藥羅葛阿啜	回紇可汗多邐斯幼子	奉誠可汗	《新唐書》卷217下〈回鶻傳〉
德宗貞元十一年（795）	咸安公主（阿啜辛，骨咄祿復以咸安公主爲可敦）	㕎跌骨咄祿	回紇宰相，阿啜卒，國人擁立	懷信可汗	《新唐書》卷217〈回鶻傳〉
穆宗長慶元年（821）	太和長公主（憲宗女）	待考〔註5〕	回紇可汗	崇德可汗	《新唐書》卷217〈回鶻傳〉；《唐會要》卷6〈和蕃公主〉
僖宗中和三年（883）	安化公主（宗室女）	蒙法（舜）	南詔	南詔王	《新唐書》卷222〈南詔下〉；《資治通鑑》卷255，僖宗中和三年十月

〔註5〕崇德可汗之名號，史書載記不一，《舊唐書》記爲登羅羽錄沒密施句主錄毗伽可汗；《唐會要》記君登里邏羽錄密句主祿毗伽崇德可汗；《冊府元龜》記君登里邏羽錄密施合句主祿毗伽可汗；《新唐書》與《資治通鑑》均記爲登囉羽錄沒密施句主毗伽崇德可汗。又無碑文可供參考，待考。

表六、唐代對外和親理論表

對　象	和親所建立關係	和　親　目　的	和　親　內　容
突　厥	兄弟→冊封→（和親）翁婿→父子	唐：分化離間、結援 突：求財、提升地位	1. 軍事結盟；2. 和好名分；3. 贈與互市
回　紇	兄弟→冊封→（和親）翁婿→父子	唐：酬功、結援 回：求財	1. 軍事結盟；2. 和好名分；3. 贈與互市
契丹、奚	冊封→（和親）君臣	唐：羈縻、結援契 奚：求財、結援	1. 軍事結盟；2. 和好名分；3. 互市
吐谷渾	內附→冊封→（和親）君臣	唐：羈縻、柔遠 吐：求財、結援	1. 軍事結盟；2. 互市
突騎施	冊封→（和親）父子→君臣	唐：羈縻、結授 突：求財、提升地位	1. 軍事結盟；2. 互市
吐　蕃	冊封→（和親）甥舅	唐：緩兵、柔遠 蕃：提升地位	1. 軍事結盟；2. 互市

表七、唐代冊封外蕃君主酋長表

表 7-1：北邊地區

時　間	姓　名	國名	冊　封	出　　處	備　　考
太宗貞觀二十一年（647）	不　詳	霫　國	顏州刺史	《唐會要》卷98，霫國條	
高宗顯慶五年（660）	李含珠	霫　國	居延都督	《唐會要》卷98，霫國條	含珠死，以其弟厥都為居延都督
玄宗開元元年（713）	大祚榮	渤海國	左驍衛員外大將軍、渤海郡王、忽汗州都督	《唐會要》卷96，渤海國條；《舊唐書》卷199下，〈渤海靺鞨傳〉；《資治通鑑》卷210；《冊府元龜》卷964，〈外臣部‧封冊二〉；卷971〈外臣部‧朝貢四〉；《資治通鑑》卷210，玄宗開元元年二月條；《玉海》153，唐渤海遣子入侍條	開元七年，祚榮卒，加贈特進
玄宗開元二年（714）	李失活	契　丹	松漠都督、左金吾衛大將軍、經略大使	《唐會要》卷96，契丹條；《新唐書》卷219，〈契丹傳〉；《全唐文》卷21	失活卒，賜特進，冊封其從父弟婆固為松漠郡王

玄宗開元五年（717）	李大酺	奚	饒樂郡王、左金吾衛員外大將軍、饒樂都督	《唐會要》卷96，奚條；《新唐書》卷219，〈奚傳〉；《全唐文》卷21	
玄宗開元七年（719）	大武藝	渤海國	左驍衛大將軍、渤海郡王、忽汗州都督	《舊唐書》卷8上，〈玄宗紀〉；卷199下，〈渤海靺鞨傳〉；《資治通鑑》卷212，玄宗開元七年三月丙辰條；《冊府元龜》卷964，〈外臣部·冊封二〉	
玄宗開元十年（722）	李魯蘇	奚	饒樂郡王、饒樂都督；左金吾衛員外大將軍、保塞軍經略大使	《唐會要》卷96，奚條；《新唐書》卷219；《資治通鑑》卷212	玄宗開元十四年改封魯蘇爲奉誠王
玄宗開元十年（722）	鬱於	契丹	松漠郡王、左金吾員外大將軍兼靜析軍經略大使	《唐會要》卷96，契丹條	鬱於死，立其弟咄於襲其官爵
玄宗開元十三年（725）	咄於	契丹	遼陽郡王	《唐會要》卷96，契丹條	
玄宗開元十三年（725）	邵固	契丹	左羽林員外大將軍、廣化郡王	《唐會要》卷96，契丹條	
玄宗開元十五年（727）	李延寵	奚	饒樂都督、懷信王	《唐會要》卷96，奚條	
玄宗開元十五年（727）	婆固	奚	饒樂都督、昭信王	《唐會要》卷96，奚條	
玄宗開元二十二年（734）	李過折	契丹	契丹王、特進、北平郡王	《唐會要》卷96，契丹條	過折子刺乾拜左驍衛將軍
玄宗開元二十六年（738）	大欽茂	渤海國	忽汗州都督、渤海郡王、左金吾大將軍	《唐會要》卷96，渤海國條；《舊唐書》卷199下，〈渤海靺鞨傳〉；《冊府元龜》卷964，〈外臣部·封冊二〉	玄宗天寶中特進、太子詹事、賓客；代宗寶應元年封渤海郡王；大曆中拜司空、太尉
德宗貞元十一年（795）	大嵩璘	渤海國	渤海郡王兼驍衛大將軍、忽汗州督、銀青光祿大夫、檢校司空	《唐會要》卷96，渤海國條；《舊唐書》卷13下，〈德宗紀〉；《資治通鑑》卷235，德宗貞元十一年二月乙巳條；《冊府元龜》卷965，〈外臣部·封冊三〉	貞元二十一年加封檢校司徒；憲宗元和年加封檢校太尉

憲宗元和元年（806）	大元瑜	渤海國	銀青光祿大夫、檢校祕書監、忽汗州都督、渤海國王	《唐會要》卷96，渤海國條；《冊府元龜》卷965，〈外臣部‧封冊三〉	
憲宗元和八年（813）	大言義	渤海國	銀青光祿大夫、檢校祕書監、忽汗州都督、渤海王	《冊府元龜》卷965，〈外臣部‧封冊三〉；《資治通鑑》卷239，憲宗元和八年正月庚午條	言義爲元瑜弟
憲宗元和十三年（818）	大仁秀	渤海國	銀青光祿大夫、檢校秘書監、忽汗州都督、渤海王	《舊唐書》卷15下，〈憲宗紀〉；《資治通鑑》卷240，憲宗元和十三年五月辛丑條；《冊府元龜》卷965，〈外臣部‧封冊三〉	元和十五年加封金紫光祿大夫、檢校司空。仁秀爲言義從子
文宗太和元年（827）	李梅落	奚	饒樂府都督、歸誠王、檢校司空	《唐會要》卷96，奚條	
文宗太和五年（831）	李索低	奚	左衛將軍、檀薊兩州遊奕兵馬使	《唐會要》卷96，奚條	
文宗太和五年（831）	大彝震	渤海國	銀青光祿大夫、檢校秘書監、忽汗州都督、渤海王	《資治通鑑》卷244，文宗太和五年正月己丑條；《冊府元龜》卷965，〈外臣部‧封冊三〉	彝震爲仁秀孫
武宗會昌二年（842）	屈戍	契丹	雲麾將軍員外置同正員	《唐會要》卷96，契丹條	武宗敕旨其仍以奉國契丹之印爲文
宣宗大中十二年（858）	大虔晃	渤海國	銀青光祿大夫、檢校秘書監、忽汗州都督、渤海國王	《舊唐書》卷18下，〈宣宗紀〉；《資治通鑑》卷249，宣宗大中十二年二月癸未條	虔晃爲彝震弟
昭宗乾寧二年（895）	大瑋瑎	渤海國	渤海王	《唐會要》卷57，翰林院條；《翰苑群書》卷上，〈翰林學士院舊觀‧沿革〉	

表7-2：西北邊地區

時　　間	姓　名	國　名	冊　　封	出　　　　處	備　　　考
太宗貞觀三年（629）	細封步賴	党項羌	軌州刺史	《唐會要》卷98，党項羌條	諸部相次內附，列其地爲崌奉巖遠四州，各拜首領爲刺史
太宗貞觀五年（631）	拓拔赤詞	党項羌	西戎州都督	《唐會要》卷98，党項羌條	拓拔赤詞賜姓李
太宗貞觀六年（632）	突騎支	焉耆	咥利失可汗	《新唐書》卷221上；《冊府元龜》卷964，〈外臣部‧封冊二〉	高宗時，拜左衛大將軍、右武衛將軍

太宗貞觀九年（635）	慕容順	吐谷渾	平西郡王、趉胡呂烏甘豆可汗	《通典》卷190，吐谷渾條；《冊府元龜》卷964，〈外臣部·封冊二〉；卷967，〈外臣部·繼立二〉	《通典》載封順爲西平部王
太宗貞觀十年（636）	慕容諾曷鉢	吐谷渾	河源郡王、烏地也拔勒豆可汗	《新唐書》卷221上；《資治通鑑》卷194，太宗貞觀十年三月丁未條；《冊府元龜》卷170，〈帝王部·來遠〉；卷964，〈外臣部·封冊二〉；卷967，〈外臣部·繼立二〉；《唐會要》卷94，吐谷渾條	慕容順子，高宗立，拜駙馬都尉；乾封元年封青海王；咸亨三年封爲安樂州刺史
太宗貞觀十四年（640）	麴智盛	高昌	左武衛將軍、金城郡公	《唐會要》卷95，高昌條；《新唐書》卷221上；《資治通鑑》卷195；《冊府元龜》卷117	貞觀十八年智盛從征高麗爲行軍總管
太宗貞觀二十一年（647）	樂道勿禮	彌臣國	彌臣國王	《唐會要》卷100，驃國條	
太宗貞觀二十一年（647）	趙摩	西趙蠻	明州刺史	《唐會要》卷99，西趙蠻條	
太宗貞觀二十二年（648）	不詳	結骨國	左屯衛大將軍、堅昆都督	《唐會要》卷100，結骨國條	
太宗貞觀二十三年（649）	白素稽	龜茲	龜茲王	《通典》卷191，龜茲條；《冊府元龜》卷964〈外臣部·封冊二〉；卷991〈外臣部·備禦四〉	素稽爲布失畢子；高宗顯慶三年立素稽爲右驍衛大將軍、龜茲都督
高宗即位初	棄宗弄贊	吐蕃	駙馬都尉、海西郡王、賓王	《唐會要》卷97，吐蕃條；《冊府元龜》卷964，〈外臣部·封冊二〉	
高宗永徽元年（650）	尉遲伏闍信	于闐	右衛大將軍、于闐王	《新唐書》卷221上；《冊府元龜》卷974〈外臣部·褒異一〉	
高宗永徽元年（650）	訶黎布失畢	龜茲	左武衛中郎將、右驍衛大將軍、龜茲王	《新唐書》卷221上；《冊府元龜》卷964，〈外臣部·封冊二〉；《資治通鑑》卷199	布失畢爲蘇伐疊弟

高宗永徽三年（652）	烏涇波	吐火羅	月氏都督	《唐會要》卷99，吐火羅條	
高宗顯慶三年（658）	拂呼縵	康　國	康居都督	《唐會要》卷99，康國條；《太平寰宇記》卷183，康居國條	
高宗顯慶三年（658）	職土屯攝舍提于屈昭穆	石　國	大宛都督	《唐會要》卷99，石國條	
高宗顯慶三年（658）	昭武失阿曷	史　國	佉沙州刺史	《唐會要》卷99，史國條；《太平寰宇記》卷183，史國條	
高宗顯慶三年（658）	白素稽	龜　茲	右驍衛大將軍、龜茲王	《冊府元龜》卷964，〈外臣部‧封冊二〉	
高宗龍朔二年（662）	卑路斯	波　斯	波斯都督、右武衛將軍	《唐會要》卷100，波斯國條；《新唐書》卷221下；《冊府元龜》卷964〈外臣部‧封冊二〉	
高宗龍朔初	修　鮮	罽賓國	修鮮都督	《唐會要》卷99，罽賓國條	
高宗上元二年（675）	尉遲伏闍雄	于　闐	毗沙都督	《冊府元龜》964〈外臣部，封冊二〉	
則天后天授初	崇　稅	高　昌	左武衛大將軍、交河郡王	《唐會要》卷95，高昌條	崇稅爲智盛子
則天后天授二年（691）	尉遲眞子璪	于　闐	于闐王	《新唐書》卷221上；《冊府元龜》卷964〈外臣部‧封冊二〉	眞子璪爲伏闍雄子
則天后萬歲通天元年（696）	篤婆鉢提	康　國	左玉鈐衛將軍、康國王	《唐會要》卷99，康國條；《太平寰宇記》卷183，康居國條；《冊府元龜》卷964〈外臣部‧封冊二〉	
則天后聖曆元年（698）	泥涅師師	康　國	康國王	《冊府元龜》卷964〈外臣部‧封冊二〉	中宗神龍中，又冊立師師子突昏爲王
則天后聖曆三年（700）	慕容宣超	吐谷渾	青海王、左豹韜衛員外大將軍、烏地也拔勤豆可汗	《新唐書》卷221上；《冊府元龜》卷964〈外臣部‧封冊二〉；卷967，〈外臣部‧繼立二〉	宣超爲諾曷忠立子
玄宗開元初	莫賀咄吐屯	石　國	石國王、特進、順義王	《唐會要》卷99，石國條	玄宗天寶五載封其子那俱車鼻爲懷化王

玄宗開元五年（717）	蘇弗舍利支離泥	勃律	勃律國王	《冊府元龜》卷964〈外臣部·封冊二〉；卷999〈外臣部·請求〉	
玄宗開元七年（719）	白孝節	龜茲	右驍衛大將軍、龜茲王	《冊府元龜》卷964〈外臣部·封冊二〉	
玄宗開元七年（719）	葛羅支	罽賓國	特勤	《唐會要》卷99，罽賓國條；《太平寰宇記》卷182，罽賓國條	開元二十七年烏散特勤灑以年老上表請以嫡子拂菻罽婆嗣位，許之
玄宗開元八年（720）	利那羅僧伽寶多	天竺國	南天竺王	《唐會要》卷100，天竺國條	
玄宗開元八年（720）	葛達羅支頡利誓屈爾	謝䫻	謝䫻國王	《冊府元龜》卷964〈外臣部·封冊二〉	
玄宗開元八年（720）	蘇麟施逸之	勃律	勃律國王	《冊府元龜》卷964〈外臣部·封冊二〉	
玄宗開元八年（720）	葛達羅支特勤	罽賓	罽賓國王	《冊府元龜》卷964〈外臣部·封冊二〉	
玄宗開元八年（720）	骨咄	烏萇國	烏萇國王	《唐會要》卷99，烏萇國條；《太平寰宇記》卷183，烏萇國條；《冊府元龜》卷964〈外臣部·封冊二〉	
玄宗開元十六年（728）	尉遲伏師	于闐	右武衛大將軍員外置同正、上柱國	《冊府元龜》卷964〈外臣部·封冊二〉；《新唐書》卷221，〈西域傳上〉	
玄宗開元十六年（728）	裴安之	疏勒	疏勒王	《冊府元龜》卷964〈外臣部·封冊二〉；《新唐書》卷221，〈西域傳上〉	
玄宗開元十七年（729）	頡達度	吐火羅	吐火羅葉護悒怛王	《冊府元龜》卷964〈外臣部·封冊二〉	
玄宗開元十七年（729）	骨咄祿頓達度	吐火羅	葉護	《唐會要》卷99，吐火羅條	
玄宗開元十九年（731）	難泥	小勃律	小勃律國王	《冊府元龜》卷964〈外臣部·封冊二〉	
玄宗開元十九年（731）	咄曷 默啜	康國	曹國王 米國王	《唐會要》卷99，康國條；《太平寰宇記》卷183，康居國條	咄曷、默啜俱為烏勒伽子
玄宗開元二十一年（733）	木多筆	箇失密	箇失密國	《冊府元龜》卷964〈外臣部·封冊二〉	

玄宗開元二十六年（738）	如沒拂達	謝䫻	謝䫻國王	《冊府元龜》卷 964〈外臣部・封冊二〉	
玄宗開元二十六年（738）	忽鉢	史國	史國國王	《冊府元龜》卷 964〈外臣部・封冊二〉	
玄宗開元二十七年（739）	咄曷	康國	康國王	《唐會要》卷99，康國條；《太平寰宇記》卷 183，康居國條	
玄宗開元二十七年（739）	阿忽鉢	史國	史國國王	《唐會要》卷99，史國條；《太平寰宇記》卷 183，史國條	阿忽鉢爲阿忽必多延屯子；玄宗天寶中詔改其國爲來威國
玄宗開元二十八年（740）	莫賀咄吐屯	石國	特進、順義王、史國王	《冊府元龜》卷 964〈外臣部・封冊二〉	
玄宗開元二十九年（741）	麻號來	小勃律	小勃律王	《冊府元龜》卷 964〈外臣部・封冊二〉	
玄宗開元二十九年（741）	李承恩	中天竺國	遊擊將軍	《唐會要》卷 100，天竺國條	
玄宗天寶三載（744）	咄曷	康國	欽化王	《唐會要》卷99，康國條；《冊府元龜》卷 964〈外臣部・封冊二〉	封咄曷母爲郡國夫人
玄宗天寶三載（744）	哥羅僕	曹國	懷德王	《唐會要》卷99，曹國條；《太平寰宇記》卷 183，曹國條；《冊府元龜》卷 964〈外臣部・封冊二〉	
玄宗天寶四載（745）	勃匐準	罽賓國	罽賓國王、烏萇國王、右驍衛將軍	《唐會要》卷99，罽賓國條；《太平寰宇記》卷182，罽賓國條；《冊府元龜》卷 964〈外臣部・封冊二〉；《全唐文》卷 39，〈冊罽賓王勃匐準文〉	
玄宗天寶十一載（752）	羅全節	骨咄	驃騎大將軍	《全唐文》卷 39，〈冊骨咄國王羅全節文〉；《冊府元龜》卷 965〈外臣部・冊封三〉	

| 德宗貞元十四年（798） | 慕容復 | 吐谷渾 | 朔方、靈州同節度副使、左金吾衛大將軍同正兼詳試太常卿、長樂州都督、青海國王、烏地也拔勒豆可汗 | 《冊府元龜》卷 967〈外臣部・繼立二〉 | |
| 武宗會昌五年（845） | 不　詳 | 結骨國 | 宗英雄武誠明可汗 | 《唐會要》卷 100，結骨國條 | 大中元年鴻臚卿御史中丞李業再冊命 |

表 7-3：東北邊地區

時　間	姓　名	國　名	冊　　封	出　　處	備　　考
高祖武德七年（624）	金眞平	新　羅	柱國、樂浪郡王、新羅王	《舊唐書》卷 199 上，〈東夷新羅傳〉；《三國史記》卷 4，〈新羅眞平王本紀〉；《冊府元龜》卷 964〈外臣部・封冊二〉	
高祖武德七年（624）	高建武	高　麗	上柱國、遼東郡王、高麗王	《舊唐書》卷 199 上，〈東夷新羅傳〉；《冊府元龜》卷 964〈外臣部・封冊二〉	
高祖武德七年（624）	扶餘璋	百　濟	柱國、帶方郡王、百濟王	《舊唐書》卷 199 上，〈東夷新羅傳〉；《冊府元龜》卷 964〈外臣部・封冊二〉；《三國史記》卷 27，〈百濟武王本紀〉	太宗貞觀十五年，餘璋卒，贈光祿大夫
太宗貞觀二年（628）	金春秋	新　羅	特　進	《唐會要》卷 95，新羅條；《資治通鑑》卷 200；《冊府元龜》卷 964〈外臣部・封冊二〉；卷 974〈外臣部・褒異一〉；《三國史記》卷 5，〈新羅本紀〉	高宗永徽五年授春秋爲開府儀同三司、樂浪郡王、新羅王；顯慶五年授春秋爲嵎道行軍總管
太宗貞觀九年（635）	金善德	新　羅	柱國、樂浪郡公、新羅王	《舊唐書》卷 199，〈東夷新羅傳上〉；《冊府元龜》卷 964〈外臣部・封冊二〉	太宗貞觀二十一年善德卒，加冊光祿大夫。善德，金眞平之女
太宗貞觀十五年（641）	扶餘義慈	百　濟	柱國、帶方郡王、百濟王	《冊府元龜》卷 964〈外臣部・封冊二〉；卷 970〈外臣部・朝貢三〉；《新唐書》卷 220，〈百濟傳〉	義慈爲扶餘璋子

太宗貞觀十七年（643）	高藏	高麗	上柱國、遼東郡王、高麗王	《唐會要》卷95，高句麗條；《資治通鑑》卷197；《舊唐書》卷199上，〈東夷新羅傳〉；《冊府元龜》卷964〈外臣部‧封冊二〉	高宗儀鳳二年授遼東都督府、朝鮮王；則天后聖曆二年又授高藏男德武為安東都督
太宗貞觀二十二年（648）	金眞德	新羅	柱國、樂浪郡王	《冊府元龜》卷964〈外臣部‧封冊二〉	眞德為金善德妹
高宗龍朔元年（661）	金法敏	新羅	開府儀同三司、樂浪郡王、新羅王	《唐會要》卷95，新羅條；《舊唐書》卷199上，〈東夷新羅傳〉；《三國史記》卷6，〈文武王本紀〉；《資治通鑑》卷200，高宗紀；《冊府元龜》卷964〈外臣部‧封冊二〉	高宗永徽元年法敏先封為太府卿；龍朔三年加封雞林州都督
高宗上元元年（674）	金仁問	新羅	左驍衛員外大將軍、臨海郡公、新羅王	《太平寰宇記》卷174，新羅條；《唐會要》卷95，新羅條；《舊唐書》卷199，〈東夷百濟〉、〈新羅傳〉；《冊府元龜》卷986〈外臣部‧征討五〉；《三國史記》卷4，〈金仁問傳〉	高宗永徽二年，仁問冊封為左領軍衛將軍；乾封元年加授右驍衛大將軍。金仁問為法敏之弟
高宗開耀元年（681）	金政明	新羅	新羅王、雞林州大都督	《唐會要》卷95，新羅條；《冊府元龜》卷964〈外臣部‧冊封二〉	
則天后長壽二年（693）	金理洪	新羅	新羅王、輔國大將軍、左豹韜大將軍、雞林州都督	《唐會要》卷95，新羅條；《冊府元龜》卷964〈外臣部‧冊封二〉；《舊唐書》卷199上，〈東夷新羅傳〉	
則天后長壽三年（694）	金隆基	新羅	新羅王、輔國大將軍、左豹韜大將軍、雞林州都督	《唐會要》卷95，新羅條；《冊府元龜》卷964〈外臣部‧冊封二〉；《舊唐書》卷199上，〈東夷新羅傳〉；《三國史記》卷8，〈聖德王本紀〉	中宗神龍二年授驃騎大將軍；玄宗先天元年改名興光，封特進、左威衛大將軍；玄宗開元二十一年加開府儀同三司、寧海軍使；卒，贈太子太保。隆基為理洪弟
玄宗開元元年（713）	高定傅	高句麗	特進	《冊府元龜》卷964〈外臣部‧封冊二〉	

玄宗開元三年（715）	高文簡	高麗	遼西郡王、行左衛大將軍員外置同正員、高麗王	《冊府元龜》卷964〈外臣部‧封冊二〉、卷974〈外臣部‧褒異一〉、卷977〈外臣部‧降附〉	
玄宗開元十三年（725）	勿吉國首領	勿吉國	黑水府都督諸郡刺史	《太平寰宇記》卷175，勿吉國條	
玄宗開元二十五年（737）	金承慶	新羅	新羅王、開府同三司、都督雞林州刺史、持節寧海軍事	《唐會要》卷95，新羅條；《冊府元龜》卷964〈外臣部‧封冊二〉；卷971〈外臣部‧褒異二〉；《舊唐書》卷9，〈玄宗本紀下〉；卷199上，〈東夷新羅傳〉	玄宗開元二十八年冊承慶妻朴氏爲新羅王妃
玄宗天寶元年（742）	趙曳夫	東女國	歸昌王	《冊府元龜》卷966〈外臣部‧繼襲一〉	
玄宗天寶三載（744）	金憲英	新羅	新羅王、開府儀同三司、持使節大都督、雞林州諸軍刺史、持節寧海軍事、左清道率府員外長史	《唐會要》卷95，新羅條；《舊唐書》卷199上，〈東夷新羅傳〉；《冊府元龜》卷965〈外臣部‧冊封二〉；卷975〈外臣部‧褒異二〉	憲英爲承慶之弟
代宗大曆二年（767）	金乾運	新羅	新羅王	《唐會要》卷95，新羅條；《舊唐書》卷199上，〈東夷新羅傳〉	代宗大曆三年冊乾運母爲太妃；代宗大曆七年授衛尉員外少卿
德宗貞元元年（785）	金良相	新羅	檢校太尉、都督、雞林州刺史、寧海軍使、新羅國王	《唐會要》卷95，新羅條；《舊唐書》卷199上，〈東夷新羅傳〉；《冊府元龜》卷965〈外臣部‧封冊三〉	
德宗貞元元年（785）	金敬信	新羅	檢校太尉、都督、雞林州刺史、寧海軍使、新羅國王	《唐會要》卷95，新羅條；《舊唐書》卷199上，〈東夷新羅傳〉	敬信爲良相之從兄
德宗貞元九年（793）	湯立志	東女國	歸化刺史	《冊府元龜》卷966〈外臣部‧繼襲一〉；《舊唐書》卷197，〈東女國傳〉	立志爲曳夫子
德宗貞元十六年（800）	金俊邕	新羅	開府儀同三司、檢校太尉、新羅王	《唐會要》卷95，新羅條；《舊唐書》卷199上，〈東夷新羅傳〉	俊邕爲敬信之嫡孫；德宗封俊邕母申氏爲太紀，妻叔氏爲王妃

順宗永貞元年（805）	金重興（熙）	新　羅	開府儀同三司、檢校太尉、使持節大都督雞林州諸軍事、雞林州刺史、持節充寧海軍使、上柱國、新羅王	《唐會要》卷 95，新羅條；《冊府元龜》卷 964〈外臣部‧冊封一〉	
憲宗元和七年（812）	金彥昇	新　羅	開府儀同三司、檢校太尉、持節大都督、雞林州諸軍事、持節寧海軍使、上柱國、新羅王	《唐會要》卷 95，新羅條；《舊唐書》卷 199上，〈東夷新羅傳〉；《冊府元龜》卷 965〈外臣部‧封冊三〉	彥昇妻正氏冊爲妃
文宗太和五年（831）	金景徽	新　羅	新羅王、開府儀同三司、檢校太尉、持節大都督雞林州諸軍事、持節充寧海軍使、上柱國	《唐會要》卷 95，新羅條；《舊唐書》卷 199上，〈東夷新羅傳〉；《冊府元龜》卷 964〈外臣部‧冊封一〉	景徽母朴氏冊爲太妃，妻朴氏冊爲妃
武宗會昌元年（841）	金慶膺	新　羅	尉、使持節大都督雞林州諸軍事、持節充寧海軍使、上柱國、新羅王	《三國史記》卷 11	
懿宗咸通五年（864）	金膺廉	新　羅	都督雞林諸軍事、上柱國、新羅王	《三國史記》卷 11	
僖宗乾符六年（879）	金　晸	新　羅	校太尉、大都督雞林州諸軍、新羅王	《三國史記》卷 11	

表八、唐代冊封蕃將表

表 8-1：北邊地區

時　　間	蕃將姓名	國　別（屬族）	官　　銜	出　　處	備　　考
高祖武德二年（619）	劉六兒	離石胡	嵐州總管	《資治通鑑》卷 187	
高祖武德三年（620）	劉季眞	離石胡	石州總管	《資治通鑑》卷 188	
高祖武德四年（621）	孫敖曹	契　丹	雲麾將軍、遼州總管	《舊唐書》卷 199	敖曹初任隋金紫光祿大夫
高祖武德九年（626）	執失思力	突　厥	左領軍將軍	《新唐書》卷 110、卷 216 上；《冊府元龜》卷 985〈外臣部‧征討四〉	太宗貞觀年間授右領軍大將軍
高祖武德中	哥舒口	突騎施	越州刺史	《唐文拾遺》卷 8	
高祖武德中	哥舒季通	突騎施	左監門衛副率	《唐文拾遺》卷 8	季通爲舒口子

高祖武德中	史善應	突　厥	中郎將	《資治通鑑》卷 193	太宗貞觀四年遷北撫州都督
高祖武德中	史大奈	突　厥	左武衛將軍	《資治通鑑》卷 193；《新唐書》卷 110	太宗貞觀初，擢累右武衛大將軍、檢校豐州都督，貞觀四年爲豐州都督
高祖武德中	渾迴貴	渾	豹韜衛大將軍	《全唐文》卷 792	迴貴爲祖潭子
太宗貞觀四年（630）	阿史那什鉢苾（突利可汗）	突　厥	右衛大將軍、北平郡王	《冊府元龜》卷 964〈外臣部・封冊二〉、卷 974〈外臣部・外褒一〉	太宗貞觀五年累授順州都督、北平王
太宗貞觀四年（630）	康蘇蜜	突　厥	雲麾將軍、右驍衛將軍、北安州都督	《資治通鑑》卷 193；卷 198	
太宗貞觀四年（630）	阿史那思摩（乙彌泥孰俟苾可汗）	突　厥	右武候大將軍、北開州都督、化州都督、懷化郡王	《資治通鑑》卷 193；《冊府元龜》卷 964〈外臣部・封冊二〉；《新唐書》卷 215 上	貞觀十五年拜右武衛將軍
太宗貞觀四年（630）	阿史那結社率	突　厥	郎　將	《新唐書》卷 215 上	
太宗貞觀四年（630）	阿史那蘇尼失	突　厥	懷德郡王、北寧州都督、右衛大將軍	《舊唐書》卷 109；《冊府元龜》卷 964〈外臣部・封冊二〉；《資治通鑑》卷 193	
太宗貞觀五年（631）	多濫葛末	霫	右驍衛大將軍、燕都督	《冊府元龜》卷 974〈外臣部・褒異一〉	
太宗貞觀六年（632）	阿史那咄苾（頡利可汗）	突　厥	右衛大將軍	《新唐書》卷 215 上；《資治通鑑》卷 194	
太宗貞觀六年（632）	契苾何力	契　苾	左領軍將軍、右驍衛大將軍、弓月道大總管	《新唐書》卷 110	後爲右驍衛將軍；高宗永徽二年以何力爲弓月道大總管，乾封元年又爲遼東道行軍大總管兼安撫大使
太宗貞觀十年（636）	阿史那社爾（都布可汗）	突　厥	左驍衛大將軍	《冊府元龜》卷 170、卷 396	社爾妻以南陽長公主，拜駙馬都尉；貞觀二十三年社爾爲右軍大將軍、檢校北門左屯營
太宗貞觀十一年（637）	阿史那忠	突　厥	左屯衛將軍、左賢王、檢校長州都督	《考古》1979 年 2 期〈唐阿史那忠墓發掘簡報〉；《冊府元龜》卷 964；《金石萃編》卷 38	後授上柱國，遷右武衛大將軍，尋遷右驍衛大將軍、使持節長岑道行軍大總管；高宗總章元年拜使持節青海道行軍大總管、西域道安撫大使兼行軍大總管

太宗貞觀十八年（644）	阿史那彌射	西突厥	右監門衛大將軍	《新唐書》卷 215 下；《資治通鑑》卷 200；《全唐文》卷 12	先是，太宗立彌射爲奚利邲陸可汗，後彌射從太宗征高麗有功，封平壤縣伯，遷右武衛大將軍、行軍總管；高宗顯慶三年以彌射爲西突厥酋長、流沙安撫大使、左衛大將軍、崑陵都護、興昔亡可汗、押五咄陸部落
太宗貞觀十八年（644）	阿史那步眞	西突厥	左屯衛大將軍	《新唐書》卷 215 下；《資治通鑑》卷 200；《全唐文》卷 12	高宗顯慶三年拜步眞爲西突厥酋長、流沙安撫大使、右衛大將軍、濛池都護、繼往絕可汗、押五弩失畢部落
太宗貞觀二十年（646）	咄摩支	薛延陀	右武衛大將軍	《資治通鑑》卷 198	
太宗貞觀二十年（646）	渾潭（汪）（阿貪支）	渾	右領軍衛大將軍、皋蘭州刺史、雲麾將軍兼俟利發	《新唐書》卷 217 下	
太宗貞觀二十一年（647）	屈利失	拔野古	右武衛大將軍、幽陵都督	《新唐書》卷 217 下	
太宗貞觀二十一年（647）	吐迷度	回紇	懷化大將軍、瀚海都督	《新唐書》卷 217 上	
太宗貞觀二十二年（648）	婆閏	回紇	左屯衛翊衛左郎將、左驍衛大將軍、大俟利發、幽陵都督	《冊府元龜》卷 964〈外臣部‧封冊二〉、卷 974〈外臣部‧褒異一〉；《新唐書》卷 217 上	婆閏爲迷度子；高宗顯慶三年加授瀚海都督、左衛大將軍
太宗貞觀二十二年（648）	俱羅勃	回紇	右武大將軍	《冊府元龜》卷 974〈外臣部‧褒異一〉	
太宗貞觀二十二年（648）	阿史那賀魯	西突厥	崑丘道行軍總管、左驍衛大將軍	《冊府元龜》卷 977〈外臣部‧降附〉	
太宗貞觀二十二年（648）	屈裴祿	西突厥	忠武將軍	《冊府元龜》卷 170	
太宗貞觀二十二年（648）	曲據	契丹	玄州刺史	《資治通鑑》卷 199	

太宗貞觀二十二年（648）	窟哥	契丹	左領軍將軍、使持節十州諸軍事松漠都督	《冊府元龜》卷 977〈外臣部・降附〉	
太宗貞觀二十二年（648）	可度者	奚	饒樂都督、使持節六州諸軍事饒樂都督	《冊府元龜》卷 977〈外臣部・降附〉	
太宗貞觀二十三年（649）	菴鑠	突厥	左屯衛將軍	《舊唐書》卷 194 上	太宗更置新黎州以統其眾
太宗貞觀中	突地稽	靺鞨	右衛將軍	《資治通鑑》卷 190	劉黑闥叛，地稽引兵助唐
太宗貞觀中	鋏跌賀之	鋏跌	銀青光祿大夫、雞田州刺史、靈武、豐州定塞軍使	《金石萃編》卷 107；《全唐文》卷 513	
太宗貞觀中	鋏跌延豐	鋏跌	雞田州刺史、開府儀同三司、太常□、上柱國	《金石萃編》卷 107	延豐爲賀之子
太宗貞觀中	蘇農泥孰	突厥	左屯衛大將軍、穀州刺史	《元和姓纂》卷 3	
高宗永徽元年（650）	阿史那車鼻	突厥	左武衛將軍	《冊府元龜》卷 986〈外臣部・征討五〉	
高宗永徽二年（651）	阿史那咥運	西突厥	右驍衛中郎將	《新唐書》卷 215 下	咥運爲賀魯長子
高宗永徽六年（655）	舍利叱利	突厥	左武衛將軍	《冊府元龜》卷 986〈外臣部・征討五〉	
高宗顯慶三年（658）	多覽葛塞匐	回紇	右驍衛大將軍、燕然都督、右衛大將軍	《冊府元龜》卷 964〈外臣部・封冊二〉	
高宗顯慶五年（660）	阿史德樞賓	突厥	定襄都督、沙磚道行軍總管	《冊府元龜》卷 986〈外臣部・征討五〉	
高宗顯慶五年（660）	延陀梯	薛延陀	左武侯將軍	《冊府元龜》卷 986〈外臣部・征討五〉	
高宗顯慶五年（660）	李合浦	霫	居延州都督、冷硎道行軍總管	《冊府元龜》卷 986〈外臣部・征討五〉	
高宗顯慶五年（660）	厥都	霫	居延州都督	《冊府元龜》卷 986〈外臣部・征討五〉	
高宗龍朔三年（663）	金山	沙陀	墨離軍討擊使	《新唐書》卷 218	則天后進爲金滿州都督，累封張掖郡公

高宗麟德中	契苾明	契 苾	左武衛大將軍、賀蘭州都督、左驍大軍、涼國公、燕然道鎮守大使、檢校九姓及契苾部落	《全唐文》卷 187；《金石萃編》卷 70	明爲契苾何力子；則天后加授將軍
高宗麟德中	契苾伇	契 苾	左豹韜衛大將軍	《全唐文》卷 187；《金石萃編》卷 70	苾伇爲明長子
高宗麟德中	契苾嵩	契 苾	右武威衛郎將、上柱國、姑臧縣開國公	《全唐文》卷 187；《金石萃編》卷 70	苾嵩爲明次子
高宗麟德中	契苾崇	契 苾	左玉鈐衛郎將、上柱國、番禾縣開國公	《全唐文》卷 187；《金石萃編》卷 70	
高宗咸亨二年（671）	阿史那都支	西突厥	左驍衛大將軍兼匐延都督	《冊府元龜》卷 964〈外臣部‧封冊二〉；《新唐書》卷 215 下	
高宗咸亨四年（673）	李謹行	靺鞨	燕山道總管、右領軍大將軍	《資治通鑑》卷 202；《冊府元龜》986〈外臣部‧征討五〉	謹行爲突地稽之子
高宗調露元年（679）	阿史那元慶	西突厥	左玉鈐衛將軍、鎮國大將軍、行左威衛大將軍	《新唐書》卷 215 下；《資治通鑑》卷 203	元慶爲彌射子；則天后封左豹韜衛翊府中郎將、左玉鈐衛將軍兼崑陵都督，襲興昔亡可汗
高宗調露元年（679）	阿史那斛瑟羅	西突厥	右玉鈐衛將軍，襲繼往絕可汗	《新唐書》卷 215 下；《資治通鑑》卷 203	斛瑟羅爲步眞子
高宗永淳元年（682）	阿史德元珍	突 厥	通天司賓卿瀚海侯	《元和姓纂》卷 5	
高宗永淳元年（682）	阿史德多覽	突 厥	右武衛大將軍	《元和姓纂》卷 5	
睿宗嗣聖元年（684）	僕固乞突	僕 固	左威衛大將軍兼金徽都督	陳國燦〈唐乾陵石人像及其銜名之研究〉，刊於《文物集刊》1980 年第 2 期	
睿宗嗣聖元年（684）	毒勤德	西突厥	左威衛大將軍兼鷹沙都督	陳國燦〈唐乾陵石人像及其銜名之研究〉，刊於《文物集刊》1980 年第 2 期	
睿宗嗣聖元年（684）	傍靳	突騎施	右威衛將軍兼潔山都督	陳國燦〈唐乾陵石人像及其銜名之研究〉，刊於《文物集刊》1980 年第 2 期	

睿宗嗣聖元年（684）	護 斯	西突厥	左武衛將軍兼雙河都督	陳國燦〈唐乾陵石人像及其銜名之研究〉，刊於《文物集刊》1980 年第 2 期	
睿宗嗣聖元年（684）	阿史那盎路	西突厥	左威衛將軍兼婆延都督	陳國燦〈唐乾陵石人像及其銜名之研究〉，刊於《文物集刊》1980 年第 2 期	
睿宗嗣聖元年（684）	阿悉吉度悉波	西突厥	右領軍將軍兼千泉都督	陳國燦〈唐乾陵石人像及其銜名之研究〉，刊於《文物集刊》1980 年第 2 期	
睿宗嗣聖元年（684）	藍 羨	西突厥	右衛軍兼頡利都督	陳國燦〈唐乾陵石人像及其銜名之研究〉，刊於《文物集刊》1980 年第 2 期	
睿宗嗣聖元年（684）	安車鼻施	西突厥	碎葉州刺史	陳國燦〈唐乾陵石人像及其銜名之研究〉，刊於《文物集刊》1980 年第 2 期	
睿宗嗣聖元年（684）	社 利	西突厥	右武衛大將軍	陳國燦〈唐乾陵石人像及其銜名之研究〉，刊於《文物集刊》1980 年第 2 期	
睿宗嗣聖元年（684）	阿悉吉那靳	西突厥	右金吾衛將軍兼俱蘭都督	陳國燦〈唐乾陵石人像及其銜名之研究〉，刊於《文物集刊》1980 年第 2 期	
則天后垂拱三年（687）	李多祚	靺鞨	左鷹揚大將軍	《資治通鑑》卷 204；《新唐書》卷 110	中宗封爲遼陽郡王
則天后天授元年（690）	阿史那惠	突厥	將 軍	《新唐書》卷 4	
則天后天授元年（690）	薛咄摩	薛延陀	右玉鈐衛大將軍	《資治通鑑》卷 204	
則天后長壽元年（692）	阿史那忠節	西突厥	右武衛大將軍、竇國公	《資治通鑑》卷 205；《元和姓纂》卷 5	
則天后萬歲通天元年（696）	阿史那默啜	突厥	驃騎大將軍、上柱國左衛大將軍、遷善可汗	《冊府元龜》卷 964〈外臣部・封冊二〉	
則天后神功元年（697）	阿史那毗伽	突厥	右威衛將軍、子總管雲麾將、玉鈐衛翊府中郎將、康國公	《全唐文》卷 225，張說〈爲河內郡王武懿宗平冀州賊契丹等露布〉；《冊府元龜》卷 986〈外臣部・征討五〉	

則天后神功元年（697）	回鶻果	回紇	子總管冠軍大將軍行左金吾衛翊府郎將	《全唐文》卷 225，張說〈爲河內郡王武懿宗平冀州賊契丹等露布〉	
則天后神功元年（697）	俱羅罹淮	回紇	壯武將軍	《全唐文》卷 225，張說〈爲河內郡王武懿宗平冀州賊契丹等露布〉	
則天后神功元年（697）	蘇達俟斤度施	突厥	宣威將軍行左玉鈐衛翊府郎將	《全唐文》卷 225，張說〈爲河內郡王武懿宗平冀州賊契丹等露布〉	
則天后神功元年（697）	歌咄施注比	突厥	別奏游擊將軍左鈐衛宿衛	《全唐文》卷 225，張說〈爲河內郡王武懿宗平冀州賊契丹等露布〉	
則天后神功元年（697）	阿史皎	突厥	左衛潞州府果毅員外置同正員	《全唐文》卷 225，張說〈爲河內郡王武懿宗平冀州賊契丹等露布〉	
則天后神功元年（697）	阿史德奉職	突厥	右武衛中郎將	《全唐文》卷 225，張說〈爲河內郡王武懿宗平冀州賊契丹等露布〉	
則天后神功元年（697）	業溫啜刺俟斤	突厥	右鷹威揚衛將軍	《全唐文》卷 225，張說〈爲河內郡王武懿宗平冀州賊契丹等露布〉	
則天后神功元年（697）	執失守直	突厥	右金吾衛果毅	《全唐文》卷 225，張說〈爲河內郡王武懿宗平冀州賊契丹等露布〉	
則天后神功元年（697）	阿所那	突厥	右鷹揚郎將員外置同正	《全唐文》卷 225，張說〈爲河內郡王武懿宗平冀州賊契丹等露布〉	
則天后神功元年（697）	僕固郡骨支	僕固	右鷹揚衛郎將	《全唐文》卷 225，張說〈爲河內郡王武懿宗平冀州賊契丹等露布〉	
則天后神功元年（697）	阿康地具	僕固	左金吾衛郎將	《全唐文》卷 225，張說〈爲河內郡王武懿宗平冀州賊契丹等露布〉	

則天后神功元年（697）	阿史德伏麾支	突厥	右武威衛郎、東河察使、左豹韜衛高城府長上果毅	《全唐文》卷225，張說〈爲河內郡王武懿宗平冀州賊契丹等露布〉	
則天后神功元年（697）	路驢駒	突厥	右玉鈐衛郎將	《全唐文》卷225，張說〈爲河內郡王武懿宗平冀州賊契丹等露布〉	
則天后神功元年（697）	路欲谷	突厥	右玉鈐衛郎將	《全唐文》卷225，張說〈爲河內郡王武懿宗平冀州賊契丹等露布〉	
則天后神功元年（697）	葛羅枝延	葛邏祿	遊擊將軍	《全唐文》卷225，張說〈爲河內郡王武懿宗平冀州賊契丹等露布〉	
則天后神功元年（697）	契苾木昆	契苾	遊擊將軍	《全唐文》卷225，張說〈爲河內郡王武懿宗平冀州賊契丹等露布〉	
則天后神功元年（697）	耳鼻施俟斤	突厥	折衝都尉	《全唐文》卷225，張說〈爲河內郡王武懿宗平冀州賊契丹等露布〉	
則天后神功元年（697）	李活莫離	契丹	左玉鈐衛員外將軍兼檢校汾州刺史、歸順王	《冊府元龜》卷964〈外臣部・封冊二〉	
則天后聖曆二年（699）	夫蒙令卿	羌	河源軍大使	《資治通鑑》卷206	
則天后久視元年（700）	李楷固	契丹	左玉鈐衛將軍	《資治通鑑》卷206	
則天后久視元年（700）	駱務整	契丹	右武衛將軍	《資治通鑑》卷206	
則天后久視元年（700）	李楷其	契丹	玉鈐衛將軍	《全唐文》卷422，楊炎〈唐贈范陽大都督忠烈公李公神道碑銘並序〉	
則天后長安四年（704）	阿史那懷道	西突厥	右武威衛大將軍、十姓可汗	《冊府元龜》卷964〈外臣部・封冊二〉	
則天后長安中	阿史那大節	西突厥	左驍衛大將軍	《元和姓纂》卷5	

則天后中	烏薄利	烏洛侯	冠軍大將軍、行右豹韜衛將軍員外置、檢校源州都督、良卿縣開國男、右金吾衛大將軍	《全唐文》卷242，李嶠〈授烏薄利左金吾衛大將軍制〉	
中宗初	李承訓	鞨鞨	衛尉少卿	《新唐書》卷110	承訓爲多祚子
中宗神龍二年（706）	易贊勒	突騎施	左驍衛大將軍、懷德郡王	《冊府元龜》卷964〈外臣部‧封冊二〉	
中宗神龍二年（706）	婆（娑）葛（阿史那守忠）	突騎施	左驍衛大將軍兼衛尉卿、懷德郡王	《冊府元龜》卷964〈外臣部‧封冊二〉；《唐大詔令集》卷130〈呂休璟等北伐制〉	葛爲贊勒子；中宗景龍三年拜欽化可汗；睿宗復拜金山道前軍大使、特進
中宗景龍元年（708）	野呼利	鞨鞨	羽林中郎將	《資治通鑑》208	
睿宗景雲元年（710）	阿史那守節	突騎施	右監衛將軍	《唐大詔令集》卷130〈呂休璟等北伐制〉	
睿宗景雲二年（711）	阿史那（承）獻	西突厥	左驍衛大將軍、十姓兼四鎮經略大使、定遠道行軍大總管、北庭大都護、瀚海軍使、節度巴西諸蕃國、興昔可汗、特進	《冊府元龜》卷992〈外臣部‧備禦五〉；《全唐文》卷250	
玄宗先天元年（712）	李楷洛	契丹	佺帥左驍衛將軍	《資治通鑑》卷210	
玄宗開元二年（714）	石阿失畢	突厥	燕山郡王、左衛員外大將軍	《冊府元龜》卷977〈外臣部‧降附〉；《新唐書》卷215上	
玄宗開元二年（714）	執失善光	突厥	右監門將軍	《冊府元龜》卷118	
玄宗開元三年（715）	鶻屈頡斤	突厥	左驍衛將軍員外置兼刺史、陰山郡開國公	《冊府元龜》卷964〈外臣部‧封冊二〉、卷974〈外臣部‧褒異一〉、《新唐書》卷215上	
玄宗開元三年（715）	苾悉頡力	突厥	左武衛將軍員外置兼刺史、雁門郡開國公	《冊府元龜》卷964〈外臣部‧封冊二〉、卷974〈外臣部‧褒異一〉、《新唐書》卷215上	
玄宗開元三年（715）	支匐忌	西突厥	領軍衛將軍員外置	《冊府元龜》卷974〈外臣部‧褒異一〉	

玄宗開元三年（715）	裴達干	葛邏祿	果毅兼葛州長史	《冊府元龜》卷974〈外臣部・褒異一〉	
玄宗開元三年（715）	磨散	思結	左威衛將軍	《冊府元龜》卷974〈外臣部・褒異一〉	
玄宗開元三年（715）	移利殊功	斛薛	右領軍衛將軍	《冊府元龜》卷974〈外臣部・褒異一〉	
玄宗開元三年（715）	邪沒施	契苾	右威衛將軍	《冊府元龜》卷974〈外臣部・褒異一〉	
玄宗開元三年（715）	莫賀突厥	西突厥	右驍衛將軍	《冊府元龜》卷974〈外臣部・褒異一〉	
玄宗開元三年（715）	薛渾達	薛延陀	右威衛將軍	《冊府元龜》卷974〈外臣部・褒異一〉	
玄宗開元三年（715）	奴賴孝	奴刺	左領軍將軍	《冊府元龜》卷974〈外臣部・褒異一〉	
玄宗開元三年（715）	裴艾	鋏跌	右領軍將軍	《冊府元龜》卷974〈外臣部・褒異一〉	
玄宗開元三年（715）	思太	鋏跌	特進、行右衛大將軍員外置兼鋏跌都督、樓煩國公	《冊府元龜》卷964〈外臣部・封冊二〉、卷974〈外臣部・褒異一〉	
玄宗開元四年（716）	伏帝匐	回紇	左金吾衛大將軍	《唐大詔令集》卷130	
玄宗開元四年（716）	渾元忠	渾	左衛大將軍	《唐大詔令集》卷130	
玄宗開元四年（716）	以和舒	不詳	左武衛大將軍	《唐大詔令集》卷130	
玄宗開元四年（716）	契苾承祖	契苾	右武衛大將軍兼賀蘭州都督	《唐大詔令集》卷130	
玄宗開元五年（717）	蘇祿	突騎施	右武衛大將軍、突騎施都督、左羽林大將軍、順國公、金方道經略大使、特進	《新唐書》卷215下、《冊府元龜》卷979〈外臣部・和親二〉	
玄宗開元五年（717）	不詳	突厥	郎將	《冊府元龜》卷974〈外臣部・褒異一〉	
玄宗開元六年（718）	不詳	鐵利	中郎將	《冊府元龜》卷974〈外臣部・褒異一〉	
玄宗開元六年（718）	不詳	拂涅	中郎將	《冊府元龜》卷974〈外臣部・褒異一〉	
玄宗開元六年（718）	不詳	契丹	中郎將	《冊府元龜》卷974〈外臣部・褒異一〉	

宗開元六年（718）	孫骨訥	契 丹	遊擊將軍	《冊府元龜》卷 974〈外臣部‧襃異一〉	
玄宗開元六年（718）	娑（婆）固	契 丹	松漠都督、左金吾衛大將軍外置同正員、靜析軍經略大使、松漠郡王	《冊府元龜》卷 964〈外臣部‧封冊二〉	娑固爲李失活弟
玄宗開元六年（718）	處木昆執米啜	拔悉密	右驍衛大將軍、金山道總管	《冊府元龜》卷 986〈外臣部‧征討五〉；《全唐文》卷 21	
玄宗開元六年（718）	骨篤祿毗伽可汗	堅 昆	堅昆都督、右武衛大將軍	《冊府元龜》卷 986〈外臣部‧征討五〉；《全唐文》卷 21	
玄宗開元六年（718）	頡質略	拔野古	九姓拔曳固都督、稽雒郡王左武德衛大將軍	《冊府元龜》卷 986〈外臣部‧征討五〉；《全唐文》卷 21	
玄宗開元六年（718）	毗伽末啜	同 羅	同羅都督、右監門衛大將軍	《冊府元龜》卷 986〈外臣部‧征討五〉；《全唐文》卷 21	
玄宗開元六年（718）	比 言	白 霤	霤都督、右驍衛將軍	《冊府元龜》卷 986〈外臣部‧征討五〉；《全唐文》卷 21	
玄宗開元六年（718）	曳勒哥	僕 骨	僕固都督、左驍衛將軍	《冊府元龜》卷 986〈外臣部‧征討五〉；《全唐文》卷 21	
玄宗開元六年（718）	默特勒逾輪	突 厥	右金吾衛大將軍、右賢王	《冊府元龜》卷 986〈外臣部‧征討五〉；《全唐文》卷 21	逾輪爲默啜子
玄宗開元六年（718）	阿史那褐多	突 厥	左領軍衛大將軍	《冊府元龜》卷 986〈外臣部‧征討五〉；《全唐文》卷 21	
玄宗開元六年（718）	賀魯窒合眞阿婆屬	西突厥	右驍衛大將軍	《冊府元龜》卷 986〈外臣部‧征討五〉；《全唐文》卷 21	
玄宗開元六年（718）	不 詳	靺 鞨	中郎將	《冊府元龜》卷 974〈外臣部‧襃異一〉	
玄宗開元七年（719）	延陀磨覽	薛延陀	中郎將	《冊府元龜》卷 974〈外臣部‧襃異一〉	
玄宗開元八年（720）	張少兔	契 丹	遊擊將軍、果毅都尉	《冊府元龜》卷 974〈外臣部‧襃異一〉	共授三百五十四人
玄宗開元八年（720）	可突干	契 丹	左羽林衛將軍	《新唐書》卷 219	

玄宗開元八年（720）	鬱干	契丹	松漠都督、率更令	《資治通鑑》卷212、《新唐書》卷219	
玄宗開元九年（721）	不詳	靺鞨	折衝	《冊府元龜》卷971〈外臣部・朝貢四〉	
玄宗開元九年（721）	不詳	鐵利	折衝	《冊府元龜》卷971〈外臣部・朝貢四〉	
玄宗開元九年（721）	不詳	拂涅	折衝	《冊府元龜》卷971〈外臣部・朝貢四〉	
玄宗開元九年（721）	不詳	契丹	折衝	《冊府元龜》卷971〈外臣部・朝貢四〉	
玄宗開元十年（722）	楷落	契丹	郎將	《冊府元龜》卷975〈外臣部・褒異二〉	
玄宗開元十年（722）	奴默俱	奚	將軍	《冊府元龜》卷975〈外臣部・褒異二〉	
玄宗開元十年（722）	鞏巢高	奚	將軍	《冊府元龜》卷975〈外臣部・褒異二〉	
玄宗開元十年（722）	阿史德暾泥	突厥	右驍衛大軍員置	《冊府元龜》卷975〈外臣部・褒異二〉	
玄宗開元十年（722）	可還拔護他滿達干	突厥	將軍	《冊府元龜》卷975〈外臣部・褒異二〉	
玄宗開元十年（722）	伊悉缽舍友者畢施頡斤	堅昆	中郎將	《冊府元龜》卷975〈外臣部・褒異二〉	
玄宗開元十年（722）	如價	佛涅	折衝	《冊府元龜》卷975〈外臣部・褒異二〉	
玄宗開元十年（722）	買取利	鐵利	折衝	《冊府元龜》卷975〈外臣部・褒異二〉	共授六十八人
玄宗開元十年（722）	可婁計	鐵利	郎將	《冊府元龜》卷975〈外臣部・褒異二〉	
玄宗開元十年（722）	味勃計	渤海	大將軍	《冊府元龜》卷975〈外臣部・褒異二〉	
玄宗開元十年（722）	倪屬利稽	靺鞨	中郎將	《冊府元龜》卷975〈外臣部・褒異二〉	共授十人
玄宗開元十年（722）	葛邏昆池	突騎施	將軍	《冊府元龜》卷975〈外臣部・褒異二〉	共授八人
玄宗開元十年（722）	沙羅烏卒	西突厥	郎將	《冊府元龜》卷975〈外臣部・褒異二〉	
玄宗開元十一年（723）	李日越	奚	員外折衝	《冊府元龜》卷975〈外臣部・褒異二〉	
玄宗開元十一年（723）	阿史那瑟缽達干	突厥	大將	《冊府元龜》卷975〈外臣部・褒異二〉	隨達干來朝三十二人共授郎將

玄宗開元十一年（723）	俱力貧賀忠頡斤	堅昆	郎將	《冊府元龜》卷975〈外臣部‧褒異二〉	
玄宗開元十一年（723）	勃施計	越喜靺鞨	郎將	《冊府元龜》卷975〈外臣部‧褒異二〉	
玄宗開元十一年（723）	朱施蒙	拂涅	郎將	《冊府元龜》卷975〈外臣部‧褒異二〉	
玄宗開元十一年（723）	倪處梨	鐵利靺鞨	郎將	《冊府元龜》卷975〈外臣部‧褒異二〉	
玄宗開元十二年（724）	溴池蒙	鐵利靺鞨	將軍	《冊府元龜》卷975〈外臣部‧褒異二〉	
玄宗開元十二年（724）	奴布利	越喜靺鞨	郎將	《冊府元龜》卷975〈外臣部‧褒異二〉	共授十二人
玄宗開元十二年（724）	兀部落	佐破	果毅	《冊府元龜》卷975〈外臣部‧褒異二〉	共授十一人
玄宗開元十二年（724）	魚可蒙	佛涅	郎將	《冊府元龜》卷975〈外臣部‧褒異二〉	
玄宗開元十二年（724）	李奚奴	奚	游擊將軍	《冊府元龜》卷975〈外臣部‧褒異二〉	共授十人
玄宗開元十二年（724）	屋作簡	黑水靺鞨	折衝	《冊府元龜》卷975〈外臣部‧褒異二〉	
玄宗開元十二年（724）	涅禮	契丹	將軍	《冊府元龜》卷975〈外臣部‧褒異二〉	
玄宗開元十二年（724）	賀祚慶	渤海	游擊將軍	《冊府元龜》卷975〈外臣部‧褒異二〉	
玄宗開元十二年（724）	蘇磨羅	勃律	游擊將軍	《冊府元龜》卷975〈外臣部‧褒異二〉	
玄宗開元十二年（724）	裴啜羅	突厥	郎將	《冊府元龜》卷975〈外臣部‧褒異二〉	
玄宗開元十三年（725）	李吐干	契丹	遼陽郡王、左羽林衛大將軍	《新唐書》卷219	
玄宗開元十三年（725）	李邵固	契丹	左羽林衛大將軍	《新唐書》卷219	
玄宗開元十三年（725）	不詳	契丹	中郎將	《冊府元龜》卷975〈外臣部‧褒異二〉	
玄宗開元十三年（725）	不詳	奚	中郎將	《冊府元龜》卷975〈外臣部‧褒異二〉	
玄宗開元十三年（725）	五郎子	黑水靺鞨	將軍	《冊府元龜》卷975〈外臣部‧褒異二〉	
玄宗開元十三年（725）	烏素可蒙	黑水靺鞨	折衝	《冊府元龜》卷975〈外臣部‧褒異二〉	
玄宗開元十三年（725）	諾箇蒙	黑水靺鞨	果毅	《冊府元龜》卷975〈外臣部‧褒異二〉	

玄宗開元十三年（725）	職紇蒙	黑水靺鞨	中郎將	《冊府元龜》卷975〈外臣部・褒異二〉	共授二人
玄宗開元十三年（725）	謁德	渤海	果毅	《冊府元龜》卷975〈外臣部・褒異二〉	
玄宗開元十三年（725）	封阿利	鐵利	折衝	《冊府元龜》卷975〈外臣部・褒異二〉	共授十七人
玄宗開元十三年（725）	芯利施	越喜靺鞨	折衝	《冊府元龜》卷975〈外臣部・褒異二〉	
玄宗開元十三人（725）	薛利蒙	佛涅	折衝	《冊府元龜》卷975〈外臣部・褒異二〉	
玄宗開元十三年（725）	采施裴羅	突厥	折衝	《冊府元龜》卷975〈外臣部・褒異二〉	
玄宗開元十三年（725）	康思琮	突厥	將軍	《冊府元龜》卷726	
玄宗開元十三年（725）	鋏跌裴啜	突厥	折衝	《冊府元龜》卷726	共授七十餘人
玄宗開元十三年（725）	執失頡利發	突厥	果毅	《冊府元龜》卷726	共授三百餘人
玄宗開元十三年（725）	梅錄啜	突厥	將軍	《冊府元龜》卷726	
玄宗開元十四年（726）	李綴	奚	御史郡王、右武衛員外大將軍	《冊府元龜》卷975〈外臣部・褒異二〉	
玄宗開元十四年（726）	李高	奚	弱水州刺史、鎮軍大將軍	《冊府元龜》卷975〈外臣部・褒異二〉	
玄宗開元十四年（726）	李日走	奚	郎將	《冊府元龜》卷975〈外臣部・褒異二〉	共授二百餘人
玄宗開元十四年（726）	熟蘇	契丹	鎮軍大將軍	《冊府元龜》卷975〈外臣部・褒異二〉	
玄宗開元十四年（726）	屬固家	契丹	右領軍員外大將軍	《冊府元龜》卷975〈外臣部・褒異二〉	
玄宗開元十四年（726）	冤離	契丹	郎將	《冊府元龜》卷975〈外臣部・褒異二〉	共授百餘人
玄宗開元十四年（726）	邵固	契丹	郎將	《冊府元龜》卷975〈外臣部・褒異二〉	
玄宗開元十四年（726）	李闕池	契丹	折衝	《冊府元龜》卷975〈外臣部・褒異二〉	共授六人
玄宗開元十四年（726）	普固都	契丹	將軍	《冊府元龜》卷975〈外臣部・褒異二〉	
玄宗開元十四年（726）	顥歌	契丹	郎將	《冊府元龜》卷975〈外臣部・褒異二〉	
玄宗開元十四年（726）	出利	契丹	將軍	《冊府元龜》卷975〈外臣部・褒異二〉	

玄宗開元十四年（726）	蘇固多	契　丹	郎　將	《冊府元龜》卷 975〈外臣部‧褒異二〉	
玄宗開元十四年（726）	阿句支	突騎施	郎　將	《冊府元龜》卷 975〈外臣部‧褒異二〉	
玄宗開元十四年（726）	大都利行	渤　海	左武衛大將軍員外置	《冊府元龜》卷 971〈外臣部‧朝貢四〉、卷 975〈外臣部‧褒異二〉	
玄宗開元十五年（727）	米　象	鐵　利	郎　將	《冊府元龜》卷 975〈外臣部‧褒異二〉	
玄宗開元十五年（727）	失伊蒙	鐵　利	果　毅	《冊府元龜》卷 975〈外臣部‧褒異二〉	
玄宗開元十五年（727）	承　嗣	契　丹	中郎將	《冊府元龜》卷 975〈外臣部‧褒異二〉	
玄宗開元十五年（727）	承　宗	回　紇	瀚海大都督	《資治通鑑》卷 213	
玄宗開元十五年（727）	渾大德	渾	左武衛大將軍、杲蘭州刺史	《資治通鑑》卷 213	
玄宗開元十五年（727）	契苾承明	契　苾	賀蘭都督	《資治通鑑》卷 213	
玄宗開元十五年（727）	思結歸國	思　結	盧山都督	《資治通鑑》卷 213	
玄宗開元十五年（727）	伏帝難	回　紇	瀚海大都督	《資治通鑑》卷 213	
玄宗開元十六年（728）	李如越	奚	右領軍衛將軍、左驍衛大將	《冊府元龜》卷 975〈外臣部‧褒異二〉	
玄宗開元十六年（728）	特沒干	奚	中郎將	《冊府元龜》卷 975〈外臣部‧褒異二〉	
玄宗開元十六年（728）	李窟何	奚	左威衛將軍	《冊府元龜》卷 975〈外臣部‧褒異二〉	
玄宗開元十六年（728）	屈達干	突　厥	將　軍	《冊府元龜》卷 975〈外臣部‧褒異二〉	
玄宗開元十六年（728）	伊難如裴	葛邏祿	中郎將	《冊府元龜》卷 975〈外臣部‧褒異二〉	
玄宗開元十六年（728）	菸夫須計	渤　海	果　毅	《冊府元龜》卷 975〈外臣部‧褒異二〉	
玄宗開元十六年（728）	吐毛檐沒師	勃　律	折　衝	《冊府元龜》卷 975〈外臣部‧褒異二〉	
玄宗開元十六年（728）	李獻誠	靺　鞨	雲麾將軍兼黑水經略使	《唐會要》卷 96	
玄宗開元十七年（729）	大胡雅	渤　海	游擊將軍	《冊府元龜》卷 975〈外臣部‧褒異二〉	

玄宗開元十七年（729）	大琳	渤海	中郎將	《冊府元龜》卷 975〈外臣部・褒異二〉	
玄宗開元十七年（729）	粹	契丹	懷化大將軍	《冊府元龜》卷 975〈外臣部・褒異二〉	
玄宗開元十七年（729）	葉支阿布思	突騎施	郎將	《冊府元龜》卷 975〈外臣部・褒異二〉	
玄宗開元十八年（730）	兀異	拂涅	左武衛折衝	《冊府元龜》卷 975〈外臣部・褒異二〉	
玄宗開元十八年（730）	智蒙	渤海	中郎將	《冊府元龜》卷 975〈外臣部・褒異二〉	
玄宗開元十八年（730）	米旅裴羅	突厥	折衝	《冊府元龜》卷 975〈外臣部・褒異二〉	
玄宗開元十八年（730）	烏察	烏洛侯	左武衛大將軍	《全唐文》卷 561	
玄宗開元十八年（730）	烏令望	烏洛侯	左領軍大將軍	《全唐文》卷 561	令望爲察子
玄宗開元十八年（730）	烏蒙	烏洛侯	中郎將	《全唐文》卷 561	蒙爲令望子
玄宗開元十八年（730）	烏承玼（泚）	烏洛侯	平盧先鋒軍、官軍將軍、守右威衛將軍、檢校殿中監、昌化郡王、石嶺軍使	《全唐文》卷 561	據《新唐書》卷 75 下〈宰相世系表〉得知烏氏一族其世代任官者尚有烏重胤任天平軍節度使、烏漢弘任左羽林將軍、烏行專任密州刺史、烏漢貞任左金吾將軍、烏行方任河南丞、烏漢封任衛尉寺丞、烏漢章任右衛倉曹參軍、烏行思任左衛倉曹參軍
玄宗開元十九年（731）	不詳	靺鞨	將軍	《冊府元龜》卷 975〈外臣部・褒異二〉	
玄宗開元十九年（731）	不詳	渤海	將軍	《冊府元龜》卷 975〈外臣部・褒異二〉	
玄宗開元十九年（731）	大取珍	渤海	果毅	《冊府元龜》卷 975〈外臣部・褒異二〉	共授百二十人
玄宗開元十九年（731）	哥解骨支比施頡斤	突厥	折衝	《冊府元龜》卷 975〈外臣部・褒異二〉	共授五十人
玄宗開元十九年（731）	蘇農屈達干	突厥	郎將	《冊府元龜》卷 975〈外臣部・褒異二〉	
玄宗開元十九年（731）	蘇農出羅達干	突厥	郎將	《冊府元龜》卷 975〈外臣部・褒異二〉	共授二十四人
玄宗開元十九年（731）	李詩瑣高	奚	歸義王、義州都督、左羽林大將軍	《資治通鑑》卷 213；《新唐書》卷 219	

玄宗開元十九年（731）	烏知義	烏洛侯	節度副使右羽林軍大將軍	《全唐文》卷 352	
玄宗開元十九年（731）	烏承恩	烏洛侯	長上折衝兼儒州都督	《全唐文》卷 352	
玄宗開元十九年（731）	鑰 高	烏洛侯	軍前討擊副使、大將軍	《全唐文》卷 352	
玄宗開元十九年（731）	恩盧延賓	烏洛侯	供奉將軍	《全唐文》卷 352	
玄宗開元十九年（731）	布 折	烏洛侯	副 將	《全唐文》卷 352	
玄宗開元二十年（732）	佃（細）蘇	奚	將 軍	《冊府元龜》卷 971〈外臣部‧朝貢四〉、卷 975〈外臣部‧褒異二〉	
玄宗開元二十年（732）	不 詳	奚	將 將	《冊府元龜》卷 975〈外臣部‧褒異二〉	
玄宗開元二十年（732）	舖 都	奚	郎 將	《冊府元龜》卷 975〈外臣部‧褒異二〉	
玄宗開元二十年（732）	薛勃海恍	室 韋	郎 將	《冊府元龜》卷 975〈外臣部‧褒異二〉	
玄宗開元二十年（732）	阿支監擦	突 厥	將 軍	《冊府元龜》卷 975〈外臣部‧褒異二〉	
玄宗開元二十一年（733）	斯壁紆思鮮闕	突 厥	郎 將	《冊府元龜》卷 975〈外臣部‧褒異二〉	共授十六人
玄宗開元二十一年（733）	烏鶻達干	突 厥	將 軍	《冊府元龜》卷 975〈外臣部‧褒異二〉	
玄宗開元二十一年（733）	车伽難達干	突 厥	郎 將	《冊府元龜》卷 975〈外臣部‧褒異二〉	共授十二人
玄宗開元二十一年（733）	屬鶻留	奚	果 毅	《冊府元龜》卷 975〈外臣部‧褒異二〉	
玄宗開元二十二年（734）	何羯達	突騎施	鎮 副	《冊府元龜》卷 975〈外臣部‧褒異二〉	
玄宗開元二十三年（735）	李過折	契 丹	北平郡王同幽州節度副大使	《冊府元龜》卷 964〈外臣部‧封冊二〉	
玄宗開元二十三年（735）	李刺乾	契 丹	左驍衛將軍	《新唐書》卷 219	

玄宗開元二十三年（735）	拔合伽	勃律	郎將	《冊府元龜》卷 975〈外臣部・褒異二〉	
玄宗開元二十三年（735）	渴胡	契丹	果毅	《冊府元龜》卷 975〈外臣部・褒異二〉	
玄宗開元二十四年（736）	薩合朱	契丹	折衝員外置	《冊府元龜》卷 975〈外臣部・褒異二〉	
玄宗開元二十四年（736）	胡祿達干	突騎施	右金吾將軍員外置	《冊府元龜》卷 975〈外臣部・褒異二〉	
玄宗開元二十四年（736）	聿棄計	靺鞨	折衝	《冊府元龜》卷 975〈外臣部・褒異二〉	
玄宗開元二十四年（736）	安祿山	柳城胡	左驍衛將軍	《資治通鑑》卷 214	後祿山授范陽、平盧、等三節度使
玄宗開元二十四年（736）	史思明（窣干）	突厥	果毅、將軍	《資治通鑑》卷 214	
玄宗開元二十五年（737）	九異	佛涅	中郎將	《冊府元龜》卷 975〈外臣部・褒異二〉	
玄宗開元二十五年（737）	金伯計	渤海	將軍	《冊府元龜》卷 975〈外臣部・褒異二〉	
玄宗開元二十五年（737）	多蒙固	渤海	左武衛將軍	《冊府元龜》卷 975〈外臣部・褒異二〉	
玄宗開元二十六年（738）	莫賀咄頡斤	突厥	左金吾衛大將軍員外置	《冊府元龜》卷 975〈外臣部・褒異二〉	
玄宗開元二十七年（739）	延陀俱末啜剌達干	突厥	將軍	《冊府元龜》卷 975〈外臣部・褒異二〉	
玄宗開元二十七年（739）	優福子	渤海	果毅	《冊府元龜》卷 975〈外臣部・褒異二〉	
玄宗開元二十八年（740）	處木匐延闕律啜	突騎施	右驍衛員外大將軍	《冊府元龜》卷 975〈外臣部・褒異二〉、《新唐書》卷 215下	

玄宗開元二十八年（740）	吐火仙骨啜	突騎施	左金吾衛員外大將軍	《冊府元龜》卷964〈外臣部‧封冊二〉	
玄宗開元二十八年（740）	阿史那洪達	突騎施	太僕員外卿	《冊府元龜》卷975〈外臣部‧褒異二〉	
玄宗開元二十八年（740）	頓阿波	突騎施	右武衛員外大將軍	《冊府元龜》卷964〈外臣部‧封冊二〉	
玄宗開元二十九年（741）	失阿利	渤海	即將	《冊府元龜》卷975〈外臣部‧褒異二〉	
玄宗開元二十九年（741）	烏舍利	越喜靺鞨	即將	《冊府元龜》卷975〈外臣部‧褒異二〉	
玄宗開元二十九年（741）	阿布利稽	靺鞨	即將	《冊府元龜》卷975〈外臣部‧褒異二〉	
玄宗開元二十九年（741）	鋏跌末思頡斤	鋏跌	果毅	《冊府元龜》卷975〈外臣部‧褒異二〉	
玄宗開元中	張謐	奚	鴻臚卿	《新唐書》卷148	
玄宗開元中	蘇農	突厥	左羽林衛大將軍、永郡王	《和元姓纂》卷5	
玄宗開元中	蘇農盡忠	突厥	輔國大將軍、左金吾大將軍、酒泉郡公	《和元姓纂》卷5	
玄宗開元中	鋏跌舒	鋏跌	開元左威衛大將軍、水軍副使、武威公鋏跌舒	《和元姓纂》卷10	
玄宗天寶元年（742）	咄祿毗伽都磨度闕	葛邏祿	左羽林大將軍員外置同正員	《冊府元龜》卷965〈外臣部‧冊封三〉、卷975〈外臣部‧褒異二〉	
玄宗天寶元年（742）	契苾嘉賓	契苾	將軍	《全唐文》卷352	
玄宗天寶元年（742）	烏懷愿	烏洛侯	大斗軍副使	《全唐文》卷352	
玄宗天寶元年（742）	娑羅度抱一	契苾	副使	《全唐文》卷352	

玄宗天寶二載（743）	李光弼	契丹	寧朔郡太守	《全唐文》卷342	先是，光弼以左衛左郎將起家，歷豐、夏二都督府長史，天寶四載，任左清道率兼安北都護充朔方行軍都虞侯；五載，充王忠嗣河西節度使、游騎將軍、守右領軍、赤水軍使、薊郡開國公；八載，遷右金吾衛將軍、節度副使、雲麾將軍、左武衛大將軍；十一載，拜單于副都護；十三載，爲安思順朔方節度兵馬使；十五載，授銀青光祿大夫、鴻臚卿、雲中太守、攝御史中丞、持節充河東節度事、大同軍使、攝御史大夫、魏郡太守、河北道探訪使、范陽郡大都督府長史、范陽節度使；肅宗乾元元年拜侍中；二年，朔方節度使
玄宗天寶二載（743）	匐從之	契丹	中郎將	《冊府元龜》卷975〈外臣部‧褒異二〉	共授一百二十人
玄宗天寶二載（743）	達利胡	奚	中郎將	《冊府元龜》卷975〈外臣部‧褒異二〉	共授一百八十人
玄宗天寶二載（743）	車鼻施達干羅頓毅	解蘇	中郎將	《冊府元龜》卷975〈外臣部‧褒異二〉	共授二十人
玄宗天寶二載（743）	大蕃	渤海	左領軍衛員外大將軍	《冊府元龜》卷975〈外臣部‧褒異二〉	
玄宗天寶四載（744）	思力裴羅	回紇	右驍衛員外將軍	《冊府元龜》卷975〈外臣部‧褒異二〉	
玄宗天寶四載（744）	阿悉爛頡斤	回紇	右武衛員外將軍	《冊府元龜》卷975〈外臣部‧褒異二〉	
玄宗天寶四載（744）	伽羅密多	小勃律	右金吾衛員外中郎	《冊府元龜》卷975〈外臣部‧褒異二〉	
玄宗天寶四載（744）	阿史那施	拔悉蜜	左武衛將軍	《新唐書》卷217下	
玄宗天寶四載（744）	泥禮	契丹	松漠都督、右金吾衛大將軍	《全唐文》卷285	
玄宗天寶四載（744）	李歸國	奚	奚都督、右金吾衛大將軍、歸誠王	《全唐文》卷285	

玄宗天寶四載（744）	李懷秀	契　丹	松漠都督、崇順王	《新唐書》卷219	
玄宗天寶四載（744）	李延寵	奚	饒樂都督、懷信王	《新唐書》卷219	
玄宗天寶五載（745）	頓阿波移健啜	葛邏祿	左武衛大將軍員外置	《冊府元龜》卷975〈外臣部‧褒異二〉	
玄宗天寶五載（745）	哥舒沮	突騎施	清道率	《元和姓纂》卷5	
玄宗天寶五載（745）	哥舒道元	突騎施	安西副都尉、安西都護將軍水軍使	《元和姓纂》卷5；《新唐書》卷135	道元爲舒沮子
玄宗天寶五載（745）	哥舒翰	突騎施	效轂府果毅、右僕射平章事、西平王東討先鋒副元帥、河西節度使別將、隴右節度、鴻臚員外卿、先鋒兵馬副元帥	《元和姓纂》卷5；《新唐書》卷135	翰爲道元子
玄宗天寶六載（746）	李遵宜	契　丹	將　軍	《新唐書》卷75下	據《新唐書》卷75下〈宰相世系表五下〉記李氏任官者尚有：李遵行，任將軍、李義忠，任太僕卿、李象，任太僕卿、李彙，任宿州刺史、李黯，任景州刺史、李光顏，任鴻臚卿、李光進，刑部尚書
玄宗天寶八載（749）	不　詳	突騎施	中郎將	《冊府元龜》卷975〈外臣部‧褒異二〉	
玄宗天寶九載（750）	安慶緒	柳城胡	銀青光大夫鴻臚卿員外置同正員兼廣陽郡太守同范陽節度副使上柱國、柳城縣開國男	《新唐書》卷225上；《全唐文》卷33	慶緒爲祿山子
玄宗天寶九載（750）	安慶宗	柳城胡	太僕卿	《新唐書》卷225上	慶宗爲祿山子
玄宗天寶九載（750）	安慶長	柳城胡	祕書監	《新唐書》卷225上	慶長爲祿山子
玄宗天寶十一載（752）	阿布思（李獻忠）	突　厥	朔方節度副使、信王	《資治通鑑》卷216	

玄宗天寶十一載（752）	不　詳	小勃律	中郎將	《冊府元龜》卷 975〈外臣部・褒異二〉	
玄宗天寶十二載（753）	毗方伽	葛邏祿	左羽林大將軍員外置同正員	《冊府元龜》卷 965；《全唐文》卷 39	
玄宗天寶十二載（753）	火拔歸仁	突厥	特進、右金吾衛員外大將軍兼兼火拔州都督、燕山郡王、驃騎大將軍	《資治通鑑》卷 217	
玄宗天寶十四載（755）	自會羅	陀拔斯單	右武衛員外中郎將	《冊府元龜》卷 975〈外臣部・褒異二〉	
玄宗天寶十四載（755）	悉諾羅	蘇毗	左驍衛員外大將軍、懷義王	《冊府元龜》卷 975〈外臣部・褒異二〉	
玄宗天寶十四載（755）	寶薛裕	拔汗那	左武衛員外將軍	《冊府元龜》卷 975〈外臣部・褒異二〉	
玄宗天寶十四載（755）	僕固歌濫拔延	僕固	右武衛大將軍、金微都督	《新唐書》卷 224 上	
玄宗天寶十四載（755）	僕固懷恩	僕固	左領軍大將軍同正	《新唐書》卷 224 上；《全唐文》卷 432	懷恩為乙李啜子；天寶末襲下馬邑郡；肅宗至德二年，功加開府儀同三同、鴻臚卿同正員、節度副使、豐國公；乾元二年，進封大寧郡王、朔方行營節度使；寶應初，同平章事領河東朔方節度行營及鎮西迴紇兵使、天下兵馬元帥雍王節度、左僕射兼中書令、河北副元帥、上柱國
玄宗天寶十四載（755）	張孝忠	奚	偏將、漳源府折衝、左領軍將軍、左金吾衛將軍	《新唐書》卷 148	孝忠為謚子；肅宗上元中為易州刺史、檢校工部尚書為義武軍節度、易定滄等州觀察使
玄宗天寶十四載（755）	渾釋之	渾	開府儀同三司、太常卿、寧朔郡王右武鋒使	《資治通鑑》卷 217；《全唐文》卷 967	釋之為大壽子；據《新唐書》卷 75 下〈宰相世系表〉、《全唐文》卷 967 渾氏在唐任官者尚有：渾迴貴，任豹韜衛大將軍、渾元慶，任鎮國大將軍、右玉鈐衛將軍、靈邱伯、渾澄之，任左領軍衛大將軍、渾旻，任永王府參軍、渾徵，任靈武節度判官、儉，

					任監少府、渾特，任司農卿、渾正元，任吏部員外郎、渾徽，任潘州刺史、渾宰，任揚州司馬，渾正孫，任泰州司馬、渾斐，任檢校水部郎中、渾景之，任坊州刺史、渾大壽，任太僕丞、渾瓊，任太子中元、渾瑊，任相德宗、朔方兵馬使、折衝果毅、右驍衛將軍、檢校太僕卿充武綘衛軍使、開府儀同三司、太常卿、朔方行營左廂兵馬使、御史中丞、太子賓客等、渾鍊，任左羽林將軍、渾鎬，任義武軍節度使、渾鉅，任雅州刺史、渾鋼，任天德軍防禦使、渾威，任振武節度使、渾巳，任左領軍將軍、渾大寧，任左衛率府、渾大封，任內八作使、渾大猷，任左羽林大將軍、渾大鼎，任尚衣奉御、渾大義，任左金吾衛大將軍
玄宗天寶十四載（755）	孫孝哲	契　丹	大將軍	《新唐書》卷 225 上	
肅宗至德元載（756）	思結進明	思　結	都　護	《資治通鑑》218	
肅宗至德元載（756）	僕固玢	僕　固	將	《資治通鑑》218	玢爲懷恩子
肅宗至德元載（756）	李光進	契　丹	將	《資治通鑑》219；《新唐書》卷 136	光進爲光弼弟；代宗時任檢校太子太保、涼國公、渭北節度使、邠寧節度使
肅宗至德二載（757）	僕固瑒	僕　固	將	《新唐書》卷 224 上	代宗廣德初，授檢校兵部尚書、朔方行營節度使
肅宗至德二載（757）	骨咄支	沙　陀	特進、驍衛上將軍	《新唐書》卷 218	
肅宗乾元元年（758）	烏知洽	烏洛侯	雒州刺史	《冊府元龜》卷 164	

肅宗乾元元年（758）	阿史那承慶	突　厥	幽州節度副使、特進、獻誠王、太保、定襄王	《冊府元龜》卷 164	
肅宗乾元元年（758）	阿史那從禮	突　厥	羽林大將軍、順化郡王、太傅、歸義郡王	《冊府元龜》卷 164	
肅宗乾元元年（758）	踏匐勒車鼻達干	乾陀羅	將　軍	《冊府元龜》卷 976〈外臣部・褒異三〉	
肅宗乾元二年（759）	骨啜特勒	回　紇	右羽林大將軍員外置、銀青光祿大夫、鴻臚卿員外置	《冊府元龜》卷 976〈外臣部・褒異三〉	
肅宗上元元年（760）	烏崇福	烏洛侯	特進、都虞侯	《唐大詔令集》卷 59	
肅宗寶應元年（762）	李寶臣	奚	盧龍府果毅、恒州刺史、成德節度使、密雲郡公、禮部尚書、趙國公	《新唐書》卷 75 下；《新唐書》卷 211；《資治通鑑》卷 226	據《新唐書》卷 75 下〈宰相世系表五〉下，柳城李氏在唐任官者尚有：李素，任左驍衛大將軍、李越，任左金吾衛大將軍、李惟誠，任濮州刺史、李惟簡，任鳳翔節度使
肅宗寶應元年（762）	骨祿侯斤	回　紇	特進、崇義王	《冊府元龜》卷 973〈外臣部・助國討伐〉	
肅宗寶應元年（762）	闕達干	回　紇	員外羽林將軍	《冊府元龜》卷 973〈外臣部・助國討伐〉	達干爲侯斤孫
肅宗寶應元年（762）	渾日進	渾	將	《新唐書》卷 224 上	
肅宗朝	鋏跌良臣	鋏　跌	開府儀同三司、雞田州刺史、朔方先鋒左助廂兵馬使、御史大丞	《金石萃編》卷 107	良臣爲延豐子
肅宗朝	朱邪盡忠	沙　陀	金吾衛大將軍	《新唐書》卷 218	盡忠爲骨咄支子
代宗廣德元年（763）	李懷仙	柳城胡	裨將、幽州節度使、幽州盧龍節度使	《新唐書》卷 212	
代宗廣德元年（763）	李懷光	渤　海	朔方將、左衛率府、邠寧節度	《新唐書》卷 224 上；《資治通鑑》卷 223	
代宗廣德元年（763）	白廣琛	突　厥	雲麾將軍、左羽林大將軍	《全唐文》卷 371；《金石萃編》卷 93	

代宗廣德元年（763）	白崇禮	突厥	忠武將軍、左金吾衛翊府中郎將	《全唐文》卷371；《金石萃編》卷93	崇禮爲廣琛子
代宗廣德元年（763）	白道生	突厥	寧朔州刺史兼部落主、左武衛將軍	《全唐文》卷371；《金石萃編》卷93《新唐書》卷136	道生爲崇禮子
代宗廣德元年（763）	白元光	突厥	朔方先鋒使、同節度副使、開府儀同三司、試太子詹事、左武衛大將軍、上柱國、南陽郡王、兩都遊奕使、尉卿、靈武留後、定遠城使	《全唐文》卷371；《金石萃編》卷93；《新唐書》卷136	元光爲道生子
代宗永泰元年（765）	自賀蘭	突厥	左羽林軍	《冊府元龜》卷976〈外臣部‧襃異三〉	共授十二人
代宗永泰元年（765）	僕固名臣	僕固	將	《資治通鑑》卷223	
代宗永泰元年（765）	拓跋朝光	党項	靜邊州大首領左羽林大將軍	《新唐書》卷221	
代宗大曆七年（772）	李秉義	回紇	左武衛員外大將軍	《冊府元龜》卷976〈外臣部‧襃異三〉	
代宗大曆八年（773）	哥舒晃	突騎施	循州刺史	《資治通鑑》卷224	
代宗大曆九年（774）	王武俊	契丹	兵馬使、成德軍節度使	《資治通鑑》卷225	
代宗大曆十一年（776）	李重倩	奚	裨將	《資治通鑑》卷225	
德宗建中二年（781）	李惟岳	奚	行軍司馬、恒州刺史	《資治通鑑》卷226、《新唐書》卷211	惟岳爲寶臣子
德宗建中二年（781）	李惟誠	奚	州刺史	《新唐書》卷211	惟誠與惟岳爲異母兄
德宗建中二年（781）	烏振	烏洛侯	河北道副招討	《冊府元龜》卷388	
德宗建中四年（783）	哥舒曜	突騎施	左龍武大將軍、東都節度使、汝州節度使、鴻臚卿、右驍衛大將軍	《資治通鑑》卷228；《新唐書》卷135	曜爲翰子

德宗建中四年（784）	張茂昭（升雲）	奚	義武軍節度使、檢校太尉兼中書令、河中晉絳慈隰等州節度觀使	《冊府元龜》卷374、卷385	茂昭爲孝忠子
德宗貞元元年（785）	李惠登	柳城胡	平盧軍裨將、金吾衛將軍、刺史	《新唐書》卷197	
德宗貞元二年（786）	頓啜護波支	突騎施	驃騎大將軍、員外置同正員、太常卿	《全唐文》卷464	
德宗貞元五年（789）	李承緒	渤海	左衛率府冑曹參軍	《新唐書》卷224上	承緒爲懷光外孫
德宗貞元九年（793）	張昇璘	奚	海州團練使	《資治通鑑》卷234	昇璘爲昇雲弟
德宗貞元九年（793）	李彙	契丹	裨將、左神策左將、刺史、涇原節度使	《全唐文》卷738；《新唐書》卷136	彙爲光弼子
德宗貞元九年（793）	阿史那敘	突厥	將	《舊唐書》卷13	
德宗貞元十年（794）	大清允	渤海	右衛將軍同正	《冊府元龜》卷976〈外臣部·褒異三〉	共授三十餘人
德宗貞元十年（794）	梅落（戈）河	契丹	果毅都尉	《冊府元龜》卷976〈外臣部·褒異三〉	共授五人
德宗貞元十年（794）	梅落隘都	奚	果毅都尉	《冊府元龜》卷976〈外臣部·褒異三〉	
德宗貞元十年（794）	活薛于君	契丹	別將	《冊府元龜》卷976〈外臣部·褒異三〉	共授十六人
德宗貞元十三年（797）	張茂宗	奚	光祿少卿同正、左衛將軍同正	《資治通鑑》卷235	茂宗爲茂昭弟
德宗貞元十四年（798）	大能信	渤海	左驍騎衛中郎將	《冊府元龜》卷976〈外臣部·褒異三〉	能信爲嵩璘姪
德宗貞元十四年（798）	茹富仇	虞侯婁	右武衛將軍	《冊府元龜》卷976〈外臣部·褒異三〉	
德宗貞元十五年（799）	阿史那思暕	突厥	永安鎮將	《資治通鑑》卷235	
德宗貞元十七年（801）	王士眞	契丹	成德節度副使、節度使	《資治通鑑》卷236	
憲宗元和元年（806）	李光進	鋏跌	河東節度使牙將、振武節度使、朔方節度使、刑部尚書	《資治通鑑》卷237；《金石萃編》卷107；《全唐文》卷513、卷632	光進爲良臣子

憲宗元和元年（806）	李光玭	鋏跌	朔方都將	《金石萃編》卷107	光玭爲良臣子
憲宗元和元年（806）	李光顏	鋏跌	上　將	《新唐書》卷75下；《全唐文》卷513、卷632；	光顏爲良臣子；元和十年授忠武軍節度使，元和十一年授檢校尚書右僕射，元和十二年授檢校司空，元和十四年授邠寧節度使；穆宗時，加特進，授同中書門下平章事，長慶初遷鳳翔節度使、檢校司空、許州節度使，長慶二年兼深州行營諸軍節度使；敬宗時拜司徒、河東節度使、北都留守、太原尹
憲宗元和元年（806）	李季元	鋏跌	河東衙前兵馬使、檢校太子賓客兼監察御史	《全唐文》卷513	季元爲光進子
憲宗元和元年（806）	李燧元	鋏跌	陳、許節度押衙、檢校太子賓客兼監察御史	《全唐文》卷513	燧元爲光進子
憲宗元和元年（806）	李綏元	鋏跌	宣義郎行太原府太原縣尉	《全唐文》卷513	綏元爲光進子
憲宗元和三年（808）	曷勒阿波	沙陀	左武衛大將軍同正員兼陰山府都督、祕書監	《冊府元龜》卷965〈外臣部・封冊三〉	
憲宗元和三年（808）	朱邪執宜	沙陀	府兵馬使、特進、金吾衛將軍	《新唐書》卷218	
憲宗元和三年（808）	索位（氏）	奚	威衛將軍同正、檀薊遊奕使	《冊府元龜》卷976〈外臣部・褒異三〉	
憲宗元和四年（809）	沒辱孤	奚	右領軍衛將軍同正、平林遊奕兵馬使	《冊府元龜》卷976〈外臣部・褒異三〉	
憲宗元和四年（809）	王承宗	契丹	成德節度副使	《資治通鑑》卷237	承宗爲士眞子
憲宗元和四年（809）	王士則	契丹	神策大將軍	《資治通鑑》卷237	士則爲承宗叔父
憲宗元和五年（810）	烏重胤	烏洛侯	都知兵馬使、州左司馬、懷州刺史兼御史大夫、河陽三城節度使、檢校尚書右僕射	《資治通鑑》卷238	重胤爲承洽子
憲宗元和五年（810）	烏重裔	烏洛侯	橫海軍節度使	《冊府元龜》卷446	穆宗時授檢校司徒兼元尹、山南西道節度使

憲宗元和五年（810）	烏漢弘	烏洛侯	左領軍衛將軍	《新唐書》卷 171	漢弘爲重胤子；據《新唐書》卷 75 下〈宰相世系表〉記烏氏在唐任官者尙有：烏行專，任密州刺史、烏漢章，任右驍衛倉曹參軍、烏行思，任左衛倉曹參軍
憲宗元和五年（810）	烏行初	烏洛侯	佐衛曹參軍	《全唐文》卷 658	行初爲重允子
憲宗元和六年（811）	李惟簡	奚	金吾大將軍、鳳翔節度使、武安郡王	《資治通鑑》238；《新唐書》卷 211	惟簡爲惟岳弟
憲宗元和十一年（816）	渾鎬	渾	義武節度使、易定觀察使、檢校工部尙書	《資治通鑑》卷 239；《全唐文》卷 967	
憲宗元和十二年（817）	張茂和	奚	右神武將軍、永州司馬	《資治通鑑》卷 240	茂和爲茂昭弟
憲宗元和十二年（817）	烏重己	烏洛侯	右衛將軍	《新唐書》卷 216 下	
憲宗元和十二年（817）	渾品	渾	褐參同州軍事	《全唐文》卷 967	穆宗長慶中，授右龍武軍倉曹參軍、太常寺主簿、太府寺丞、左贊善大夫轉太子僕、少府少卿、金吾衛將軍；武宗時拜太僕卿；宣宗時改少府監、左金吾衛大將軍、司農卿
憲宗元和十五年（820）	王承元	契丹	鎮冀深趙觀察支使、義成節度使	《資治通鑑》卷 241、卷 374	承元爲承宗弟
憲宗元和中	渾鐬	渾	豐州刺史、天德軍使、袁州司戶	《冊府元龜》卷 455	
穆宗長慶元年（821）	五哥之	阿布思	左武衛將軍、裨將、忠武將守左武衛大將軍員外置同正員兼試太常卿	《新唐書》卷 75 下；《全唐文》卷 657	據《新唐書》卷 75 下〈宰相世系表〉記阿布思在唐任官者尙有：末怛活，任左金吾衛大將軍、升朝，任檢校太子賓客、王紹鼎，任成德節度使、王景胤，任深州刺史、王景崇，任成德節度使、王鎔，任成德節度使、王紹懿，任成德節度使

穆宗長慶元年（821）	王廷湊	阿布思	裨將、都知兵馬使	《新唐書》卷 211；《資治通鑑》卷 242	
穆宗長慶二年（822）	大公則等	渤海	金吾將軍	《全唐文》卷 647	
穆宗長慶二年（822）	大多英等	渤海	諸衛將軍	《全唐文》卷 647	
穆宗長慶二年（822）	達干只枕	契丹	果毅別將	《全唐文》卷 647	共授二十九人
穆宗長慶二年（822）	史憲誠	奚	牙將、先鋒兵馬使、魏博節度使、河中晉絳慈隰等州節度觀察使、檢校司徒兼侍中、河中尹	《資治通鑑》卷 242；《新唐書》卷 210；《全唐文》卷 609	
穆宗長慶二年（822）	史孝章（唐）	奚	魏州大都督府參軍、攝魏博副使、檢校太子左諭德兼侍御史、節度使	《全唐文》卷 609	孝章爲憲誠子
穆宗朝	李昌元	鋏跌	檢校戶部尙書兼御史大夫、上柱國	《全唐文》卷 632	昌元爲光顏子
穆宗朝	李扶元	鋏跌	守左龍武軍大將軍、知軍事兼御史中丞	《全唐文》卷 632	扶元爲光顏子
穆宗朝	李繼元	鋏跌	行太常寺主簿	《全唐文》卷 632	繼元爲光顏子
穆宗朝	李誠元	鋏跌	守朔州司馬兼監察御史	《全唐文》卷 632	誠元爲光顏子
穆宗朝	李建元	鋏跌	國子祭酒兼殿中侍御史	《全唐文》卷 632	建元爲光顏子
穆宗朝	李興元	鋏跌	守衡王友兼監察御史	《全唐文》卷 632	興元爲光顏子
穆宗朝	李榮元	鋏跌	左散騎常侍兼御史大夫	《全唐文》卷 632	榮元爲光顏子
穆宗朝	李奉元	鋏跌	清源縣丞	《全唐文》卷 632	奉元爲光顏子
穆宗朝	李播元	鋏跌	右東節度使兼監察御史	《全唐文》卷 632	播元爲光顏子
穆宗朝	李安元	鋏跌	右軍先鋒兵馬使守右驍衛將軍	《全唐文》卷 632	安元爲光顏子
文宗太和四年（830）	茹羯	奚	守右驍衛將軍員外置同正員	《冊府元龜》卷 965〈外臣部‧封冊三〉	

文宗太和八年（835）	王元逵	阿布思	成德節度使、鎮冀深趙等州觀察處置兼充北面行營招討澤潞等使、金紫光祿大夫、檢校司徒、鎮州大都督府長史、御史大夫、駙馬都尉、雲騎尉王、檢校司徒、同中書門下平章事、都知兵馬使	《資治通鑑》卷245；《新唐書》卷211；《全唐文》卷698	
文宗開成中	張克勤	奚	左武衛大將軍	《新唐書》卷148	克勤爲茂昭子
武宗會昌元年（840）	烏漢眞（貞）	烏洛侯	左金吾將軍、平盧節度使	《新唐書》卷〈宰相世系表〉；吳廷燮《唐方鎮年表》卷3	漢眞爲重胤子
武宗會昌元年（840）	嗢沒斯（李思忠）	回紇	特進、檢校工部尚書兼左金吾衛大將軍同正、歸義軍使、懷化郡王、河西党項都將	《全唐文》卷697；《新唐書》卷217下	
武宗會昌元年（840）	愛耶勿（李弘〔宏〕順）	回紇	歸義軍副使、檢校右散騎常侍、左領軍大軍	《冊府元龜》卷976〈外臣部・封冊三〉；《全唐文》卷697	
武宗會昌元年（840）	阿歷支（李思貞）	回紇	寧邊郡公、冠軍大將軍、左威衛大將軍	《新唐書》卷217下	
武宗會昌元年（840）	習勿啜（李思義）	回紇	冠軍大將軍、左威衛大將軍、昌化郡公	《新唐書》卷217下	
武宗會昌元年（840）	烏羅思（李思禮）	回紇	寧朔郡公、冠軍大將軍、左威衛大將軍	《新唐書》卷217下	
武宗會昌二年（841）	屈武	回紇	左武衛將軍同正	《冊府元龜》卷994〈外臣部・備禦七〉	
武宗會昌二年（841）	契苾通	契苾	蔚州刺史	《資治通鑑》卷246	
武宗會昌六年（846）	頡干伽思	回紇	雲麾將軍、守左驍衛大將軍外置同正員	《全唐文》卷750	

武宗會昌六年（846）	安寧	回紇	雲麾將軍、守左驍衛大將軍外置同正員	《全唐文》卷750	
宣宗大中元年（847）	史憲忠	奚	振武節度使	《資治通鑑》卷248	
宣宗大中元年（847）	朱邪赤心（李國昌）	沙陀	代北節度使	《新唐書》卷75下	據《新唐書》卷75下〈宰相世系表五〉朱邪氏在唐任唐者尚有：李克用，任河東節度使、沙陀副兵馬使、李存勗，任隰州刺史、李克柔，任代州刺史
宣宗大中九年（855）	王紹鼎	阿布思	成德軍節度副使、成德留後	《資治通鑑》卷249	紹鼎爲元逵子
宣宗大中十一年（857）	王紹懿	阿布思	成德軍節度副使、成德留後	《資治通鑑》卷249、卷250	紹懿爲紹鼎弟
宣宗大中十一年（857）	李承勳	契丹	秦成防禦使、涇原節度使	《資治通鑑》卷249	承勳爲光弼孫
懿宗咸通元年（860）	鋏跌戣	鋏跌	昭義將	《資治通鑑》卷250	
懿宗咸通元年（860）	朱邪赤衷	沙陀	將	《新唐書》卷148	
懿宗咸通七年（866）	王景崇	阿布思	都知兵馬使、成德留後、成德節度使	《資治通鑑》卷250	僖宗廣明中爲鎮州節度使
僖宗乾符二年（875）	李茂勳	阿布思	大將、盧龍節度使	《資治通鑑》卷252	
僖宗乾符三年（876）	李可舉	阿布思	幽州左司馬、知留後、盧龍留後	《資治通鑑》卷252	可舉爲茂勳子
僖宗乾符四年（877）	哥舒璀	突騎施	將、樂營使	《唐文拾遺》卷40	
僖宗乾符五年（878）	李盡忠	沙陀	沙陀兵馬使	《資治通鑑》卷253	
僖宗乾符五年（878）	薛志勤（鐵山）	奚	牙將	《資治通鑑》卷253	
僖宗廣明元年（880）	米海萬	沙陀	朔州刺史	《資治通鑑》卷253	
僖宗中和元年（881）	瞿稹	沙陀	絳州刺史	《資治通鑑》卷254	
僖宗中和元年（881）	契苾璋	契苾	振武節度使	《資治通鑑》卷254	

僖宗中和三年（883）	王鎔	阿布思	成德節度副使、知留後、成德節度使	《資治通鑑》卷255	鎔爲景崇子
僖宗中和四年（884）	李克勤	沙陀	將	《資治通鑑》卷256	克勤爲克用弟
僖宗中和四年（884）	李克修	沙陀	昭義節度使	《資治通鑑》卷256、卷258	克修爲克用弟
僖宗光啓二年（886）	李茂貞	阿布思	扈蹕都將	《資治通鑑》卷256	
昭宗大順元年（890）	李克恭	沙陀	決勝軍使、昭義留後	《資治通鑑》卷258	克恭爲克修弟
昭宗乾寧三年（896）	李落落	沙陀	鐵林指揮使	《資治通鑑》卷260	落落爲克用子
昭宗乾寧三年（896）	史完府	突厥	將	《舊唐書》卷20	
昭宗光化二年（899）	賀德倫	胡	宣義牙將	《資治通鑑》卷261	
昭宗光化二年（899）	薛突厥	薛延陀	將	《資治通鑑》卷261	
昭宗天復二年（902）	李廷鸞	沙陀	將	《資治通鑑》卷263	廷鸞爲克用子
昭宗天復二年（902）	李克寧	沙陀	忻州刺史	《資治通鑑》卷263	克寧爲克用弟
昭宗天復三年（903）	契苾讓	契苾	振武將	《資治通鑑》卷264	
哀帝天祐元年（904）	李繼勛	阿布思	天雄節度使	《資治通鑑》卷265	繼勛爲茂貞姪

表8-2：西北邊地區

時　間	蕃將姓名	國　別（屬族）	官　銜	出　處	備　　考
高祖武德二年（619）	安興貴	安　國	右武候大將軍、上柱國、涼國公	《資治通鑑》卷187	
高祖武德二年（619）	安脩仁	安　國	左武候大將軍、申國公	《資治通鑑》卷187	
高祖武德二年（619）	何潘仁	何　國	右屯衛將軍	《冊府元龜》卷985〈外臣部・征討四〉	
高祖武德中	裴糾	疏　勒	鷹揚大將軍、天山郡公	《新唐書》卷110	
太宗貞觀四年（630）	安胐汗	安　國	左武衛將軍、維州刺史、左衛大將軍、右監門衛大將軍、定襄郡公	《全唐文》卷435	

太宗貞觀四年（630）	安附國	安　國	左領軍府左郎將、忠武將軍	《全唐文》卷435	附國爲拙汗子，後遷中郎將加秩忠武將軍，貞觀十九年功授上柱國、驪虞縣開國男；高宗永徽元年拜右領軍將軍，復拜持節維州諸軍維州刺史，龍朔中改爲左戎衛將軍，總章年進爲右戎衛大將軍
太宗貞觀四年（630）	安思祇	安　國	右玉鈐衛將軍、北平縣公	《全唐文》卷435	思祇爲附國長子
太宗貞觀四年（630）	安思恭	安　國	魯州刺史	《全唐文》卷435	思恭爲附國次子
太宗貞觀十五年（641）	祿東贊	吐　蕃	右衛大將軍	《資治通鑑》卷196	太宗以文成公主下嫁吐蕃贊普松贊干布
太宗貞觀十八年（644）	麴智湛	高　昌	左武衛中郎將、天山縣公、左驍衛將軍、西州刺史	《新唐書》卷221上	智湛爲高昌王智盛弟
太宗貞觀二十年（646）	安永壽	安　國	右領軍中郎將	《唐會要》卷96	
太宗貞觀二十二年（648）	失鉢屈阿棧	堅　昆	左屯衛將軍、堅昆都督	《新唐書》卷217下；《全唐文》卷700	
太宗貞觀中	何處羅拔	何　國	果　毅	《新唐書》卷221上	
太宗貞觀中	安永達	安　國	開府儀同三司、左驍衛大將軍	《全唐文》卷784	永達爲修仁子
太宗貞觀中	安懷恪	安　國	陳州司馬	《全唐文》卷784	懷恪爲永達子
太宗貞觀中	康豔典	康　國	石城鎮使	《新唐書》卷43下	豔典築弩支城
高宗永徽元年（650）	尉遲玷	于　闐	右驍衛將軍	《冊府元龜》卷974〈外臣部‧褒異一〉；《新唐書》卷221上	遲玷爲于闐王伏闍信子
高宗永徽元年（650）	慕容蘇度摸末	吐谷渾	左領軍衛大將軍	《新唐書》卷221上	蘇摸末爲吐谷渾王諾曷鉢長子
高宗永徽二年（651）	突騎支	焉　耆	右武衛將軍	《冊府元龜》卷966〈外臣部‧繼襲一〉	
高宗永徽中	麴崇裕	高　昌	左武衛中郎將	《新唐書》卷221上	崇裕爲智湛弟
高宗永徽中	慕容闥廬摸末	吐谷渾	右武衛大將軍	《新唐書》卷221上	闥廬摸末爲吐谷渾王諾曷鉢次子

高宗總章元年（668）	盧伽逸多	烏　茶	懷化大將軍	《資治通鑑》卷 201	
高宗朝	論贊陵	吐　蕃	特進、左玉鈐衛大將軍、歸懷郡王	《全唐文》卷 479	
高宗朝	論躬仁	吐　蕃	朔方副大總管、雲麾將軍、行左驍衛大將軍、酒泉郡開國公、右武衛大將軍	《全唐文》卷 479；《元和姓纂》卷 9	躬仁爲贊陵子
高宗開耀元年（681）	何迦密	何　國	神　將	《資治通鑑》卷 202、卷 206	則天后神功元年加授右豹衛將軍
睿宗嗣聖元年（684）	結斃蠶匐	昆　堅	左威衛大將軍兼堅昆都督	陳國燦〈唐乾陵石人像及其銜名之研究〉，刊於《文物集刊》1980 年第 2 期	
睿宗嗣聖元年（684）	白回地羅徽	龜　茲	右武衛將軍兼龜茲都督	陳國燦〈唐乾陵石人像及其銜名之研究〉，刊於《文物集刊》1980 年第 2 期	
則天后天授二年（691）	康拂耽延	康　國	石城鎮將	伯希和著，馮承鈞譯〈沙督府圖經及蒲昌海之康居聚落〉，收入《史地叢考》	
則天后神功元年（697）	康戢誕	康　國	別遣行人雲麾將軍	《全唐文》卷 225，張說〈爲河內郡王武懿宗平冀州賊契丹等露布〉	
則天后神功元年（697）	吐火羅決斯	吐火羅	右豹韜衛柔遠府長史上果毅	《全唐文》卷 225，張說〈爲河內郡王武懿宗平冀州賊契丹等露布〉	
則天后神功元年（697）	康景休	康　國	押飛騎	《全唐文》卷 225，張說〈爲河內郡王武懿宗平冀州賊契丹等露布〉	
則天后神功元年（697）	安道買	安　國	平狄軍副使	《資治通鑑》卷 206；《新唐書》卷 4	
則天后聖曆二年（699）	論弓仁	吐　蕃	左玉鈐衛將軍、酒泉郡公	《新唐書》卷 110、卷 220	中宗神龍三年爲朔方軍前鋒游奕使
則天后聖曆二年（699）	論贊婆	吐　蕃	特進、輔國大將軍、歸德郡王	《新唐書》卷 216 上	
則天后聖曆二年（699）	莽布支	吐　蕃	左羽林大將軍、安國公	《新唐書》卷 216 上	

則天后長安四年（704）	安瞻	安國	左衛潞州府果毅	向達《唐代長安與西域文明》	
中宗神龍元年（705）	僕羅	吐火羅	左領軍衛翊府中郎將	《新唐書》卷221下;《全唐文》卷999	
中宗神龍元年（705）	白孝順	龜茲	將軍	《冊府元龜》卷999〈外臣部‧入覲〉	
中宗神龍元年（705）	睢曇金剛	天竺	將軍	《冊府元龜》卷999〈外臣部‧入覲〉	
中宗神龍二年（706）	尉遲樂受	于闐	左領衛大將軍、文柱國、金滿郡公	《高僧傳》卷3	
中宗神龍中	迦葉志忠	天竺	知太史事、鎮軍大將軍、右驍衛將軍	《舊唐書》卷7、92	
中宗景龍初	泥涅師	波斯	左威衛將軍	《新唐書》卷221下	
中宗景龍元年（707）	裴支	疏勒	宣威將軍	向達《唐代長安與西域文明》	
中宗景龍元年（707）	裴達	疏勒	雲麾將軍	向達《唐代長安與西域文明》	
中宗景龍元年（707）	裴沙	疏勒	忠武將軍、行左領軍衛郎將	向達《唐代長安與西域文明》	沙為達子
睿宗景雲元年（710）	李釋迦	中天竺	右驍衛翊府中郎將員外置	《縮刷大藏經寒帙》卷5	
睿宗景雲元年（710）	翟金剛	東天竺	左屯衛翊府中郎將、員外置同正員	《縮刷大藏經寒帙》卷5	
睿宗景雲元年（710）	頗具	東天竺	左領軍右執戟、直中書省	《縮刷大藏經寒帙》卷5	
睿宗景雲元年（710）	何順	迦濕彌羅	左領軍衛中郎將	《縮刷大藏經寒帙》卷5	
睿宗景雲元年（710）	阿羅憾	波斯	右屯衛將軍、金城郡開公	〈阿羅憾丘銘〉	
睿宗景雲中	安金藏	安國	右武衛中郎將	《資治通鑑》卷210	代宗大曆中贈兵部尚書
睿宗景雲中	安承恩	安國	廬州刺史	《資治通鑑》卷210	承恩為金藏子
玄宗開元二年（714）	尉遲裏	于闐	左驍衛郎將	《資治通鑑》卷211	
玄宗開元三年（715）	慕容道奴	吐谷渾	左威衛將軍員外置兼刺史、雲中郡開國公	《冊府元龜》卷964〈外臣部‧封冊二〉、卷974〈外臣部‧褒異一〉、《新唐書》卷215上	
玄宗開元四年（716）	不詳	大食	員外中郎將	《冊府元龜》卷974〈外臣部‧褒異一〉	大食國黑密牟尼蘇於漫遣使來唐

玄宗開元五年（717）	大野迷地羅梵摩寺	中天竺	果毅都尉	《冊府元龜》卷 971〈外臣部・朝貢四〉	
玄宗開元六年（718）	不 詳	米 國	中郎將	《冊府元龜》卷 974〈外臣部・褒異一〉	
玄宗開元六年（718）	不 詳	石 國	中郎將	《冊府元龜》卷 974〈外臣部・褒異一〉	
玄宗開元九年（721）	白道恭	龜 茲	左武衛將軍、清涼縣侯、清涼縣公	《冊府元龜》卷 128〈帝王部・明賞二〉	
玄宗開元九年（721）	康 植	康 國	左武衛大將軍	《新唐書》卷 148	
玄宗開元九年（721）	拓跋思泰	党 項	右監門衛將軍員外置同正員、使持節達洫等一十二州諸軍事兼靜邊州都督、防禦部落使、特進、左金吾衛大將軍	《全唐文》卷 16	
玄宗開元九年（721）	拓跋守寂	党 項	右監門衛將軍員外置同正員、使持節達洫等一十二州諸軍事兼靜邊州都督、防禦部落使、特進、左金吾衛大將軍	《全唐文》卷 16	守寂爲思泰子
玄宗開元十年（722）	裴安定	疏 勒	左武衛將軍員外置	《唐大詔令集》卷 129	
玄宗開元十一年（723）	張甘松	吐 蕃	員外鎮將	《冊府元龜》卷 975〈外臣部・褒異二〉	
玄宗開元十二年（724）	布遮波資	識 匿	金吾衛大將軍	《新唐書》卷 221 下	
玄宗開元十三年（725）	蘇 黎	大 食	果 毅	《冊府元龜》卷 975〈外臣部・褒異二〉	共授十二人
玄宗開元十三年（725）	穆沙諾	波 斯	折 衝	《冊府元龜》卷 975〈外臣部・褒異二〉	
玄宗開元十五年（727）	康移棧	康 國	左領軍衛將軍	《冊府元龜》卷 975〈外臣部・褒異二〉	
玄宗開元十六年（728）	提卑多	大 食	郎 將	《冊府元龜》卷 975〈外臣部・褒異二〉	共授八人
玄宗開元十六年（728）	米忽汗	米 國	將 軍	《冊府元龜》卷 975〈外臣部・褒異二〉	
玄宗開元十七年（729）	骨都施	骨 咄	郎 將	《冊府元龜》卷 975〈外臣部・褒異二〉	
玄宗開元二十年（732）	潘那蜜	波 斯	果 毅	《冊府元龜》卷 975〈外臣部・褒異二〉	

玄宗開元二十年（732）	大德僧及烈	波　斯	果　毅	《冊府元龜》卷975〈外臣部‧褒異二〉	
玄宗開元二十一年（733）	如達干	骨　咄	郎　將	《冊府元龜》卷975〈外臣部‧褒異二〉	
玄宗開元二十一年（733）	婆延達干	石汗那	中郎將	《冊府元龜》卷975〈外臣部‧褒異二〉	
玄宗開元二十一年（733）	摩思覽達干	大　食	果　毅	《冊府元龜》卷975〈外臣部‧褒異二〉	共授七人
玄宗開元二十五年（737）	繼忽娑	波　斯	中郎將	《冊府元龜》卷975〈外臣部‧褒異二〉	
玄宗開元二十六年（738）	伊難如達干羅底琛	吐火羅	果　毅	《冊府元龜》卷975〈外臣部‧褒異二〉	
玄宗開元二十六年（738）	鶻攬支	党　項	果毅、隴右節度使驅使	《冊府元龜》卷975〈外臣部‧褒異二〉	
玄宗開元二十七年（739）	白眞陀羅	龜　茲	莁州將	《資治通鑑》卷214	
玄宗開元二十七年（739）	夫蒙靈察	羌	疏勒鎮守使	《資治通鑑》214	
玄宗開元二十八年（740）	彌羯搓	骨　咄	果　毅	《冊府元龜》卷975〈外臣部‧褒異二〉	
玄宗開元二十八年（740）	來歸賓	吐　蕃	執　戟	《冊府元龜》卷975〈外臣部‧褒異二〉	共授三人
玄宗開元二十八年（740）	康　匿	康　國	游騎將軍守左衛翊府中郎將	向達《唐代長安與西域文明》	
玄宗開元二十八年（740）	康　寧	康　國	歸德將軍行右領軍衛將軍	向達《唐代長安與西域文明》	
玄宗開元二十八年（740）	康煩施	康　國	雲麾將軍、上柱國	向達《唐代長安與西域文明》	
玄宗開元二十八年（740）	康庭蘭	康　國	右威衛翊府左郎將	向達《唐代長安與西域文明》	

玄宗開元二十九年（741）	李承恩	中天竺	游擊將軍	《唐會要》卷 100；《冊府元龜》卷 975〈外臣部‧褒異二〉	
玄宗開元二十九年（741）	和薩	大食	左金吾衛將軍	《冊府元龜》卷 975〈外臣部‧褒異二〉	
玄宗開元中	裴索	疏勒	冠軍大將軍、行左豹韜衛中郎將、右驍衛大將軍、上柱國、金河郡開國公	《全唐文》卷 272	
玄宗天寶元年（742）	那居車鼻施	石國	大將軍	《冊府元龜》卷 975〈外臣部‧褒異二〉	
玄宗天寶元年（742）	趙曳夫	女國	歸昌王、左金吾衛大將軍	《冊府元龜》卷 965〈外臣部‧封冊三〉	
玄宗天寶元年（742）	康阿義屈達干	康國	左威衛中郎將	《全唐文》卷 342	天寶四載遷右威衛將軍、范陽經略副使；五載，拜左武衛大將軍充節度副使
玄宗天寶元年（742）	康沒野波	康國	雲麾將軍、左金吾衛大將軍、上柱國	《全唐文》卷 342	野波為屈達干子
玄宗天寶元年（742）	康英玉	康國	供奉射生	《全唐文》卷 342	英玉為屈達干子
玄宗天寶元年（742）	康屈須彌施	康國	供奉射生	《全唐文》卷 342	須彌施為屈達干子
玄宗天寶元年（742）	康英俊	康國	射生散騎常侍、驃騎大將軍、左武衛大將軍、鴻臚卿、上柱國、殿前射生使、清河郡開國公、右廂兵馬使、御史大夫	《全唐文》卷 342、卷 513	英俊為屈達干子
玄宗天寶元年（742）	安貞	安國	先鋒副使	《全唐文》卷 352	
玄宗天寶元年（742）	安波主	安國	都知兵馬使左羽林大將軍	《全唐文》卷 352	
玄宗天寶元年（742）	渾大寧	渾	大將軍	《全唐文》卷 352	
玄宗天寶五載（746）	安思順	安國	河西節度使知朔方節度事、開府儀同三司兼工部尚書	《資治通鑑》卷 216、卷 217；《全唐文》卷 452	思順為波主子；天寶十四載，思順遷戶部尚書
玄宗天寶五載（746）	安元貞	安國	羽林大將軍	《資治通鑑》卷 217；《全唐文》卷 452	元貞為波主子；天寶十四載，元貞遷太僕卿

玄宗天寶六載（747）	跌失迦延之子	識匿	都督、左武衛將軍	《新唐書》卷221下	
玄宗天寶六載（747）	蘇失利之	小勃律	右威衛將軍	《冊府元龜》卷975〈外臣部・褒異二〉	
玄宗天寶七載（748）	不詳	悒怛	將軍	《冊府元龜》卷975〈外臣部・褒異二〉	
玄宗天寶八載（749）	元論棣郭	吐蕃	左威衛翊府中郎將員外置同正員	《冊府元龜》卷170〈帝王部・來遠〉	
玄宗天寶十一載（752）	密利稽	米越	右衛將軍	《冊府元龜》卷975〈外臣部・褒異二〉	
玄宗天寶十一載（752）	不詳	大食	左金吾衛員外大將軍	《冊府元龜》卷975〈外臣部・褒異二〉	
玄宗天寶十二載（753）	望	大食	中郎將	《冊府元龜》卷975〈外臣部・褒異二〉	共授二十五人
玄宗天寶十二載（753）	裴國良	疏勒	折衝都尉	《新唐書》卷221上	
玄宗天寶十三載（754）	女國大首領	女國	員外中郎將	《冊府元龜》卷977〈外臣部・降附〉	
玄宗天寶十三載（754）	南國大首領	南國	員外中郎將	《冊府元龜》卷977〈外臣部・降附〉	
玄宗天寶十三載（754）	白狗大首領	白狗	員外中郎將	《冊府元龜》卷977〈外臣部・降附〉	
玄宗天寶十三載（754）	董占庭	白蘭	左武衛員外大將軍	《冊府元龜》卷977〈外臣部・降附〉	共授二十一人
玄宗天寶十三載（754）	康承獻	康國	隴右同經副使、右金吾衛員外大將軍、寧塞郡太守	《冊府元龜》卷128〈帝王部・明賞二〉	
玄宗天寶十四載（755）	不詳	康國	折衝都尉	《冊府元龜》卷975〈外臣部・降附〉	
玄宗天寶十四載（755）	不詳	石國	折衝都尉	《冊府元龜》卷975〈外臣部・褒異二〉	
玄宗天寶十四載（755）	荔非守瑜	羌	將軍	《新唐書》卷225上	
玄宗天寶十四載（755）	張毗羅	不詳	定遠將軍守左衛將軍員外同正員	《唐文拾遺》卷66	
玄宗天寶中	康謙	康國	安南都護、將軍	《新唐書》卷225上	肅宗上元中累試鴻臚卿
玄宗天寶中	論誠節	吐蕃	朔方節度副大使、開府儀同三司、右金吾衛大將軍、知階州事、武威郡王	《全唐文》卷479	誠節爲躬仁子；肅宗至德中，授壽府典軍、左衛郎將；代宗時，授先鋒討擊使

玄宗天寶中	尉遲勝	于闐	右威衛將軍、特進	《新唐書》卷 100	代宗廣德中進驃騎大將軍
肅宗至德二載（757）	荔非元禮	羌	裨將	《資治通鑑》卷 200	
肅宗乾元元年（758）	安守忠	安國	特進、左威衛大將軍、羽林大將軍、歸德郡王	《冊府元龜》卷 164〈帝王部・招懷二〉	
肅宗乾元元年（758）	羅友文	護密	左武衛大將軍	《冊府元龜》卷 976〈外臣部・褒異三〉	
肅宗乾元元年（758）	達摩	吐火羅	折衝都尉	《冊府元龜》卷 976〈外臣部・褒異三〉	
肅宗乾元元年（758）	三藏山那	吐火羅	光祿少卿	《冊府元龜》卷 976〈外臣部・褒異三〉	
肅宗乾元元年（758）	安延師	吐火羅	左清道率	《冊府元龜》卷 976〈外臣部・褒異三〉	
肅宗乾元二年（759）	安忠敬	安國	松鄯會三州都督	《新唐書》卷 75 下	據《新唐書》卷 75 下〈宰相世系表五〉下安氏在唐任官者尚有：安緒，任京兆府參軍、安縱，任寶鼎主簿、安綜，任河內參軍、安永壽，任右領軍將軍、安懷洛，任陳州司馬、安玄暉，任貝州刺史、安義仲，任閤門府果毅
肅宗乾元二年（759）	安抱玉	安國	鴻臚卿、鄭陳穎亳節度使	《資治通鑑》卷 221；《冊府元龜》卷 358〈將帥部・立功十一〉	代宗時，擢爲澤潞節度使，廣德元年，加鳳翔節度使、司空
肅宗乾元二年（759）	白孝德	龜茲	裨將、北庭行營節度使	《資治通鑑》卷 221；《新唐書》卷 136	
肅宗乾元二年（759）	論懷義	吐蕃	先鋒討擊使	《全唐文》卷 479	懷義爲誠節兄
肅宗乾元二年（759）	論惟賢	吐蕃	先鋒討擊使、右羽林大將軍	《全唐文》卷 479；《元和姓纂》卷 9	惟賢爲誠節子
肅宗乾元二年（759）	論惟貞	吐蕃	右金吾大將軍	《元和姓纂》卷 9	惟貞爲誠節子
肅宗乾元二年（759）	論惟明	吐蕃	檢校工部尚書、鄜坊節度	《元和姓纂》卷 9；《資治通鑑》卷 228；《全唐文》卷 462、卷 479	惟明爲誠節子；德宗建中四年拜慶州刺史；貞元初拜太常伯、執金吾

肅宗乾元 二年（759）	論惟清	吐　蕃	銀青綏麟等四州兵馬使同朔方節度副使、開府儀同三司、前行銀州刺史、御史中丞、歸德州都督、武郡王、持節隰州刺史兼御史中丞、歸德州都督、充本州團練守捉使同朔方節度副使	《全唐文》卷 413	
肅宗乾元 二年（759）	論誠信	吐　蕃	大將軍	《全唐文》卷 413	
肅宗上元 元年（760）	尉遲曜	于　闐	左監門衛率、太僕員外卿、同四鎮節度副使、權知本國事	《資治通鑑》卷 221；《新唐書》卷 221上	曜爲勝弟
代宗廣德 元年（763）	拓跋澄泌	党　項	將	《新唐書》卷 221 上	
代宗廣德 元年（763）	李萬江	吐谷渾	大　將	《新唐書》卷 214	
代宗廣德 二年（764）	李國臣	安　國	開府儀同三司、中郎將、朔方將、雲麾大將軍、臨川郡王	《資治通鑑》卷 223、《新唐書》卷 136	
代宗廣德 二年（764）	安抱眞	安　國	汾州別駕	《資治通鑑》卷 223；《新唐書》卷 138；《冊府元龜》卷 359、卷 413、卷 422	抱眞爲抱玉從父弟；大曆末爲澤潞留後；德宗建中，功加檢校兵部尙書、檢校右僕射；興元初，爲昭義軍節度使、加平章事、檢校司空
德宗建中 二年（781）	李元忠	曹　國	西北庭節度使、北庭大都護、寧塞郡王	《資治通鑑》卷 227	
德宗建中 三年（783）	康日知	康　國	趙州刺史、深、趙都團練觀察使	《資治通鑑》卷 227；《新唐書》卷 148；《全唐文》卷 60	興元元年，日知遷奉誠軍節度使，又徙晉、絳，加累檢校尙左僕射、會稽郡王
德宗建中 四年（783）	康秀琳	康　國	十將輔國大將軍、行右金吾大將軍員外置同正員兼試太常卿、上柱國、合浦郡王、尙書左僕射	《資治通鑑》卷 228；《唐大詔令集》卷 65	

德宗建中四年（783）	裴 玢	疏 勒	忠義郡王、司馬、節度使	《新唐書》卷100	
德宗建中四年（783）	駱元光	安 國	鎮國軍副使、鎮國軍節度使、太子詹事、御史中丞、華州刺史兼御史大夫、潼關防禦鎮國軍節度使	《資治通鑑》卷229；《新唐書》卷156；《金石萃編》卷103	興元初，加檢校尚書右僕射、武康郡王
德宗興元元年（784）	石演芬	石 國	右武鋒兵馬使	《資治通鑑》卷230	
德宗興元元年（784）	羅好心	天 竺	神策馬軍十將、開府儀同三司、檢校太子詹事、上柱國、新平邵王	桑原騭藏《隋唐時代來往中國之西域人》	
德宗貞元二年（786）	拓跋乾暉	党 項	夏州刺史	《資治通鑑》卷232	
德宗貞元三年（787）	白娑勒	龜 茲	將	《資治通鑑》卷232	
德宗貞元十一年（795）	論乞髯湯沒藏悉諾硉	吐 蕃	歸德將軍、懷化大將軍	《冊府元龜》卷976〈外臣部·褒異三〉、《舊唐書》卷13	
德宗貞元十二年（796）	湯忠義	吐 蕃	歸德將軍	《冊府元龜》卷976〈外臣部·褒異三〉；《舊唐書》卷13	忠義爲悉諾硉子
德宗貞元十三年（797）	石思景	石 國	涇州陽府左果毅	向達《唐代長安與西域文明》	
德宗貞元十三年（797）	石 清	石 國	左威衛左司戈	向達《唐代長安與西域文明》	清爲思景子
德宗貞元十四年（798）	李頭及	文 單	中郎將	《冊府元龜》卷976〈外臣部·褒異三〉	
德宗貞元十四年（798）	含 嵯	大 食	中郎將	《冊府元龜》卷976〈外臣部·褒異三〉	
德宗貞元十四年（798）	烏 雞	大 食	中郎將	《冊府元龜》卷976〈外臣部·褒異三〉	
德宗貞元十四年（798）	莎 比	大 食	中郎將	《冊府元龜》卷976〈外臣部·褒異三〉	
德宗貞元中	迦葉濟	天 竺	涇原大將、試太常卿	《元和姓纂》卷5	
憲宗元和中	野詩良輔	羌	鳳翔大將、隴州刺史	《新唐書》卷170；《冊府元龜》卷393〈將帥部·威名二〉	
憲宗元和元年（806）	論 慘	吐 蕃	寧州刺史	《新唐書》卷174；《全唐文》卷650	

憲宗元和八年（813）	石神福曾祖	石　國	鴻臚少卿	《唐文拾遺》卷66	
憲宗元和八年（813）	石神福祖	石　國	左翊府中郎將	《唐文拾遺》卷66	
憲宗元和八年（813）	石何羅燭	石　國	雲麾將軍	《唐文拾遺》卷66	
憲宗元和八年（813）	石神福	石　國	成德軍節度下左金吾衛大將軍試殿中監	《唐文拾遺》卷66	神福爲何羅燭子
穆宗長慶二年（822）	論倚	吐　蕃	持節守忻州刺史	《全唐文》卷649	
文宗太和元年（827）	拓跋忠義	党　項	部落游奕使	《冊府元龜》卷977〈外臣部・降附〉	
文宗太和元年（827）	康志睦	康　國	右神策軍、大將軍、御史大夫、平盧節度使、淄青節度使	《資治通鑑》卷243；《新唐書》卷148；《冊府元龜》卷434	志睦爲日知子
武宗會昌二年（842）	何清朝	何　國	銀州刺史、金紫光祿大夫、檢校太子賓客、左衛將軍、侍御史、本州押蕃落使、度支銀州監牧馬副使	《資治通鑑》卷246；《全唐文》卷967	
武宗會昌六年（846）	米暨	米　國	夏州節度使、東北道招討党項使	《資治通鑑》卷248	
宣宗大中十一年（857）	尚延心	吐　蕃	武衛將軍、河渭都遊奕使	《資治通鑑》卷249	
懿宗咸通四年（863）	康承訓	康　國	嶺南西道節度使	《資治通鑑》卷250	
懿宗咸通四年（863）	康傳業	康　國	鄜坊節度使	《新唐書》卷148	
懿宗咸通七年（866）	拓跋懷光	党　項	將	《資治通鑑》卷250	
僖宗乾符五年（877）	康傳圭	康　國	都押牙、河東行軍司馬、河東節度等使	《資治通鑑》卷253；《冊府元龜》卷449	
僖宗廣明元年（880）	赫連鐸	吐谷渾	雲州刺史、大同軍防禦使	《資治通鑑》卷253	
僖宗廣明元年（880）	白義誠	吐谷渾	蔚州刺史	《資治通鑑》卷253	
僖宗中和元年（881）	拓跋思恭	党　項	宥州刺史、左武衛將軍、權知夏綏（銀）節度使、夏綏節度使	《資治通鑑》卷254；《新唐書》卷221上	

時　間	蕃將姓名	國　別 （屬族）	官　銜	出　　處	備　　考
僖宗中和 元年（881）	論　安	吐　蕃	教練使	《資治通鑑》卷 254	
僖宗中和 二年（882）	米　誠	米　國	同州刺史	《資治通鑑》卷 255	
僖宗光啓 二年（886）	拓跋從	党　項	潤州差	《資治通鑑》卷 256	
昭宗乾寧 二年（895）	拓跋思孝	党　項	保大節度使、鄜坊丹翟等州觀察使、北面招討使	《資治通鑑》卷 260 ；《新唐書》卷 221 上	思孝爲思恭之從弟
昭宗乾寧 二年（895）	拓跋思諫	党　項	定難節度使、東面招討使	《資治通鑑》卷 260 ；《新唐書》卷 221 上	思諫爲思恭弟
昭宗乾寧 二年（895）	拓跋思敬	党　項	保大節度留後	《資治通鑑》卷 260	思敬爲思孝弟
昭宗乾寧 三年（896）	何懷寶	何　國	將	《舊唐書》卷 20	

表 8-3：東北邊地區

時　間	蕃將姓名	國　別 （屬族）	官　衛	出　　處	備　　考
高祖武德 中	似先英問	高　麗	右驍衛將軍	《古今姓氏書辯證》 卷 22	
太宗貞觀十 四年（640）	余　志	流　鬼	騎都尉	《冊府元龜》卷 170 〈帝王部・來遠〉	
太宗貞觀 二十二年 （648）	金文王	新　羅	左武衛將軍	《冊府元龜》卷 974 〈外臣部・褒異一〉 ；《新唐書》卷 220	
高宗顯慶 元年（656）	三　盧	東　女	右監門中郎將	《新唐書》卷 221 上	
高宗龍朔 三年（663）	黑齒常之	百　濟	左領員外將軍、左武衛將軍	《冊府元龜》卷 358 〈將帥部・立功十一〉	常之先任百濟達率兼郡將；高宗永隆二年遷河源道經略大使；則天后垂拱三年爲燕山道大總管
高宗龍朔 中	沙吒阿傳	百　濟	右威衛大將軍	《元和姓纂》卷 5	
高宗龍朔 中	沙吒葛旃 （李奉國）	百　濟	右威衛大將軍兼御史大夫	《元和姓纂》卷 5	葛旃爲阿傳曾孫
高宗龍朔 中	李　澄	百　濟	武衛大將軍	《元和姓纂》卷 5	
高宗乾封 元年（666）	泉獻誠	高　麗	右武衛將軍	《新唐書》卷 110	獻誠爲泉男生子；則天后天授元年轉左衛大將軍

高宗總章元年（668）	泉男生	高麗	特進、東代都督、玄菟郡公、右衛大將軍、卞國公	《冊府元龜》卷128〈帝王部‧明賞二〉	
則天后垂拱三年（687）	斂臂	東女	左玉鈐衛員外將軍	《冊府元龜》卷964〈外臣部‧封冊二〉	
則天后垂拱中	高寶元	高麗	朝鮮郡王	《新唐書》卷220	則天后聖曆初進左鷹揚衛大將軍
則天后神功元年（697）	金元濟	新羅	左玉鈐衛長上、借緋	《全唐文》卷225，張說〈爲河內郡王武懿宗平冀州賊契丹等露布〉	
則天后聖曆元年（698）	沙吒忠義	百濟	右武威衛將軍、天兵前軍總管、清邊中道前軍總管、冠軍大將軍、上柱國、賓山郡開國公、酈國公	《冊府元龜》卷986〈外臣部‧征討六〉；《全唐文》卷225，張說〈爲河內郡王武懿宗平冀州賊契丹等露布〉、卷242，李嶠〈封右武威衛將軍沙吒忠義酈國公制〉	
則天后聖曆元年（698）	扶餘文宣	百濟	將軍、子總管	《新唐書》卷215上	
中宗景龍元年（707）	兵部珣	百濟	天兵中軍副使右金吾衛大將軍、上柱國、遵化郡開國公	《唐大詔令集》卷130，〈命呂休璟等北伐制〉；《金石萃編》卷68	
睿宗景雲元年（707）	李仁德	高麗	雲麾將軍行右屯衛翊中郎將、金城縣開國子、右威衛將軍	《唐文拾遺》卷66	
睿宗景雲元年（707）	李思讓	高麗	右驍衛司階	《唐文拾遺》卷66	思讓爲仁德次子
玄宗開元元年（713）	王毛仲	高麗	大將軍	《新唐書》121	
玄宗開元二年（714）	李思敬	高麗	右驍衛中候	《唐文拾遺》卷66	思敬爲仁德長子
玄宗開元三年（715）	高拱毅	高麗	左領軍衛將軍員外置兼刺史、平城郡開國公	《冊府元龜》卷964、卷974、《新唐書》卷215上	
玄宗開元六年（716）	不詳	新羅	中郎將	《冊府元龜》卷974〈外臣部‧褒異一〉	
玄宗開元十二年（724）	金武勳	新羅	游擊將軍	《冊府元龜》卷975〈外臣部‧褒異二〉	

玄宗開元十四年（726）	金欽質	新羅	郎將	《冊府元龜》卷975〈外臣部‧褒異二〉	
玄宗開元十六年（728）	金嗣宗	新羅	果毅	《冊府元龜》卷975〈外臣部‧褒異二〉	
玄宗開元十八年（730）	金志滿	新羅	太僕卿員外置同正員	《冊府元龜》卷975〈外臣部‧褒異二〉	
玄宗開元二十一年（733）	金思蘭	新羅	太僕卿員外置同正員	《冊府元龜》卷975〈外臣部‧褒異二〉；《三國史記》卷8，〈聖德王紀〉	
玄宗天寶六載（747）	高舍雞	高麗	將軍、四鎮校將	《新唐書》卷135	
玄宗天寶六載（747）	高仙芝	高麗	游擊將軍、安西副都護、四鎮都知兵馬使、鴻臚卿、攝御史中丞、四鎮節度使、河西節度使	《新唐書》卷135；《冊府元龜》卷358、卷450	仙芝爲舍雞子
玄宗天寶十二載（753）	王虔威	高麗	朔方軍將	《新唐書》卷75	
玄宗天寶十二載（753）	王思禮	高麗	特進、右武衛員外大將軍、兵馬使兼河源軍使	《資治通鑑》卷216；《冊府元龜》卷128、卷358、卷418、卷432	思禮爲虔威子；天寶末思禮爲哥舒翰馬軍都將，後以功遷兵部尚書封霍國公
玄宗天寶末	侯希逸	高麗	州裨將	《資治通鑑》卷219；《新唐書》卷144	肅宗至德二載拜平盧將、平盧節度使、淄青節度使
肅宗乾元元年（758）	李正己（懷玉）	高麗	折衝都尉、裨將	《資治通鑑》卷220；《新唐書》卷213	希逸之母爲正己之姑；據《新唐書》卷75下〈宰相世系表〉記李氏在唐任官者尚有：李李明安，任閬州同戶參軍、李澹，任徐州團練副使
肅宗上元中	朝衡（朝臣仲滿）	日本	左散騎常侍、安南都護	《新唐書》卷220	
代宗朝	李納	高麗	奉禮郎、殿中丞兼侍御史	《新唐書》卷213；《資治通鑑》卷227	納爲正己子；德宗建中二年爲行軍司馬
德宗建中二年（781）	李洧	高麗	徐州刺史、御史大夫充招諭使	《資治通鑑》卷227	洧爲正己之從父兄
德宗貞元三年（787）	扶餘準	百濟	朔方河中副元帥押衙、大將	《冊府元龜》卷981〈外臣部‧盟誓〉	
德宗貞元八年（792）	李師古	高麗	青州刺史、平盧節度使、右金吾衛大將軍、本軍節度使	《資治通鑑》卷234、《新唐書》卷213	

憲宗元和元年（806）	李師道	高　麗	密州刺史、知留後	《資治通鑑》卷 237；《新唐書》卷 213	師道爲師古異母弟
敬宗寶曆元年（825）	金雲卿	新　羅	右監門衛率府兵曹參軍	《冊府元龜》卷 980〈外臣部‧通好〉	
文宗太和中	張保皋	新　羅	小　將	《全唐文》卷 756	
文宗太和中	鄭　年	新　羅	小　將	《全唐文》卷 756	

表九、唐代對外族徵兵表

時　　間	徵兵國家（部落）	徵兵因由	出　　處	備　　考
太宗貞觀八年（634）	契苾、党項、突厥	討吐谷渾	《資治通鑑》卷 195，太宗貞觀八年十月條	
太宗貞觀十四年（640）	焉　耆	討高昌	《資治通鑑》卷 195，太宗貞觀十四年八月條	貞觀十三年，薛延陀可汗遣使上言：「奴受恩思報，請發所部爲軍導以擊高昌」
太宗貞觀十五年（641）	奚、霫、契丹	擊薛延陀眞珠可汗	《冊府元龜》卷 985〈外臣部‧征討四〉	
太宗貞觀十八年（644）	新羅、百濟	擊高麗	《資治通鑑》卷 196，太宗貞觀十八年十一月條	
太宗貞觀十八年（644）	契丹、奚、靺鞨	征高麗	《資治通鑑》卷 197，太宗貞觀十八年十一月條	
太宗貞觀十九年（645）	突厥、靺鞨	征高麗	《通典》卷 186〈高句麗〉	
太宗貞觀二十年（656）	突厥、胡兵	討薛延陀	《資治通鑑》卷 198，太宗貞觀二十年正月條	
太宗貞觀二十一年（647）	鐵勒十三州、突厥、吐蕃、吐谷渾	討龜茲王訶黎布失畢	《冊府元龜》卷 973〈外臣部‧助國討伐〉	
太宗貞觀二十二年（648）	吐蕃、泥婆羅、章求（揭）拔國	討帝那伏國阿羅那順	《通典》卷 193〈天竺〉；《舊唐書》卷 198〈西戎傳〉；《新唐書》卷 221〈西域列傳上〉；《冊府元龜》卷 973〈外臣部‧助國討伐〉	發兵者爲唐右衛率府長史王玄策

太宗貞觀二十三年（649）	回紇、僕骨	討突厥車鼻可汗	《通典》卷198〈突厥中〉	發兵者爲右驍衛郎將高侃
高宗永徽三年（652）	回紇	賀魯	《通典》卷199〈突厥下〉	
高宗龍朔二年（662）	西突厥	龜茲	《唐會要》卷94〈西突厥〉	
高宗總章二年（669）	突厥	薛延陀	《唐會要》卷96〈薛延陀〉	
中宗景龍二年（708）	甘涼、吐蕃	娑葛	《唐會要》卷94〈沙陀突厥〉；《資治通鑑》卷209，景龍二年十一月條	
玄宗開元八年（720）	拔悉密、奚、契丹	突厥	《通典》卷198〈突厥中〉	
玄宗開元二十七年（739）	汗拔那（寧遠國）	吐火仙	《新唐書》卷221〈西域下·寧遠傳〉	
玄宗開元中	大食	突騎施	《全唐文》卷285，張九齡〈敕河西節度牛仙客書〉	
玄宗天寶十四載（755）	大食、奴剌、頡、跌、朱邪、契苾、渾、蹋林、奚結、沙施、蓬子、處蜜、吐谷渾、思結、盾蠻	討安史亂	《通鑑考異》卷14、《全唐文》卷339，2顏眞卿〈天下放生池碑銘〉	天寶十五載，迴紇、吐蕃遣使請和親，助國討逆（安史）
肅宗至德二年（757）	回紇、南蠻、大食、吐蕃	助國討安史亂	《舊唐書》卷195〈回紇傳〉、《唐會要》卷97〈吐蕃〉、卷98〈回紇〉	
肅宗乾元元年（758）	吐火羅等西域九國	助國討安史亂	《唐會要》卷99〈吐火羅〉	
懿宗咸通十年（869）	沙陀	討龐勛亂	《資治通鑑》卷251，懿宗咸通十年二月條	
僖宗乾符五年（878）	沙陀	討王仙芝	《資治通鑑》卷253，僖宗乾符五年正月條	
僖宗中和二年（882）	沙陀	討黃巢	《資治通鑑》卷255，僖宗中和二年十月條	

表十、唐朝蕃國遣使求援表

時　間	求援蕃國	求 援 因 由	出　　　　處
太宗貞觀十八年（644）	新　羅	百濟、高麗侵逼	《冊府元龜》
高宗永徽中	康　國	大食所攻	《唐會要》卷 99〈康國〉
高宗顯慶五年（660）	新　羅	百濟、高麗交侵	《新唐書》卷 220
高宗龍朔元年（661）	波　斯	大食侵擾	《唐會要》卷 100〈波斯〉
玄宗開元三年（715）	拔汗那	吐蕃、大食結兵相侵	《資治通鑑》卷 211，玄宗開元三年
玄宗開元七年（719）	安國、康國	大食相侵	《冊府元龜》
玄宗開元十年（722）	小勃律	吐蕃相侵	《新唐書》卷〈吐蕃傳〉
玄宗開元十五年（727）	吐火羅	大食相攻	《全唐文》卷 999〈吐火羅葉護支汗那請助討大食表〉
玄宗開元二十九年（741）	石　國	大食侵擾	《唐會要》卷 99〈石國〉
玄宗天寶十一載（752）	東曹國、安國、諸胡九國	黑衣大食	《新唐書》卷 221〈東曹〉
玄宗年間	吐火羅	羯師、吐蕃相攻	《全唐文》卷 999〈吐火羅葉護失里忙迦羅〉

表十一、蕃國入唐宿衛表

表 11-1：新羅入唐宿衛

時　間	姓　　名	身　份	在唐官階	出　　處	備　　考
太宗貞觀二十二年（648）	金文汪（王）	王　族	左武衛將軍	《冊府元龜》卷974，〈外臣部・褒異一〉；《舊唐書》卷199上，〈新羅傳〉；《東國史略卷1；《三國史記》卷5，〈新羅本紀〉	
高宗永徽二年（651）	金仁問	王　族	左領軍衛將軍、右驍衛員外大將軍、臨海郡釬、鎮軍大將軍、右武威衛大將軍、輔國大將軍、上柱國、臨海郡開國公、左羽林軍將軍	《三國史記》卷44，〈金仁問傳〉；《太平寰宇記》卷174，新羅條；《唐會要》卷95，新羅條	入唐前曾任新羅波珍（第四等）官階；入唐者尚有儒敦等人
高宗乾封元年（666）	金三光	金庾信之子	左武衛翊府中郎將	《三國史記》卷6，〈文武王紀〉；卷43〈金庾信傳下〉	入唐前曾任新羅奈麻（第十一等）官階
高宗上元元年（674）	德　福	王　族	不　詳	《三國史記》卷7，〈文武王紀〉	入唐前曾任新羅大奈麻（第十等）官階
高宗上元二年（675）	金風訓	不　詳	不　詳	《三國史記》卷7，〈文武王紀〉	高宗上元二年，薛仁貴以風訓父金眞珠伏誅本國，引風訓爲鄉導來攻泉城
玄宗開元二年（714）	金守忠	王　子	不　詳	《冊府元龜》卷996，〈外臣部・納質〉；《三國史記》卷8，〈聖德王紀〉	入唐前曾任新羅阿（第六等）官階
玄宗開元十六年（728）	金嗣宗	王　弟	果　毅	《冊府元龜》卷975，〈外臣部・褒異二〉；《三國史記》卷8，〈聖德王紀〉	
玄宗開元十八年（730）	金志蒲（滿）	王　姪	太僕卿員外郎置同正	《冊府元龜》卷975，〈外臣部・褒異二〉	
玄宗開元二十一年（733）	金思蘭	王　族	太僕卿員外置同正員	《冊府元龜》卷975，〈外臣部・褒異二〉；《三國史記》卷8，〈聖德王紀〉	

玄宗開元二十二年（734）	金忠信	王從弟	左領軍衛員外將軍	《三國史紀》卷 8，聖德王本紀；《全唐文》卷 1000，〈金忠信請充寧海軍副使從討靺鞨表〉	
玄宗開元二十二年（734）	金志（至）廉	王從姪	鴻臚少卿	《冊府元龜》卷 973，〈外臣部‧褒異二〉	
肅宗上元二年（761）	金巖	不詳	不詳	《資治通鑑》卷 222，肅宗上元二年二月戊辰條	
代宗大曆元年（766）	金巖	不詳	司天大博士	《三國史記》卷 43	入唐前曾任伊
德宗貞元十六年（800）	梁悅	不詳	右贊善大夫	《三國史記》卷 10，〈憲德王本紀〉	
憲宗元和元年（806）	金獻忠	王子	秘書監	《冊府元龜》卷 976，〈外臣部‧褒異三〉；《舊唐書》卷 199 上，〈新羅傳〉	
憲宗元和四年（809）	金士信	王族	太子中允	《冊府元龜》卷 976，〈外臣部‧納質〉、卷 996；《三國史記》卷 10，〈憲德王本紀〉	
敬宗寶曆元年（825）	金昕	王子	太常卿	《唐會要》卷 95，新羅條；《三國史記》卷 10，憲德王本紀；《冊府元龜》卷 999，〈外臣部‧請求〉	敬宗寶曆元年五月，金昕奏言：……其新赴朝金允夫、金立之、朴亮之一十二人，請宿衛
文宗開成元年（836）	金義琮	王子	不詳	《冊府元龜》卷 996，〈外臣部‧納質〉；《三國史記》卷 10，〈憲德王本紀〉；《唐會要》卷 95，新羅條；《全唐文》卷 756	
文宗開成二年（837）	金忠信	王族	不詳	《三國史記》卷 10，〈僖康王本紀〉；《冊府元龜》卷 976〈外臣部‧納質〉	
懿宗咸通十一年（870）	金因	王子	不詳	《三國史記》卷 11，〈景文王王本紀〉	入唐前曾任新羅沙（第八等）官階
昭宗文德元年（888）	金茂先、楊穎、崔澳、崔匡裕	留學生	不詳	《東文選》卷 47	

表 11-2：渤海國入唐宿衛

時　間	姓　名	身　份	在唐官階	出　　處	備　考
中宗神龍元年（705）	大門藝	王　子	不　詳	《舊唐書》卷 199 下，〈渤海靺鞨傳〉	
玄宗開元六年（718）	大述藝	王　子	懷化大將軍行左衛大將軍員外置	《冊府元龜》卷 971，〈外臣部・朝貢四〉；卷 974，〈外臣部・褒異一〉	
玄宗開元十三年（725）	大昌勃價	王　弟	左威衛員外將軍	《冊府元龜》卷 971，〈外臣部・朝貢四〉；卷 975，〈外臣部・褒異二〉	玄宗開元十五年冊襄平縣開國男
玄宗開元十四年（726）	大都利行	王　子	左威衛大將軍員外置	《冊府元龜》卷 971，〈外臣部・朝貢四〉；卷 975，〈外臣部・褒異二〉	玄宗開元八年冊爲桂婁郡王
玄宗開元十七年（729）	大胡雅	王　弟	游擊將軍	《冊府元龜》卷 971，〈外臣部・朝貢四〉；卷 975，〈外臣部・褒異二〉	
玄宗開元十七年（729）	大　琳	王　弟	中郎將	《冊府元龜》卷 971，〈外臣部・朝貢四〉；卷 975，〈外臣部・褒異二〉	
玄宗開元十八年（730）	兀　異	王　族	左武衛折衝	《冊府元龜》卷 971，〈外臣部・褒異二〉	
玄宗開元二十七年（739）	大勗進	王　弟	左武衛大將軍、員外置	《冊府元龜》卷 971，〈外臣部・朝貢四〉；卷 975，〈外臣部・褒異二〉	
玄宗天寶二年（743）	大　蕃	王　弟	左領軍衛員外大將軍	《冊府元龜》卷 975，〈外臣部・褒異二〉	
代宗大曆九年（774）	大英俊	不　詳	不　詳	《冊府元龜》卷 996，〈外臣部・納質〉	
德宗貞元七年（791）	大貞幹	王　子	不　詳	《冊府元龜》卷 996，〈外臣部・納質〉	
穆宗長慶四年（824）	大聰叡等五十人	不　詳	不　詳	《舊唐書》卷 17 上，〈敬宗紀〉	

表 11-3：其他蕃國入唐宿衛

時　　間	姓　名	身　份	在唐官階	出　　　　處	備　考
太宗貞觀四年（630）	阿史那結社率	可汗弟	郎　將	《新唐書》卷 215 上	突　厥
太宗貞觀十八年（644）	阿史那思摩（乙泥孰俟利苾可汗）	可　汗	右武候大將軍、北開州都督、懷化郡王、右武衛將軍	《資治通鑑》卷 193；《冊府元龜》卷 964〈外臣部‧冊封五〉、《新唐書》卷 215 上	突　厥
高宗永徽二年（651）	阿史那咥運	王　子	右驍衛中郎將	《新唐書》卷 215 下	西突厥
睿宗嗣聖元年（684）	那利自阿力	不　詳	不　詳	陳國燦〈唐乾陵石人像及其銜名之研究〉，刊於《文物集刊》1980 年第 2 期	龜　茲
睿宗嗣聖元年（684）	裴夷健密施	不　詳	不　詳	陳國燦〈唐乾陵石人像及其銜名之研究〉，刊於《文物集刊》1980 年第 2 期	疏　勒
睿宗嗣聖元年（684）	尉遲璥	不　詳	不　詳	陳國燦〈唐乾陵石人像及其銜名之研究〉，刊於《文物集刊》1980 年第 2 期	于　闐
睿宗嗣聖元年（684）	斯陀勒	不　詳	不　詳	陳國燦〈唐乾陵石人像及其銜名之研究〉，刊於《文物集刊》1980 年第 2 期	朱俱半（波）
睿宗嗣聖元年（684）	何伏帝延	不　詳	不　詳	陳國燦〈唐乾陵石人像及其銜名之研究〉，刊於《文物集刊》1980 年第 2 期	播仙城
睿宗嗣聖元年（684）	泥涅師師	國　王	康國王	陳國燦〈唐乾陵石人像及其銜名之研究〉，刊於《文物集刊》1980 年第 2 期	康　國
睿宗嗣聖元年（684）	石忽那	不　詳	不　詳	陳國燦〈唐乾陵石人像及其銜名之研究〉，刊於《文物集刊》1980 年第 2 期	石　國
睿宗嗣聖元年（684）	羯達健	不　詳	不　詳	陳國燦〈唐乾陵石人像及其銜名之研究〉，刊於《文物集刊》1980 年第 2 期	吐火羅
睿宗嗣聖元年（684）	南　昧	不　詳	不　詳	陳國燦〈唐乾陵石人像及其銜名之研究〉，刊於《文物集刊》1980 年第 2 期	波　斯
睿宗嗣聖元年（684）	慕容諾曷鉢	國　王	河源郡王、拜駙馬都尉、吐谷渾王	陳國燦〈唐乾陵石人像及其銜名之研究〉，刊於《文物集刊》1980 年第 2 期	吐谷渾

睿宗嗣聖元年（684）	徒那缽	不詳	不詳	陳國燦〈唐乾陵石人像及其銜名之研究〉，刊於《文物集刊》1980年第2期	吐谷渾
睿宗嗣聖元年（684）	論悉囊熱	不詳	不詳	陳國燦〈唐乾陵石人像及其銜名之研究〉，刊於《文物集刊》1980年第2期	吐蕃
睿宗嗣聖元年（684）	移力貪汗	不詳	不詳	陳國燦〈唐乾陵石人像及其銜名之研究〉，刊於《文物集刊》1980年第2期	突厥
睿宗嗣聖元年（684）	葛邏嗔	不詳	不詳	陳國燦〈唐乾陵石人像及其銜名之研究〉，刊於《文物集刊》1980年第2期	突厥
則天后垂拱三年（687）	李多祚	酋長	左鷹提大將軍	《資治通鑑》卷204	靺鞨
則天后長壽元年（692）	阿史那忠節	不詳	武衛大將軍	《資治通鑑》卷209	西突厥
中宗神龍元年（705）	僕羅	王弟	四品中郎、左領軍衛翊府中郎將	《新唐書》卷221下；《全唐文》卷999，僕羅訴授官不當上書	吐火羅
睿宗景雲元年（710）	李釋迦	不詳	右驍衛翊府中郎將	《縮刷大藏經寒帙》卷5	中天竺
玄宗開元元年（713）	楊我支	不詳	不詳	《新唐書》卷215上	突厥
玄宗開元四年（716）	洪光乘等五人	大首領	員外郎將	《冊府元龜》卷974〈外臣部·褒異一〉	蠻
玄宗開元六年（718）	孫骨訥等十八人	不詳	遊擊將軍	《冊府元龜》卷974〈外臣部·褒異一〉	契丹
玄宗開元十年（722）	奴默俱	奚王兄	將軍	《冊府元龜》卷975〈外臣部·褒異二〉	奚
玄宗開元十年（722）	鞏巢高	奚王兄	將軍	《冊府元龜》卷975〈外臣部·褒異二〉	奚
玄宗開元十年（722）	楊大充	大酋	右驍衛翊府員外中郎將	《冊府元龜》卷975〈外臣部·褒異二〉	蠻
玄宗開元十一年（723）	張甘松	首領	員外鎮將	《冊府元龜》卷975〈外臣部·褒異二〉	吐蕃
玄宗開元十一年（723）	李日越	首領	員外折衝	《冊府元龜》卷975〈外臣部·褒異二〉	奚
玄宗開元十三年（725）	李吐干	王弟	遼陽郡王、左羽林衛大將軍	《新唐書》卷219	契丹
玄宗開元十三年（725）	穆沙諾	首領	折衝	《冊府元龜》卷975〈外臣部·褒異二〉	波斯

玄宗開元十四年（726）	李闓池等六人	大首領	折衝	《冊府元龜》卷975〈外臣部‧褒異二〉	契丹
玄宗開元十六年（728）	洪充垂	大首領	中郎將	《冊府元龜》卷975〈外臣部‧褒異二〉	蠻
玄宗開元十八年（730）	兀異	不詳	左武衛折衝	《冊府元龜》卷975〈外臣部‧褒異二〉	拂涅
玄宗開元十八年（730）	羅眞檀	國王	不詳	《冊府元龜》卷975〈外臣部‧褒異二〉	護密
玄宗開元二十二年（734）	何羯達	大首領	鎮副	《冊府元龜》卷975〈外臣部‧褒異二〉	突騎施
玄宗開元二十三年（735）	渴胡	不詳	果毅	《冊府元龜》卷975〈外臣部‧褒異二〉	契丹
玄宗開元二十四年（736）	薩合朱	首領	折衝員外置	《冊府元龜》卷975〈外臣部‧褒異二〉	突厥
玄宗開元二十八年（741）	來歸賓等三人	首領	執戟	《冊府元龜》卷975〈外臣部‧褒異二〉	吐蕃
玄宗天寶四載（745）	鳳伽異	王子	鴻臚少卿	《蠻書》卷3	南詔
玄宗天寶六載（747）	蘇失利之	國王	右威衛將軍	《冊府元龜》卷975〈外臣部‧褒異二〉	小勃律
玄宗天寶八載（749）	元論棣郭	平章事	左威衛翊府中郎將員外置同正員	《冊府元龜》卷170〈帝王部‧來遠〉	吐蕃
玄宗天寶十四載（755）	自會羅	王子	右武衛員外中郎將	《冊府元龜》卷975〈外臣部‧褒異二〉	陀拔斯單
玄宗天寶中	尉遲勝	不詳	右威衛將軍、特進、驃騎大將軍	《新唐書》卷100	于闐
肅宗寶應元年（762）	骨祿侯	王子	特進、崇義王	《冊府元龜》卷973〈外臣部‧助國討伐〉	回紇
代宗永泰元年（765）	自賀蘭等十二人	不詳	左羽林軍	《冊府元龜》卷976〈外臣部‧褒異三〉	突厥
代宗大曆七年（772）	李秉義	王子	左武衛員外大將軍	《冊府元龜》卷976〈外臣部‧褒異三〉；《舊唐書》卷11	回紇
德宗建中四年（783）	駱元光	不詳	太子詹事	《新唐書》卷156	安國

表十二、西漢時期西域地區屬國置官一覽表

屬國名稱	治　所	職 官 種 類 及 人 數
鄯善 （樓蘭）	扜泥城	鄯善都尉、擊車師都尉、輔國侯、郤胡侯、左右且渠、擊車師君各一人，譯長二人
且　末	且末城	輔國侯、左右將、譯長各一人
精　絕	精絕城	精絕都尉、左右將、譯長各一人
扜　彌	扜彌城	左右都尉、輔國侯、左右將、左右騎君各一人，譯長二人
于　闐	西　城	輔國侯、左右將、左右騎君、東西城長、譯長各一人
皮　山	皮山城	左右都尉、左右將、騎君、譯長各一人
莎　車	莎車城	都尉二人，輔國侯、左右將、左右騎君、備西夜君各一人，譯長四人
大　宛	貴山城	副王、輔國王各一人
小　宛	扜零城	左右都尉、輔國侯各一人
戎　廬	卑品城	左右都尉、輔國侯、左右將、左右騎君各一人，譯長二人
疏　勒	疏勒城	疏勒都尉、疏勒侯、擊胡侯、輔國侯、左右將、左右騎君、左右譯長各一人
溫　宿	溫宿城	左右都尉、輔國侯、左右將、左右騎君、譯長各二人
姑　墨	南　城	姑墨都尉、姑墨侯、輔國侯、左右將、左右騎君各一人，譯長二人
龜　茲	居延城	大都尉丞、左右都尉、郤胡都尉、擊車師都尉、輔國侯、安國侯、擊胡侯、左右將、左右騎君、左右力輔君各一人，東西南北部千長各二人，郤胡君三人，譯長四人
尉　犁	尉犁城	左右都尉、尉犁侯、安世侯、左右將、擊胡君各一人，譯長二人
危　須	危須城	左右都尉、擊胡都尉、擊胡侯、左右將、左右騎君、擊胡君、譯長各一人
焉　耆	負渠城	左右都尉、擊胡侯、郤胡侯、輔國侯、左右將、擊胡左右君、擊車師君、歸義車師君各一人，擊胡都尉、擊胡君各二人，譯長三人
蒲　類	疏榆谷	左右都尉、輔國侯、左右將各一人
蒲類后國	不　詳	左右都尉、輔國侯、將、譯長各一人
車師前國	交河城	車師都尉、歸義都尉、輔國侯、安國侯、左右將、車師君、向善君各一人，譯長二人
車師后國	務涂谷	左右都尉、擊胡侯、左右將、道民君、譯長各一人
郁立師國	內咄谷	左右都尉、輔國侯、譯長各一人
孤　胡	車師柳谷	左右都尉、輔國侯各一人
山　國	不　詳	左右都尉、輔國侯、左右將、譯長各一人
卑　陸	乾當谷	左右都尉、輔國侯、左右將、左右譯長各一人
卑陸后國	番渠類谷	卑陸都尉、輔國侯、譯長各一人，將二人
劫　國	丹渠谷	劫國都尉、輔國侯、譯長各一人
單　桓	單桓城	左右都尉、輔國侯、將、譯長各一人
東且彌	兌虛谷	左右都尉、東且彌侯各一人
西且彌	于大谷	西且彌侯、左右將、左右騎君各一人
烏貪訾離	于婁谷	左右都尉、輔國侯各一人
烏　孫	赤谷城	烏孫都尉、大將、大吏騎君各一人，相、大祿、左右大將、大監、舍中大吏各二人，侯三人
尉　頭	尉頭谷	左右都尉、左右騎君各一人
烏　壘	烏壘城	烏壘都尉、譯長各一人
渠　犁	渠犁城	渠犁都尉一人
本表係參考余太山主編《西域通史》所製		

表十三、《新唐書‧地理志》所列羈縻府州表

道　名	都督府、都護府名	所　轄　府	所　轄　州
關內道	夏州都督府	5	10
	靈州都督府	12	34
	慶州都督府	3	23
	安北都護府	5	10
	延州都督府	0	1
	單于都護府	3	12
河北道	幽州都督府	5	32
	安東都督府	9	14
隴右道	臨州都督府	0	1
	涼州都督府	2	5
	松州都督府	1	75
	秦州都護府	0	1
	北庭都護府	25	2
	姚　州	0	1（縣）
	安西都護府	22	118
劍南道	茂州都督府	0	39
	雅州都督府	0	57
	黎州都督府	0	53
	嶲州都督府	0	16
	戎州都督府	0	65
	姚州都督府	0	13
	瀘州都督府	0	14
江南道	黔州都督府	0	51
嶺南道	桂州都督府	0	7
	邕州都督府	0	26
	峰州都督府	0	18
	安南都督府	0	41
載記不明		0	24
合　計		92	763

營州所轄府州，中宗神龍二年，改隸幽州；玄宗開元二年還隸營州，合計中按幽州數計入。

表十四、唐代羈縻府州一覽表

道 名	都督（護）府名稱	統轄府	統轄州	統 轄 民 族
關內道	夏州都督府	7	11	突厥、回紇、吐谷渾
	單于都護府	4	13	突 厥
	安北都護府	10	10	突厥、回紇
	靈州都督府	13	66	回紇、党項
	慶州都督府	4	28	党項、羌
	延州都督府	1	1	吐谷渾
河北道	幽州都督府	14	53	突厥、奚、契丹、靺鞨、降胡
	安東都護府	15	18	高麗、百濟
隴右道	涼州都督府	2	6	突厥、回紇、吐谷渾
	北庭都護府	27	4	突 厥
	秦州都督府	1	1	党 項
	臨州都督府	1	3	党 項
	洮 州	0	1（縣）	党 項
	松州都督府	2	136	党項、羌
	安西都護府	23	118	西域、河西諸胡、昭武九姓
劍南道	茂州都督府	1	63	羌
	雅州都督府	1	58	羌
	黎州都督府	1	53	羌、僚
	戎州都督府	1	211	諸 蠻
	巂州都督府	0	16	羌、諸蠻
	姚州都督府	1	13	諸 蠻
	瀘州都督府	1	75	僚、蠻
江南道	黔州都督府	1	116	諸 蠻
嶺南道	桂州都督府	1	31	諸 蠻
	邕州都督府	1	47	諸 蠻
	安南都護府	1	100	諸 蠻
	峰州都督府	1	18	諸 蠻
合 計		135	1270	1405

　　本表係參考史籍如：《新唐書》、《舊唐書》、《通典》、《元和郡縣圖志》、《唐六典》、《唐會要》、《資治通鑑》、《太平寰宇記》；近人著錄有：劉統《唐代羈縻府州研究》、平岡武夫《唐代の行政地理》、章群《唐代蕃將研究》、章群《唐代蕃將研究續編》、姚大中《中國世界的全盛》、岑仲勉《西突厥史料補闕及考證》、譚其驤主編《中國歷史地圖集》（第五冊，隋唐五代十國時期）、唐啓淮〈試論唐代的羈縻府州〉，載於《湘潭大學學報》1982 年第 4 期、吳玉貴〈唐西域羈縻府州建置年代及其與唐朝的關係〉，載於《新疆大學學報》1986 年第 1 期、李鴻賓〈羈縻府州與唐朝朔方軍的設立〉，載於《中央民族大學學報（哲社版）》1998 年第 3 期、林超民〈唐前期雲南羈縻州縣述略〉，載於《雲南社會科學》1986 年第 4 期、朱珊珊〈唐代貴州羈縻州的設置及特點〉，載於《貴州師範大學學報（社會科學版）》1995 年第 2 期、郭聲波〈唐弱水西山羈縻州及保寧都護府考〉，載於《中國史研究》1999 年第 4 期。

表十五、唐代安置外族地域一覽表（西北地區）

時　　間	族別	羈縻府州 （安置地域）	統轄道名	出　　處	備　　考
高祖武德初	靺鞨	愼　州 （幽州都督府）	河北道	《舊唐書》卷 39； 《新唐書》卷 43 下	僑治良鄉之故都鄉城
高祖武德二年	契丹	遼　州 （幽州都督府）	河北道	《舊唐書》卷 39； 《新唐書》卷 43 下	太宗貞觀元年改爲威州
高祖武德四年	靺鞨	燕　州 （幽州都督府）	河北道	《太平寰宇記》卷 71 〔註6〕	據《寰宇記》記德宗建中初，燕州爲朱滔所破，尋滅，州廢
高祖武德五年	奚	崇　州 （幽州都督府）	河北道	《舊唐書》卷 39； 《新唐書》卷 43 下	分於饒樂都督府，太宗貞觀三年更名北黎州，治營州之廢陽師鎮
高祖武德五年	奚	鮮　州 （幽州都督府）	河北道	《舊唐書》卷 39； 《新唐書》卷 43 下	析於饒樂都督府，僑治潞之古縣城
高祖武德六年	突地稽	幽　州 （幽州都督府）	河北道	《資治通鑑》卷 189	
太宗貞觀元年	党項	崏　州 （松州都督府）	隴右道	《新唐書》卷 43 下	
太宗貞觀元年	党項	西仁州 （松州都督府）	隴右道	《新唐書》卷 43 下	貞觀八年更名爲奉州
太宗貞觀二年	靺鞨	昌　州 （幽州都督府）	河北道	《新唐書》卷 43 下	以松漠部落置，僑治營州之靜蕃戍，貞觀七年徙於三合鎮，後治安次之故常道城
太宗貞觀三年	党項	軌　州 （松州都督府）	隴右道	《資治通鑑》卷 193 、《冊府元龜》卷 977	
太宗貞觀三年	契丹、室韋	師　州 （幽州都督府）	河北道	《新唐書》卷 43 下	僑治營州之廢陽師鎮，後僑治良鄉之東閭城
太宗貞觀四年	突厥	定襄都督府、雲中都督府	關內道	《新唐書》卷 43 下	定襄都督府以頡利左部置，僑治寧朔領州四〔註7〕；雲中都督府以頡利右部置，僑治朔方領州五〔註8〕；《資治通鑑》卷 201，高宗麟德元年正月記「改雲中都護府爲單于大都護府」〔註9〕

〔註6〕　《新唐書》卷 219 記太宗貞觀二年靺鞨臣附，所獻有常，以其地爲燕州。
〔註7〕　《資治通鑑》卷 193 記定襄都督府領州三。
〔註8〕　《資治通鑑》卷 193 記定襄都督府領州三。
〔註9〕　《新唐書》卷 215 上記雲中爲義成公主所居之地。唐初李靖遷突厥戶于此，

太宗貞觀四年	突厥	順、祐、化、長、北寧、北撫、北安七州都督府	河北道	《資治通鑑》卷193	《舊唐書‧地理志》記順州貞觀十二年廢；貞觀七年置長州都督府，十三年廢長州；貞觀八年北開州改爲化州，十八年廢化州
太宗貞觀四年	突厥	豐州（單于都護府）	關內道	《舊唐書》卷39、43下	不領縣，唯領蕃戶
太宗貞觀四年	党項	西懷州（靈州都督府）	關內道	《新唐書》卷43下	貞觀八年更名爲遠州
太宗貞觀五年	党項	西金州（松州都督府）	隴右道	《新唐書》卷43下	貞觀八年更名爲巖州
太宗貞觀六年	突厥	燕然縣、懷化縣（單于都護府）	關內道	《新唐書》卷39、卷43下	燕然縣僑治陽曲；懷化縣僑治秀容
太宗貞觀六年	突厥	緣州（蘭池都督府）	關內道	《舊唐書》卷38	寄治於平高縣界他樓城，中宗神龍元年以他樓城爲蕭關縣
太宗貞觀六年	鐵勒	涼州（賀蘭都督府）	隴右道	《冊府元龜》卷977、《資治通鑑》卷194	
太宗貞觀八年	吐谷渾	松州都督府	隴右道	《新唐書》卷43下、《唐會要》卷98	下轄懿、嵯、麟、可等三十二州
太宗貞觀十年	突厥	瑞州（幽州都督府）	河北道	《新唐書》卷43下	
太宗貞觀十年	奚	帶州（幽州都督府）	河北道	《新唐書》43下	僑治昌平之清水店
太宗貞觀十八年	突厥	勝、夏二州	關內道	《新唐書》卷15上	
太宗貞觀二十年	突厥	呼延都督府（單于都護府）	關內道	《新唐書》卷43	領州三：賀魯州以賀魯部置、葛邏州以葛邏、挹怛部置、咥跌州。〔註10〕
太宗貞觀二十一年	鐵勒	瀚海都督府（夏州都督府）	關內道	《冊府元龜》卷170	迴紇部
太宗貞觀二十一年	鐵勒	金微都督府（夏州都督府）	關內道	《冊府元龜》卷170	僕固部
太宗貞觀二十一年	鐵勒	幽陵都督府（夏州都督府）	關內道	《冊府元龜》卷170	拔野古部
太宗貞觀二十一年	鐵勒	龜林都督府（夏州都督府）	關內道	《冊府元龜》卷170	同羅部

置雲中都督府，後徙瀚海都護于此，更名爲雲中都護。高宗麟德元年，改爲單于都護府。

〔註10〕咥跌爲鐵勒部之一。

太宗貞觀二十一年	鐵 勒	盧山都督府 （燕然都護府）	隴右道	《冊府元龜》卷 170	思結部
太宗貞觀二十一年	鐵 勒	蘭 州 （燕然都護府）	隴右道	《冊府元龜》卷 170	吐渾部
太宗貞觀二十一年	鐵 勒	高闕州 （安北都護府）	關內道	《冊府元龜》卷 170	斛薩部
太宗貞觀二十一年	鐵 勒	雞鹿山州 （靈州都督府）	關內道	《冊府元龜》卷 170	奚結部
太宗貞觀二十一年	鐵 勒	雞鹿田州 （靈州都督府）	關內道	《冊府元龜》卷 170	阿跌部
太宗貞觀二十一年	鐵 勒	榆溪州 （安北都護府）	關內道	《冊府元龜》卷 170	契苾羽部
太宗貞觀二十一年	鐵 勒	蹛林州 （燕然都護府）	隴右道	《冊府元龜》卷 170	思結別部
太宗貞觀二十一年	鐵 勒	寘顏州 （安北都護府）	關內道	《冊府元龜》卷 170	白霫部
太宗貞觀二十一年	鐵 勒	燭龍州 （靈州都督府）	關內道	《資治通鑑》卷 198	析於瀚海都督俱羅勃部
太宗貞觀二十二年	鐵 勒	居延州 （安北都護府）	關內道	《資治通鑑》卷 198	白霫部
太宗貞觀二十二年	西突厥	庭 州 （北庭都護府）	隴右道	《冊府元龜》卷 977 、《資治通鑑》卷 199 、《唐會要》卷 73	
太宗貞觀二十二年	契 丹	玄 州 （幽州都督府）	河北道	《資治通鑑》卷 199	玄州隸營州都督府
太宗貞觀二十二年	契 丹	松漠都督府 （幽州都督府）	河北道	《冊府元龜》卷 977 、《新唐書》卷 43 下	下轄峭落州、彈汗州、無逢州、羽凌州、日連州、徒何州、萬丹州、疋黎州、赤山州
太宗貞觀二十二年	奚	饒樂都督府 （幽州都督府）	河北道	《冊府元龜》卷 977	下轄弱水州、祁黎州、雒環州、大魯州、渴野州
太宗貞觀二十三年	突 厥	新黎州 （安北都護府）	關內道	《舊唐書》卷 194 上、《資治通鑑》卷 199	
太宗貞觀二十三年	西突厥	瑤池都督府 （北庭都護府）	隴右道	《資治通鑑》卷 199	瑤池都督府隸安西都護府
太宗貞觀中	鐵 勒	玄闕州 （安北都護府）	關內道	《新唐書》卷 43 下	骨利幹部，高宗龍朔中更名為余吾州。
高宗永徽元年	鐵 勒	稽落州 （安北都護府）	關內道	《新唐書》43 下	取代原高闕州

高宗永徽元年	突厥	單于都護府、瀚海都護府	關內道	《舊唐書》卷 194 上	領狼山、雲中、桑乾三都督，蘇農等十四州；領瀚海、金微、新黎等七都督，仙蕚、賀蘭等八州
高宗永徽二年	白狗羌	茂　州	劍南道	《唐會要》卷 98	
高宗永徽二年	白狗羌	建　州	江南道	《唐會要》卷 98	
高宗永徽三年	薛延陀	祁連州（靈州都督府）	關內道	《冊府元龜》卷 991	
高宗永徽四年	西突厥	金滿州（北庭都護府）	隴右道	《新唐書》卷 215 下、《資治通鑑》卷 199	
高宗顯慶二年	西突厥	濛池、崑陵都護府（北庭都護府）	隴右道	《唐會要》卷 73	分其種落列置州縣，以處木昆部爲匐延都督府、突騎施索葛莫賀部爲嗢鹿都督府、胡祿屋厥部爲鹽泊都督府、攝提暾部爲雙河都督府、鼠尼施半部爲鷹娑都督府。其所屬諸胡國，皆置州府，西盡於波斯，隸安西都護府。〔註 11〕
高宗顯慶三年	突厥	狼山州（安北都護府）	關內道	《新唐書》卷 43 下	初爲都督
高宗龍朔三年	突厥	桑乾都督府（單于都護府）	關內道	《新唐書》卷 43 下	析於定襄置，僑治朔方
高宗調露元年	突厥	魯、麗、含、塞、依、契等六州（靈州都督府）	關內道	《新唐書》卷 37	通稱六胡州
高宗乾封中	靺鞨	夷賓州（幽州都督府）	河北道	《新唐書》卷 39	則天后萬歲通天年遷於徐州，中宗神龍初還隸幽州都督
高宗總章二年	高麗	江淮之南及山南、京西諸州		《資治通鑑》卷 201	
高宗咸亨三年	党項	靜　州（鹿州都督府）	關內道	《冊府元龜》卷 170、《新唐書》卷 43 下	初隸松州都督府
高宗咸亨三年	吐渾谷	安樂州（涼州都督）	隴右道	《新唐書》卷 221 上	
高宗咸亨中	突厥	豐、勝、靈、夏、朔、代等六州	關內道	《資治通鑑》卷 206	

〔註 11〕安西都護府於高宗顯慶三年（658）移於龜茲國，舊安西復爲西州都督，以麴智湛爲之，以統高昌故地。請參看《唐會要》卷 73

高宗儀鳳中	吐谷渾	渾州 （延州都督府）	關內道	《新唐書》卷43下	
則天后長壽元年	党項	靈、夏間	關內道	《新唐書》卷221上	分置朝、吳、浮、歸等十州
則天后載初元年	靺鞨	沃州 （幽州都督府）	河北道	《新唐書》卷43下	析於昌州
則天后天授元年	靺鞨	黎州 （幽州都督府）	河北道	《新唐書》卷43下	析於慎州
則天后萬歲通天元年	契丹	信州 （幽州都督府）	河北道	《新唐書》卷43下	
則天后時	回紇、契苾、僕固、渾	甘、涼間	隴右道	《新唐書》卷217	
	吐谷渾	朔方、河東		《新唐書》卷221上	
玄宗開元元年	鐵勒	燕然州 （燕然都督府）	隴右道	《新唐書》卷43下	多濫葛部，隸燕然都護府
玄宗開元元年	鐵勒	雞鹿州 （靈州都督府）	關內道	《新唐書》卷43下	奚結部
玄宗開元元年	鐵勒	雞田州 （靈州都督府）	關內道	《新唐書》卷43下	阿跌部
玄宗開元元年	鐵勒	東皋蘭州 （靈州都督府）	關內道	《新唐書》卷43下	渾部
玄宗開元元年	鐵勒	燭龍州 （靈州府督府）	關內道	《新唐書》卷43下	
玄宗開元二年	突厥	并州 （靈州都督府）	關內道	《冊府元龜》卷977	
玄宗開元三年	突厥	河南之地	關內道	《資治通鑑》卷211	
玄宗開元四年	鐵勒	大武軍北	關內道	《資治通鑑》卷211	
玄宗開元十年	突厥	許、汝、唐、鄧、仙、豫等州	關內道	《資治通鑑》卷212	六州殘胡
玄宗開元十年	党項	懷安州 （慶州都督府）	關內道	《元和郡縣圖志》卷3	檢逃戶所置
玄宗開元十一年	吐谷渾	沙州 （涼州都督府）	隴右道	《冊府元龜》卷977	
玄宗開元十四年	靺鞨	幽州 （幽州都督府）	河北道	《唐會要》卷96	
玄宗開元二十年	奚	幽州 （幽州都督府）	河北道	《資治通鑑》卷213	

玄宗開元二十六年	突　厥	宥　州 （靜邊都督府）	關內道	《資治通鑑》卷 214	
肅宗至德年間	党　項	靈、慶、銀、夏 （慶州都督府）	關內道	《新唐書》卷 43 下	安史亂後，河隴陷於吐蕃，徙党項於此
肅宗至德年間	党　項	芳池州都督府 （慶州都督府）	關內道	《舊唐書》卷 38、 《資治通鑑》卷 220	管小州十
代宗寶應元年	羌、渾	歸順、乾封、歸義、順化、和寧、和義、保善、寧定、羅雲、朝鳳等州（幽州都督府）	河北道	《冊府元龜》卷 977	
代宗永泰元年	党項、吐谷渾	鹽、慶等州	關內道	《冊府元龜》卷 977、 《新唐書》卷 221 上	
德宗貞元二年	突　厥	雲、朔間	關內道	《資治通鑑》卷 232	
德宗貞元十五年	党　項	慶、夏等州	關內道	《新唐書》卷 221 上	六州党部落，居慶州號東山部；夏州號平夏部
文宗開成元年	渾	豐　州 （安北都護府）	關內道	《冊府元龜》卷 977	

圖一、唐代西域各國地域圖

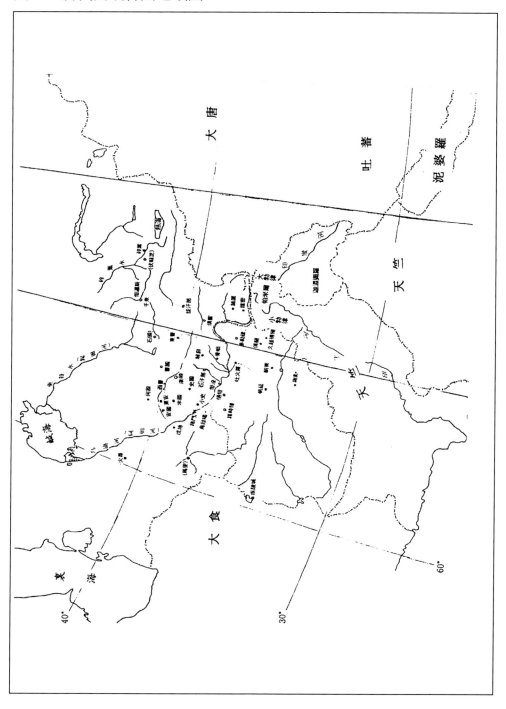

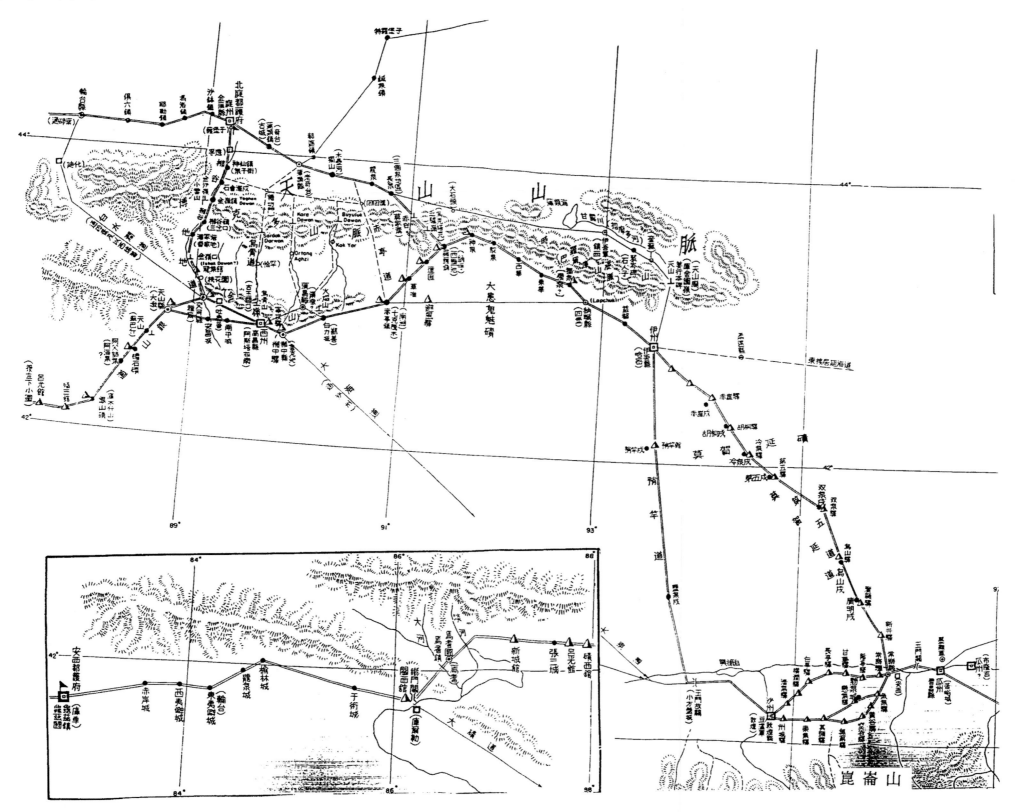

資料來源：嚴耕望《唐代交通圖考》第二卷「河隴磧西區」，圖九。